Betriebsfremde Arbeitnehmer in der Betriebsverfassung
unter besonderer Berücksichtigung der unechten Leiharbeitnehmer

Europäische Hochschulschriften

Publications Universitaires Européennes
European University Studies

Reihe II
Rechtswissenschaft

Série II Series II
Droit
Law

Bd./Vol. 3841

PETER LANG
Frankfurt am Main · Berlin · Bern · Bruxelles · New York · Oxford · Wien

Sascha Dewender

Betriebsfremde Arbeitnehmer in der Betriebsverfassung unter besonderer Berücksichtigung der unechten Leiharbeitnehmer

PETER LANG
Europäischer Verlag der Wissenschaften

Bibliografische Information Der Deutschen Bibliothek
Die Deutsche Bibliothek verzeichnet diese Publikation in der Deutschen Nationalbibliografie; detaillierte bibliografische Daten sind im Internet über <http://dnb.ddb.de> abrufbar.

Zugl.: Bochum, Univ., Diss., 2003

D 294
ISSN 0531-7312
ISBN 3-631-52007-7

www.peterlang.de

Meiner lieben Susanne und meinen Eltern

Vorwort

Die vorliegende Arbeit wurde im Sommersemester 2003 von der Juristischen Fakultät der Ruhr-Universität Bochum als Dissertation angenommen. Rechtsprechung und Literatur sind bis Februar 2003 berücksichtigt.

Meinem Doktorvater, Herrn Prof. Dr. Rolf Wank, schulde ich Dank für den überlassenen Freiraum bei meiner Tätigkeit als wissenschaftliche Hilfskraft am Lehrstuhl für Bürgerliches Recht, Wirtschafts- und Arbeitsrecht und für seine ständige Bereitschaft zu förderlichen Gesprächen. Seine Gedanken und kritischen Fragen boten für mich stets Grund, erneut nachzudenken und zu vertiefen, wiederholt Grund umzudenken oder einfach besser zu begreifen. Herrn Prof. Dr. Klaus Schreiber danke ich für die zügige Erstattung des Zweitgutachtens. Besonderer Dank gebührt meiner Freundin Susanne Strömsdörfer, die durch Gespräche, Hilfe beim Korrekturlesen und in vielfältiger Weise zum Gelingen der Arbeit beigetragen hat. Auch meinen Eltern möchte ich Dank sagen. Ihre Unterstützung und Ermutigung haben mir ein unbeschwertes Studium ermöglicht und mein Promotionsvorhaben stets begleitet.

Bochum, im August 2003

Sascha Dewender

Inhaltsverzeichnis

§ 1 Betriebsfremde Arbeitnehmer in der Betriebsverfassung als Untersuchungsgegenstand ... 1

§ 2 Die Leiharbeit ... 5

A. Definition der Leiharbeit ... 5

B. Verschiedene Formen der Leiharbeit ... 6
I. Gewerbsmäßige, nicht gewerbsmäßige Leiharbeit und PSA-Leiharbeit ... 6
1. Unterscheidung zwischen gewerbsmäßiger und nichtgewerbsmäßiger Leiharbeit ... 6
2. Rechtsbeziehungen bei gewerbsmäßiger, nicht gewerbsmäßiger Leiharbeit und PSA-Leiharbeit unter den Beteiligten ... 7
a) Vorbemerkung ... 7
b) Rechtsbeziehungen bei der unechten Leiharbeit ... 10
aa) Rechtsbeziehungen zwischen Verleiher und Entleiher (Überlassungsverhältnis) ... 10
bb) Rechtsbeziehungen zwischen Verleiher und Leiharbeitnehmer (Leiharbeitsverhältnis) ... 12
cc) Rechtsbeziehungen zwischen Entleiher und Leiharbeitnehmer (Beschäftigungsverhältnis) ... 13
c) *Rechtsbeziehungen bei der echten Leiharbeit* ... 14
aa) Vorbemerkung ... 14
bb) Rechtsbeziehungen bei der echten Leiharbeit ... 14
d) Rechtsbeziehungen bei der PSA-Leiharbeit ... 15
II. Legale und illegale Leiharbeit ... 17
1. Vorbemerkung ... 17
2. Rechtsbeziehungen bei der illegalen Leiharbeit ... 17
3. Rechtsbeziehungen bei der legalen Leiharbeit ... 18
III. Sonstige Formen der Leiharbeit ... 18
1. Arbeitnehmerüberlassung bei einer Arbeitsgemeinschaft ... 18
2. Arbeitnehmerüberlassung zur Vermeidung von Kurzarbeit oder Entlassungen ... 19
3. Konzerninterne Arbeitnehmerüberlassung ... 20
4. Arbeitnehmerüberlassung ins Ausland ... 20
IV. Zusammenfassung der Rechtsbeziehungen bei den verschiedenen Formen der Leiharbeit ... 21

§ 3 Die Arbeitsvermittlung und ihre Abgrenzung zur Leiharbeit ... 22

A. Definition ... 22

B. Rechtsbeziehungen bei der Arbeitsvermittlung ... 23

I. Vorbemerkung ... 23
II. Rechtsbeziehungen bei der legalen Arbeitsvermittlung ... 23
1. Der Vermittlungsvertrag ... 23
2. Der Arbeitsvertrag ... 24
3. Die Rechtsbeziehungen ... 24
III. Rechtsbeziehungen bei der illegalen Arbeitsvermittlung ... 24
1. Der Vermittlungsvertrag ... 24
2. Der Arbeitsvertrag ... 25
3. Die Rechtsbeziehungen ... 25
IV. Rechtsbeziehungen bei der vermuteten Arbeitsvermittlung ... 25
1. Vorbemerkung ... 25
2. Rechtsbeziehungen vor Aufhebung von § 13 AÜG a.F. ... 26
3. Rechtsbeziehungen nach Aufhebung von § 13 AÜG a.F. ... 27
V. Unterschiede bei den Rechtsbeziehungen von Arbeitsvermittlung und Leiharbeit ... 29
1. Zusammenarbeit der Rechtsbeziehungen bei der Arbeitsvermittlung ... 29
2. Unterschiede bei den Rechtsbeziehungen von Leiharbeit und Arbeitsvermittlung ... 29

§ 4 Werkvertragsarbeitnehmer und ihre Abgrenzung zur Leiharbeit ... 30

A. Erforderlichkeit der Abgrenzung ... 30

B. Abgrenzungskriterien der Rechtsprechung ... 31

C. Abgrenzungskriterien der Literatur ... 34
I. Konventionelle Abgrenzungskriterien ... 34
II. Eigene Abgrenzungskriterien ... 35

D. Stellungnahme ... 37

§ 5 Die betriebsverfassungsrechtliche Stellung unechter Leiharbeitnehmer im Allgemeinen ... 39

A. Die betriebsverfassungsrechtliche Zuordnung von unechten Leiharbeitnehmern ... 39
I. Das Betriebsverfassungsgesetz als Schutzgesetz für (Leih-)Arbeitnehmer ... 39
II. Die unechten Leiharbeitnehmer als Adressaten des Betriebsverfassungsgesetzes ... 40
1. Die Einbeziehung von unechten Leiharbeitnehmern in den persönlichen Anwendungsbereich des BetrVG nach § 5 BetrVG ... 40
a) Der Arbeitnehmerbegriff i.S.v. § 5 BetrVG ... 40
b) Die Betriebszugehörigkeit des Arbeitnehmers als weitere Voraussetzung ... 41
c) Betriebszugehörigkeit unechter Leiharbeitnehmer nach § 7 S. 2 BetrVG ? ... 43
2. Die Einbeziehung von unechten Leiharbeitnehmern nach § 14 Abs. 1 AÜG in das Betriebsverfassungsrecht ... 49

B. Betriebsratsfähigkeit nach § 1 BetrVG und unechte Leiharbeitnehmer ... 52

I. Betriebsratsfähigkeit unechter Leiharbeitnehmer im Verleiherbetrieb 53
II. Betriebsratsfähigkeit unechter Leiharbeitnehmer im Entleiherbetrieb 54

C. Unechte Leiharbeitnehmer und die Zahl der Betriebsratsmitglieder nach § 9 BetrVG 55
I. Die Zahl der Betriebsratsmitglieder 55
II. Die Zahl der Betriebsratsmitglieder im Verleiherbetrieb 56
III. Die Zahl der Betriebsratsmitglieder im Entleiherbetrieb 56

D. Unechte Leiharbeitnehmer und die Zahl der Freistellungen nach § 38 Abs. 1 BetrVG 58
I. Die Freistellung von Betriebsratsmitgliedern nach § 38 Abs. S. 1 BetrVG 58
II. Die Freistellung von Betriebsratsmitgliedern nach § 38 Abs. 1 BetrVG im Verleiherbetrieb 59
III. Die Freistellung von Betriebsratsmitgliedern nach § 38 Abs. 1 BetrVG im Entleiherbetrieb 70

E. Zusammenfassung der betriebsverfassungsrechtlichen Stellung unechter Leiharbeitnehmer 59

§ 6 Beteiligungsrechte des Betriebsrats in Bezug auf unechte Leiharbeitnehmer 61

A. Zum Beteiligungsrecht des Betriebsrats 61

B. Zum Beteiligungsrecht des Verleiherbetriebsrats 61
I. Mitbestimmung in sozialen Angelegenheiten, §§ 87 – 89 BetrVG 62
1.Soziale Mitbestimmung, § 87 BetrVG 63
a) Fragen der Ordnung des Betriebs und des Verhaltens der Arbeitnehmer im Betrieb, § 87 Abs. 1 Nr. 1 BetrVG 63
b) Lage der Arbeitszeit, § 87 Abs. 1 Nr. 2 BetrVG 64
c) Dauer der Arbeitszeit, § 87 Abs. 1 Nr. 3 BetrVG 66
d) Auszahlung der Arbeitsentgelte, § 87 Abs. 1 Nr. 4 BetrVG 67
e) Urlaubsfragen, § 87 Abs. 1 Nr. 5 BetrVG 68
f) Technische Überwachungseinrichtungen, § 87 Abs. 1 Nr. 6 BetrVG 69
g) Arbeitsschutz- und Gesundheitsschutz, § 87 Abs. 1 Nr. 7 BetrVG 70
h) Sozialeinrichtung, § 87 Abs. 1 Nr. 8 BetrVG 71
i) Werkmietwohnungen, § 87 Abs. 1 Nr. 9 BetrVG 73
j) Betriebliche Lohngestaltung, § 87 Abs. 1 Nr. 10 BetrVG 74
k) Leistungslohn, § 87 Abs. 1 Nr. 11 BetrVG 75
l) Betriebliches Vorschlagswesen, § 87 Abs. 1 Nr. 12 BetrVG 76
m) Gruppenarbeit, § 87 Abs. 1 Nr. 13 BetrVG 77
2. Freiwillige Betriebsvereinbarungen, § 88 BetrVG 78
3. Arbeits- und betrieblicher Umweltschutz, § 89 BetrVG 80
4. Mitbestimmung bei der Gestaltung von Arbeitsplatz, Arbeitsablauf und Arbeitsumgebung, §§ 90, 91 BetrVG 81

II. Mitbestimmung in personellen Angelegenheiten, §§ 92 – 105 BetrVG 82
1. Personelle Einzelmaßnahmen, §§ 99 – 105 BetrVG 82
a) Mitbestimmung bei personellen Einzelmaßnahmen, §§ 99 – 101 BetrVG 83
b) Mitbestimmung bei der Beendigung des Arbeitsverhältnisses, §§ 102 – 104 BetrVG 84
2. Mitbestimmung in allgemeinen personellen Angelegenheiten, §§ 92 – 95 BetrVG 86
3. Mitbestimmung bei der Berufsbildung, §§ 96 – 98 BetrVG 90
III. Mitbestimmung in wirtschaftlichen Angelegenheiten, §§ 106 – 113 BetrVG 91
1. Die Unterrichtung in wirtschaftlichen Angelegenheiten im Verleiherunternehmen, §§ 106 – 110 BetrVG 92
2. Betriebsänderungen im Verleiherunternehmen, §§ 111 – 113 BetrVG 92
IV. Weitere Aufgaben des Betriebsrats, § 80 BetrVG 94
1. Die Überwachungsaufgabe, § 80 Abs.1 Nr. 1 BetrVG 95
2. Das Beantragungsrecht, § 80 Abs. 1 Nr. 2 BetrVG 98
3. Die Gleichstellungsförderung, § 80 Abs. 1 Nr. 2 a BetrVG 98
4. Familie und Erwerbstätigkeit, § 80 Abs. 1 Nr. 2 b BetrVG 99
5. Entgegennahme von Anregungen, § 80 Abs. 1 Nr. 3 BetrVG 99
6. Eingliederung schutzbedürftiger Personen, § 80 Abs. 1 Nr. 4 BetrVG 100
7. Wahl der Jugend- und Auszubildendenvertretungen, § 80 Abs. 1 Nr. 5 BetrVG 101
8. Beschäftigung älterer Arbeitnehmer, § 80 Abs. 1 Nr. 6 BetrVG 101
9. Eingliederung ausländischer Arbeitnehmer, § 80 Abs. 1 Nr. 7 BetrVG 101
10. Beschäftigungsförderung und Beschäftigungssicherung, § 80 Abs. 1 Nr. 8 BetrVG 102
11. Arbeitsschutz und betrieblicher Umweltschutz, § 80 Abs. 1 Nr. 9 BetrVG 103
V. Die Behandlung von im Betrieb tätigen Personen, § 75 Abs. 1 S. 1 BetrVG 103

§ 7 Die Beteiligungsrechte des Betriebsrats des Entleiherbetriebs beim Einsatz von unechten Leiharbeitnehmern 105

A. Zur Notwendigkeit der Beteiligungsrechte von Betriebsräten in Entleiherbetrieben 105

B. Zum Beteiligungsrecht des Entleiherbetriebsrats 105
I. Mitbestimmung in personellen Angelegenheiten, § 14 Abs. 3 AÜG i.V.m. § 99 BetrVG 106
1. Die Übernahme von unechten Leiharbeitnehmern, § 14 Abs. 3 AÜG i.V.m. § 99 BetrVG 107
a) Umfang der Verweisung von § 14 Abs. 3 S. 1 AÜG 107
b) Die Voraussetzungen des Beteiligungsrechts nach § 14 Abs. 3 S. 1 AÜG i.V.m. § 99 BetrVG 110
c) Die Unterrichtungspflicht des Entleihers, § 14 Abs. 3 AÜG i. V. m. § 99 BetrVG 111
d) Die Zustimmungsverweigerung, § 99 Abs. 2 BetrVG 112
aa) Die Zustimmungsverweigerungsgründe, § 99 Abs. 2 Nr. 1 – 6 BetrVG 112
bb) Rechtsfolgen der Mitbestimmung bei der Überlassung von unechten Leiharbeitnehmern nach § 14 Abs. 3 S. 1 AÜG i. V. m. § 99 BetrVG 115

2. Besondere Unterrichtungspflichten, § 14 Abs. 3 S. 2 und 3 AÜG 116
II. Die über § 14 Abs. 3 AÜG hinausgehenden Mitbestimmungsrechte des Entleiherbetriebsrats 116
1. Die weiteren personellen Beteiligungsrechte 117
a) Allgemeine personelle Angelegenheiten, §§ 92 – 95 BetrVG 118
aa) Personalplanung, § 92 BetrVG 119
bb) Beschäftigungssicherung, § 92 a BetrVG 119
cc) Arbeitsplatzausscheibung, § 93 BetrVG 120
dd) Personalfragebogen, § 94 BetrVG 120
ee) Auswahlrichtlinien, § 95 BetrVG 121
b) Berufsbildung, §§ 96 – 98 BetrVG 122
c) Versetzung, § 99 BetrVG 124
d) Beendigung der Überlassung, §§ 102 – 104 BetrVG 124
2. Die Mitbestimmung des Entleiherbetriebsrats in sozialen Angelegenheiten, § 87 BetrVG 126
a) Fragen der Ordnung des Betriebs und des Verhaltens der Arbeitnehmer im Betrieb, § 87 Abs. 1 Nr.1BetrVG 127
b) Lage der Arbeitszeit, § 87 Abs. 1 Nr. 2 BetrVG 127
c) Dauer der Arbeitszeit, § 87 Abs. 1 Nr. 3 BetrVG 128
d) Auszahlung der Arbeitsentgelte, § 87 Abs. 1 Nr. 4 BetrVG 130
e) Urlaubsfragen, § 87 Abs. 1 Nr. 5 BetrVG 131
f) Technische Überwachungseinrichtungen, § 87 Abs. 1 Nr. 6 BetrVG 131
g) Arbeits- und Gesundheitsschutz, § 87 Abs. 1 Nr. 7 BetrVG 133
h) Sozialeinrichtungen, § 87 Abs. 1 Nr. 8 BetrVG 134
i) Werkmietwohnungen, § 87 Abs. 1 Nr. 9 BetrVG 136
j) Betriebliche Lohngestaltung, § 87 Abs. 1 Nr. 10 BetrVG 137
k) Leistungslohn, § 87 Abs. 1 Nr. 11 BetrVG 138
l) Betriebliches Vorschlagswesen, § 87 Abs. 1 Nr. 12 BetrVG 139
m) Gruppenarbeit, § 87 Abs. 1 Nr. 13 BetrVG 140
3. Freiwillige Betriebsvereinbarungen, § 88 BetrVG 141
4. Arbeitsschutz, § 89 BetrVG 142
5. Mitbestimmung bei der Gestaltung von Arbeitsplatz, Arbeitsablauf und Arbeitsumgebung, §§ 90 und 91 BetrVG 143
6. Wirtschaftliche Angelegenheiten, §§ 106 – 113 BetrVG 144
a) Der Wirtschaftsausschuss im Entleiherunternehmen, § 106 ff. BetrVG 144
b) Betriebsänderungen im Entleiherunternehmen, §§ 111 – 113 BetrVG 146
7. Weitere Aufgaben des Betriebsrats, § 80 BetrVG 147
a) Die Überwachungsaufgabe, § 80 Abs. 1 Nr. 1 BetrVG 147
b) Das Beantragungsrecht, § 80 Abs. 1 Nr. 2 BetrVG 148
c) Die Gleichstellungsförderung, § 80 Abs. 1 Nr. 2 a BetrVG 149
d) Familie und Erwerbstätigkeit, § 80 Abs. 1 Nr. 2 b BetrVG 150
e) Entgegennahme von Anregungen, § 80 Abs. 1 Nr. 3 BetrVG 150

f) Eingliederung schutzbedürftiger Personen, § 80 Abs. 1 Nr. 4 BetrVG 151
g) Wahl der Jugend- und Auszubildendenvertretungen, § 80 Abs. 1 Nr. 5 BetrVG 151
h) Beschäftigung älterer Arbeitnehmer, § 80 Abs. 1 Nr. 6 BetrVG 152
i) Eingliederung ausländischer Arbeitnehmer, § 80 Abs. 1 Nr. 7 BetrVG 153
j) Beschäftigungsförderung und Beschäftigungssicherung, § 80 Abs. 1 Nr. 8 BetrVG 153
k) Arbeitsschutz und betrieblicher Umweltschutz, § 80 Abs. 1 Nr. 9 BetrVG 153
8. Die Behandlung vom im Betrieb tätigen Personen, § 75 Abs. 1 S. 1 BetrVG 154

§ 8 Die Rechte der unechten Leiharbeitnehmer in der Betriebsverfassung 156

A. Rechte der unechten Leiharbeitnehmer im Verleiherbetrieb 156
I. Die Mitwirkungs- und Beschwerderechte, §§ 81 ff. BetrVG 156
II. Rechte in Bezug auf den Verleiherbetriebsrat 158

B. Rechte der unechten Leiharbeitnehmer im Entleiherbetrieb 159
I. Rechte der unechten Leiharbeitnehmer nach § 14 Abs. 2 AÜG 159
II. Rechte der unechten Leiharbeitnehmer nach dem Betriebsverfassungsgesetz 162

§ 9 Die Verfassungsmäßigkeit und die Zweckmäßigkeit der betriebsverfassungsrechtlichen Rechte von unechten Leiharbeitnehmern 164

A. Einführung 164

B. Die Verfassungsmäßigkeit und die Zweckmäßigkeit von § 14 Abs. 1 AÜG 165
I. Die Verfassungsmäßigkeit von § 14 Abs. 1 AÜG 165
II. Die Zweckmäßigkeit von § 14 Abs. 1 AÜG 168

C. Die Verfassungsmäßigkeit und die Zweckmäßigkeit von § 14 Abs. 2 AÜG 169
I. Die Verfassungsmäßigkeit und die Zweckmäßigkeit von § 14 Abs. 2 S. 1 AÜG 169
1. Die Verfassungsmäßigkeit von § 14 Abs. 2 S. 1 AÜG 169
2. Die Zweckmäßigkeit von § 14 Abs. 2 S. 1 AÜG 170
II. Die Verfassungsmäßigkeit und die Zweckmäßigkeit von § 14 Abs. 2 S. 2 und 3 AÜG 171
1. Die Verfassungsmäßigkeit von § 14 Abs. 2 S. 2 und 3 AÜG 171
2. Die Zweckmäßigkeit von § 14 Abs. 2 S. 2 und 3 AÜG 172

D. Die Verfassungsmäßigkeit und die Zweckmäßigkeit von § 7 S. 2 BetrVG 172
I. Die Verfassungsmäßigkeit von § 7 S. 2 BetrVG 172
1. Der Schutzbereich von Art. 3 Abs. 1 GG 174
2. Die verfassungsrechtliche Rechtfertigung 177
3. Ergebnis zur Verfassungsmäßigkeit von § 7 S. 2 BetrVG 181
II. Die Zweckmäßigkeit von § 7 S. 2 BetrVG 181
1. Parallelkonstellationen bei politischen Wahlen 181

2. Verschärfung von Interessenkonflikten im Entleiherbetrieb ... 183
3. Leiharbeitnehmer und befristet Beschäftigte ... 184
4. Die demokratische Legitimation des Entleiherbetriebsrats ... 186
a) Die Rechtsstellung des Betriebsrats gegenüber der Belegschaft ... 186
aa) Der Betriebsrat als Vertreter ... 186
bb) Der Betriebsrat als Organ ... 187
cc) Der Betriebsrat als Amtswalter ... 188
dd) Der Betriebsrat als Repräsentant ... 188
b) Die Rechtsstellung des Entleiherbetriebsrats gegenüber den unechten Leiharbeitnehmern ... 189

§ 10 Alternativen der betriebsverfassungsrechtlichen Integration von unechten Leiharbeitnehmern ... 192

A. Vorbemerkung ... 192

B. Alternativvorschlag zu § 7 S. 2 BetrVG ... 192

§ 11 Sonstige Betriebsfremde in der Betriebsverfassung ... 196

A. Echte Leiharbeitnehmer ... 196

B. Illegale Leiharbeitnehmer ... 197

C. Überlassene Arbeitnehmer bei einer Arbeitsgemeinschaft nach § 1 Abs. 1 S. 2 AÜG ... 199

D. Überlassene Arbeitnehmer nach § 1 Abs. 3 Nr. 1, 2 und 3 AÜG ... 200

E. Arbeitnehmer in der Arbeitsvermittlung ... 200

F. Werkvertragsarbeitnehmer ... 202

§ 12 Zusammenfassung der Untersuchung ... 207

Literaturverzeichnis

Abeln, Christoph	Betriebsverfassung - Wesentliche Regelungen des aktuellen Reformentwurfs, AuA 2001, S. 170 ff.
Ankersen, Per	Anmerkung zum Urteil des BAG vom 19.06.2001 BB 2001, S. 2585 f.
Anschütz, Gerhard	Kommentar zur Verfassung des Deutschen Reiches vom 11. August 1919 3. Auflage, Berlin 1930 (zit. *Anschütz* Verfassung)
Bachner, Fritz	Die Neuregelung der Arbeitnehmerüberlassung im Baugewerbe, NZA 1994, S. 1063 ff.
Bauer, Dietmar	Zum Nebeneinander erlaubter Arbeitnehmerüberlassung und erlaubter Arbeitsvermittlung, NZA 1995, S. 203 ff.
Bauer, Jobst-Hubertus	Aktuelle Probleme des Personalabbaues im Rahmen von Betriebsänderungen (Teil I), DB 1994, S. 217 ff.
Bauschke, Hans-Joachim	Die sogenannte Fremdfirmenproblematik, NZA 2000, S. 1201 ff.
Bea, Franz Xaver/ Haas, Jürgen	Strategisches Management 2. Auflage, Stuttgart 1999 (zit.: *Bea/Haas* Management)
Becker, Friedrich	Leitfaden zur gewerbsmäßigen Arbeitnehmerüberlassung 4. Auflage, Köln 1985 (zit.: *Becker* Leitfaden)
Becker, Friedrich	Abgrenzung der Arbeitnehmerüberlassung gegenüber Werkvertrag und Dienstvertrag, DB 1988, S. 2561 ff.

Becker, Friedrich	Aktuelle Fragen der gewerbsmäßigen Arbeitnehmerüberlassung, BlStSozArbR 1980, S. 369 ff.
Becker, Friedrich	Betriebsverfassungsrechtliche Aspekte beim drittbezogenen Personaleinsatz, ArbuR 1982, S. 369 ff.
Becker, Friedrich	Der arbeits- und sozialrechtliche Status der Leiharbeitnehmer, ZIP 1984, S. 782 ff.
Becker, Friedrich	Die betriebsverfassungsrechtliche Stellung der Leiharbeitnehmer, BlStSozArbR 1972, S. 129 ff.
Becker, Friedrich	Die Risiken der Beschäftigungsunternehmen bei dem Einsatz von Arbeitnehmern auf der Bais von Arbeitnehmerüberlassungs-, Werk- und Dienstverträgen, ZIP 1981, S. 699 ff.
Becker, Friedrich	Haftungsfragen bei der gewerbsmäßigen Arbeitnehmerüberlassung, NJW 1976, S. 1827 ff.
Becker, Friedrich	Interessenausgleich und Sozialplan, BlStSozArbR 1974, S. 54 ff.
Becker, Friedrich	Anmerkung zum Urteil des BAG vom 14.05.1974, AP Nr. 2 zu § 99 BetrVG 1972, NJW 1974, S. 166 ff.
Becker, Friedrich / Kreikebaum, Hartmut	Zeitarbeit 2. Auflage, Wiesbaden, Stuttgart 1982
Becker, Friedrich/ Wulfgramm, Jörg	Kommentar zum Arbeitnehmerüberlassungsgesetz 3. Auflage, Neuwied, Darmstadt 1985 (zit.: *Becker/Wulfgramm* AÜG)
Behrend, Britta	Neues zum Scheinwerkvertrag: Die vermutete Arbeitsvermittlung im AÜG, BB 2001, S. 2641 ff.

Belling, Detlev Werner	Die Haftung des Betriebsrats und seiner Mitglieder für Pflichtverletzungen Münster 1990 (zit.: *Belling* Haftung)
Benda, Ernst/ Maihofer, Werner/ Vogel, Hans-Jochen	Handbuch des Verfassungsrechts Teil 1 und 2 2. Auflage, Berlin 1995 (zit.:*Benda/ Maihofer/Vogel* Handb. des VerfR)
Bitter, Walter	Zum Umfang und Inhalt der Informationspflicht des Arbeitgebers gegenüber dem Betriebsrat bei der betriebsbedingten Kündigung insbesondere bei der Sozialauswahl, NZA 1991, Beilage 3/91, S. 16 ff.
Blanke, Thomas/ Rose, Edgar	Betriebsverfassung 2001: Flexible Mitbestimmung in modernen Zeiten, RdA 2001, S. 92 ff.
Blanke, Thomas/ Schüren, Peter/ Wank, Rolf/ Wedde, Peter	Handbuch Neue Beschäftigungsformen 1. Auflage, Baden - Baden 2002 (zit.: Blanke/Schüren/Wank/Wedde-*Bearbeiter* Beschäftigungsformen)
Blomeyer, Wolfgang	Anmerkung zum Urteil des BAG vom 12.06.1975, AP zu § 87 BetrVG 1972 Altersversorgung Nr. 3
Boemke, Burkhard	Kommentar zum Arbeitnehmerüberlassungsgesetz 1. Auflage, Heidelberg 2002 (zit.: *Boemke* AÜG)
Brors, Christiane	Fremdpersonaleinsatz – Wer ist gemäß § 7 S. 2 BetrVG wahlberechtigt?, NZA 2002, S. 123 ff.
Bryde, Brun-Otto/ Kleindiek, Ralf	Der allgemeine Gleichheitssatz, Jura 1999, S. 36 ff.
Buchner, Herbert	Die Umsetzung der Tarifverträge im Betrieb, RdA 1990, S. 1 ff.

Bulla, Werner — Das Wahlrecht von Leiharbeitnehmern bei Betriebsratswahlen,
DB 1975, S. 1795 ff.

Bundesministerium für Arbeit — Moderne Dienstleistungen am Arbeitsmarkt – Vorschläge der Kommission zum Abbau der Arbeitslosigkeit und zur Umstrukturierung der Bundesanstalt für Arbeit
Berlin, 2002
(zit.: Bericht der Kommission „Moderne Dienstleistungen am Arbeitsmarkt" (Hartz-Papier))

Canaris, Claus-Wilhelm — Handelsrecht
23. Auflage, München 2000

Däubler, Wolfgang — Das Wahlrecht der „überlassenen Arbeitnehmer" nach dem neuen § 7 Satz 2 BetrVG,
AiB 2001, S. 685 ff.

Däubler, Wolfgang — Eine bessere Betriebsverfassung?,
ArbuR 2001, S. 1 ff.

Däubler, Wolfgang — Die veränderte Betriebsverfassung,
ArbuR 2001, S. 285 ff.

Däubler, Wolfgang/ Kittner, Michael/ Klebe, Thomas — Kommentar zum Betriebsverfassungsgesetz
8. Auflage, Frankfurt am Main 2002
(zit.: Däubler/Kittner/Klebe-*Bearbeiter*)

Dauner-Lieb, Barbara — Der innerbetriebliche Fremdfirmeneinsatz auf Dienst- oder Werkvertragsbasis im Spannungsfeld zwischen AÜG und BetrVG,
NZA 1992, S. 817 ff.

Dauner-Lieb, Barbara/ Heidel, Thomas/ Lepa, Manfred/ Ring, Gerhard — Das Neue Schuldrecht
Heidelberg 2002
(zit.: *Dauner-Lieb/Heidel/Lepa/ Ring* Schuldrecht)

Dieterich, Thomas/ Hanau, Peter/ Schaub, Günter — Erfurter Kommentar zum Arbeitsrecht
3. Auflage, München 2003
(zit.: ErfK-*Bearbeiter)*

Dütz, Wilhelm/
Schulin, Bertram — Das Betriebsverfassungsrecht in seiner dogmatischen und systematischen Fortentwicklung,
ZfA 1975, S. 103 ff.

Düwell, Franz Josef — Handkommentar zum Betriebsverfassungsgesetz
1. Auflage, Baden – Baden 2002
(zit.: HaKo-*Bearbeiter*)

Eckard, Bernd — Einführung in das Recht der Arbeitnehmerüberlassung,
JA 1989, S. 393 ff.

Engels, Gerd/
Trebinger, Yvonne/
Löhr-Steinhaus, Wilfried — Regierungsentwurf eines Gesetzes zur Reform des Betriebsverfassungsgesetzes,
DB 2001, S. 532 ff.

Erdlenbruch, Michael — Die betriebsverfassungsrechtliche Stellung gewerbsmäßig überlassener Arbeitnehmer
Heidelberg 1992
(zit.: *Erdlenbruch*)

Eyermann, Erich — Gleichheitssatz, Wurzel des Willkürverbots?,
in: Festschrift Verfassung und Verfassungsrechtsprechung, S. 45 ff
(zit.: *Eyermann* FS Verfassung und Verfassungsrechtsprechung)

Fabricius, Fritz/
Kraft, Alfons/
Wiese, Günther
u.a. — Gemeinschaftskommentar zum Betriebsverfassungsgesetz
Bd. I: §§ 1 – 73 b und Bd. II: § 74 –132
7. Auflage, Neuwied 2002
(zit.: GK-*Bearbeiter*)

Farthmann, Friedhelm — Die Mitbestimmung des Betriebsrats bei der Regelung der Arbeitszeit,
RdA 1974, S. 65 ff.

Feuerborn, Andreas/
Hamann, Wolfgang — Liberalisierung der Arbeitnehmerüberlassung durch das Arbeitsförderungs-Reformgesetz,
BB 1997, S. 2530 ff.

Fey, Helmut — Die Rechtsnatur der Belegschaft und des Betriebsrat,
RdA 1960, S. 89 ff.

Fischer, Ulrich	Der Konzernbetriebsrat nach neuem Recht, AiB 2001, S. 565 ff.
Fitting, Karl/ Kaiser, Heinrich/ Heither, Friedrich/ Engels, Gerd/ Schmidt, Ingrid	Handkommentar zum Betriebsverfassungsgesetz 21. Auflage, München 2002 (zit.: *Fitting* BetrVG)
Franke, Dietmar	Betriebsratswahlen 2002 – Wahlanfechtungen sind vorprogrammiert, NJW 2002, S. 656 ff.
Frerichs, Johann/ Möller, Carola/ Ulber, Jürgen	Leiharbeit und betriebliche Interessenvertretung Köln 1981 (zit.: *Frerichs/Möller/Ulber* Leiharbeit)
Galperin, Hans	Die Organstellung des Betriebsrats, RdA 1959, S. 321 ff.
Galperin, Hans	Eine neue Betriebsverfassung?, BB 1971, S. 137 ff.
Gaul, Björn	Aktuelles Arbeitsrecht Band 2/2001 Köln 2001 (zit.: *Gaul* AktuellAR 2001)
Gerster, Heinz	Die betriebsverfassungsrechtliche Stellung von Belegschaft und Betriebsrat Köln 1958 (zit.: *Gerster* Stellung)
Gester, Heinz	Zur Rechtsnatur des Betriebsrats, RdA 1960, S. 406 ff.
Gick, Dietmar	Gewerbsmäßige Arbeitnehmerüberlassung zwischen Verbot und Neugestaltung Berlin 1984 (zit.: *Gick* Arbeitnehmerüberlassung)

Gitter, Wolfgang/ Michalski, Lutz — Arbeitsrecht
5. Auflage, Heidelberg 2002
(zit.: *Gitter/Michalski* ArbeitsR)

Göbel, Jürgen — Arbeitnehmerüberlassung, Werkverträge und verschobene Arbeitnehmerrisiken,
BlStSozArbR 1973, S. 324 ff.

Gotthardt, Michael — Arbeitsrecht nach der Schuldrechtsreform
München 2002
(zit.:*Gotthardt* Arbeitsrecht nach der SR-Reform)

Groeger, Axel — Arbeitsrechtliche Aspekte des neuen Arbeitnehmerüberlassungsgesetzes,
DB 1998, S. 470 ff.

Gross, Harald — Die Nachprüfbarkeit von Beschlüssen des Betriebsrats durch das Arbeitsgericht,
ArbuR 1953, S. 71 ff.

Haas, Lothar/ Medicus, Dieter/ Rolland, Walter/ Schäfer, Carsten/ Wendland, Holger — Das neue Schuldrecht
München 2002
(zit.: *Haas/Medicus/Rolland/Schäfer/Wendland* Schuldrecht)

Halbach, Christel — Betriebsverfassungsrechtliche Aspekte des Einsatzes von Leiharbeitnehmern und Unternehmerarbeitern,
DB 1980, S. 2389 ff.

Hamann, Wolfgang — Erkennungsmerkmale illegaler Arbeitnehmerüberlassung in Form von Scheindienst- und Scheinwerkverträgen
Münster 1994
(zit.: *Hamann* Erkennungsmerkmale)

Hammer, Ulrich — Berufsbildung und Betriebsverfassung, Begriff und Grenzen der Beteiligungsrechte des Betriebsrats bei betrieblichen Berufsbildungsmaßnahmen
Baden-Baden 1996
(zit.: *Hammer* Berufsbildung)

Hanau, Peter — Praktische Fragen der Mitbestimmung in sozialen Angelegenheiten,
BB 1972, S. 499 ff.

Hanau, Peter — Probleme der Neuregelung der Betriebsverfassung,
ZIP 2001, S. 1981 ff.

Hanau, Peter — Unklarheiten in dem Regierungsentwurf des BetrVG,
BB 1971, S. 485 ff.

Hanau, Peter — Denkschrift zu dem Regierungsentwurf eines Gesetzes zur Reform des Betriebsverfassungsgesetzes,
RdA 2001, S. 65 ff.

Hanau, Peter — Die Reform der Betriebsverfassung,
NJW 2001, S. 2513 ff.

Hanau, Peter/
Adomeit, Klaus — Arbeitsrecht
12. Auflage, Neuwied 2000
(zit.: *Hanau/Adomeit* ArbeitsR)

Händel, Konrad — Anmerkung zum Urteil des BGH vom 13.05.1975,
AP Nr. 1 zu § 12 AÜG,
NJW 1975, S. 1695

Heinze, Meinhard — Rechtsprobleme des sogenannten echten Leiharbeitsverhältnisses,
ZfA 1976, S. 183 ff.

Hempel, Frank — Das Spannungsverhältnis zwischen dem sozialen Schutz der Arbeitnehmer und den wirtschaftlichen Interessen der Verleiher und der Entleiher bei der Arbeitnehmerüberlassung
Berlin 1975
(zit.: *Hempel* Spannungsverhältnis)

Hennige, Susanne — Betriebliche Mitbestimmung bei Arbeitnehmerüberlassung nach der Reform des Betriebsverfassungsgesetzes,
in: RWS-Forum 21, S. 59 ff.
Köln 2002
(zit.: *Hennige* RWS-Forum)

Henssler, Helmut — Aufspaltung, Ausgliederung und Fremdvergabe,
NZA 1994, S. 294 ff.

Herbst, Jens — Kann der Betriebsrat über Zugangskontrollen für Fremdfirmenmitarbeiter mitbestimmen?,
AiB 1987, S. 275 ff.

Herschel, Wilhelm — Anmerkung zum Urteil des BAG vom 24.11.1981,
AP zu § 87 BetrVG 1972 Ordnung des Betriebs Nr. 3

Hess, Harald/ Schlochauer, Ursula/ Glaubitz, Werner — Kommentar zum Betriebsverfassungsgesetz
5. Auflage, Neuwied, Berlin 1997
(zit.: Hess/Schlochauer/Glaubitz-*Bearbeiter*)

Hessel, Philipp — Nochmals: Das Leiharbeitsverhältnis,
BB 1970, S. 307 ff.

Höcker, Lorenz — Grundsätze über die Rechtsstellung der Unternehmerarbeiter
RdA 1954, S. 127 ff.

Hofe, Gerhard — Betriebliche Mitbestimmung und Humanisierung der Arbeitswelt
Köln 1978
(zit.: *Hofe* Betriebliche Mitbestimmung)

Hoyningen-Huene, Gerrick von — Subunternehmervertrag oder illegale Arbeitnehmerüberlassung,
BB 1985, S. 1669 ff.

Hoyningen-Huene, Gerrick von — Betriebsverfassungsrecht
4. Auflage, München 1998
(zit.: *v. Hoyningen-Huene* BetriebsverfassungsR)

Hromadka, Wolfgang/ Maschmann, Frank — Arbeitsrecht
Band I: Individualarbeitsrecht
2. Auflage, Berlin, Heidelberg 2002
(zit.: *Hromadka/Maschmann* ArbeitsR I)

Hromadka, Wolfgang/ Maschmann, Frank	Arbeitsrecht Band II: Kollektivarbeitsrecht 2. Auflage, Berlin, Heidelberg 1999 (zit.: *Hromadka/Maschmann* ArbeitsR II)
Huber, Peter/ Faust, Florian	Schuldrechtsmodernisierung München 2002 (zit.: *Huber /Faust* SR-Modernisierung)
Hueck, Alfred/ Nipperdey, Hans Carl	Lehrbuch des Arbeitsrechts Band I 7. Auflage, Berlin, Frankfurt am Main 1963 (zit.: *Hueck/Nipperdey* Arbeitsrecht I)
Hueck, Alfred/ Nipperdey, Hans Carl	Lehrbuch des Arbeitsrechts Band II/2 7. Auflage, Berlin, Frankfurt am Main 1970 (zit.: *Hueck/Nipperdey* Arbeitsrecht II/2)
Hufen, Friedhelm	Berufsfreiheit – Erinnerung an ein Grundrecht, NJW 1994, S. 2913 ff.
Hunold, Wolf	Probleme des Personalabbaues, insbesondere im Falle von Betriebsänderungen, BB 1975, S. 1439 ff.
Hunold, Wolf	Zum Umfang der Unterrichtungspflicht des Arbeitgebers gemäß § 99 BetrVG bei Beschäftigung von Leiharbeitnehmern, BB 1976, S. 648 ff.
Hunold, Wolf	Zur Entwicklung des Einstellungsbegriffs in der Rechtsprechung, NZA 1990, S. 461 ff.
Hunold, Wolf	Fortentwicklung des Einstellungsbegriffs in der Rechtsprechung des BAG, NZA 1998, S. 1025 ff.

Hümmerich, Klaus/ Holthausen, Joachim/ Weslau, Dietmar	Arbeitsrechtliches im Esten Gesetz für moderne Dienstleistungen am Arbeitsmarkt, NZA 2003, S. 7 ff.
Isensee, Josef/ Kirchhof, Paul	Handbuch des Staatsrechts Band V: Allgemeine Grundrechtslehren Heidelberg, Regensburg 1992 (zit.: Isensee/Kirchhof-*Bearbeiter*)
Jacobi, Erwin	Grundlehren des Arbeitsrechts Leipzig 1927 (zit.: *Jacobi* Grundlehren)
Jahnke, Volker	Die Mitbestimmung des Betriebsrats auf dem Gebiet der betrieblichen Sozialleistungen, ZfA 1980, S. 863 ff.
Jarass, Hans D./ Pieroth, Bodo	Kommentar zum Grundgesetz 6. Auflage, München 2002 (zit.: *Jarass/Pieroth* GG)
Jedzig, Joachim	Mitbestimmung des Betriebsrats bei der Beschäftigung von Fremdarbeitnehmern aufgrund von Werkverträgen mit Drittfirmen, DB 1989, S. 978 ff.
Jülicher, Friedrich	Der Anspruch des Betriebsrats auf Freistellung weiterer Betriebsratsmitglieder beim Fehlen einer Gesamtvereinbarung, ArbuR 1973, S. 161 ff.
Kadel, Peter/ Koppert, Wolfgang	Der Einsatz von Leiharbeitnehmern unter rechtlichen und personalpolitischen Aspekten, BB 1990, S. 2331 ff.
Kaskel, Walter/ Dersch, Hermann	Arbeitsrecht 3. Auflage, Berlin 1957 (zit.: *Kaskel/Dersch* ArbeitsR)
Khote, Wolfhard	Anmerkung zum Urteil des BAG vom 28.07.1981 AiB 1983, S. 51 ff.

Kindereit, Lothar — Probleme des Leiharbeitsverhältnisses,
RdA 1971, S. 207 ff.

Klevemann, Joachim — Die Mitbestimmungsrechte des Betriebsrats bei der „Flexibilisierung" der Arbeitszeit,
AiB 1984, S. 90 ff.

Kloepfer, Michael — Betrieblicher Umweltschutz als Rechtsproblem,
DB 1993, S. 1125 ff.

Kloepfer, Michael/ Veit, Günther — Grundstrukturen des technischen Arbeitsschutzrechts,
NZA 1990, S. 121 ff.

Kokemoor, Axel — Arbeitnehmerüberlassung im Arbeitnehmerinteresse,
NZA 2000, S. 1077 ff.

Konzen, Horst — Tarifvertragliche und innerbetriebliche Normsetzung,
BB 1977, S. 1307 ff.

Konzen, Horst — Arbeitsrechtliche Drittbeziehungen,
ZfA 1982, S. 259 ff.

Konzen, Horst — Der Regierungsentwurf des Betriebsverfassungsreformgesetzes,
RdA 2001, S. 76 ff.

Kort, Michael — Betriebsverfassungsrechtliche Mitbestimmung bei Strukturveränderungen,
ZfA 2000, S. 329 ff.

Kraft, Alfons — Fragen zur betriebsverfassungsrechtlichen Stellung von Leiharbeitnehmern,
in: Festschrift für Klemens Pleyer; S. 383 ff.
Köln 1986
(zit.: *Kraft* FS Pleyer)

Kraft, Alfons — Mitbestimmungsrechte des Betriebsrats bei betrieblichen berufsbildungs- und sonstigen Bildungsmaßnahmen nach § 98 BetrVG,
NZA 1990, S. 457 ff.

Kraft, Alfons — Anmerkung zum Urteil des BAG vom 14.05.1974,
AP Nr. 2 zu § 99 BetrVG 1972

Kreuder, Thomas — Fremdfirmeneinsatz und Beteiligung des Betriebsrats, ArbuR 1993, S. 316 ff.

Kreuder, Thomas — Fremdfirmenpersonal und Betriebsänderung AiB 1994, S. 731 ff.

Larenz, Karl — Methodenlehre der Rechtswissenschaft
6. Auflage, Berlin, Heidelberg, New York 1991
(zit.: *Larenz* Methodenlehre)

Leibholz, Gerhard — Das Wesen der Repräsentation und der Gestaltung der Demokratie im 20. Jahrhundert
3. Auflage, Berlin 1966
(zit.: *Leinholz* Repräsentation)

Leibholz, Gerhard/ Rinck, Hans-Justus/ Hesselberger, Dieter — Kommentar an Hand der Rechtsprechung des Bundesverfassungsgerichts zum Grundgesetz
Losebl.-Ausg., 40. Ergänzung, Köln 2002
Band I: Art. 1-20
Band II: Art. 21- 146
(zit.: *Leibholz/Rinck/Hesselberger* GG)

Leineman, Wolfgang (Hrsg.) — Kasseler Handbuch zum Arbeitsrecht
Band 2
Neuwied, Berlin 1997
(zit.: Kass. Handb.-*Bearbeiter*)

Leinemann, Wolfgang — Die neue Rechtsprechung des Bundesarbeitsgerichts zum Urlaubsrecht,
NZA 1985, S. 137 ff.

Leisten, Leonhard — Einstweilige Verfügung zur Sicherung von Mitbestimmungsrechten des Betriebsrats beim Einsatz von Fremdfirmen,
BB 1992, S. 266 ff.

Leitner, Ulrich — Abgrenzung zwischen Werkvertrag und Arbeitnehmerüberlassung,
NZA 1991, S. 293 ff.

Lembke, Mark — Die „Hartz-Reform“ des Arbeitnehmerüberlassungsgesetzes,
BB 2003, S. 98 ff.

Leßmann, Jochen/ Liersch, Anke — Die Novelle des Betriebsverfassungsgesetzes,
DStR 2001, S. 1302 ff.

Lindemann, Achim/ Simon, Oliver — Wahlberechtigung und Ermittlung der Betriebsratsgröße,
NZA 2002, S. 365 ff.

Lorenz, Stephan/ Riehm, Thomas — Lehrbuch zum neuen Schuldrecht
München 2002
(zit.: *Lorenz/Riehm* Schuldrecht)

Löwisch, Manfred — Änderung der Betriebsverfassung durch das Betriebsverfassungs-Reformgesetz (1. Teil),
BB 2001, S. 1734 ff.

Löwisch, Manfred — Arbeitsrecht
6. Auflage, Düsseldorf 2002
(zit.: *Löwisch* ArbeitsR)

Löwisch, Manfred/ Kaiser, Dagmar — Kommentar zum Betriebsverfassungsgesetz
10. Auflage, Heidelberg 2002
(zit.: *Löwisch/Kaiser* BetrVG)

Mangoldt, Hermann von/ Klein, Friedrich — Das Bonner Grundgesetz
Bd. 1 – 3
4. Auflage, München 1999
(zit.: *Mangoldt/Klein* GG)

Marschall, Dieter — Gelöste und ungelöste Fragen der Arbeitnehmerüberlassung,
RdA 1983, S. 18 ff.

Marschall, Dieter — Zur Abgrenzung zwischen Werkvertrag und Arbeitnehmerüberlassung,
NZA 1989, S. 150 ff.

Marschner, Andreas — Die Abgrenzung der Arbeitnehmerüberlassung von anderen Formen des Personaleinsatzes,
NZA 1995, S. 668 ff.

Maschmann, Frank — Leiharbeitnehmer und Betriebsratswahl nach dem BetrVG-Reformgesetz,
DB 2001, S. 2446 ff.

Maunz, Theodor/ Dürig, Günter — Kommentar zum Grundgesetz
Losebl.-Ausg., 40. Ergänzung, München 2002
Band I: Art. 1-11
Band II: Art. 12-20
Band III: Art. 20 a-53
(zit.: Maunz/Dürig-*Bearbeiter*)

Maurer, Kurt — Betriebsverfassungsrechtliche Zugehörigkeit des Leiharbeitnehmers nach dem Arbeitnehmerüberlassungsgesetz,
BB 1974, S. 512 ff.

Mayer-Maly, Theo — Das Leiharbeitsverhältnis,
ZfA 1972, S. 1 ff.

Mertz, Ulrich — Der individualarbeitsrechtliche Schutz des Arbeitnehmers im Rahmen der Betriebsverfassung,
RdA 1971, S. 203 ff.

Mohr, Wolfgang/ Pomberg, Thorsten — Die Änderung der Rechtsprechung zu der vermuteten Arbeitsvermittlung nach dem Arbeitnehmerüberlassungsgesetz,
DB 2001, S. 590 ff.

Müller, Gerhard — Zur Anfechtung der Betriebsratswahl,
in: Festschrift für Ludwig Schnorr von Carolsfeld, S. 367 ff.
Köln, Berlin, München 1972
(zit.: *Müller* FS von Carolsfeld)

Müllner, Wolfgang — Aufgespaltene Arbeitgeberstellung und Betriebsverfassungsrecht
Berlin 1978
(zit.: *Müllner* Aufgespaltene Arbeitgeberstellung)

Münch, Ingo von	Kommentar zum Grundgesetz 5. Auflage, München 2000 GG in drei Bänden (zit.: *v. Münch*-Bearbeiter)
Natzel, Benno	Berufsbildungsrecht: Ausbildung, Fortbildung und Umschulung 3. Auflage, Stuttgart 1982 (zit.: *Natzel* Berufsbildungsrecht)
Natzel, Benno	Menschengerechte Arbeitsgestaltung und Gewerkschaftspolitik – Antwort auf eine gewerkschaftliche Handlungsanleitung zu den § 90 und § 91 BetrVG Bergisch-Gladbach 1979 (zit.: *Natzel* Gestaltung)
Neumann-Duesberg, Horst	Betriebsverfassungsrecht Berlin, 1960 (zit.: *Neumann-Duesberg* Betriebsverfassung)
Niesel, Klaus	Kommentar zum SGB III 2. Auflage, München 2002 (zit.: Niesel-*Brand* SGB III)
Nikisch, Arthur	Arbeitsrecht Band I 3. Auflage, Tübingen 1961 (zit.: *Nikisch* ArbeitsR I)
Nikisch, Arthur	Arbeitsrecht Band III 2. Auflage, Tübingen 1966 (zit.:*Nikisch* ArbeitsR III)
Oetker, Hartmut	Betriebszugehörigkeit und gelockerte Betriebsbeziehungen, ArbuR 1991, S. 359 ff.

Olzen, Dirk/ Wank, Rolf	Die Schuldrechtsreform Köln, Berlin, Bonn 2002 (zit.: *Olzen/Wank* SR-Reform)
Palandt, Otto (Begr.)	Kommentar zum Bürgerlichen Gesetzbuch mit Einführungsgesetz 61. Auflage, München 2002 (zit.: Palandt-*Bearbeiter)*
Palandt, Otto (Begr.)	Kommentar zum Gesetz zur Modernisierung des Schuldrechts Ergänzungsband, München 2002 (zit.: Palandt-Ergänzungsband-*Bearbeiter*)
Plander, Harro	Fremdfirmeneinsatz und Betriebsverfassung, AiB 1990, S. 19 ff.
Plander, Harro	Kapazitätsorientierte variable Arbeitszeit als Gegenstand von Tarifverträgen und Betriebsvereinbarungen, ArbuR 1987, S. 281 ff.
Preis, Ulrich/ Elert, Nicole	Erweiterung der Mitbestimmung bei Gruppenarbeit?, NZA 2001, S. 371 ff.
Ramm, Thilo	Die Aufspaltung der Arbeitgeberfunktionen, ZfA 1973, S. 263 ff.
Ramm, Thilo	Eine Kritik des Arbeitnehmerüberlassungsgesetzes, DB 1973, S. 1170 ff.
Reichold, Hermann	Auswirkungen der Novelle zum BetrVG auf die Organisation der Betriebsverfassung, Sonderbeilage zu NZA Heft 24/2001, S. 32 ff.
Reichold, Hermann	Die reformierte Betriebsverfassung 2001, NZA 2001, S. 857 ff.
Richardi, Reinhard	Betriebsratsamt und Gewerkschaft, RdA 1972, S. 8 ff.

Richardi, Reinhard	Betriebsverfassungsgesetz 8. Auflage, München 2002 (zit.: *Richardi* BetrVG)
Richardi, Reinhard	Betriebszugehörigkeit als Rechtsproblem, in: Festschrift für Hans Floretta, S. 595 ff. Wien 1983 (zit.: *Richardi* FS Floretta)
Richardi, Reinhard	Wahlberechtigung und Wählbarkeit zum Betriebsrat im Konzern, NZA 1987, S. 145 ff.
Richardi, Reinhard	Neues Betriebsverfassungsgesetz: Revolution oder strukturwahrende Reform?, NZA 2001, S. 346 ff.
Richardi, Reinhard/ Wlotzke, Otfried	Münchener Handbuch zum Arbeitsrecht in drei Bänden 2. Auflage, München 2000 (zit.: MünchArbR-*Bearbeiter*)
Roos, Bernd	Anmerkung zum Urteil des LAG Köln vom 20.11.1998, AiB 1999, S. 641
Rosenstein, Sabine	Die Abgrenzung der Arbeitnehmerüberlassung vom Fremdfirmeneinsatz oder aufgrund Dienst- oder Werkvertrag Konstanz 1997 (zit.: *Rosenstein* Abgrenzung)
Rosset, Christoph	Rechtssubjektivität des Betriebsrats und die Haftung seiner Mitglieder München 1985 (zit.: *Rosset* Rechtssubjektivität)
Rüthers, Bernd/ Bakker, Rainer	Arbeitnehmerentsendung und Betriebsinhaberwechsel im Konzern, ZfA 1990, S. 245 ff.

Sachs, Michael	Kommentar zum Grundgesetz 2. Auflage, München, 1999 (zit.: *Sachs* GG)
Säcker, Franz Jürgen/ Kühnast, Simone	Die vermutete Arbeitsvermittlung (§ 1 Abs. 2 AÜG) als gesetzgebungspolitische Fehlleistung, ZfA 2001, S. 117 ff.
Säcker, Franz Jürgen/ Joost, Detlev	Betriebszugehörigkeit als Rechtsproblem im Betriebsverfassungs- und Mitbestimmungsrecht Koenigstein/Ts. 1980 (zit.: *Säcker/Joost* Betriebszugehörigkeit)
Salje, Peter	Betriebsvereinbarungen als Mittel zur Verbesserung des Umweltschutzes, BB 1988, S. 74 ff.
Sandmann, Georg/ Marschall, Dieter	Kommentar zum Arbeitnehmerüberlassungsgesetz 26. Ergänzungslieferung, Neuwied, Berlin 2002 (zit.: *Sandmann/Marschall* AÜG)
Schaub, Günter	Arbeitsrechts-Handbuch 10. Auflage, München 2002 (zit.: *Schaub* Arbeitsrecht)
Schaub, Günter	Die Abgrenzung der gewerbsmäßigen Arbeitnehmerüberlassung von Dienst- und Werkverträgen sowie sonstigen Verträgen der Arbeitsleistung an Dritte, NZA 1985, Beilage 3/85, S. 1 ff.
Schaub, Günter	Reform der Betriebsverfassung, ZTR 2001, S. 437 ff.
Schiefer, Bernd/ Korte, Walter	Die Durchführung von Betriebsratswahlen nach neuem Recht NZA 2002, S. 57 ff.
Schmidt, Karsten	Münchener Kommentar zum Handelsgesetzbuch Band 1, §§ 1 – 104 HGB München 1996 (zit.: MünchKomm-*Bearbeiter*)

Schmidt-Bleibtreu, Bruno/ Klein, Franz	Kommentar zum Grundgesetz 9. Auflage, Neuwied 1999 (zit.: *Schmidt/Bleibtreu-Klein* GG)
Schmitt, Carl	Verfassungslehre Berlin 1928
Schneider, Tobias	Handbuch Zeitarbeit 26. Ergänzung, Neuwied, Berlin 2002 (zit.: *Schneider* Zeitarbeit)
Schneider, Wolfgang/ Trümmer, Ralf	Zum betriebsverfassungsrechtlichen Arbeitnehmerbegriff, in: Festschrift für Albert Gnade, S. 175 ff. Köln 1992 (zit.: *Schneider/Trümmer* FS Gnade)
Scholz, Rupert	Die Koalitionsfreiheit als Verfassungsproblem München 1971 (zit.: *Scholz* Koalitionsfreiheit)
Schüren, Peter	Abgrenzung und Identifikation von (Schein-)Werkverträgen, in: Festschrift für Wolfgang Däubler, S. 90 ff. Heidelberg 1999 (zit.: *Schüren* FS Däubler)
Schüren, Peter	Kommentar zum Arbeitnehmerüberlassungsgesetz 1. Auflage, München 1994 (zit.: *Schüren* AÜG)
Schweiger, Karl	Zur Geschichte und Bewertung des Willkürverbots, in: Festschrift Verfassung und Verfassungsrechtsprechung, S. 55 ff. (zit.: *Schweiger* FS Verfassung und Verfassungsrechtsprechung)
Sinzheimer, Hugo	Grundzüge des Arbeitsrechts 2. Auflage, Jena 1927 (zit.: *Sinzheimer* Grundzüge)

Soergel, Hans Theodor	Kommentar zum Bürgerlichen Gesetzbuch Band 4/1, Schuldrecht III, 1, §§ 516 – 651 BGB 13. Auflage, Stuttgart, Köln 1997 (zit.: Soergel-*Bearbeiter*)
Söllner, Alfred	Grundriss des Arbeitsrechts 12. Auflage, München 1998 (zit.: *Söllner* Arbeitsrecht)
Staudinger, Julius von	Kommentar zum Bürgerlichen Gesetzbuch Zweites Buch: Recht der Schuldverhältnisse, §§ 611-615 13. Bearbeitung, Berlin 1999 (zit.: Staudinger-*Bearbeiter*)
Stefener, Klaus	Die Haftung des Verleihers im Überlassungsverhältnis zum Entleiher bei der gewerblichen Arbeitnehmerüberlassung und deren Gestaltung durch Allgemeine Geschäftsbedingungen Münster 1999 (zit.: *Stefener* Haftung)
Stege, Dieter/ Weinspach, Friedrich Karl	Kommentar zum Betriebsverfassungsgesetz 8. Auflage, Köln 1999 (zit.: *Stege/Weinspach* BetrVG)
Stern, Klaus	Das Gebot zur Ungleichbehandlung, in: Festschrift für Günter Dürig, S. 207 ff. München 1990 (zit.: *Stern* FS Dürig)
Stern, Klaus	Das Staatsrecht der Bundesrepublik Deutschland Band III/1: Allgemeine Lehren der Grundrechte München 1988 (zit.: *Stern* StaatsR. III/1)
Stückmann, Roland	Betriebsverfassungsrechtliche Mitbestimmung im arbeitnehmer- und betriebsratlosen Entleihbetrieb, DB 1999, S. 1902 ff.

Ulber, Jürgen	Kommentar zum Arbeitnehmerüberlassungsgesetz und Arbeitnehmer-Entsendegesetz 1. Auflage, Frankfurt am Main 1998 (zit.: *Ulber* AÜG (1. Aufl.))
Ulber, Jürgen	Kommentar zum Arbeitnehmerüberlassungsgesetz und Arbeitnehmer-Entsendegesetz 2. Auflage, Frankfurt am Main 2002 (zit.: *Ulber* AÜG)
Ulber, Jürgen	Rechtliche Grenzen des Einsatzes von betriebsfremden Arbeitnehmern und Mitbestimmungsrechte des Betriebsrats, ArbuR 1982, S. 54 ff.
Ulber, Jürgen	Anmerkung zum Urteil des BAG vom 28.06.2000, ArbuR 2001, S. 150 ff.
Urban, Sandra	Anmerkung zum Urteil des BAG vom 28.06.2000, AP Nr. 3 zu § 13 AÜG
Vollbracht, Ernst/ Seggern, Burkhard von	Ein Motor für mehr Beschäftigung, Arbeitgeber 2000, S. 30 ff.
Walle, Andreas	Betriebsverfassungsrechtliche Aspekte beim werkvertraglichen Einsatz von Fremdpersonal, NZA 1999, S. 518 ff.
Walwei, Ulrich	Leiharbeit: Bedeutung für Wirtschaft und Beschäftigung, EuroAS 2002, S. 149 ff.
Wank, Rolf	Arbeitnehmer und Selbständige München 1988
Wank, Rolf	Die Auslegung von Gesetzen 2. Auflage, Berlin, Köln, München 2001 (zit.: *Wank* Auslegung)
Wank, Rolf	Übungen im Arbeitsrecht 3. Auflage, Berlin 2002 (zit.: *Wank* Übungen)

Wank, Rolf	Lean Management und Business Reengineering aus arbeitsrechtlicher Sicht Stuttgart 1995 (zit.: *Wank* Lean Management)
Wank, Rolf	Arbeitsrecht und Methode – am Beispiel der rangkonformen Auslegung, RdA 1999, S. 130 ff.
Wank, Rolf	Leiharbeit in Deutschland aus arbeitsrechtlicher Sicht, EuroAS 2002, S. 167 ff.
Wank, Rolf	Nebentätigkeit Heidelberg 1995
Wank, Rolf	Anmerkung zum Urteil des BAG vom 15.06.1983, SAE 1985, S. 71 ff.
Wank, Rolf	Anmerkung zum Urteil des BAG vom 25.04.1989, EwiR 1989, S. 931 f.
Wank, Rolf	Anmerkung zum Urteil des BAG vom 16.07.1991, AP Nr. 28 zu § 95 BetrVG 1972, EwiR 1992, S. 129 ff.
Wank, Rolf	Anmerkung zum Urteil des BAG vom 15.12.1998, AP Nr. 56 zu § 80 BetrVG 1972
Wank, Rolf/ Wiedemann, Herbert	Gemeinsame Anmerkung zum Urteil des BAG vom 19.11.1974, AP Nr. 2 und 3 zu § 5 BetrVG 1972
Wank, Rolf	Der Richtlinienvorschlag der EG-Kommission zur Leiharbeit und das „Erste Gesetz für moderne Dienstleistungen am Arbeitsmarkt“, NZA 2003, S. 14 ff.
Weber, Christoph	Das aufgespaltene Arbeitsverhältnis Berlin 1992 (zit.: *Weber* Arbeitsverhältnis)
Weiss, Günther	Der personale Gehalt des Arbeitsverhältnisses, ZfA 1996, S. 439 ff.

Weitnauer, Hermann | Zivilrechtliche Grundstrukturen im Betriebsverfassungsrecht,
in: Festschrift für Konrad Duden, S. 705 ff.
München 1977
(zit.: *Weitnauer* FS Duden)

Westermann, Harm Peter | Münchener Kommentar zum Bürgerlichen Gesetzbuch
Band 4 Schuldrecht BT II, §§ 607 – 704 BGB
3. Auflage, München 1997
(zit.: Münchener-Kommentar-*Bearbeiter*)

Westermann, Peter | Handkommentar zum Bürgerlichen Gesetzbuch
10. Auflage, Köln, Münster 2000
(zit.: Erman-*Bearbeiter*)

Wiese, Günther | Sitzungen des Wirtschaftsausschusses und die Behandlung geheimhaltungsbedürftiger, vertraulicher sowie sonstiger Tatsachen,
in: Festschrift für Karl Molitor, S. 365 ff.
(zit.: *Wiese* FS Molitor)

Wiese, Günther | Buchbesprechung von Günther Hurlebaus: Fehlende Mitbestimmung bei § 87 BetrVG,
ZfA 1989, S. 645 ff.

Wiese, Günther | Anmerkung zum Urteil des BAG vom 05.03.1974,
AP zu § 87 BetrVG 1972 Kurzarbeit Nr. 1

Windbichler, Christine | Mitbestimmung des Betriebsrats bei der Beschäftigung von Leiharbeitnehmern,
DB 1975, S. 739 ff.

Ziemann, Werner | Anmerkung zum Urteil des BAG vom 18.01.1989,
ArbuR 1990, S. 56 ff.

Zippelius, Reinhold | Juristische Methodenlehre
6. Auflage, München 1994
(zi.: *Zippelius* Methodenlehre)

Zöllner, Wolfgang/ Loritz, Karl-Georg — Arbeitsrecht
5. Auflage, München 1998
(zit.: *Zöllner/Loritz* ArbeitsR)

Abkürzungsverzeichnis

a.A.	anderer Ansicht
a.F.	alte Fassung
a.a.O.	am angegebenen Ort
Abs.	Absatz
AcP	Archiv für die civilistische Praxis (Zeitschrift)
AiB	Arbeitsrecht im Betrieb (Zeitschrift)
Alt.	Alternative
Anm.	Anmerkung
AP	Arbeitsrechtliche Praxis (Nachschlagewerk des Bundesarbeitsgerichts)
ArbG	Arbeitsgericht
ArbGG	Arbeitsgerichtsgesetz
ArbuR	Arbeit und Recht (Zeitschrift)
ArbR.	Arbeitsrecht
Art.	Artikel
AuA	Arbeit und Arbeitsrecht (Zeitschrift)
Aufl.	Auflage
AÜG	Arbeitnehmerüberlassungsgesetz
BA	Bundesanstalt für Arbeit
BAG	Bundesarbeitsgericht
BAGE	Entscheidungen des Bundesarbeitsgerichts (Amtliche Sammlung)
BB	Betriebs-Berater (Zeitschrift)
Bd.	Band
Begr.	Begründer
BetrVG	Betriebsverfassungsgesetz
BGB	Bürgerliches Gesetzbuch
BGBl.	Bundesgesetzblatt
BBiG	Berufsbildungsgesetz
BFH	Bundesfinanzgerichtshof
BGH	Bundesgerichtshof
Bl.	Blatt
BlStSozArbR	Blätter für Steuerrecht, Sozialversicherung und Arbeitsrecht (Zeitschrift)
BMA	Bundesminister für Arbeit und Sozialordnung
BR-Drucks.	Drucksache des Deutschen Bundesrates
BSG	Bundessozialgericht
BT-Drucks.	Drucksache des Deutschen Bundestages
BVerfG	Bundesverfassungsgericht

BVerfGE	Entscheidungen des Bundesverfassungsgerichts (amtliche Sammlung)
BVerwGE	Entscheidungen des Bundesverwaltungsgericht (amtliche Sammlung)
BZA	Bundesverband Zeitarbeit Personal-Dienstleistungen e.V.
DB	Der Betrieb (Zeitschrift)
ders.	derselbe
d.h.	das heißt
dies.	dieselbe /n
Diss.	Dissertation
DJT	Deutscher Juristentag
DStR	Deutsches Steuerrecht (Zeitschrift)
Einl.	Einleitung
EuroAs	Europäisches Arbeits- und Sozialrecht (Zeitschrift)
EWiR	Entscheidungen zum Wirtschaftsrecht (Zeitschrift)
EzA	Entscheidungssammlung zum Arbeitsrecht
EzAÜG	Entscheidungssammlung zum Arbeitnehmerüberlassungsgesetz
f.	folgende
FAZ	Frankfurter Allgemeine Zeitung
ff.	fortfolgende und die folgenden
Fn.	Fußnote
FS	Festschrift
GG	Grundgesetz
Halbs.	Halbsatz
Handb.	Handbuch
h.M.	herrschende Meinung
Hrsg.,hrsg.	Herausgeber, herausgegeben
i.	im, in
i.d.F.	in der Fassung
i.d.R.	in der Regel
i.E.	im Ergebnis
i.H.v.	in Höhe von
i.S.d.	im Sinne des/ der
JA	Juristische Arbeitsblätter (Zeitschrift)
JR	Juristische Rundschau (Zeitschrift)
Jura	Juristische Ausbildung (Zeitschrift)
JuS	Juristische Schulung (Zeitschrift)
JZ	Juristenzeitung (Zeitschrift)
Kap.	Kapitel
Lfg.	Lieferung
Losebl.-Ausg.	Loseblattausgabe

m.	mit
m.E.	meines Erachtens
m.w.N.	mit weiteren Nachweisen
MDR	Monatsschrift für Deutsches Recht (Zeitschrift)
NJW	Neue Juristische Wochenschrift (Zeitschrift)
n.v.	nicht veröffentlicht
NVwZ	Neue Zeitschrift für Verwaltungsrecht (Zeitschrift)
NZA	Neue Zeitschrift für Arbeits- und Sozialrecht (Zeitschrift)
o.	oder
o.a.	oben angeführt
PSA	Personal-Service-Agentur
RAG	Reichsarbeitsgericht
RdA	Recht der Arbeit (Zeitschrift)
Rdnr.	Randnummer
S.	Seite
s.	siehe
SAE	Sammlung arbeitsrechtlicher Entscheidungen (Zeitschrift)
SGB	Sozialgesetzbuch
vgl.	vergleiche
Vorbem.	Vorbemerkung
WRV	Weimarer Reichsverfassung
z.	zum
z.B.	zum Beispiel
ZfA	Zeitschrift für Arbeitsrecht (Zeitschrift)
ZIP	Zeitschrift für Wirtschaftsrecht und Insolvenzpraxis (Zeitschrift)
zit.	zitiert
ZTR	Zeitschrift für Tarif-, Arbeits- und Sozialrecht des öffentlichen Dienstes (Zeitschrift)

§ 1 Betriebsfremde Arbeitnehmer in der Betriebsverfassung als Untersuchungsgegenstand

Hinter Begrifflichkeiten wie „Lean Production", „Reengineering" oder „Outscourcing" verbergen sich neuartige Produktionskonzepte, die zu tiefgreifenden Änderungen in der unternehmerischen Aufgabenerfüllung geführt haben.[1] Im Rahmen dieser Konzepte werden ganze Betriebe, Betriebsteile oder Funktionen aus dem Unternehmen herausgelöst und durch eigenständige Rechtsträger (Fremdfirmen) besorgt.[2] Der wirtschaftliche Hintergrund dieser Entwicklung ist die Erkenntnis, dass die Konzentration auf das wertschöpfende Kerngeschäft besonders gelingt, wenn die sonstigen Aktivitäten ausgelagert werden.[3] Auf diese Weise haben sich viele Unternehmen im Wege der „Verschlankung" des Personals, der Produktion und des Managements von als randständig angesehenen Sparten getrennt, um sich auf Kerntätigkeiten zu konzentrieren.[4]

Für viele Unternehmen gewinnt daneben auch die Zusammenarbeit mit Fremdfirmen innerhalb der eigenen Betriebssphäre an Bedeutung, da sie der Auffassung sind, dass viele innerbetriebliche Aufgaben von spezialisierten Dienstleistungsunternehmen nicht nur zu geringeren Kosten[5], sondern auch qualifizierter und flexibler durchgeführt werden können. Außerdem kann mit diesen Arten des Personaleinsatzes die Arbeitszeit bedarfsgerecht stunden-, tage- oder wochenweise ausgeweitet werden und problemlos wieder zurückgeführt werden, da aufgrund der Arbeitnehmerschutz- und Kündigungsschutzbestimmungen die Zurückführung von einmal eingestellten Arbeitnehmern für viele Unternehmen ein personalwirtschaftliches Problem darstellt.[6] Überdies stellt der Drittbezug von Arbeitsleistung ein Instrument dar, um die Zahl der Überstunden in den Unternehmen abzubauen.[7]

1 *Bea/Haas*, Management, S. 525 f.; *Keuder*, ArbuR 1993, 316; *Walle*, NZA 1999, 518; *Wank*, Lean Management, S. 1 ff.

2 *Bauschke*, NZA 2000, 1201 ff.; *Ulber*, Einl. AÜG C Rdnr. 85.

3 *Bauschke*, NZA 2000, 1201; *Ulber*, ArbuR 1982, 54.

4 *Bauschke*, NZA 2000, 1201; *Henssler*, NZA 1994, 294, 302.

5 *Stückmann*, DB 1999, 1902, der daneben den Abbau der sozialen Sicherheit der Arbeitnehmer und die Aushöhlung des arbeitsrechtlichen Arbeitnehmerschutzes als gemeinsame Zielrichtung dieser Konzepte betrachtet; *Kreuder*, ArbuR 1993, 316, 317; zur Vorteilhaftigkeit von Leiharbeit aus Arbeitnehmersicht vgl. *Kokemoor*, NZA 2000, 1077 ff.; *Vollbracht/v. Seggern*, Arbeitgeber 2000, 30 ff.

6 So auch *Rosenstein*, Abgrenzung, S. 9; *Ulber*, Einl. AÜG C , 100.

7 Bundesverband Zeitarbeit Personal-Dienstleistungen e.V. (BZA) in: Der Personaldienstleister 02/2001, S. 7.

Mithin kann aus betriebswirtschaftlicher Perspektive ein Fremdbezug von Arbeitsleistung auf Dienst- oder Werkvertragsbasis oder durch den Einsatz von Arbeitnehmern in Form der Leiharbeit von großem Vorteil sein.[8]

Durch diese Personalflexibilität werden Fremdfirmen nicht mehr nur zur kurzfristigen Überbrückung von Personalengpässen eingesetzt, vielmehr werden auch Daueraufgaben vergeben, die bisher von der Stammbelegschaft erledigt wurden.[9] Handelte es sich früher noch um bloße Hilfstätigkeiten wie beispielsweise die Reinigung von Betriebsräumen[10], die Bewirtschaftung der betriebseigenen Kantine[11] oder die Bewachung des Betriebsgeländes[12], werden mittlerweile mit der Fertigung notwendiger Vorprodukte[13] und mit Wartungs- und Reparaturarbeiten an Produktions- und EDV-Anlagen[14] auch mit den Kernaufgaben verbundene Funktionen von Fremdfirmen übernommen.

Als Folge dieser Formen des drittbezogenen Personaleinsatzes[15] teilen sich die in einem Betrieb Beschäftigten in Stammarbeitnehmer und von außen kommende Fremdarbeitnehmer, wobei äußerliche Unterschiede zwischen den Tätigkeiten des Stamm- und Fremdpersonals immer weniger verzeichnet werden können.[16] Gleichwohl bestehen individualarbeitsrechtlich zwischen den Stamm- und den Fremdarbeitnehmern zum Arbeitgeber unterschiedliche Rechtsbeziehungen, die zum Teil von der Literatur mit dem Stichwort der „gespaltenen Arbeitgeberstellung“[17] umschrieben werden. Die Unterteilung der in einem Betrieb Beschäftigten in Stamm- und Fremdarbeitnehmer führt darüber hinaus zu Schwierigkeiten bei der betriebsverfassungsrechtlichen Zuordnung und Erfassung dieser Gruppen, denn bei drittbezogenen Per-

---

8 Vgl. vorbereitende Stellungnahme des BZA zum neunten Erfahrungsbericht der Bundesregierung über Erfahrungen bei der Anwendung des AÜG sowie über die Auswirkungen des BillBG in: Daten und Fakten der Zeitarbeit, 2001, S. 49; *Becker/Wulfgramm*, Einl. AÜG IX, zu den soziologischen, sozialpolitischen, arbeitsmarktpolitischen, volks- und betriebswirtschaftlichen Aspekten insbesondere der gewerbsmäßigen Überlassung.

9 *Dauner-Lieb*, NZA 1992, 817; *Ulber*, ArbuR 1982, 54.

10 BAG vom 06.12.1988, AP Nr. 26 zu § 111 BetrVG 1972 = BAGE 60, 237 = EzAÜG Nr. 307 = NZA 1989, 399.

11 *Kreuder*, ArbuR 1993, 316, 317; *ders.* AiB 1994, 731.

12 LAG Düsseldorf vom 24.06.1987, DB 1987, 2159 = EzAÜG § 14 AÜG Betriebsverfassung Nr. 13.

13 BAG vom 07.08.1990, AP Nr. 34 zu § 111 BetrVG 1972 = NZA 1991, 113 = DB 1991, 760 = ZIP 1990, 1426.

14 BAG vom 30.01.1991, AP Nr. 8 zu § 10 AÜG = BAGE 67, 124 = NZA 1992, 19; BAG vom 13.05.1992, NZA 1993, 357.

15 Vgl. zur Terminologie *Becker*, ArbuR 1982, 369, 370; *Konzen*, ZfA 1982, 259, 264 f.; *Schneider*, Zeitarbeit, Kap. 1, I 1); *Wank*, EuroAS 2002, 167, 168; umfassend *Weber*, Arbeitsverhältnis, S. 1 ff.

16 *Becker*, ZIP 1984, 782, 783; *Walle*, NZA 1999, 518.

17 *Hanau/Adomeit*, ArbeitsR, Rdnr. 573; *Müllner*, Aufgespaltene Arbeitgeberstellung, S. 1 ff.

sonaleinsätzen können die Beschäftigten nicht ohne weiteres zur Belegschaft des Betriebs gerechnet werden, in dem sie temporär eingesetzt sind.
Mithin sind häufig verschiedene Gruppen von Arbeitnehmern mit oftmals nicht voneinander zu unterscheidenden Aufgaben in demselben Betrieb betraut, betriebsverfassungsrechtlich bestehen hingegen Unterschiede zwischen ihnen, wobei je nach Art der Fremdfirmenarbeit auch noch innerhalb der Fremdbelegschaft selbst weiter zu unterteilen ist.[18]

Die Formen, in denen in der Praxis Fremdfirmenarbeit auftritt, sind recht verschieden: Neben den signifikantesten Erscheinungsformen von Fremdfirmeneinsätzen auf der Grundlage von Werk- oder Dienstverträgen oder der Leiharbeit in Form der Arbeitnehmerüberlassung existieren auch damit verwandte Verträge und Arten des Fremdfirmeneinsatzes wie Maschinenüberlassungsverträge oder andere typengemischte Verträge sowie die Arbeitsvermittlung. Und schließlich ist bei der Leiharbeit selbst nach gewerbsmäßiger und nicht gewerbsmäßiger, legaler und illegaler sowie weiteren Unterfällen von Leiharbeit zu differenzieren.
Darüber hinaus wird nunmehr auch staatliche initiierte Leiharbeit betrieben. Hierbei werden in Umsetzung der Vorschläge der sog. Hartz-Kommission durch die Arbeitsämter gemäß § 37 c SGB III Personal-Service-Agenturen (PSA) eingerichtet, die mit bislang arbeitslos Gemeldeten Arbeitnehmerüberlassung auf Basis des Arbeitnehmerüberlassungsgesetzes durchführen, wobei im Unterschied zu den rein privaten Zeitarbeitsfirmen die PSA auf den Verbleib ihrer Mitarbeiter in dem Entleiherbetrieb ausgerichtet sind (vermittlungsorientierte Arbeitnehmerüberlassung).[19]

Eine treffsichere Einordnung der Fremdfirmenarbeit, insbesondere die rechtliche Abgrenzung der Fremdfirmeneinsätze auf Leiharbeitsbasis mit anderen Erscheinungsformen des Fremdfirmeneinsatzes, wird von einer uneinheitlichen Rechtsprechung, einer Vielzahl von Literaturstimmen und von ihnen entwickelten Abgrenzungskriterien erschwert. Daneben bestehen über die betriebsverfassungsrechtliche Stellung und den Umfang der Mitbestimmung seitens der Betriebsräte für die im Wege der Fremdfirmeneinsätze Beschäftigten infolge eines diesbezüglichen Meinungspluralismus Unsicherheiten, wenngleich der arbeitsrechtliche Schutz dieser Arbeitnehmer die gemeinsame Stoßrichtung der meisten Überlegungen ist.
Hinzu kommt, dass der Gesetzgeber mit der Novelle zum Betriebsverfassungsgesetz[20] für einen Teil der betriebsfremden Beschäftigten betriebsverfassungsrechtliche Änderungen vorgenommen hat, aus denen neue Probleme resultieren.

---

18 Vgl. hierzu auch *Ulber*, Einl. AÜG C Rdnr. 21.

19 Bericht der Kommission „Moderne Dienstleistungen am Arbeitsmarkt“ (Hartz-Papier), S. 153 f.; Art. 1 Nr. 6 des Ersten Gesetzes für moderne Dienstleistungen am Arbeitsmarkt vom 23.12.2002, BGBl. I, S. 4607.

20 BetrVG-Reformgesetz vom 23.07.2001, BGBl. I, S. 1852.

Für eine sachgerechte betriebsverfassungsrechtliche Zuordnung der entsprechenden Arbeitnehmergruppe bei der mannigfachen Möglichkeit der Hereinnahme von Fremdfirmenarbeit ist aus arbeitsrechtlicher Sicht zunächst immer danach abzugrenzen, innerhalb welchen rechtlichen Rahmens die Fremdfirmenarbeit geleistet wird, denn von der individualarbeitsrechtlichen Einordnung hängt ab, welche betriebsverfassungsrechtlichen Rechte dem innerhalb eines Fremdfirmeneinsatzes Beschäftigten zustehen und welcher Betriebsrat für die Wahrnehmung der Mitbestimmungsrechte in Bezug auf diese Arbeitnehmer zuständig ist.

Ziel der vorliegenden Arbeit ist es daher, zunächst die einzelnen Erscheinungsformen von Fremdfirmeneinsätzen und deren rechtliche Ausgestaltung voneinander abzugrenzen und danach auf dieser Grundlage die bis heute umstrittene Stellung der betriebsfremden Beschäftigten in der Betriebsverfassung unter besonderer Konzentration auf die Leiharbeit in Form der gewerbsmäßigen Arbeitnehmerüberlassung als die wichtigste Form der Beschäftigung von Betriebsfremden[21] einer unter teleologischen Gesichtspunkten orientierten Klärung zuzuführen. Ergänzt wird diese Untersuchung durch eine Zweck- und Rechtmäßigkeitskontrolle der hierzu bestehenden Rechtsvorschriften unter Einbeziehung des mit der Novellierung des Betriebsverfassungsgesetzes für überlassene Arbeitnehmer eingeführten aktiven Wahlrechts gemäß § 7 S. 2 BetrVG.

[21] Vgl. hierzu BA, Arbeitsmarkt in Zahlen 2. Halbjahr/2001, wonach die Beschäftigtenzahl von überlassenenen Leiharbeitnehmern allein in der Zeit von Anfang 1994 mit 117.827 bis Ende 2000 auf 348.570 gestiegen ist.

§ 2 Die Leiharbeit

A. Definition der Leiharbeit

Wie bereits angeführt, gibt es verschiedene Arten von Leiharbeit. Allgemein lassen sich die unterschiedlichen Arten der Leiharbeit durch den Oberbegriff der Arbeitnehmerüberlassung[22] bezeichnen, der im Gegensatz zum Begriff der Leiharbeit juristisch korrekter ist.[23] Allerdings hat sich der Begriff Leiharbeit nicht nur in der Praxis, sondern auch in der arbeitsrechtlichen Literatur und Rechtsprechung durchgesetzt und selbst der Gesetzgeber[24] bezeichnet derartige Sachverhalte als Leiharbeit, so dass im Folgenden dieser Terminus übernommen wird.

Als Gemeinsamkeit aller Arten der Leiharbeit erfolgt die Arbeitsleistung in der betrieblichen Sphäre eines Dritten und damit gerade nicht in dem Betrieb desjenigen, mit dem der Arbeitnehmer den Arbeitsvertrag geschlossen hat.[25] Der Arbeitgeber lässt also den Arbeitnehmer seine Arbeitsleistung in einem Drittbetrieb erbringen, dessen Inhaber zugleich Empfänger der Arbeitsleistung ist. Charakteristisch für die Leiharbeit ist folglich, dass ein selbstständiger Unternehmer den mit ihm durch einen Arbeitsvertrag verbundenen Arbeitnehmer zur Arbeitsleistung einem anderen Betriebsinhaber überlässt und dieser den Arbeitnehmer nach seinen Bedürfnissen und Weisungen einsetzen kann.[26]
Mithin kann das Leiharbeitsverhältnis als ein Arbeitsverhältnis definiert werden, das aufgrund eines Arbeitsvertrages mit dem Verleiher zustande kommt, wobei der Anspruch auf die Arbeitsleistung mit Zustimmung des Leiharbeitnehmers an den Entlei-

---

22 *Becker*, ZfA 1972, 129, 131; *ders.*, ArbuR 1982, 369 ff.; *Becker/Wulfgramm*, Art. 1 § 1 AÜG Rdnr. 23; GK-*Kreutz*, § 7 BetrVG Rdnr. 39 ff.; *Konzen*, ZfA 1982, 259, 266; *Rüthers/Bakker*, ZfA 1990, 245, 273 f.; *Sandmann/Marschall*, Einl. AÜG Rdnr. 2 ff.

23 Der Begriff „Leiharbeit" ist juristisch sogar falsch, denn hierbei handelt es sich um keine Leihe i.S.d. § 598 BGB; die „Leihe" einer Arbeitskraft ist dem BGB unbekannt. Hierzu auch *Boemke*, § 1 AÜG Rdnr. 9; *Kindereit*, RdA 1971, 207, 207; *Müllner*, Aufgespaltene Arbeitgeberstellung, S. 38; *Sandmann/Marschall*, Einl. AÜG Rdnr. 7; teilweise wird die Bezeichnung „Zeitarbeit" oder „Personal-Leasing" verwendet, vgl. hierzu *Becker/Kreikebaum*, Zeitarbeit, S. 40; Kass. Handb.-*Düwell*, 4.5 Rdnr. 6 ff.

24 Vgl. hierzu nur § 1 Abs. 1 S. 1; § 3 Abs. 1 Nr. 3, 4, 5 und 6; § 6; § 9 und § 10 AÜG.

25 So auch *Erdlenbruch*, S. 4; zu den verschiedenen Arten der Leiharbeit überblicksartig *Boemke*, § 1 AÜG Rdnr. 13 ff.

26 BAG vom 08.11.1978, AP Nr. 2 zu § 1 AÜG = BAGE 31, 135 = EzA § 10 AÜG Nr. 1 = RdA 1979, 135; BAG vom 11.04.1984, AP Nr. 7 zu § 10 AÜG = BAGE 45, 316 = RdA 1984, 320; BAG vom 18.01.1989, AP Nr. 2 zu § 14 AÜG = BAGE 60, 368 = EzA § 14 AÜG Nr. 1 = NZA 1989, 728; BAG vom 10.02.1977, AP Nr. 9 zu § 103 BetrVG 1972 = BAGE 29, 7 = SAE 78, 171 = RdA 1977, 195; *Becker*, DB 1988, 2561, 2562; *ders.* Leitfaden, S. 25; *Becker/Kreikebaum*, Zeitarbeit, S. 42; *Eckard*, JA 1989, 393; Erman-*Hanau*, § 611 BGB Rdnr. 92; *Heinze*, ZfA 1976, 183, 195; *Hueck/Nipperdey*, Arbeitsrecht I, S. 521 f.; Münchener-Kommentar-*Müller-Glöge*, § 611 BGB Rdnr. 505 f.; *Müller*, FS v. Carolsfeld, S. 177, 179, *Sandmann/Marschall*, Einl. AÜG Rdnr. 1 f.; *Schaub*, Arbeitsrecht, § 120 Rdnr. 1; Staudinger-*Richardi*, Vorbem. § 611 BGB Rdnr. 136 f.

her mittels eines zwischen Verleiher und Entleiher abzuschließenden Arbeitnehmerüberlassungsvertrages übertragen und die Arbeitsleistung vorübergehend bei dem Entleiher verrichtet wird.[27] Hierbei bleibt zwar das Arbeitsverhältnis zum Verleiher in seinem Bestand unberührt, es kommt allerdings zu einer teilweisen Aufspaltung der Arbeitgeberfunktion.

Zwar berücksichtigt eine solche Definition noch nicht die einzelnen Arten der Leiharbeit, doch ist mit dieser Definition ein erster Anknüpfungspunkt für die Beschreibung der Leiharbeit geschaffen.

B. Verschiedene Formen der Leiharbeit

I. Gewerbsmäßige, nicht gewerbsmäßige Leiharbeit und PSA-Leiharbeit

1. Unterscheidung zwischen gewerbsmäßiger und nichtgewerbsmäßiger Leiharbeit

Zu unterscheiden ist zunächst zwischen der gewerbsmäßigen Arbeitnehmerüberlassung, der unechten Leiharbeit, und der nicht gewerbsmäßigen Überlassung von Arbeitnehmern, der echten Leiharbeit,[28] wobei nur die gewerbsmäßige Arbeitnehmerüberlassung im Arbeitnehmerüberlassungsgesetz geregelt ist.[29] Entscheidend kommt es folglich für die Differenzierung zwischen echter und unechter Leiharbeit auf das Kriterium der Gewerbsmäßigkeit der Arbeitnehmerüberlassung i.S.d. § 1 Abs. 1 S. 1 AÜG an.

Das Arbeitnehmerüberlassungsgesetz selbst enthält keine eigene Definition des Begriffs der Gewerbsmäßigkeit, so dass keine Einteilung unmittelbar anhand des Gesetzes möglich ist. Obwohl das Gesetz arbeitsrechtliche, zivilrechtliche, strafrechtliche, sozialrechtliche und gewerberechtliche Regelungen beinhaltet, gilt für das Arbeitnehmerüberlassungsgesetz ausschließlich der im Gewerberecht geltende Gewerbebegriff,[30] da das Gesetz überwiegend gewerberechtlichen Charakter hat.[31] Gewerbsmäßig stellt demzufolge jede nicht nur gelegentliche, sondern auf eine ge-

---

27 *Becker*, BlStSozArbR 1972, 129, 130.

28 *Halbach*, DB 1980, 2389, 2389.

29 Vgl. *Becker*, ArbuR 1982, 369, 370; *Becker/Wulfgramm*, Einl. AÜG Rdnr. 14; *Richardi*, § 5 BetrVG Rdnr. 95; *Heinze*, ZfA 1976, 183; Hess/Schlochauer/Glaubitz-*Schlochauer*, § 7 BetrVG Rdnr. 20; GK-*Kreutz*, § 7 BetrVG Rdnr. 40; Staudinger-*Richardi*, Vorbem. § 611 BGB Rdnr. 368; und schon die amtliche Begründung, BT-Drucks. 6/2303, S. 9 f.

30 BAG vom 21.03.1990, AP Nr. 15 zu § 1 AÜG = BAGE 65, 43 = EzAÜG Nr. 375 = NZA 1991, 269; BAG vom 10.02.1977, AP Nr. 2 zu § 103 BetrVG 1972 = BAGE 29, 7 = SAE 1978, 171 = RdA 1977, 195; *Becker/Wulfgramm*, Art. 1 § 1 AÜG Rdnr. 27.

31 *Schüren*, § 1 AÜG Rdnr. 279.

wisse Dauer angelegte und auf die Erzielung unmittelbarer oder mittelbarer wirtschaftlicher Vorteile gerichtete selbstständige Tätigkeit dar.[32]
Folglich wird bei der gewerbsmäßigen Leiharbeit (Arbeitnehmerüberlassung i.e.S.) der Arbeitnehmer (Leiharbeitnehmer) von Anfang an von einem selbstständigen Unternehmer (Verleiher) mit dem alleinigen Zweck eingestellt, ihn an Dritte (Entleiher) gegen Entgelt auszuleihen.[33]

Hingegen ist die nicht gewerbsmäßige Leiharbeit (Arbeitnehmerüberlassung i.w.S.) dadurch gekennzeichnet, dass der Leiharbeitnehmer ganz überwiegend im Betrieb der Verleihers tätig ist und nur selten - z.B. bei Ausfall von Arbeitskräften oder kurzfristigem Auftragszuwachs - im Betrieb des Entleihers arbeitet.[34]

Die nunmehr von den Personal-Service-Agenturen zu betreibende Leiharbeit (PSA-Leiharbeit) stellt keine neue, weitere Kategorie neben unechter und echter Leiharbeit dar. Wie zu zeigen sein wird, kann die PSA-Leiharbeit als besondere Form gewerbsmäßiger Leiharbeit der unechten Leiharbeit zugeordnet werden.

2. Rechtsbeziehungen bei gewerbsmäßiger, nicht gewerbsmäßiger Leiharbeit und PSA-Leiharbeit unter den Beteiligten

a) Vorbemerkung

Normalerweise besteht durch den Arbeitsvertrag eine zweigliederige schuldrechtliche Beziehung zwischen Arbeitgeber und Arbeitnehmer. Bei der Leiharbeit besteht nun die Besonderheit, dass der Arbeitnehmer die Arbeitsleistung bei einem Dritten erbringt, dem Dritten bezüglich der Arbeitsleistung das arbeitgeberseitige Weisungsrecht zusteht und hierdurch ein Dreiecksverhältnis zwischen Arbeitgeber (Verleiher), Arbeitnehmer (Leiharbeitnehmer) und Drittem (Entleiher) vorliegt.[35] Arbeitsrechtlich handelt es sich um ein Arbeitsverhältnis, bei dem die Stellung des Arbeitgebers zwischen Verleiher und Entleiher zum Teil aufgeteilt ist.[36]

---

32 BAG vom 21.03.1990, AP Nr. 15 zu § 1 AÜG = BAGE 65, 43 = EzAÜG Nr. 375 = NZA 1991, 269; BAG vom 15.06.1983, AP Nr. 5 zu § 10 AÜG = BAGE 43, 102 = SAE 1985, 71 m. Anm. *Wank* = RdA 1984, 61; GK-*Kreutz*, § 7 BetrVG Rdnr. 40.

33 BAG vom 09.03.1971, AP zu § 611 BGB Leiharbeitsverhältnis Nr. 1 = NJW 1971, 1129 = MDR 1971, 568; BGHZ 102, 104; *Becker*, BlStSozArbR 1972, 129, 131; *ders.*, DB 1988, 2561, 2562; *Becker/Wulfgramm*, Einl. AÜG Rdnr. 16; *Bulla*, DB 1975, 1795; *Fitting*, § 5 BetrVG Rdnr. 221; *Richardi*, § 5 BetrVG Rdnr. 94; Soergel-*Kraft*, § 611 BGB Vorbem. 78 ff.

34 BAG vom 15.02.1974, BB 1974, 885; BAG vom 05.05.1988, NZA 1989, 340; *Boemke*, § 1 AÜG Rdnr. 14; *Schaub*, Arbeitsrecht, § 120 Rdnr. 2.

35 *Becker*, BlStSozArbR 1972, 129, 129; ErfK-*Wank*, Einl. AÜG Rdnr. 5, 9 ff.

36 BAG vom 08.07.1971, AP zu § 611 BGB Leiharbeitsverhältnis Nr. 2 mit Anm. *Söllner* = RdA 1971, 320 = ArbuR 1972, 58; BAG vom 15.06.1983, AP Nr. 5 zu § 10 AÜG = BAGE 43, 102 = SAE 1985, 71 m. Anm. *Wank* = RdA 1984, 61; *Maurer*, BB 1974, 512; *Hueck/Nipperdey*, Arbeitsrecht I, S. 523 f.; *Nikisch*, ArbeitsR I, S. 241 ff.; *Richardi*, § 5 BetrVG Rdnr. 101; Staudinger-*Richardi*, Vorbem. § 611 BGB Rdnr. 355.

Diese Dreiecksstruktur bei der Leiharbeit führt zu Besonderheiten im hier interessierenden Betriebsverfassungsrecht: Das Betriebsverfassungsgesetz geht wie das Individualarbeitsrecht von einer dualistischen Rechtsbeziehung der Beteiligten aus: Nach § 5 Abs. 1 S. 1 BetrVG sind alle Arbeiter und Angestellten sowie die zu ihrer Berufsausbildung Beschäftigten Arbeitnehmer i.S.d. Gesetzes. Dabei legt das Betriebsverfassungsgesetz zunächst den allgemeinen Begriff des Arbeitnehmers zugrunde, wie er für das Arbeitsrecht entwickelt wurde.[37] Arbeitnehmer ist danach jeder, der aufgrund eines privatrechtlichen Vertrags oder eines ihm gleichgestellten Rechtsverhältnisses in der Regel persönlich zur Leistung von Diensten in dessen Betrieb verpflichtet ist.[38] Ergänzend und insoweit vom allgemeinen Arbeitnehmerbegriff abweichend bestimmt das Betriebsverfassungsgesetz, dass einerseits die in § 5 Abs. 2 - 4 BetrVG genannten Gruppen von Arbeitnehmern aus dem persönlichen Anwendungsbereich herauszunehmen[39] und zum anderen die Heimarbeitnehmer nach § 5 Abs. 1 S. 2 BetrVG mit einzubeziehen sind. Das ändert aber nichts daran, dass es zur Begründung eines Arbeitsverhältnisses und damit auch für die Arbeitnehmereigenschaft eines Beschäftigten i.S.d § 5 BetrVG grundsätzlich eines Arbeitsvertrages mit dem Betriebsinhaber bedarf.[40] Zwar ist die volle Wirksamkeit des Arbeitsvertrages dafür nicht Voraussetzung, denn auch wer aufgrund anfechtbaren oder nichtigen Arbeitsvertrages tätig ist, ist bis zur Geltendmachung der Nichtigkeit oder bis zur Anfechtung Arbeitnehmer;[41] eine rein faktische Eingliederung in einen Betrieb genügt jedoch im Hinblick auf die Voraussetzungen des allgemeinen Arbeitnehmerbegriffs nicht zur Bejahung der Arbeitnehmereigenschaft und damit der Betriebszugehörigkeit i.S.d. Betriebsverfassungsgesetzes.[42]

---

[37] Däubler/Kittner/Klebe-*Trümner*, § 5 BetrVG Rdnr. 8 ff.; GK-*Raab*, § 5 BetrVG Rdnr. 11 ff.; *Stege/Weinspach*, § 5 BetrVG Rdnr. 1.

[38] BAG vom 13.12.1962, AP zu § 611 BGB Abhängigkeit Nr. 3 = BAGE 14, 17 = RdA 63, 119; BAG vom 08.06.1967, AP zu § 611 BGB Abhängigkeit Nr. 6 = BAGE 19, 324 = RdA 1967, 356 = ArbuR 1963, 247; BAG, NZA 1992, 899; *Richardi*, § 5 BetrVG Rdnr. 11 ff.; *Fitting*, § 5 BetrVG Rdnr. 15 f.; *Löwisch/Kaiser*, § 5 BetrVG Rdnr. 1; *Hueck/Nipperdey*, Arbeitsrecht I, S. 3 ff.; *Nikisch*, ArbeitsR I, S. 91; Staudinger-*Richardi*, Vorbem. § 611 BGB Rdnr. 136 ff.; Däubler/Kittner/Klebe-*Trümner*, § 5 Rdnr. 9; *Zöllner/Loritz*, ArbeitsR, § 44 V, § 4 III, IV; kritisch zum herkömmlichen Arbeitnehmerbegriff Blanke/Schüren/Wank/Wedde-*Wank*, Beschäftigungsformen, S. 9 ff.; *Wank*, Arbeitnehmer und Selbständige, S. 23 ff; vgl. hierzu auch *Wank*, Nebentätigkeit, S. 13 ff.

[39] S. zur Abgrenzung auch BAG vom 19.11.1974, AP Nr. 2 zu § 5 BetrVG 1972 = BAGE 26, 345 = RdA 1975, 151; BAG vom 19.11.1974, AP Nr. 3 zu § 5 BetrVG 1972 m. Anm. *Wank/Wiedemann* = BAGE 26, 358 = RdA 1975, 151.

[40] Zu diesem Grundsatz vgl. nur GK-*Raab*, § 5 BetrVG Rdnr. 13.

[41] BAG vom 15.11.1957, AP Nr. 2 zu § 125 BGB = BAGE 5, 58 =RdA 1958, 58 = NJW 1958, 397; BAG vom 05.12.1957, AP Nr. 2 zu § 123 BGB = BAGE 5, 159 = RdA 1958, 198 = NJW 1958, 516; Däubler/Kittner/Klebe-*Trümner*, § 5 BetrVG Rdnr. 9; *Fitting*, § 5 BetrVG Rdnr. 20; *Hueck/Nipperdey*, Arbeitsrecht I, S. 40; *Löwisch/Kaiser*, § 5 BetrVG Rdnr. 2 ff.; *Richardi*, § 5 BetrVG Rdnr. 85 ff.

[42] BAG vom 18.01.1989, AP Nr. 1 zu § 9 BetrVG 1972 = BAGE 61, 7 = EzA Nr. 9 zu § 9 BetrVG 1972; BAG vom 25.02.1998, AP Nr. 8 zu § 8 BetrVG 1972 = NZA 1998, 838 = AiB 1998, 464; *GK-Raab*, § 5 BetrVG Rdnr. 15; *Löwisch/Kaiser*, § 7 BetrVG Rdnr. 12; a.A. Däub-

Die hieraus resultierende fehlende Betriebszugehörigkeit des Leiharbeitnehmers zum Betrieb des Entleihers darf aber unter dem Gesichtspunkt des Arbeitnehmerschutzes nicht dazu führen, dass der Leiharbeitnehmer betriebsverfassungsrechtlich nicht in den Entleiherbetrieb integriert ist, denn durch die tatsächliche Erbringung seiner Arbeitsleistung im Entleiherbetrieb ist der Leiharbeitnehmer wie die Arbeitnehmer der Stammbelegschaft des Entleiherbetriebs vielfach denselben Gefahren ausgesetzt und damit vergleichbar schutzbedürftig, so dass ausgehend vom Zweck des Betriebsverfassungsgesetzes (das nicht nur eine gleichberechtigte Teilhabe der Arbeitnehmerseite an Entscheidungen des Arbeitgebers bezweckt, sondern vor allem auch dem Schutz von Leib und Gesundheit der Arbeitnehmer dient)[43] eine betriebsverfassungsrechtliche Einbeziehung erforderlich ist.

Ausgehend von der besonderen Struktur des Leiharbeitsverhältnisses ergeben sich für die Frage der betriebsverfassungsrechtlichen Integration folgende Lösungsmöglichkeiten:[44]

- Integration in den Betrieb des Entleihers
- Integration in den Betrieb des Verleihers
- Integration in den Betrieb des Entleihers und in den Betrieb des Verleihers
- partielle Integration in den Betrieb des Entleihers
- partielle Integration in den Betrieb des Verleihers
- partielle Integration in den Betrieb des Entleihers und in den Betrieb des Verleihers
- partielle Integration in den Betrieb des Entleihers und volle Integration in den Betrieb des Verleihers
- partielle Integration in den Betrieb des Verleihers und volle Integration in den Betrieb des Entleihers.

Mit § 14 AÜG hat der Gesetzgeber die wichtigsten betriebsverfassungsrechtlichen Zweifelsfragen im Bereich der gewerbsmäßigen Arbeitnehmerüberlassung zu regeln versucht.[45] Hierzu zählen insbesondere die im seitherigen Schrifttum[46] heftig umstrit-

---

ler/Kittner/Klebe-*Trümner*, § 5 BetrVG Rdnr. 12 ff., die von einem eigenen betriebsverfassungsrechtlichen Arbeitnehmerbegriff ausgehen, für den die Eingliederung des Beschäftigten in die Betriebsorganisation ausreichen soll; *Fitting*, § 7 BetrVG Rdnr. 18, der in § 7 S. 2 BetrVG irrtümlich die Entscheidung des Gesetzgebers erblickt, dass auf das Bestehen eines Arbeitsvertrages zum Betriebsinhaber verzichtet werden könne.

43 Vgl. zum Zweck des BetrVG: GK-*Wiese*, Einl. BetrVG Rdnr. 70 ff.; zum Verhältnis von Schutzzweck und Teilhabezweck s. Däubler/Kittner/Klebe-*Kustode/Däubler*, Einl. BetrVG Rdnr. 37 ff.; *Fitting*, § 1 BetrVG Rdnr. 1; GK-*Wiese*, Einl. BetrVG Rdnr. 85; *Löwisch/Kaiser*, Einl. BetrVG Rdnr. 1.

44 So schon *Becker*, BlStSozArbR 1972, 129, 129; *Erdlenbruch*, S. 59.

45 Erst mit dem Gesetz zur Bekämpfung der illegalen Beschäftigung vom 15.12.1981 (BGBl. I, S. 1390) wurde eine Regelung zur Betriebszugehörigkeit von Leiharbeitnehmern in das AÜG eingefügt, weil der Gesetzgeber bis dahin keine Notwendigkeit der Regelung dieser Frage sah; vgl. hierzu auch Bericht *Jaschke* zu BT-Drucks. 6/3505, S. 4.

tenen Fragen einer doppelten Betriebszugehörigkeit der Leiharbeitnehmer, des aktiven und passiven Wahlrechts im Verleiher- und Entleiherbetrieb sowie des Umfangs der Beteiligungsrechte des im Entleiherbetrieb bestehenden Betriebsrats in Angelegenheiten der Leiharbeitnehmer. Allerdings gilt § 14 AÜG nur für gewerbsmäßige Leiharbeitnehmer und ist zudem auch für diese nach dem Willen des Gesetzgebers keineswegs abschließend.[47]

Für die anderen Formen der Leiharbeit und für die über § 14 AÜG hinausgehende betriebsverfassungsrechtliche Integration bei der gewerbsmäßigen Leiharbeit bedarf es einer Untersuchung der Rechtsbeziehungen der Beteiligten, denn nur wenn über die individualrechtliche Ausgestaltung dieser Beziehungen Sicherheit herrscht, d.h. zwischen welchen Beteiligten welche Rechte und Pflichten bestehen, ist eine nicht zuletzt unter Praktikabilitätsgesichtspunkten vorzugswürdige betriebsverfassungsrechtliche Zuordnung der Leiharbeitnehmer im weitgehenden Gleichlauf mit den individualarbeitsrechtlichen Beziehungen zu erzielen.

b) Rechtsbeziehungen bei der unechten Leiharbeit

aa) Rechtsbeziehungen zwischen Verleiher und Entleiher (Überlassungsverhältnis)

Mit der Arbeitnehmerüberlassung liegt ein Vertragskomplex[48] zwischen drei Rechtssubjekten vor. Unter den Beteiligten bestehen Rechtsbeziehungen in Form des Arbeitsvertrages zwischen Verleiher und Leiharbeitnehmer sowie zwischen Verleiher und Entleiher mittels des Überlassungsvertrags. Der Arbeitnehmerüberlassungsvertrag zwischen Verleiher und Entleiher ist ein schuldrechtlicher Vertrag eigener Art als Unterfall des Dienstverschaffungsvertrags.[49] Neben den wesentlichen Vertragsbestandteilen, die wie bei jedem anderen schuldrechtlichen Vertrag auch im Arbeitnehmerüberlassungsvertrag enthalten sein müssen, gilt es die nach § 12 Abs. 1 S. 1 AÜG geforderte Schriftform einzuhalten, der nur dann entsprochen ist, wenn vor dem tatsächlichen Einsatz des Leiharbeitnehmers im Entleihbetrieb die Vertragsurkunde schriftlich abgefasst und sie sowohl vom Verleiher als auch vom Entleiher unterschrieben wurde.[50] Ein diesbezüglicher Formmangel führt gemäß § 125 BGB zur

---

46 *Becker/Wulfgramm*, Art. 1 § 11 AÜG Rdnr. 39 a; *Bulla*, DB 1975, 1795, 1795; *Frerichs/Möller/Ulber*, Leiharbeit, S. 87; *Halbach*, DB 1980, 2389, 2391; *Hunold*, BB 1976, 648, 649; *Müllner*, Aufgespaltene Arbeitgeberstellung, S. 68; *Säcker/Joost*, Betriebszugehörigkeit, S. 33; *Sandmann/Marschall*, Art. 1 § 14 AÜG Rdnr. 8 f.; *Ulber*, ArbuR 1982, 54; *Windbichler*, DB 1975, 739.

47 *Schüren*, § 14 AÜG Rdnr. 13.

48 Zur Haftung des Verleihers im Rahmen des Überlassungsverhältnisses und der dogmatischen Einordnung des Rechtsverhältnisses zwischen Verleiher und Entleiher vgl. *Stefener*, Haftung, S. 12 ff.; zur Haftung des Verleihers auch *Wank*, EuroAS 2002, 167, 174.

49 ErfK-*Wank*, Einl. AÜG Rdnr. 9.

50 *Ulber*, § 12 AÜG Rdnr. 3.

Nichtigkeit des Arbeitnehmerüberlassungsvertrages einschließlich aller Nebenabreden.[51]
Weiterhin ist dem Schriftformerfordernis nur Genüge getan, wenn der Verleiher im Arbeitnehmerüberlassungsvertrag erklärt, dass er die Erlaubnis zur Arbeitnehmerüberlassung besitzt, der Vertrag die gemäß § 12 Abs. 1 S. 2 u. 3 AÜG erforderlichen Angaben über das Anforderungsprofil des Arbeitsplatzes enthält[52] und der Vertrag die Angaben darüber enthält, welche im Entleiherbetrieb für einen mit dem unechten Leiharbeitnehmer vergleichbaren Arbeitnehmer des Entleihers wesentlichen Arbeitsbedingungen einschließlich des Arbeitsentgelts gelten.
Für den Fall, dass der Überlassungsvertrag infolge des Formmangels unwirksam ist, ist das Verhältnis zwischen Verleiher und Entleiher gemäß §§ 812 ff. BGB abzuwickeln.[53] Dabei kann der Verleiher aus ungerechtfertigter Bereicherung keinen Wertersatz für die von dem Leiharbeitnehmer geleistete Arbeit, dagegen aber Herausgabe dessen fordern, was der Entleiher eingespart hat, weil nicht der Entleiher, sondern der Verleiher den Leiharbeitnehmer zu entlohnen hat.[54]
Über das Schriftformerfordernis und die Hinweispflicht hinaus enthält § 12 AÜG keine Regelungen zum Inhalt des Arbeitnehmerüberlassungsvertrages, doch ergeben sich Anhaltspunkte über die gegenseitigen Hauptleistungspflichten aus § 1 Abs. 1 AÜG:[55]
Die Hauptleistungspflicht[56] des Verleihers gegenüber dem Entleiher besteht entsprechend der wirtschaftlichen Natur der Leiharbeit in der Überlassung von Arbeitskräften. Aufgrund des Arbeitnehmerüberlassungsvertrages hat der Verleiher dem Entleiher Arbeitskräfte mit den vorausgesetzten beruflichen und fachlichen Qualifikationen zur Verfügung zu stellen (Gattungsschuld).[57] Folglich trifft den Verleiher die Pflicht zu einer sachgerechten Auswahl geeigneter Arbeitnehmer. Da der Arbeitnehmerüberlassungsvertrag ein Dauerschuldverhältnis begründet, dauert die Gattungsschuld während der vereinbarten Überlassungszeit an.[58] Indem der Verleiher dem Entleiher einen Arbeitnehmer mit entsprechender Qualifikation überlässt, tritt gleichwohl keine Konkretisierung i.S.v. § 243 Abs. 2 BGB ein, vielmehr muss der Verleiher für die gesamte Überlassungsdauer einen entsprechend qualifizierten Arbeitnehmer zur Ver-

---

51 OLG München vom 12.05.1993, OLGR München 1993, 301 = EzAÜG § 12 AÜG Nr. 3; BGH vom 17.01.1984, DB 1984, 1194 = NJW 1984, 1456 = WM 1984, 435.

52 *Ulber*, § 12 AÜG Rdnr. 6.

53 *Schaub*, Arbeitsrecht, § 120 Rdnr. 81.

54 BGH vom 08.11.1979, AP Nr. 2 zu § 10 AÜG = BGHZ 75, 299 = NJW 1980, 452 = JuS 1980, 375; Einsparungen des Entleihers bestehen infolge des § 3 Abs. 1 Nr. 3 AÜG aber regelmäßig nur dann, wenn einer der beiden Ausnahmetatbestände vom „equal-pay"-Grundsatz greifen.

55 So auch *Schüren*, § 12 AÜG Rdnr. 21.

56 Zu den Nebenleistungspflichten vgl. ErfK-*Wank*, § 12 AÜG Rdnr. 8.

57 BGH vom 13.05.1975, AP Nr. 1 zu § 12 AÜG = NJW 1975, 1695 m. Anm. *Händel* = MDR 1975, 830; *Becker/Wulfgramm*, Art. 1 § 12 AÜG Rdnr. 21; ErfK-*Wank*, Einl. AÜG Rdnr. 10 f.; *Schneider*, Zeitarbeit, Kap. 8 VIII, 1 a); zur Gattungsschuld als Leistungsgegenstand des Verleihers *Stefener*, Haftung, S. 27 ff.

58 *Schüren*, § 12 AÜG Rdnr 24.

fügung stellen.[59] Das bedeutet, dass der Verleiher bei einem Ausfall durch Krankheit oder Urlaub des überlassenen Arbeitnehmers eine Ersatzkraft stellen muss.
Mithin schuldet der Verleiher nicht die Überlassung eines bestimmten sondern nur die Überlassung eines geeigneten Arbeitnehmers.[60] Für die Verletzung der Auswahlpflicht[61] steht der Verleiher nach §§ 280 Abs. 1, 3, 281 BGB ein, da es sich insoweit um die Verletzung einer Hauptleistungspflicht handelt. Im Falle des Verzuges des Verleihers mit dieser Verpflichtung haftet er nach §§ 280 Abs. 1, 2, 286 BGB. Bei Nichtleistung durch den Arbeitnehmer bestimmt sich die Haftung des Verleihers gegenüber dem Entleiher nach den Regelungen über die Unmöglichkeit (§§ 280 Abs. 1, 3, 283 BGB).[62]

Die Zahlung der vereinbarten Vergütung für die Arbeitnehmerüberlassung stellt für den Entleiher die Hauptleistungspflicht aus dem Arbeitnehmerüberlassungsvertrag dar.[63]
Aufgrund seiner Stellung als faktischer Arbeitgeber und des ihm zustehenden Weisungsrechts ergeben sich für den Entleiher daneben eine Reihe von Nebenleistungspflichten. Dazu gehört u.a. die Pflicht, in Angelegenheiten des Arbeits- und Gesundheitsschutzes mit dem Verleiher zu kooperieren.[64] Außerdem muss der Entleiher die aus § 11 Abs. 6 AÜG folgenden Schutzpflichten nicht nur gegenüber dem Leiharbeitnehmer, sondern auch gegenüber dem Verleiher einhalten.[65] Für die Verletzung derartiger Nebenpflichten haftet der Entleiher nach §§ 280 Abs. 1, 242 BGB.

bb) Rechtsbeziehungen zwischen Verleiher und Leiharbeitnehmer (Leiharbeitsverhältnis)

Bei dem Rechtsverhältnis zwischen Verleiher und Leiharbeitnehmer handelt es sich grundsätzlich um einen Arbeitsvertrag im herkömmlichen Sinne, der nach den allgemeinen Vorschriften des Bürgerlichen Gesetzbuchs begründet wird:[66]

---

59 ErfK-*Wank*, § 12 AÜG Rdnr. 7; Kass. Handb.-*Düwell*, 4.5 Rdnr. 424; *Schüren*, § 12 AÜG Rdnr. 24; a.A. *Becker/Wulfgramm*, Art. 1 § 12 AÜG Rdnr. 21.

60 *Ulber*, § 12 AÜG Rdnr. 9; allg. zur Haftung im Arbeitsverhältnis nach dem SchuldrechtsreformG vgl. *Gotthardt*, Arbeitsrecht nach der SR-Reform, S. 67 ff.; *Wank*, Übungen, S. 59 ff.

61 Siehe zu den einzelnen Auswahlfehlern *Stefener*, Haftung, S. 88 ff.

62 *Schneider*, Zeitarbeit, Kap. 8 IX 1 b); allg. zum Recht der Unmöglichkeit nach der Schuldrechtsreform *Dauner-Lieb/Heidel/Lepa/Ring*, Das Neue Schuldrecht, § 2 Rdnr. 66 ff.; *Haas/Medicus/Rolland/Schäfer/Wendtland*, Schuldrecht, Kap. 3 B; *Huber/Faust*, Schuldrechtsmodernisierung, Rdnr. 105 ff.; *Lorenz/Riehm*, Schuldrecht, Rdnr. 291 ff.; *Olzen/Wank*, SR-Reform, Rdnr. 57 ff.; Palandt-Ergänzungsband-*Heinrichs*, § 283 BGB Rdnr. 2 ff.

63 *Becker/Wulfgramm*, Art. 1 § 12 AÜG Rdnr. 23, die darüber hinaus auch die Annahme der Arbeitsleistung wegen Besonderheiten des Überlassungsvertrages als Hauptpflicht betrachten; ErfK-*Wank*, § 12 AÜG Rdnr. 9; *Schaub*, Arbeitsrecht, § 120 Rdnr. 84 (der irritierend die Vergütung aus dem Überlassungsvertrag Arbeitsentgelt nennt); *Schüren*, § 12 AÜG Rdnr. 30.

64 *Ulber*, § 12 AÜG Rdnr. 21.

65 ErfK-*Wank*, Einl. AÜG Rdnr. 20; *Ulber*, § 12 AÜG Rdnr. 21.

66 *Gitter/Michalski*, ArbeitsR, 2. Teil, A. II. 1); *Schaub*, Arbeitsrecht, § 120 Rdnr. 43.

Der Leiharbeitnehmer schuldet die Leistung von abhängiger Arbeit und hat zugleich Nebenpflichten[67] z.B. in Form der Verschwiegenheitspflicht und des Wettbewerbsverbotes zu beachten; der Verleiher schuldet dem Leiharbeitnehmer die Zahlung der Vergütung, und das auch in den Fällen, in denen der Verleiher den Leiharbeitnehmer mangels Überlassungsaufträgen nicht einsetzen kann, § 11 Abs. 4 AÜG.[68]

Die einzigen Besonderheiten gegenüber sonstigen Arbeitsverträgen bestehen darin, dass der Leiharbeitnehmer von vornherein nur zum Zweck der Überlassung an Dritte von dem Arbeitgeber eingestellt wird, so dass sich der Leiharbeitnehmer in wechselnden Betriebssphären befindet und dem dortigen Betriebsinhaber gegenüber dem Leiharbeitnehmer das Weisungsrecht zusteht. Bei den Haftungsfragen bestehen im Vergleich mit herkömmlichen Arbeitsverträgen keine Besonderheiten, so dass hier nicht weiter darauf einzugehen ist.

cc) Rechtsbeziehungen zwischen Entleiher und Leiharbeitnehmer (Beschäftigungsverhältnis)

Zwischen dem Entleiher und dem Leiharbeitnehmer besteht hingegen kein Arbeitsvertrag:[69]
Zwar wird der Leiharbeitnehmer für die Zeit der Überlassung in den Betrieb des Entleihers mit seinem Einverständnis eingegliedert und der Entleiher nimmt nicht nur die Arbeitsleistung entgegen, sondern er steuert vielmehr die Leistungserbringung durch das ihm eingeräumte Weisungsrecht.[70] Auch gibt es zwischen Entleiher und Leiharbeitnehmer Nebenpflichten, wie z.B. Verschwiegenheits- und Sorgfaltspflichten auf Seiten des Leiharbeitnehmers sowie Fürsorgepflichten des Entleihers bzgl. von Arbeitsschutzbestimmungen.[71] Gleichwohl liegt trotz dieser für einen Arbeitsvertrag typischen Rechtsbeziehungen gerade kein Arbeitsvertrag zwischen Entleiher und Leiharbeitnehmer vor, der Leiharbeitnehmer ist und bleibt stets Arbeitnehmer des Verleihers.[72]

Angesichts der Tatsache, dass auch zwischen dem Leiharbeitnehmer und dem Entleiher Rechte und Pflichten bestehen und diese Verbindung nicht rein faktischer Natur ist, ist problematisch, wie die Rechtsbeziehungen zwischen Entleiher und Leiharbeitnehmer juristisch zu erfassen sind.

---

67 Vgl. zu den Nebenpflichten des Leiharbeitnehmers nur *Becker/Wulfgramm*, Art. 1 § 11 AÜG Rdnr. 36.

68 ErfK-*Wank*, Einl. AÜG Rdnr. 27, dort zutreffend als „Beschäftigungsrisiko" bezeichnet; *Schüren*, Einl. AÜG Rdnr. 67.

69 BAG vom 08.12.1988, AP Nr. 6 zu § 1 BeschFG 1985 = BAGE 60, 282 = EzAÜG BeschFG Nr. 3; ErfK-*Wank*, Einl. AÜG Rdnr. 44; *Gitter/Michalski*, ArbeitsR, 2. Teil A. II. 1); *Schaub*, Arbeitsrecht, § 120 Rdnr. 65.

70 Kass. Handb.-*Düwell*, 4.5 Rdnr. 443.

71 *Hanau/Adomeit*, ArbeitsR, Rdnr. 604 ff.; *Zöllner/Loritz*, ArbeitsR, § 27 III 2.

72 *Löwisch*, ArbeitsR, Rdnr. 1477; *Schüren*, Einl. AÜG Rndr. 79.

Insoweit erscheint zwar ein Doppelarbeitsverhältnis zwischen Leiharbeitnehmer und Verleiher sowie Leiharbeitnehmer und Entleiher denkbar, das dem Entleiher ein eigenes Forderungsrecht auf die Arbeitsleistung einräumt und im Falle von Pflichtverletzungen eigene Schadensersatzansprüche gegenüber dem Leiharbeitnehmer gewährt.[73] Diese auf den ersten Blick wegen ihrer Einfachheit bestechenden Konstruktion wird aber der tatsächlichen Durchführung der Leiharbeit nicht gerecht, denn der Entleiher hat abgesehen vom Weisungsrecht keine Arbeitgeberrechte gegenüber dem Leiharbeitnehmer.

Vorzugswürdig ist daher die Einordnung der Rechtsbeziehung zwischen Entleiher und Leiharbeitnehmer als Vertrag zugunsten Dritter,[74] mittels dessen der Entleiher zum Empfänger der Arbeitsleistung und zur Ausübung des Direktions- und Weisungsrechts ermächtigt wird. Rechte und Pflichten entstehen aber ausschließlich aus dem Überlassungsvertrag mit dem Verleiher und aufgrund der tatsächlichen Überlassung, so dass der Leiharbeitnehmer keine arbeitsvertraglichen Rechte gegenüber dem Entleiher hat.[75]

c) Rechtsbeziehungen bei der echten Leiharbeit

aa) Vorbemerkung

Wie ausgeführt, liegt der einzige Unterschied von echter und unechter Leiharbeit darin, dass es sich bei der echten Leiharbeit um keine gewerbsmäßige Arbeitnehmerüberlassung handelt: Der Leiharbeitnehmer wird vom Verleiher eingestellt, um in dessen Betrieb die Arbeitsleistung zu erbringen und nur ausnahmsweise wird der Leiharbeitnehmer mit seinem Einverständnis zur Arbeitsleistung an einen Dritten überlassen.[76] Mithin handelt es sich in dieser Konstellation bei den Leiharbeitnehmern um ganz normale Stammarbeitnehmer des Verleihers.

bb) Rechtsbeziehungen bei der echten Leiharbeit

Hinsichtlich der Rechtsbeziehungen bei der echten Leiharbeit zwischen Verleiher und Entleiher, Verleiher und Leiharbeitnehmer sowie schließlich zwischen Entleiher und Leiharbeitnehmer kann im Grundsatz Bezug auf die Ausführungen zu den Rechtsbeziehungen bei der unechten Leiharbeit genommen werden:

---

73 So *Hessel*, BB 1970, 307, 308; *Höcker*, RdA, 1954 127, 127 f.; *Mayer-Maly*, ZfA 1972, 1, 23; *Nikisch*, ArbeitsR I, S. 244; *Ramm*, ZfA 1973, 263, 292.

74 Für einen unechten Vertrag zugunsten Dritter *Becker/Wulfgramm*, Art. 1 § 11 AÜG Rdnr. 59; *Gick*, 105 ff.; *Hempel*, Spannungsverhältnis, S. 161 ff.; *Schaub*, Arbeitsrecht, § 120 Rdnr. 66, 68; a.A. ErfK-*Wank*, Einl. AÜG Rdnr. 48; *Schüren*, Einl. AÜG Rdnr. 138 ff.; *Walker*, AcP 1994, 295, 309 ff., die darin einen echten Vertrag zugunsten Dritter sehen.

75 MünchArbR-*Marschall*, § 168 Rdnr. 85; vgl. zu den Rechtsbeziehungen im Hinblick auf Haftungsfragen *Becker*, NJW 1976, 1827 f. (nach früherem Schuldrecht).

76 *Richardi*, § 5 BetrVG Rdnr. 94; Staudinger-*Richardi*, Vorbem. § 611 BGB Rdnr. 358.

Zwischen Verleiher und Entleiher besteht ein Überlassungsvertrag, der die gegenseitigen Rechte und Pflichten regelt und von dem die Rechtsfolgen bei Schlecht- oder Nichtleistung abhängen.[77] Auch liegt bei der echten Leiharbeit nur ein Arbeitsvertrag zwischen Verleiher und Leiharbeitnehmer vor, freilich auch hier mit der Besonderheit, dass das Weisungsrecht für die Zeit der Überlassung dem Entleiher zusteht.[78] Und schließlich gibt es zwischen Leiharbeitnehmer und Entleiher keine vertraglichen Beziehungen, sondern mit Blick auf die tatsächliche Eingliederung des Leiharbeitnehmers in den Betrieb des Entleihers und den daraus erwachsenen Sorgfalts- und Fürsorgepflichten ist hier ebenfalls von einem Rechtsverhältnis auf der Grundlage des Vertrages zugunsten Dritter auszugehen.[79]
Folglich gelten die Ausführungen zu den Rechtsbeziehungen bei der unechten Leiharbeit für die echte Leiharbeit mit der Maßgabe entsprechend, dass das Arbeitnehmerüberlassungsgesetz keine Anwendung findet.

d) Rechtsbeziehungen bei der PSA-Leiharbeit

In Anlehnung an die Vorschläge der Hartz-Kommission zu den Personal-Service-Agenturen (PSA)[80] hat der Gesetzgeber durch das Erste Gesetz für moderne Dienstleistungen am Arbeitsmarkt[81] bestimmt, dass gemäß § 37 b SGB III jedes Arbeitsamt die Errichtung mindestens einer PSA sicherzustellen hat. Dabei sollen die PSA als privatrechtliche Institutionen Dienstleistungen im Auftrag der Arbeitsämter anbieten. Für die rechtliche Ausgestaltung des Betriebs der PSA sind drei Möglichkeiten gegeben: Nach § 37 b Abs. 2 S. 1 SGB III schließt das Arbeitsamt zur Errichtung namens der Bundesanstalt für Arbeit mit erlaubt tätigen Verleihern entsprechende Verträge. Durch dieses Konzept übernehmen private Verleihunternehmen die Aufgaben der PSA.[82] Das Arbeitsamt zahlt an den Betreiber der PSA bzw. Verleiher ein ggf. pauschaliertes Honorar. Gemäß § 37 b Abs. 3 S. 1 SGB III kann sich das Arbeitsamt namens der Bundesanstalt für Arbeit an privaten Verleihunternehmen beteiligen, wenn ein Vetrag nach § 37 b Abs. 2 S. 1 SGB III nicht zu Stande gekommen sein sollte. Im Rahmen dieser Errichtungsvariante der PSA wird das Arbeitsamt neben privaten Verleihunternehmen zum Träger der PSA (public private partnership), die wiederum die Aufgaben der PSA durchführen. Nur soweit sich die Errichtung der PSA nach den vorstehenden Varianten nicht erzielen lässt, können die Arbeitsämter eigene PSA gründen (Subsidiaritätsprinzip[83]).

---

77 *Schüren*, Einl. AÜG Rdnr. 271 ff.; *Ulber*, § 12 AÜG Rdnr. 9 ff.

78 *Schüren*, § 14 AÜG Rdnr. 326; *Ulber*, § 1 AÜG Rdnr. 145.

79 Vgl. ErfK-*Wank*, Einl. AÜG Rdnr. 48; *Schüren*, Einl. AÜG Rdnr. 138; *Ulber*, § 1 AÜG Rdnr. 18.

80 Der Bericht der Kommission „Moderne Dienstleistungen am Arbeitsmarkt“ (Hartz-Papier) bezeichnet die PSA als Herzstück des Konzepts zum Abbau der Arbeitslosigkeit, vgl. S. 148.

81 Gesetz vom 23.12.2002, BGBl. I, S. 4607.

82 Zu den Aufgaben der PSA gehören neben der vermittlungsorientierten Arbeitnehmerüberlassung auch die Qualifizierung der von der PSA Beschäftigten.

83 Dazu *Hümmerich/Holthausen/Welsau*, NZA 2003, 7, 12 f.; *Lembke*, BB 2003, 98, 99.

Unabhängig von der konkreten Vertragsgestaltung[84] zwischen dem Arbeitsamt und der PSA folgt daraus, dass es sich bei der PSA in jedem Fall um eine Einrichtung des Privatrechts handelt, die als ein dem Arbeitsamt angegliedertes Verleihunternehmen konzipiert ist, für das keine Sondervorschriften im Arbeitnehmerüberlassungsgesetz bestehen.[85] Dass es sich bei der PSA-Leiharbeit um eine solche handelt, welche die Vermittlung der Leiharbeitnehmer bezweckt, steht der Einordnung als gewerbsmäßige Arbeitnehmerüberlassung bzw. als unechte Leiharbeit nicht entgegen, denn eine vermittlungsorientierte Arbeitnehmerüberlassung lässt nicht die Gewerbsmäßigkeit und damit die auf eine gewisse Dauer angelegte und auf die Erzielung unmittelbarer oder mittelbarer wirtschaftlicher Vorteile ausgerichtete selbstständige Tätigkeit entfallen, denn die auftragsweise von privaten Verleihunternehmen oder in gemeinsamer Trägerschaft von Arbeitsämtern und privaten Verleihunternehmen betriebenen PSA sind dauerhafte Einrichtungen, mit denen jedenfalls die privaten Verleihunternehmen wirtschaftliche Vorteile (z.B. Honorar nach § 37 b Abs. 2 S. 4 SGB III) erlangen wollen. Auch bei den vom Arbeitsamt allein betriebenen (subsidiären) PSA i.S.v. § 37 b Abs. 4 SGB III entfällt die Gewerbsmäßigkeit nicht, denn die Gewerbsmäßigkeit der öffentlichen Hand entfällt erst dann, wenn die Tätigkeit überwiegend hoheitlicher Natur ist.[86]
Des Weiteren sind auch die Rechtsbeziehungen unter den Beteiligten dieselben wie bei der unechten Leiharbeit:[87] Der zuvor Arbeitslose wird durch einen mit der PSA geschlossenen (Leih-)arbeitsvertag zu deren Arbeitnehmer. Die PSA überträgt mit dem Überlassungsvertrag ihr gegenüber dem PSA-Leiharbeitnehmer bestehendes Direktions- und Weisungsrecht gegen ein Überlassungsentgelt an den Entleiher, in dessen Betrieb der PSA-Leiharbeitnehmer tätig wird. Arbeitsvertragliche Rechtsbeziehungen zwischen PSA-Leiharbeitnehmer und Entleiher bestehen nicht.
Mithin handelt es sich bei der PSA-Leiharbeit stets um einen Unterfall der unechten Leiharbeit, so dass mangels Besonderheiten der PSA-Leiharbeit im Dreiecksverhältnis von PSA, PSA-Leiharbeitnehmer und Entleiher die Ausführungen zur unechten Leiharbeit entsprechend gelten.

---

84 Vgl. dazu Bericht der Kommission „Moderne Dienstleistungen am Arbeitsmarkt" (Hartz-Papier), S. 150 f.

85 Ebenso *Lembke*, BB 2003, 98; s. auch Bericht der Kommission „Moderne Dienstleistungen am Arbeitsmarkt" (Hartz-Papier), S. 153.

86 *Canaris*, Handelsrecht, § 3 Rdnr. 38; MünchKomm-*Lieb*, § 33 HGB Rdnr. 6 f.

87 So schon im Bericht der Kommission „Moderne Dienstleistungen am Arbeitsmarkt" (Hartz-Papier), S. 151 f.

II. Legale und illegale Leiharbeit

1. Vorbemerkung

Durch das Gesetz zur Bekämpfung der illegalen Beschäftigung[88] ist der Begriff der illegalen Arbeitnehmerüberlassung geprägt worden. Doch kann augenscheinlich nicht jeder Verstoß gegen gesetzliche Regelungen des Arbeitnehmerüberlassungsgesetzes zur Illegalität der Leiharbeit führen, vielmehr kann von illegaler Arbeitnehmerüberlassung nur dann ausgegangen werden, wenn gegen die Ausnahmevorschriften des Verbots der Überlassung von Arbeitnehmern für Bautätigkeiten in Baubetrieben verstoßen wird,[89] der Verleiher Arbeitnehmer ohne die erforderliche Erlaubnis i.S.v. § 1 Abs. 1 S. 1 AÜG Dritten überlässt, oder der Arbeitgeber nicht die gesetzlichen Arbeitgeberpflichten und das Arbeitgeberrisiko trägt.[90] Wegen der Aufhebung der Überlassungshöchstdauer von seinerzeit 24 Monaten (§ 3 Abs. 1 Nr. 6 AÜG a.F.) kann jetzt bloß aufgrund einer langen Überlassungszeit keine Illegalität der Leiharbeit begründet werden.[91]

Mithin ist illegale Leiharbeit nur bei der unechten Leiharbeit denkbar und es liegt demnach immer dann legale Leiharbeit vor, wenn die o.a. erforderlichen Bestimmungen durch den Verleiher eingehalten werden.

2. Rechtsbeziehungen bei der illegalen Leiharbeit

Wird das illegale Leiharbeitsverhältnis trotz Unwirksamkeit vollzogen, so entspricht es dem Schutzweck der Gesamtregelung,[92] ein fehlerhaftes Leiharbeitsverhältnis zwischen Verleiher und Leiharbeitnehmer anzunehmen, da sich dann für den Zeitraum des Vollzuges der gleiche Arbeitnehmerschutz und die gleichen gegenseitigen Schutzpflichten wie in einem vollwirksamen Arbeitsverhältnis realisieren. Aufgrund des fehlerhaften Arbeitsverhältnisses erlangt der Leiharbeitnehmer gegen den Ver-

---

88 BillBG vom 15.12.1981, BGBl. I, S. 1390.

89 Das Erste Gesetz für moderne Dienstleistungen am Arbeitsmarkt vom 23.12.2002, BGBl. I, S. 4607 hat zwar das Verbot der gewerbsmäßigen Leiharbeit im Baugewerbe beibehalten, davon aber eine Vielzahl von Ausnahmen zugelassen; vgl. zu den Ausnahmen § 1 b S. 2 und 3 AÜG.

90 Kass. Handb.-*Düwell*, 4.5 Rdnr. 261; illegale Arbeitnehmerüberlassung in Form einer fehlenden Erlaubnis zur Arbeitnehmerüberlassung kommt selten vor, dagegen werden Arbeitnehmer häufiger unter dem Deckmantel von Scheinwerkverträgen an verschiedene Unternehmen ausgeliehen; vgl. hierzu auch den Siebten Erfahrungsbericht der Bundesregierung über Erfahrungen bei der Anwendung des AÜG sowie über die Auswirkungen des Gesetzes zur Bekämpfung der illegalen Beschäftigung, BT-Drucks. 12/3180, S. 30; *Richardi*, § 5 BetrVG Rdnr. 97 f.; Staudinger-*Richardi*, Vorbem. § 611 BGB Rdnr. 363 f.

91 Dazu *Lembke*, BB 2003, 98, 104; *Wank*, NZA 2003, 14, 19 f.

92 So *Schüren*, Einl. AÜG Rdnr. 695.

leiher einen Anspruch auf Arbeitsvergütung für die geleistete Leiharbeit,[93] der eine für das Arbeitsverhältnis unpraktikable Rückabwicklung nach bereicherungsrechtlichen Vorschriften erübrigt.

Soweit der Verleiher aber nicht im Besitz einer gemäß § 1 Abs. 1 S. 1 AÜG erforderlichen Erlaubnis für die Arbeitnehmerüberlassung ist, wird von Gesetzes wegen ein vollwirksames, normales Arbeitsverhältnis zum Entleiher gemäß § 10 Abs. 1 S. 1 AÜG fingiert, da ansonsten der Leiharbeitnehmer wegen § 9 Nr. 1 AÜG ohne Vertragsverhältnis dasteht. Dieses fingierte Arbeitsverhältnis zwischen Leiharbeitnehmer und Entleiher endet erst und nur dann durch Zeitablauf, wenn die Überlassungsdauer zwischen Verleiher und Entleiher zeitlich befristet worden war, andernfalls besteht zwischen Entleiher und Leiharbeitnehmer ein unbefristetes Arbeitsverhältnis.[94]

3. Rechtsbeziehungen bei der legalen Leiharbeit

Die legale Arbeitnehmerüberlassung stellt arbeitsrechtlich den Normalfall dar, so dass hinsichtlich der Rechtsbeziehungen bei der legalen Leiharbeit auf die Ausführungen zu den Rechtsverhältnissen der unechten Leiharbeit verwiesen wird.[95]

III. Sonstige Formen der Leiharbeit

1. Arbeitnehmerüberlassung bei einer Arbeitsgemeinschaft

Die Arbeitsgemeinschaft lässt sich am besten als temporärer, weil auf die Erstellung eines Werkes bezogener, Zusammenschluss von Unternehmern verstehen, die unter den weiteren Voraussetzungen von § 1 Abs. 1 S. 2 AÜG Arbeitnehmer der Arbeitsgemeinschaft überlassen. Juristisch unbedeutend ist in diesem Zusammenhang die rechtliche Verfasstheit der Arbeitsgemeinschaft.[96]
Es handelt sich auch bei der Arbeitsgemeinschaft um ein rechtliches Mehrpersonenverhältnis, bei dem die Arbeitsgemeinschaft der Entleiher ist und die Unternehmen jeweils den Verleiher darstellen; im Hinblick auf den einzelnen Leiharbeitnehmer verbleibt es wiederum bei der Konstruktion des typischen Dreipersonenverhältnisses der Leiharbeit. Die Rechtsbeziehungen sind demzufolge dadurch gekennzeichnet, dass auch bei einer Beschäftigung von Arbeitnehmern bei einer Arbeitsgemeinschaft nur ein Arbeitsvertrag zwischen dem abordnenden bzw. überlassenden Arbeitgeber und

---

93 BAG vom 19.06.1959, AP zu § 611 BGB Doppelarbeitsverhältnis Nr. 1 = BAGE 8, 47 = RdA 60, 35 = NJW 1959, 2036.

94 Kass. Handb.-*Düwell*, 4.5 Rdnr. 277, 278.

95 Vgl. oben, § 2 B. I. 2 b).

96 Die Arbeitsgemeinschaften sind überwiegend GbR i.S.v. § 705 BGB, vgl. ErfK-*Wank*, § 1 AÜG Rdnr. 60.

dem abgeordneten Arbeitnehmer sowie ein Überlassungsvertrag zwischen dem überlassenden Arbeitgeber und der Arbeitsgemeinschaft gegeben ist.

Gemäß § 1 Abs. 1 S. 2 AÜG finden die Vorschriften des Arbeitnehmerüberlassungsgesetzes jedoch auf die Arbeitnehmerüberlassung bei einer Arbeitsgemeinschaft keine Anwendung, obwohl auch hiermit eine Form von Leiharbeit vorliegt.[97] Diese gesetzliche Privilegierung der Arbeitsgemeinschaften beruht auf unterschiedlichen Rahmenbedingungen in einzelnen Wirtschaftszweigen.[98] So sind beispielsweise Aufträge in der Bauwirtschaft denkbar, die ein Unternehmen allein nicht in der Lage zu bewerkstelligen ist. Der Zusammenschluss mehrerer Unternehmen zu einer Arbeitsgemeinschaft ohne Anwendung des Arbeitnehmerüberlassungsgesetzes soll in diesen Fällen eine gemeinsame projektbezogene Realisierung des Auftrages ermöglichen,[99] ohne zugleich den besonderen gesetzlichen Anforderungen der unechten Leiharbeit unterworfen zu sein.

2. Arbeitnehmerüberlassung zur Vermeidung von Kurzarbeit oder Entlassungen

Eine weitere Ausnahme der Leiharbeit vom Anwendungsbereich des Arbeitnehmerüberlassungsgesetzes wird durch § 1 Abs. 3 Nr. 1 AÜG bewirkt. Zwar erfüllt auch die Überlassung von Arbeitnehmern eines Arbeitgebers an einen anderen Unternehmer zur Vermeidung von Kurzarbeit oder Entlassungen an sich die Voraussetzungen der Arbeitnehmerüberlassung, bei dem wiederum nur zwischen Verleiher und Arbeitnehmer ein Arbeitsvertrag und zwischen dem Verleiher und dem Entleiher ein Überlassungsvertrag besteht, doch wird bei dieser Form der Leiharbeit wegen ihrer arbeitsplatzsichernden Wirkung auf die strengen Anforderungen des Arbeitnehmerüberlassungsgesetzes verzichtet.[100]
Mithin sind bei der Arbeitnehmerüberlassung zwecks Vermeidung von Kurzarbeit oder Entlassungen die Rechtsbeziehungen unter den Beteiligten identisch mit denen bei der echten Leiharbeit.

---

97 Die Formulierung des Gesetzes ist an dieser Stelle irreführend, denn die Beschäftigung von Arbeitnehmern bei einer Arbeitsgemeinschaft stellt Leiharbeit dar, das AÜG findet darauf aber keine Anwendung.

98 Vgl. *Ulber*, § 1 AÜG Rdnr. 175.

99 *Ulber*, § 1 AÜG Rdnr. 175; wobei der Gesetzgeber den Sozialschutz der Arbeitnehmer dadurch hinreichend gewahrt sieht, dass aufgrund der konkreten Ausgestaltung der Bestimmung reine Verleihunternehmen von dieser Privilegierung faktisch ausgeschlossen sind, BT-Drucks. 10/3923, S. 32.

100 Vgl. zum Gesetzszweck BT-Drucks. 10/3206, S. 32 und *Becker/Wulfgramm*, Art. 1 § 1 AÜG Rdnr. 108; *Schüren*, § 1 AÜG Rdnr. 636 ff.; *Ulber*, § 1 AÜG Rdnr. 224 f.

3. Konzerninterne Arbeitnehmerüberlassung

Einen weiteren Unterfall der Leiharbeit bildet die konzerninterne Leiharbeit, die gemäß § 1 Abs. 3 Nr. 2 AÜG ebenfalls ausdrücklich von der Anwendbarkeit des Arbeitnehmerüberlassungsgesetzes ausgenommen ist. Die Zugehörigkeit von Verleiher und Entleiher zum selben Konzern i.S.v. § 18 AktG und eine zeitlich nur vorübergehende Überlassung des Leiharbeitnehmers sind hierfür die Voraussetzung. Bis zu welchem Zeitraum die Arbeitnehmerüberlassung noch als vorübergehend zu betrachten ist, kann nicht pauschal beantwortet werden.[101] Eine zwingende gesetzliche Grenze (wie mit § 3 Abs. 1 Nr. 6 AÜG a.F.) ist gerade nicht vorgegeben, jedoch darf die Überlassung nicht als endgültig geplant sein.[102]
Mithin kann nur entscheidend sein, dass der Leiharbeitnehmer nicht endgültig überlassen wird, was anhand der Umstände jedes Einzelfalles zu beurteilen ist.[103]
Für die Rechtsbeziehungen zwischen den Beteiligten bei der konzerninternen Leiharbeit gelten die Ausführungen zur echten Leiharbeit entsprechend. Wie bei der echten Leiharbeit überlässt der Verleiher dem Entleiher den Leiharbeitnehmer, der als Stammarbeitnehmer des Verleihers anzusehen ist und nur ausnahmsweise im Unternehmen des Entleihers tätig wird.
Der einzige Unterschied zur echten Leiharbeit besteht darin, dass der Entleiher kein beliebiger Dritter ist, sondern als Unternehmen zu demjenigen Konzern gehören muss, dem auch der Verleiher angehört.

4. Arbeitnehmerüberlassung ins Ausland

Letztlich wird mit § 1 Abs. 3 Nr. 3 AÜG die Arbeitnehmerüberlassung ins Ausland in bestimmten Fällen von der Anwendbarkeit des Arbeitnehmerüberlassungsgesetzes ausgeschlossen. Hier wie bei den anderen Ausschlusstatbeständen von § 1 Abs. 3 AÜG liegen dieselben Rechtsbeziehungen und damit die typische Dreiecksstruktur unter den Beteiligten vor, so dass bei der Arbeitnehmerüberlassung ins Ausland i.S.v. § 1 Abs. 3 Nr. 3 AÜG auf die Ausführungen zur echten Leiharbeit verwiesen wird.

---

[101] Kass. Handb.-*Düwell*, 4.4 Rdnr. 202.

[102] *Boemke*, § 1 AÜG Rdnr. 187; ErfK-*Wank*, § 1 AÜG Rdnr. 87; *Rüthers/Bakker*, ZfA 1990, 245, 295 ff.

[103] BAG vom 21.03.1990, AP Nr. 15 zu § 1 AÜG = BAGE 65, 43 = EzAÜG § 1 AÜG Arbeitsvermittlung Nr. 13.

IV. Zusammenfassung der Rechtsbeziehungen bei den verschiedenen Formen der Leiharbeit

Bei dem Vergleich der Rechtsbeziehungen bei den verschiedenen Formen der Leiharbeit zeigt sich ein immer gleiches Charakteristikum:[104]
Zwischen dem Verleiher und dem Arbeitnehmer besteht in jedem Fall ein Arbeitsverhältnis. Selbst bei der illegalen Leiharbeit liegt zwischen den beiden zumindest ein fehlerhaftes Arbeitsverhältnis vor, es sei denn, die Illegalität beruht auf dem Fehlen der für die Arbeitnehmerüberlassung erforderlichen Erlaubnis, weil dann ausnahmsweise ein Arbeitsverhältnis nach § 10 Abs. 1 S. 1 AÜG zwischen Leiharbeitnehmer und Entleiher begründet wird.
Folglich sind von dieser Ausnahme abgesehen die Rechtsbeziehung des Arbeitnehmers bei der Leiharbeit ganz wesentlich als durch den mit dem Verleiher geschlossenen Arbeitsvertrag geprägt anzusehen.
Hinsichtlich des Entleihers gilt es festzuhalten, dass sein Verhältnis zum Arbeitnehmer durch ein Leistungsverhältnis auf der Grundlage eines Vertrages zugunsten Dritter gekennzeichnet ist, hingegen aber keinesfalls arbeitsvertragliche Beziehungen bestehen.

---

[104] S. hierzu auch Blanke/Schüren/Wank/Wedde-*Schüren*, S. 337 ff.

§ 3 Die Arbeitsvermittlung und ihre Abgrenzung zur Leiharbeit

A. Definition

Mit der Arbeitsvermittlung liegt ebenfalls eine Konstellation vor, bei der ein Arbeitnehmer von einem Anderen kommend im Betrieb eines Dritten tätig wird:
Genau wie bei der Leiharbeit wird der Arbeitnehmer in einer für ihn bis dahin unbekannten betrieblichen Sphäre eines Dritten eingesetzt, nachdem er von dem Vermittler dem Dritten überstellt wurde. Dadurch ist auch für die Arbeitsvermittlung ein Dreipersonenverhältnis kennzeichnend, das aus mindestens zwei Unternehmern und einem Arbeitnehmer besteht, so dass es der Abgrenzung der Arbeitsvermittlung zur Leiharbeit bedarf.

Gemäß der Legaldefinition von § 35 Abs. 1 SGB III[105] besteht die Arbeitsvermittlung in allen Tätigkeiten, die darauf gerichtet sind, zwecks Begründung eines Arbeitsverhältnisses Arbeitssuchende mit Arbeitgebern zusammenzuführen.[106] Danach erscheint die Abgrenzung von Arbeitsvermittlung und Leiharbeit zwar recht einfach, denn bei der Leiharbeit geht es im Gegensatz zur Arbeitsvermittlung nicht um die Begründung eines Arbeitsverhältnisses, sondern um die vorübergehende Überlassung eines Arbeitnehmers an einem Dritten zur fremdbestimmten Arbeitsleistung.[107] In der Praxis lässt sich aber das Tätigwerden eines Arbeitnehmers bei einem Arbeitgeber unter Beteiligung eines weiteren Arbeitgebers nicht immer derart klar voneinander abgrenzen, als dass eine Zuordnung zur Leiharbeit oder zur Arbeitsvermittlung schon anhand dieser Legaldefinition möglich ist.[108]

Wie eng die Arbeitsvermittlung mit der Leiharbeit verwoben ist, belegt § 1 Abs. 2 AÜG, der bei einer Überlassung von Arbeitnehmern an einen Dritten unter bestimmten Voraussetzungen den Tatbestand der Arbeitsvermittlung vermutet. Erschwert wird die Bestimmung der Rechtsbeziehungen der Beteiligten noch dadurch, dass mit der Aufhebung von § 13 AÜG a.F. und der darauf basierenden richterlichen Rechtsfortbildung die Ansichten über die nunmehr eintretenden Rechtsfolgen vermuteter Arbeitsvermittlung im Flusse sind.[109]

---

105 Früher § 13 Abs. 1 AFG; die wichtigsten Regelungen der Arbeitsvermittlung von §§ 4, 13, 23 und 29 AFG a. F. sind seit dem 1.1.1998 durch Art. 1 AFRG vom 24.03.1997 (BGBl. I, S. 594) mit den Vorschriften §§ 35, 291-301 SGB III im Sozialgesetzbuch III normiert worden.

106 Vgl. zu den einzelnen Merkmalen der Arbeitsvermittlung Niesel-*Brand*, § 35 SGB III Rdnr. 5 ff.

107 *Marschner*, NZA 1995, 668, 669.

108 Dies gilt insbesondere dann, wenn der Verleiher/Vermittler eine Erlaubnis zur Arbeitnehmerüberlassung und zur Arbeitsvermittlung hat und nach den tatsächlichen Umständen nicht erkennbar ist, welche der beiden Fallgestaltungen gewollt ist.

109 Vgl. hierzu ErfK-*Wank*, § 13 AÜG Rdnr. 2.

Innerhalb der vorliegenden Untersuchung ist die Abgrenzung von Leiharbeit und Arbeitsvermittlung neben der äußerlichen Ähnlichkeit von Leiharbeit und Arbeitsvermittlung aber nur insoweit von Interesse, als sich Unterschiede in der betriebsverfassungsrechtlichen Behandlung der im Rahmen der Arbeitsvermittlung Beschäftigten gegenüber von Leiharbeitnehmern ergeben. Da sich diese nach der Betriebszugehörigkeit des Arbeitnehmers und damit ganz wesentlich nach den individualarbeitsrechtlichen Beziehungen des Arbeitnehmers richtet, müssen zunächst die Rechtsbeziehungen bei der Arbeitsvermittlung aufgegliedert werden.

B. Rechtsbeziehungen bei der Arbeitsvermittlung

I. Vorbemerkung

Bei der Ermittlung der Rechtsbeziehungen gilt es zunächst zu beachten, dass die Arbeitsvermittlung als pauschaler Begriff zu ungenau ist. Vielmehr muss auch bei der Arbeitsvermittlung nach legaler, illegaler und vermuteter Arbeitsvermittlung differenziert werden, da bei diesen verschiedenen Arten von Arbeitsvermittlung verschieden ausgestaltete Rechtsbeziehungen existieren.

II. Rechtsbeziehungen bei der legalen Arbeitsvermittlung

1. Der Vermittlungsvertrag

Die legale Arbeitsvermittlung stellt nach Aufhebung des Vermittlungsmonopols der Bundesanstalt für Arbeit (BA) den vermittlungsrechtlichen Normalfall dar, demzufolge ein Arbeitnehmer an einen Arbeitbietenden durch die Tätigkeit eines Vermittlers zugeführt wird. Legal ist die Arbeitsvermittlung dann, wenn der Vermittler entweder Inhaber einer gemäß § 291 Abs. 1 SGB III erforderlichen Erlaubnis zur Arbeitsvermittlung oder ein nicht erlaubnispflichtiger Tatbestand nach § 291 Abs. 2 SGB III gegeben ist.[110]

Ob die Initiative zur Vermittlung von dem Arbeitnehmer selbst oder von dem Arbeitbietenden ausgeht, entscheidet darüber, zwischen wem der Vermittlungsvertrag zustande kommt. Hat der Arbeitbietende den Vermittler damit betraut, für einen Arbeitsplatz in seinem Unternehmen einen geeigneten Arbeitnehmer zu finden, so haben Vermittler und Arbeitbietender einen Vermittlungsvertrag geschlossen, dessen Hauptleistungspflichten für den Vermittler in der Zuführung geeigneter Arbeitnehmer und für den Arbeitbietenden in der Zahlung der Vermittlungsvergütung bestehen.[111] Ist der Vermittler hingegen durch den Arbeitnehmer mit dessen Vermittlung an einen

---

[110] Zur legalen und illegalen Arbeitsvermittlung vgl. ErfK-*Wank*, Einl. AÜG Rdnr. 70 ff.; *Ulber*, Einl. D AÜG Rdnr. 24 ff.

[111] *Ulber*, Einl. AÜG D Rdnr. 28 ff.

Arbeitbietenden beauftragt worden, ist zwischen Vermittler und Arbeitnehmer ein Vermittlungsvertrag gegeben. Für den Vermittler weist die letztere Variante der Arbeitsvermittlung keine Besonderheiten auf; er hat den Arbeitnehmer mit entsprechenden Arbeitbietenden zusammenzuführen. Auf Seiten des Arbeitnehmers gilt es hingegen zu beachten, dass von dem vermittelten Arbeitnehmer gemäß § 296 S. 1 SGB III keine Vergütung für eine Vermittlung verlangt werden kann. Eine Umgehung dieser gesetzlichen Wertung darf zudem nicht dadurch erfolgen, dass der Vermittler vom Arbeitbietenden eine Vergütung erhält und der Arbeitbietende das entrichtete Entgelt durch Verkürzung der Lohnansprüche des vermittelten Arbeitnehmers wiedererhält, denn auf diese Weise nähme der Vermittler eine verdeckte Vergütung des Arbeitnehmers entgegen.[112]

2. Der Arbeitsvertrag

Bei erfolgreicher Vermittlung geht der Arbeitnehmer beim Arbeitbietenden ein Arbeitsverhältnis ein. Dieses Arbeitsverhältnis ist ein Arbeitsvertrag i.S.v. § 611 BGB. Gegenüber sonstigen Arbeitsverträgen, d.h. solchen ohne vorangegangener Vermittlungstätigkeit, gelten keine Besonderheiten, die Regelungen des Arbeitsrechts finden folglich uneingeschränkt Anwendung.

3. Die Rechtsbeziehungen

Bei der (erfolgreichen) legalen Arbeitsvermittlung besteht mithin stets ein Arbeitsvertrag zwischen dem vermittelten Arbeitnehmer und dem Arbeitbietendem. Daneben liegt ein Vermittlungsvertrag entweder zwischen dem Vermittler und dem Arbeitnehmer oder zwischen dem Vermittler und dem Arbeitbietenden vor.

Daraus folgt, dass in keinem Fall eine rechtliche Dreieckskonstruktion gegeben ist, denn in dem einen Fall gibt es keine Rechtsbeziehungen zwischen dem Vermittler und dem Arbeitbietendem und in dem anderen Fall keine Rechtsbeziehungen zwischen dem Vermittler und dem vermittelten Arbeitnehmer.

III. Rechtsbeziehungen bei der illegalen Arbeitsvermittlung

1. Der Vermittlungsvertrag

Bei der illegalen Arbeitsvermittlung hat der Vermittler im Gegensatz zur legalen Arbeitsvermittlung keine Erlaubnis für seine erlaubnispflichtige Vermittlungstätigkeit. Der ohne Erlaubnis zur Arbeitsvermittlung geschlossene Vermittlungsvertrag ist ge-

---

112 *Ulber*, Einl. AÜG D Rdnr. 30.

mäß § 134 BGB i.V.m. § 291 Abs. 1 SGB III unbeschadet der Tatsache, ob der Arbeitnehmer oder der Arbeitbietende Vertragspartner des Vermittlers ist, nichtig.[113] Folglich hat der Vermittler selbst bei erfolgreicher Vermittlung keinen Vergütungsanspruch. Überdies muss mit Blick auf § 817 S. 2 BGB analog ein bereicherungsrechtlicher Ausgleich des Vermittlers gegen den Arbeitbietenden abgelehnt werden, so dass der Vermittler gänzlich leer ausgeht.

2. Der Arbeitsvertrag

Durch die Nichtigkeit des Vermittlungsvertrages wird der Arbeitsvertrag zwischen Arbeitnehmer und Arbeitbietendem nicht berührt; der zwischen Arbeitnehmer und Arbeitbietenden geschlossene Arbeitsvertrag bleibt wirksam und ist in seinem rechtlichen Bestand vom Vermittlungsvertrag unabhängig.[114]

3. Die Rechtsbeziehungen

Bei der illegalen Arbeitsvermittlung bestehen mangels eines wirksamen Vermittlungsvertrages keine Rechtsbeziehungen mit dem Vermittler. Nur der Arbeitbietende und der Arbeitnehmer sind durch ein vertragliches Band in Form eines Arbeitsvertrages miteinander verbunden, so dass in diesen Fällen nur ein rechtliches Zweipersonenverhältnis gegeben ist.

IV. Rechtsbeziehungen bei der vermuteten Arbeitsvermittlung

1. Vorbemerkung

Die Rechtsbeziehungen bei der vermuteten Arbeitsvermittlung i.S.v. § 1 Abs. 2 AÜG als Unterfall der illegalen Arbeitsvermittlung sind nach Aufhebung von § 13 AÜG a.F. durch das Arbeitsförderungs-Reformgesetz[115] problematisch, da sich bislang die Rechtsfolgen und damit die Rechtsbeziehungen auf die Rechtsfortbildung von § 1 Abs. 2 i.V.m. § 13 AÜG a.F. gestützt haben.
Um nunmehr zu einer teleologisch sachgerechten Lösung hinsichtlich der Rechtsbeziehungen vermuteter Arbeitsvermittlung gemäß § 1 Abs. 2 AÜG zu gelangen, ist zunächst ein Rekurs auf die Rechtsfolgen vor Aufhebung von § 13 AÜG a.F. sowie auf dessen ursprünglichen Zweck vorzunehmen.

---

113 BGH vom 12.04.1978, BB 1978, 1415 = DB 1978, 1881 = EzAÜG Nr. 43.

114 *Schüren*, § 13 AÜG Rdnr. 18 ff.; *Ulber*, Einl. D AÜG Rdnr. 45.

115 AFRG vom 24.03.1997, BGBl. I, S. 594.

2. Rechtsbeziehungen vor Aufhebung von § 13 AÜG a.F.

Bei einem Arbeitsverhältnis, das auf einer entgegen § 4 AFG erfolgten Arbeitsvermittlung beruhte, konnten gemäß § 13 AÜG a.F. die Ansprüche des Arbeitnehmers gegen den Arbeitgeber nicht durch Vereinbarung ausgeschlossen werden. Das Bundesarbeitsgericht hat in ständiger Rechtsprechung[116] und in Übereinstimmung mit der Literatur die Funktion von § 13 AÜG a.F. über den vom Wortlaut vorgegebenen Entgeltschutz zugunsten des Arbeitnehmers hinaus ausgedehnt. Denn während bei der Arbeitnehmerüberlassung der Arbeitnehmer (Leiharbeitnehmer) von seinem Arbeitgeber (Verleiher) aufgrund eines zwischen diesen bestehenden Arbeitsvertrages einem Dritten (Entleiher) zwecks regelmäßig temporär begrenzter Arbeitsleistung überlassen wird, ohne dass zwischen dem Arbeitnehmer und dem Entleiher ein Arbeitsvertrag begründet werden soll, geht es bei der Arbeitsvermittlung durch Zusammenführung eines Arbeitnehmers mit einem Arbeitgeber (Arbeitbietendem) erst um die Begründung eines Arbeitsverhältnisses. § 13 AÜG a.F. wäre dann im Rahmen der Arbeitnehmerüberlassung ohne erkennbare Funktion gewesen, wenn sich der Gesetzeszweck von § 13 AÜG a.F. ausschließlich auf die Sicherung von Entgeltansprüchen aus mit Hilfe von unerlaubter Arbeitsvermittlung begründeten Arbeitsverhältnissen beschränken sollte,[117] da der entliehene Arbeitnehmer gerade nicht in einem Arbeitsverhältnis zum Entleiher steht und (Entgelt-)Ansprüche nur gegenüber seinem Arbeitgeber bestehen. Folglich erlangte § 13 AÜG a.F. erst zusammen mit § 1 Abs. 2 AÜG für die Arbeitnehmerüberlassung Bedeutung, wonach bei Vorliegen der dortigen Voraussetzungen vermutet wurde, dass statt Arbeitnehmerüberlassung Arbeitsvermittlung betrieben worden ist.[118] Der gesetzgeberische Zweck, in allen Fällen unerlaubter Arbeitsvermittlung die Ansprüche des Arbeitnehmers gegen den tatsächlich die Arbeitsleistung entgegennehmenden Dritten zu gewährleisten,[119] konnte also nur dann erzielt werden, wenn § 13 AÜG a.F. über seinen Wortlaut hinaus zum Bestehen eines Arbeitsverhältnisses zwischen Arbeitnehmer und Drittem führte.
Konsequent folgerte das BAG aus dem Zusammenwirken von § 1 Abs. 2 mit § 13 AÜG a.F. die Fiktion eines Arbeitsverhältnisses zwischen Arbeitnehmer und Drittem.[120]

---

116 BAG vom 10.02.1977, AP Nr. 9 zu § 103 BetrVG 1972 = BAGE 29, 7 = SAE 1978, 171 = RdA 1977, 195; BAG vom 23.11.1988, AP Nr. 14 zu § 1 AÜG = BAGE 60, 205 = EzAÜG Nr. 306 = RdA 1989, 375; BAG vom 21.03.1990, AP Nr. 15 zu § 1 AÜG = BAGE 65, 43 = EzAÜG Nr. 375 = RdA 1990, 380; BAG vom 01.06.1994, AP Nr. 11 zu § 10 AÜG = EzA Nr. 3 zu § 1 AÜG = RdA 1995, 61; BAG vom 26.04.1995, AP Nr. 19 zu § 1 AÜG = EzA Nr. 6 zu § 1 AÜG = RdA 1996, 59 = NZA 1996, 92.

117 *Groeger*, DB 1998, 470, 471; *Säcker/Kühnast*, ZfA 2001, 117, 126.

118 *Groeger*, DB 1998, 470, 471; *Säcker/Kühnast*, ZfA 2001, 117, 126.

119 BT-Drucks. 6/2303, S. 15; dazu auch *Bauer*, NZA 1995, 203 ff.

120 BAG vom 10.02.1977, AP Nr. 9 zu § 103 BetrVG 1972 = BAGE 29, 7 = SAE 1978, 171; BAG vom 23.11.1988, AP Nr. 14 zu § 1 AÜG = BAGE 60, 205; BAG vom 26.04.1995, AP Nr. 19 zu § 1 AÜG = BAGE 80, 46.

3. Rechtsbeziehungen nach Aufhebung von § 13 AÜG a.F.

Mit Art. 63 Nr. 9 AFRG[121] und Wirkung zum 01.04.1997 hob der Gesetzgeber § 13 AÜG a.F. mit der Begründung auf, dass diese Regelung nicht in das Arbeitnehmerüberlassungsgesetz gehöre und nach Wegfall des zuvor in § 4 AFG enthaltenen Alleinvermittlungsrechts der BA nunmehr keine Funktion habe.[122]

Fraglich ist nach Aufhebung von § 13 AÜG a.F., welche Rechtsfolgen die unwiderlegte vermutete Arbeitsvermittlung nach § 1 Abs. 2 AÜG nunmehr zeitigt.[123]
Einerseits ließe sich anführen, die ersatzlose Streichung von § 13 AÜG a.F. sei wegen Verstoßes gegen das Sozialstaatsgebot verfassungswidrig und die Vorschrift müsse nach ihrem materiellen Inhalt in verfassungskonformer Auslegung[124] die dem Arbeitnehmer eingeräumte Rechtsstellung weiterhin entfalten können.[125] Des Weiteren könne die Fiktion des Arbeitsverhältnisses entweder auf eine entsprechende Anwendung von § 10 Abs. 1 AÜG oder auf § 1 Abs. 2 AÜG direkt gestützt werden.[126]
Gemeinsam ist diesen Überlegungen das Ergebnis einer Fiktion des Arbeitsverhältnisses zwischen Arbeitnehmer und Drittem auch nach Aufhebung von § 13 AÜG a.F.
Andererseits ließe sich die Auffassung vertreten, dass mit Aufhebung von § 13 AÜG a.F. die gesetzliche Grundlage für eine solche Fiktion entfallen ist, denn die seinerzeitige Fiktion war Resultat eines Zusammenspiels von § 1 Abs. 2 mit § 13 AÜG a.F.[127] Die Vertragsfreiheit und damit die Freiheit ein Arbeitsverhältnis einzugehen oder nicht, wird durch Art. 2 Abs. 1 GG gewährleistet. Soll kraft Gesetzes ein Arbeitsverhältnis konstituiert werden, bedarf dieser Eingriff in die Vertragsfreiheit eines hinreichenden Ausdrucks im Gesetz,[128] welcher sich in § 1 Abs. 2 AÜG allein nicht finden lässt. Ferner kommt eine Fiktion gemäß § 10 Abs. 1 AÜG analog nicht in Betracht. Eine diesbezüglich erforderliche Vergleichbarkeit der Situation eines unerlaubt überlassenen Arbeitnehmers mit der eines Arbeitnehmers bei vermuteter Arbeitsvermittlung ist im Hinblick auf die Anwendung von § 9 Nr. 1 AÜG nur auf die unerlaubte Arbeitnehmerüberlassung nicht gegeben.

---

121 Gesetz zur Reform der Arbeitsförderung vom 24.03.1997, BGBl. I, S. 594.

122 BT-Drucks. 13/4941, S. 250; a.A. über die Bedeutung von § 13 AÜG auch nach Wegfall des Alleinvermittlungsrechts der BA *Feuerborn/Hamann*, BB 1997, 2530, 2534; *Säcker/Kühnast*, ZfA 2001, 117, 127; *Ulber*, § 13 AÜG Rdnr. 4.

123 S. hierzu BAG vom 28.06.2000, AP Nr. 3 zu § 3 AÜG = AiB 2001, 309 = BB 2000, 2522; *Bauschke*, NZA 2000, 1207; *Behrend*, BB 2001, 2641 ff.; *Boemke*, § 1 AÜG Rdnr. 125; *ders.*, BB 2000, 2524 ff.; ErfK-*Wank*, § 13 AÜG Rdnr. 2; *Feuerborn/Haman*, BB 1997, 2530 ff.; *Groeger*, DB 1998, 471 ff.

124 Zu diesem Begriff als Unterfall der rangkonformen Auslegung *Wank*, Auslegung, S. 66; *ders.*, RdA 1999, 130 ff.

125 *Ulber*, § 13 AÜG Rdnr. 4.

126 Kass. Handb.-*Düwell*, 4.5 Rdnr. 314.

127 BAG vom 28.06.2000, BB 2001, 98

128 BAG vom 28.06.2000, BB 2001, 98.

In der Tat erscheint die Fiktion des Arbeitsverhältnisses zwischen Arbeitnehmer und Drittem gemäß § 1 Abs. 2 AÜG fraglich. Dies deshalb, weil sich die widerlegbare Vermutung der Arbeitsvermittlung von § 1 Abs. 2 AÜG als Teil der gewerberechtlichen Regelungen des AÜG auf die gewerberechtliche Zuordnung der Tätigkeit des Überlassenden bezieht und eine darüber hinaus gehende arbeitsrechtliche Wirkung der Norm nicht erkennbar ist.[129] Zwar wurde früher seitens der Rechtsprechung für die gesetzliche Begründung eines Arbeitsverhältnisses in Fällen unwiderlegt vermuteter Arbeitsvermittlung zwischen Leiharbeitnehmern und Entleihern neben § 13 AÜG a.F. auch § 1 Abs. 2 AÜG herangezogen, doch hatte § 1 Abs. 2 AÜG dabei keine vertragsbegründende Wirkung. Vielmehr wurde die Begründung des Arbeitsverhältnisses aus dem vom Gesetzgeber verfolgten Ziel abgeleitet und der Eingriff in die Vertragsfreiheit erst durch ein Zusammenwirken von § 1 Abs. 2 AÜG und § 13 AÜG a.F. gerechtfertigt. Folglich stellt § 1 Abs. 2 AÜG allein keine hinreichende gesetzliche Basis für die Fiktion des Arbeitsverhältnisses dar.
Auch die entsprechende Anwendung von § 10 Abs. 1 AÜG als Grundlage der Fiktion des Arbeitsverhältnisses ist problematisch, denn die analoge Anwendung von § 10 Abs. 1 AÜG erfordert zunächst eine Regelungslücke. Eine solche ist aber unter teleologischen Gesichtspunkten bei der unwiderlegt vermuteten Arbeitsvermittlung infolge der neueren Rechtsprechung des für die Arbeitnehmerüberlassung alleinzuständigen neunten Senats des BAG nicht mehr existent: § 10 Abs. 1 AÜG fingiert bei der unerlaubten Arbeitnehmerüberlassung ein Arbeitsverhältnis zum Entleiher, da im Hinblick auf § 9 Nr. 1 AÜG der Arbeitsvertrag zwischen Leiharbeitnehmer und Verleiher unwirksam ist und andernfalls der Leiharbeitnehmer in keinem Arbeitsverhältnis stünde. Bei der vermuteten Arbeitsvermittlung besteht hingegen das Arbeitsverhältnis zwischen Verleiher und Leiharbeitnehmer fort, so dass schon von vornherein kein Schutzbedürfnis für den Leiharbeitnehmer besteht.

Mithin lässt sich nach Aufhebung von § 13 AÜG a.F. weder mit § 1 Abs. 2 AÜG mangels hinreichender gesetzlicher Grundlage noch gemäß § 10 Abs. 1 AÜG analog in Ermangelung einer die Regelungslücke begründenden Schutzbedürftigkeit des Arbeitnehmers eine Fiktion des Arbeitsverhältnisses zwischen Arbeitnehmer und Entleiher konstruieren.[130]

Nach der hier vertretenen Auffassung bedeutet dies für die Rechtsbeziehungen bei der unwiderlegt vermuteten Arbeitsvermittlung i.S.v. § 1 Abs. 2 AÜG, dass ausschließlich zwischen Verleiher und Leiharbeitnehmer ein Arbeitsvertrag vorliegt. Dabei ist der Überlassungsvertrag zwischen Verleiher und Entleiher, soweit der Verlei-

---

129 *Säcker/Kühnast*, ZfA 2001, 117, 127.

130 I.E. auch *Groeger*, DB 1998, 470, 471; *Urban*, Anm. zu BAG vom 28.06.2000, AP Nr. 3 zu § 13 AÜG; a.A. *Mohr/Pomberg*, DB 2001, 590, 592 ff.; *Ulber*, Anm. zu BAG vom 28.06.2000, ArbuR 2001, 149 ff.

her Inhaber einer Vermittlungserlaubnis nach § 291 Abs. 1 SGB III ist, als wirksam, andernfalls als nichtig anzusehen.[131]

V. Unterschiede bei den Rechtsbeziehungen von Arbeitsvermittlung und Leiharbeit

1. Zusammenfassung der Rechtsbeziehungen bei der Arbeitsvermittlung

Für die Arbeitsvermittlung lässt sich zusammenfassend festhalten, dass sowohl bei der legalen als auch bei der illegalen Arbeitsvermittlung ein Arbeitsvertrag zwischen dem Arbeitnehmer und dem Dritten, dem der Arbeitnehmer vermittelt worden ist, besteht und darüber hinaus zwischen dem Arbeitnehmer und dem Vermittler keinerlei arbeitsrechtliche Beziehungen vorliegen. Der Arbeitsvertrag zwischen Arbeitnehmer und Vermittler im Rahmen der vermuteten Arbeitsvermittlung i.S.v. § 1 Abs. 2 AÜG führt zu keinem anderen Ergebnis, da die Überlassung eines Arbeitnehmers selbst bei unwiderlegter Vermutung der Arbeitsvermittlung keine arbeitsrechtlichen Rechtsfolgen nach sich zieht und der Tatbestand von § 1 Abs. 2 AÜG lediglich gewerberechtliche Relevanz hat.

2. Unterschiede bei den Rechtsbeziehungen von Leiharbeit und Arbeitsvermittlung

Während mit der Leiharbeit grundsätzlich nur zwischen Verleiher und Arbeitnehmer und nicht dem Dritten ein Arbeitsvertrag gegeben ist, ist hingegen bei der Arbeitsvermittlung von einem Arbeitsvertrag zwischen dem Arbeitnehmer und dem Dritten auszugehen.

Mithin sind die für den Arbeitnehmer signifikanten individualarbeitsrechtlichen Beziehungen bei der Leiharbeit und der Arbeitsvermittlung verschieden, so dass die hiervon in Abhängigkeit stehende betriebsverfassungsrechtliche Behandlung ebenfalls divergiert.

---

131 Kass. Handb.-*Düwell*, 4.5 Rdnr. 323; ist der Überlassungsvertrag wegen fehlender Vermittlungserlaubnis der Verleihers unwirksam, so treten für den Verleiher und den Entleiher dieselben Rechtsfolgen wie bei der unerlaubten Arbeitnehmerüberlassung; vgl. oben.

§ 4 Werkvertragsarbeitnehmer und ihre Abgrenzung zur Leiharbeit

A. Erforderlichkeit der Abgrenzung

Mit dem Werkvertrag (§§ 631 ff. BGB) existiert eine weitere Gestaltungsmöglichkeit, mittels derer Arbeitnehmer in der betrieblichen Sphäre eines Dritten tätig werden können: Hat der Werkunternehmer beispielsweise eine Reparatur einer Maschine des Werkbestellers oder einzelne vom Werkbesteller ausgegliederte Produktionsschritte und folglich Tätigkeiten übernommen, die im Betrieb des Werkbestellers durchgeführt werden müssen, so kann freilich in diesen Fällen der Werkunternehmer seine Arbeitnehmer zur Erfüllung des Werkvertrages einsetzen. Auf diese Weise gelangen aufgrund des Werkvertrages die Arbeitnehmer des Werkunternehmers in den Betrieb des Werkbestellers und nehmen insbesondere bei der Übernahme von eigenständigen Fertigungsabschnitten Aufgaben wahr, die zuvor von der Stammbelegschaft des Werkbestellers vorgenommen wurden. Infolge dessen entsteht aus der Einbeziehung von Werkbesteller, Werkunternehmer sowie dessen Arbeitnehmern als werkvertragliche Erfüllungsgehilfen (§ 278 S. 1 BGB) ein äußerlich kaum von der Leiharbeit zu unterscheidender Tatbestand.
Mithin lässt sich sowohl durch Arbeitnehmerüberlassung als auch mit Werkverträgen oftmals dasselbe ökonomische Resultat erzielen, obwohl die dahinter stehende rechtliche Konstruktion eine andere ist.

Die für einen Großteil der Leiharbeit geltenden sondergesetzlichen Regelungen des Arbeitnehmerüberlassungsgesetzes, welche für den Einsatz von Erfüllungsgehilfen auf der Grundlage eines Werkvertrages keine Anwendung finden, sowie die hier interessierende betriebsverfassungsrechtliche Behandlung von betriebsfremden Arbeitnehmern erfordern die genaue Abgrenzung dieser beiden Erscheinungsformen des betriebsfremden Personaleinsatzes, da sich letztere infolge des nur zwischen Werkunternehmer und Erfüllungsgehilfen vorliegenden Arbeitsvertrages und mangels spezialgesetzlicher Regelungen (wie z.B. § 14 AÜG) für die betriebsverfassungsrechtliche Stellung deutlich von der bei der Leiharbeit unterscheidet.

Der Gesetzgeber hat seinerzeit bewusst auf eine gesetzliche Abgrenzungsregelung verzichtet,[132] so dass es der Rechtsprechung und der Literatur überlassen worden ist, die Leiharbeit insbesondere in Form der gewerbsmäßigen Leiharbeit (Arbeitnehmerüberlassung i.e.S.) vom Einsatz von Arbeitnehmern auf der Grundlage eines Werkvertrages abzugrenzen. Hierzu hat die arbeitsgerichtliche Rechtsprechung begleitet von einer intensiven Abgrenzungsdiskussion in der Literatur eine Vielzahl von Kriterien entwickelt, die für die Abgrenzung von Werkvertrag und Arbeitnehmerüberlassung Bedeutung haben sollen. Dabei ist jedoch zu konstatieren, dass seit der Ent-

[132] BT-Drucks. 6/3505, S. 2.

scheidung des BAG vom 10.2.1977[133] sehr unterschiedliche Kriterien herausgestellt wurden, diese wiederum in nachfolgenden Entscheidungen ergänzt, ausdifferenziert, modifiziert oder aber schließlich als für die Abgrenzung gar untauglich befunden wurden und auch in der Literatur ist bislang keine einheitliche Linie zur Abgrenzungsproblematik zu verzeichnen.
Damit ist selbst nach einem Vierteljahrhundert Rechtsprechung bis heute in dieser Abgrenzungsfrage Rechtsunsicherheit zu beklagen.[134]

B. Abgrenzungskriterien der Rechtsprechung

Mit der Entscheidung des BAG vom 10.2.1977[135] hat das Gericht erstmals die Abgrenzung von Werkvertrag und Arbeitnehmerüberlassung vorgenommen und führte dazu aus, dass Arbeitnehmerüberlassung i.S.v. § 1 Abs. 1 AÜG dann vorliege, wenn ein Arbeitnehmer seine Arbeitsleistung in einem anderen Betrieb als dem seines Arbeitgebers erbringt und er dabei bezüglich der Arbeitsausführung den Weisungen des Betriebsinhabers unterliegt. Hingegen bestehe beim Werkvertrag für die im Drittbetrieb eingesetzten Arbeitnehmer kein Weisungsrecht des Werkbestellers, da der Werkunternehmer die Herstellung eines bestimmten Arbeitsergebnisses, nicht aber die Überlassung von Arbeitnehmern zur Arbeitsleistung schuldet.
Daneben soll die Ausgestaltung der Vertragsbeziehungen zwischen dem Arbeitgeber und dem Betriebsinhaber weitere Anhaltspunkte für die Abgrenzung liefern: So seien die Bemessung der Vergütung nach Zeiteinheiten und die Haftung für eine ordnungsgemäße Auswahl der überlassenen Arbeitnehmer bei der Arbeitnehmerüberlassung gegenüber werkbezogenen Preisvereinbarungen und der Haftung für die ordnungsgemäße Herstellung des geschuldeten Werkes beim Werkvertrag weitere Abgrenzungskriterien. Letztlich stellt die Entscheidung aber darauf ab, dass für die Gestaltung der Vertragsbeziehungen wesentlich ist, ob und wenn in welchem Umfang der Arbeitnehmer in die betriebliche Organisation des Betriebsinhabers eingegliedert und dessen Weisungen unterworfen sei.[136]
Mithin ist bedeutend für die Abgrenzung in dieser Entscheidung das arbeitsrechtliche Weisungsrecht.[137]

---

133 BAG vom 10.02.1977, AP Nr. 9 zu § 103 BetrVG 1972 = BAGE 29, 7 = SAE 1978, 171 = RdA 1977, 195.

134 Vgl. nur *Rosenstein*, Abgrenzung, S. 106 f.

135 BAG vom 10.02.1977, AP Nr. 9 zu § 103 BetrVG 1972 = BAGE 29, 7 = SAE 1978, 171 = RdA 1977, 195.

136 BAG vom 10.02.1977, AP Nr. 9 zu § 103 BetrVG 1972 = BAGE 29, 7 = SAE 1978, 171 = RdA 1977, 195.

137 BAG vom 10.02.1977, AP Nr. 9 zu § 103 BetrVG 1972 = BAGE 29, 7 = SAE 1978, 171 = RdA 1977, 195.

Eine andere Entscheidung des BAG[138] knüpft daran an und klassifiziert Arbeitnehmer, die Arbeitsleistungen in einem fremden Betrieb erbringen, dann als Erfüllungsgehilfen des Werkunternehmers, wenn sie nach dessen Weisungen handeln. Leisteten die Arbeitnehmer die Arbeit allein nach Weisungen des Dritten und seien sie voll in dessen Betrieb eingegliedert, handele es sich regelmäßig hierbei um zur Arbeitsleistung überlassene Arbeitnehmer.[139] Einzig die Formulierung, dass der Werkunternehmer die zur Erreichung des wirtschaftlichen Erfolges notwendigen Handlungen nach eigenen betrieblichen Vorstellungen organisiere, während er bei der Arbeitnehmerüberlassung nur Arbeitnehmer zur Verfügung stelle,[140] ist neu. Dadurch erfolgt aber keine Präzisierung der Kriterien der vorangegangenen Entscheidung, denn die Organisation der für den wirtschaftlichen Erfolg notwendigen Handlung kann nichts anderes als das gegenüber den Erfüllungsgehilfen bestehende arbeitsvertragliche Weisungsrecht darstellen.[141] Zwar wird im Weiteren auch wieder auf das Kriterium der Haftung der Beteiligten abgestellt, doch schwächt das Gericht das Haftungskriterium in seiner Bedeutung für die Abgrenzung deutlich ab.[142]
Mithin bleibt es auch nach dieser Entscheidung bei dem Weisungsrecht als dem maßgeblichen Abgrenzungskriterium.

Auch mit den nachfolgenden Entscheidungen[143] setzt das Gericht seine Rechtsprechung zu den Abgrenzungskriterien vom Personaleinsatz auf der Basis der Arbeitnehmerüberlassung und des Werkvertrages unter Hervorhebung der Kriterien der vollen Eingliederung in den Entleiherbetrieb und des alleinigen Weisungsrechtes des Entleihers als den bedeutsamen Abgrenzungsmerkmalen fort, wenngleich dabei eine Entwicklung zu immer detaillierteren Unter- und Hilfskriterien stattfindet, die in der Instanzrechtsprechung mit Kriterienkatalogen von 15 und mehr Einzelpunkten nachvollzogen wird.[144]
Das Weisungsrecht konkretisierte das BAG durch den Begriff der Personalhoheit.[145] Darunter sind die für ein Arbeitsverhältnis grundlegenden Personalentscheidungen

---

138 BAG vom 08.11.1978, AP Nr. 2 zu § 1 AÜG = BAGE 31, 135 = EzA Nr. 1 zu § 1 AÜG = RdA 1979, 35.

139 BAG vom 08.11.1978, AP Nr. 2 zu § 1 AÜG = BAGE 31, 135 = EzA Nr. 1 zu § 1 AÜG = RdA 1979, 35.

140 BAG vom 08.11.1978, AP Nr. 2 zu § 1 AÜG = BAGE 31, 135 = EzA Nr. 1 zu § 1 AÜG = RdA 1979, 35.

141 A.A. *Rosenstein*, Abgrenzung, S. 110.

142 BAG vom 08.11.1978, AP Nr. 2 zu § 1 AÜG = BAGE 31, 135 = EzA Nr. 1 zu § 1 AÜG = RdA 1979, 35.

143 Vgl. nur BAG vom 15.06.1983, AP Nr. 5 zu § 10 AÜG = BAGE 43, 102 = SAE 1985, 71 m. Anm. *Wank* = RdA 1984, 61.

144 LAG Berlin v.om 01.09.1989, EzAÜG Nr. 336; LAG Köln vom 09.08.1989, EzAÜG Nr. 366.

145 BAG vom 09.07.1991, AP Nr. 94 zu § 99 BetrVG 1972 m. kritischen Anm. *v. Hoyningen-Huene* = EzA Nr. 102 zu § 99 BetrVG 1972 = RdA 1992, 59 = NZA 1992, 275; BAG vom 01.12.1991, EzA Nr. 110 zu § 99 BetrVG 1972.

wie z.B. über den Arbeitseinsatz der Arbeitnehmer nach Zeit und Ort,[146] die Anzahl der einzusetzenden Arbeitnehmer, die Freizeit- und Urlaubsgewährung, die Anwesenheitskontrolle und die Überwachung der Arbeitsausführung zu verstehen.[147]
Das Abgrenzungskriterium der Eingliederung wurde mit der Übernahme von Tätigkeiten von Stammarbeitnehmern,[148] der Übernahme von außerhalb des Vertrages liegenden Arbeiten,[149] der Vermischung mit Stammarbeitnehmern[150] und der Ausgabe von Arbeitskleidung durch den Beschäftigungsbetrieb[151] als Hilfs- oder Unterkriterien ausdifferenziert.
Damit werden der bis dahin eher formalen Abgrenzung des Vertragsinhalts weitere Komponenten hinzugefügt, nach denen es auf den Geschäftsinhalt ankommt, der sich neben den schriftlichen Vereinbarungen auch aus der tatsächlichen Durchführung oder bei Widersprüchlichkeiten gar nur aus der tatsächlichen Durchführung ergibt und hingegen die von den Beteiligten gewünschte Rechtsfolge unerheblich ist.[152]

Letztlich ergänzt das Gericht damit sein Prüfungsschema der rechtlich-formalen Einordnung und der realen Durchführung um eine abschließende Gesamtbetrachtung aller wesentlicher Umstände:[153] Erst mittels der Gesamtbetrachtung könne ein verlässliches Urteil für die Abgrenzung getroffen werden, denn ihr obliegt die Funktion, atypische Fälle auszusondern und die tatsächliche Wesensart der Geschäftsverbindung von Arbeitgeber und dem Dritten zu eruieren.[154]

Mithin nimmt die Rechtsprechung nunmehr die Abgrenzung von Arbeitnehmerüberlassung und Werkvertrag anhand eines Dreischrittes vor, indem zunächst die vertraglichen Vereinbarungen und dann die tatsächliche Durchführung im Hinblick auf das arbeitsrechtliche Weisungsrecht und die Eingliederung in den Fremdbetrieb zu untersuchen sind und schließlich die hierbei gefundenen Ergebnisse im Rahmen einer Gesamtbetrachtung gegeneinander abgewogen werden.

---

146 BAG vom 09.07.1991, AP Nr. 94 zu § 99 BetrVG 1972 = EzA zu § 99 BetrVG 1972 Nr. 102 = RdA 1992, 59 = NZA 1992, 275.

147 BAG vom 14.08.1985, NZA 1987, 128 = EzAÜG Nr. 186.

148 BAG vom 14.06.1984, EzAÜG Nr. 154 = EzAÜG § 631 BGB Werkvertrag Nr. 7.

149 BAG vom 14.08.1985, NZA 1987, 128 = EzAÜG Nr. 186.

150 BAG vom 25.06.1986, EzAÜG zu § 10 AÜG Vertrauensschaden Nr. 1.

151 BAG vom 25.06.1986, EzAÜG zu § 10 AÜG Vertrauensschaden Nr. 1.

152 BAG vom 15.06.1983, AP Nr. 5 zu § 10 AÜG = BAGE 43, 102 = SAE 1985, 71 m. Anm. *Wank* = RdA 1984, 61; BAG vom 14.06.1984, EzAÜG Nr. 154.

153 BAG vom 18.01.1989, AP Nr. 1 zu § 9 BetrVG 1972 = BAGE 61, 7 = EzAÜG Nr. 316 = NZA 1989, 725; a.A. *Schüren*, FS Däubler, S. 90, 97.

154 *Hamann*, Erkennungsmerkmale, S. 73 ff.; *Rosenstein*, Abgrenzung, S. 107 f.

C. Abgrenzungskriterien der Literatur

I. Konventionelle Abgrenzungskriterien

Die Literatur ist zum Großteil der Methodik der Rechtsprechung gefolgt:[155] Danach sollen eine Vielzahl von Hilfs- und Unterkriterien wie z.B. das Zurückweisungsrecht des Auftraggebers bezüglich des eingesetzten Fremdfirmenarbeitnehmers[156] oder die Festlegung der Anzahl der Fremdfirmenarbeiter[157] der Charakterisierung der Hauptkriterien Personalhoheit,[158] Eingliederung in den Betrieb,[159] Organisationsgewalt des Auftragnehmers,[160] Ausübung des Weisungsrechts[161] und Tragung des Unternehmerrisikos[162] dienen. Allerdings gewichtet das Schrifttum die Begrifflichkeiten zum Teil unterschiedlich, und den Hauptkriterien wird oftmals ein unterschiedliches Verständnis zugrunde gelegt;[163] gemeinsam ist ihnen die Abgrenzung mittels Haupt- und ergänzenden Hilfskriterien, wie sie so oder ähnlich auch von der Rechtsprechung vorgenommen wird.

---

155 *Becker*, ZfA 1972, 129, 131 ff.; *ders.*, BlStSozArbR 1980, 369, 371 f.; *ders.*, ZIP 1981, 699, 705 ff.; *ders.*, Leitfaden, S. 110 ff.; *Becker/Kreikebaum*, Zeitarbeit, S. 46 ff.; *Becker/Wulfgramm*, Art. 1 § 12 AÜG Rdnr. 32 ff.; *Erdlenbruch*, S. 12 ff.; kritisch *Hager*, Anm. zu BAG vom 05.03.1991, SAE 1992, 230, 231; *Halbach*, DB 1980, 2389, 2392 f.; *v. Hoyningen-Huene*, BB 1985, 1669, 1671 ff.; *Jedzig*, DB 1989, 978, 980; *Leisten*, BB 1992, 266, 268 f.; *Marschall*, RdA 1983, 18, 20 f.; MünchArbR-*Marschall*, § 167, Rdnr. 21 ff.; *Sandmann/Marschall*, Art. 1 § 1 AÜG Rdnr. 12 ff; *Schaub*, NZA 1985, Beil. 3, 1, 4 f.; *ders.* ArbR, § 120 Rdnr. 1 ff.; *Schüren*, § 1 AÜG Rdnr. 93 ff.

156 *v. Hoyningen-Huene*, BB 1985, 1669, 1972; *Schaub*, NZA 1985, Beil. 3, 1, 4 f.; *Sandmann/Marschall*, Art. 1 § 1 AÜG Rdnr. 16.

157 *Becker*, DB 1988, 2561, 2566; *v. Hoyningen-Huene*, BB 1985, 1669, 1672; MünchArbR-*Marschall*, § 167 Rdnr. 29; *Sandmann/Marschall*, Art. 1 § 1 AÜG Rdnr. 15.

158 *Dauner-Lieb*, NZA 1992, 817, 820; *dies.*, Anm. zu BAG vom 30.01.1991, SAE 1992, 220; eingängig hierzu *Wank*, Anm. zu BAG vom 15.06.1983, SAE 1985, 71, 74 ff.

159 *Becker*, ZIP 1981, 699, 705 u. 707; *Becker/Wulfgramm*, Art. 1 § 12 AÜG Rdnr. 36 c; *Göbel*, BlStSozArbR 1973, 324, 329; *Halbach*, DB 1980, 2389, 2392; *v. Hoyningen-Huene*, BB 1985, 1669, 1672; *Jedzig*, DB 1989, 978, 980; *Leisten*, BB 1992, 266, 268.

160 *v. Hoyningen-Huene*, BB 1985, 1669, 1672 *Marschall*, NZA 1984, 150, 151; *Ulber*, ArbuR 1982, 54, 58.

161 Vgl. *Becker*, ZfA 1972, 129, 131 ff.; *ders.*, BlStSozArbR 1980, 369, 371 f.; *ders.*, ZIP 1981, 699, 705 ff.; *ders.*, Leitfaden, S. 110 ff.; *Becker/Kreikebaum*, Zeitarbeit, S. 46 ff.; *Becker/Wulfgramm*, Art. 1 § 12 AÜG Rdnr. 32 ff.; *Erdlenbruch*, S. 12 ff.; *Hager*, Anm. zu BAG vom 05.03.1991, SAE 1992, 230; *Halbach*, DB 1980, 2389, 2392 f.; *v. Hoyningen-Huene*, BB 1985, 1669, 1671 ff.; *Jedzig*, DB 1989, 978, 980; *Leisten*, BB 1992, 266, 268 f.; *Marschall*, RdA 1983, 18, 20 f.; MünchArbR-*Marschall*, § 167, Rdnr. 21 ff.; *Sandmann/Marschall*, Art. 1 § 1 AÜG Rdnr. 12 ff; *Schaub*, NZA 1985, Beil. 3, S. 4 f.; *ders.* ArbR, § 120 Rdnr. 1 ff.; *Schüren*, § 1 AÜG Rdnr. 115 ff.

162 *Becker*, DB 1988, 2561, 2566; *Erdlenbruch*, S. 21 ff.; *Schaub*, § 120 Rdnr. 13.

163 Eine vertiefte Auseinandersetzung mit diesen Divergenzen ist im Rahmen dieser Arbeit weder geboten noch aus Platzgründen möglich; vgl. hierzu *Hamann*, Erkennungsmerkmale, S. 93 ff.; *Rosenstein*, Abgrenzung, S. 141 ff.

II. Eigene Abgrenzungskriterien

Daneben verfolgt ein anderer Teil des Schrifttums davon abweichende Abgrenzungsmethoden. Beispielsweise werden funktionsbezogene Abgrenzungskriterien zur Lösung der Abgrenzungsfrage zwischen Werkvertrag mit Erfüllungsgehilfen und der Arbeitnehmerüberlassung herangezogen.[164] Hierbei werden durch die Gegenüberstellung der Begriffsfiguren in Form der Herstellung eines Werkes mittels vom Werkunternehmer abhängigen Erfüllungsgehilfen und andererseits der Überlassung von Arbeitnehmern zur Arbeitsleistung die Abgrenzungskriterien ermittelt, die in der unternehmerischen Eigenverantwortlichkeit und daraus folgender

Dispositionsmöglichkeit des Werkunternehmers gegenüber dem Besteller, der Vereinbarung und Erstellung eines qualitativ individualisierbaren und dem Werkunternehmer zurechenbaren Werkergebnisses, dem ausschließlichen Weisungsrecht des Werkunternehmers gegenüber seinen Erfüllungsgehilfen, der fehlenden Eingliederung der Erfüllungsgehilfen des Werkunternehmers in den Bestellerbetrieb, der Tragung des Unternehmerrisikos und einer herstellungsbezogenen Vergütungsregelung gesehen werden.[165]

Damit wird eine ausschließlich an den Grundstrukturen des Werkvertrags orientierte Abgrenzung versucht, die jedoch aus teleologischen Gesichtspunkten abgelehnt werden muss:[166] Das Ziel der Abgrenzung besteht darin, die Umgehung der Vorschriften des Arbeitnehmerüberlassungsgesetzes mittels Scheinwerkverträgen zu erfassen. Mithin ist der Gesetzeszweck des Arbeitnehmerüberlassungsgesetzes[167] ausschlaggebend für die Abgrenzung, so dass die werkvertraglichen Charakteristika als Ausgangspunkt für die Abgrenzung ungeeignet sind und die Gewinnung von Abgrenzungskriterien vor dem Hintergrund der Zielsetzung dieses Gesetzes zu erfolgen hat.
Diesem telelogischen Ansatz folgend kommen nach einer in der Literatur vertretenen Ansicht die Regelungen des Arbeitnehmerüberlassungsgesetzes, insbesondere die §§ 9, 10 AÜG, wegen ihrer einschneidenden privat- und haftungsrechtlichen Folgen für die grundgesetzlich geschützte Vertragsautonomie nur dann zur Anwendung gelangen, wenn die Schutzbedürftigkeit des einzelnen Arbeitnehmers dies erfordert.[168]

---

164 *Göbel*, BlStSozArbR 1973, 324 ff.

165 *Göbel*, BlStSozArbR 1973, 324, 330.

166 So schon *Wank*, Anm. zu BAG vom 15.06.1983, SAE 1985, 71, 74.

167 Gemäß des amtlichen Begründung zum Entwurf des Gesetzes zur Regelung der gewerbsmäßigen Arbeitnehmerüberlassung (BT-Drucks. 6/2303, S. 9 ff.) ist der Gesetzeszweck in der Schaffung eines effizienten arbeits- und sozialrechtlichen Schutzes für die Leiharbeitnehmer sowie in der Ausschaltung von unseriösen Verleihern zu sehen.

168 *Leitner*, NZA 1991, 293, 295.

Die Schutzbedürftigkeit des Arbeitnehmers ist entgegen der Konzeption des Gesetzes nicht bei jedem Vorliegen von Arbeitnehmerüberlassung gegeben, sondern erst nach einer sorgfältigen Prüfung der Sozialrelevanz im Einzelfall zu bestimmen. Auf diese Weise wird zugleich eine grenzenlose Einbeziehung arbeitnehmerüberlassungsrechtlich nicht regelungsbedürftiger Tatbestände in den Regelungsbereich des Arbeitnehmerüberlassungsgesetzes vermieden.[169] Im Hinblick auf die Schutzbedürftigkeit sind daher verschiedene Tatbstände[170] der Arbeitnehmerüberlassung zu unterscheiden und jedenfalls bei unbewusstem Umgehen des Gesetzes ist von vornherein das Arbeitnehmerüberlassungsgesetz nicht anwendbar.
Dem ist entgegenzuhalten, dass allein mit der Schutzbedürftigkeit des Arbeitnehmers noch kein generell verwendbares Abgrenzungskriterium gewonnen ist, da es hierzu gerade in jedem Einzelfall erst einer gesonderten Betrachtung bedarf und hierdurch kein Beitrag zu einer Verstetigung und damit zu Rechtssicherheit in der Abgrenzungsfrage geleistet wird. Im Übrigen dürften in der Praxis erheblich Beweisschwierigkeiten für eine bewusste oder unbewusste Umgehung des Arbeitnehmerüberlassungsgesetzes auftreten und entsprechenden Schutzbehauptungen Tür und Tor geöffnet werden.[171]

Ein ähnlicher, an den Schutzfunktionen des Arbeitnehmerüberlassungsgesetzes angelehnten Abgrenzungsversuch kann dadurch vorgenommen werden, dass darauf abgestellt wird, ob der Arbeitnehmer des Werkunternehmers ebenso schutzbedürftig wie ein Leiharbeitnehmer ist, weil er sich bei seiner Tätigkeit in der Betriebsstätte des Bestellers in persönliche Abhängigkeit von diesem begibt.[172] Der Werkunternehmergehilfe ist dann dem Leiharbeitnehmer vergleichbar schutzbedürftig, wenn die persönliche Abhängigkeit vom Besteller derjenigen des Leiharbeitnehmers entspricht,[173] die sich regelmäßig in der „Weisungsunterwerfung" des Arbeitnehmers manifestiert. Daneben stellen die Bestimmung der Arbeitszeit, die Unterwerfung unter die Betriebsordnung des Bestellers, die Benutzung von Maschinen des Bestellers und die Kooperation mit den Stammarbeitnehmern Indizien für die persönliche Abhängigkeit dar, die eine Einbeziehung derartig gestalteter Werkverträge in das Arbeitnehmerüberlassungsgesetz forcieren.[174]
Doch auch dieser Ansatz kann nicht überzeugen. Zwar ist das Abstellen auf das Weisungsrecht für die Schutzbedürftigkeit richtig, warum aber die Unterwerfung unter

169 *Leitner*, NZA 1991, 293, 298.

170 Vgl. hierzu *Leitner*, NZA 1991, 293, 294, der neben den Tatbestand der illegalen Arbeitnehmerüberlassung eine „Grauzone" stellt, die entweder in einem unbewussten oder aber einem bewussten Umgehen des AÜG bestehen soll und je nach Tatbestand bzw. bewussten oder unbewusstem Verstoß gegen das Arbeitnehmerüberlassungsrecht den Anwendungsbereich im Wege einer teleologischen Reduktion zu bestimmen versucht.

171 Vgl. zur Kritik an diesem Ansatz nur *Hamann*, Erkennungsmerkmale, S. 114 f.

172 *Hempel*, Spannungsverhältnis, S. 176.

173 *Hempel*, Spannungsverhältnis, S. 177.

174 *Hempel*, Spannungsverhältnis, S. 179 ff.

die fremde Betriebsordnung oder die Benutzung von Maschinen und Geräten des Bestellers für den Werkunternehmergehilfen eine dem Leiharbeitnehmer vergleichbare Schutzbedürftigkeit erzeugen soll, vermag nicht einzuleuchten, denn häufig wird eine Vertragsdurchführung beispielsweise nur während der Betriebszeit des Bestellers und ggf. unter Einbeziehung von dessen Geräten möglich sein. Ferner ist der Anwendungsbereich des Gesetzes durch die Regelung von § 1 Abs. 1 S. 1 AÜG eindeutig auf Tatbestände der Arbeitnehmerüberlassung beschränkt und sollte nicht vorschnell entgegen dem Gesetzeswortlaut und ohne bestehendes Schutzbedürfnis auf Werkverträge ausgeweitet werden.[175]

Weiterhin können Überlegungen, wie die, das arbeitsrechtliche Weisungsrecht als alleiniges Abgrenzungsmerkmal zu betrachten,[176] angesichts atypischer Werkvertragsgestaltungen, nach denen wegen der Besonderheiten des Einzelfalles alle wesentlichen Aspekte detailliert geregelt sind,[177] nicht überzeugen, wenn auch dem Hinweis auf das arbeitsvertragliche Weisungsrecht als dem maßgeblichen Kriterium beizupflichten ist.

Letztlich muss auch die Ansicht zurückgewiesen werden, die den Tatbestand der Arbeitnehmerüberlassung nur dann negiert, wenn die im Rahmen des Auftrages tätigen Arbeitnehmer nur vorübergehend und ausnahmsweise im Einsatzbetrieb beschäftigt werden, ansonsten aber ihre Arbeit im Entsendebetrieb verrichten, da genau diese Situation auf viele Reparatureinsätze von Handwerksbetrieben zutrifft und allein eine fehlende räumliche Trennung von den Stammarbeitnehmern des Betriebsinhabers keine missbräuchliche Verwendung des Werkvertrages begründet.[178]

D. Stellungnahme

Trotz aller innerhalb der Entscheidungen des BAG unterschiedlichen Gewichtungen oder selbst nunmehr nach dem Verzicht auf die meisten Hilfskriterien als eine neuere Entwicklung hat die Rechtsprechung entgegen anderslautender Kritik aus der Literatur[179] mit der Prüfung der Vertragsbeziehungen mittels der Hauptkriterien Weisungsrecht und Betriebseingliederung sowie der tatsächlichen Vertragsdurchführung und

---

175 Eine hierfür erforderliche Gesetzeslücke besteht ausweislich der Gesetzesmaterialien (BT-Drucks. 6/3505, S. 10; S. 2 des Berichts des Abgeordneten *Jaschke*) gerade nicht, denn eine gesetzliche Abgrenzung sollte wegen der Vielgestaltigkeit solcher Erscheinungsformen nicht erfolgen.

176 *Eckard*, JA 1989, 393, 396.

177 Nach BAG vom 01.12.1992, EzA Nr. 110 zu § 99 BetrVG 1972 = ArbuR 1993, 338 schließen die Vorschriften über den Werkvertrag nicht aus, dass für das zu erstellende Werk hinsichtlich aller Einzelheiten bezüglich Ausführung, Umfang, Güte, Zeit und Ort der Erstellung des Werkes dem Werkunternehmer kein eigener Entscheidungsspielraum verbleibt.

178 So aber *Ulber*, ArbuR 1982, 54, 56 f.

179 *Hamann*, Erkennungsmerkmale, S. 91 f.; *Rosenstein*, Abgrenzung, S. 137 f.

einer abschließenden Gesamtbetrachtung eine in ihren Grundzügen stets gleich gebliebene, verlässliche Abgrenzungsmethode entwickelt. Dass dabei der teleologische Bezug nicht immer stringent ist,[180] muss der Kritik der Literatur zugestanden werden, da die Entscheidungen des BAG nicht hinreichend deutlich werden lassen, auf welchem Wege die Hilfs- und Unterkriterien gewonnen werden. Gleichwohl taugt die dreistufige Abgrenzungsmethode für eine verlässliche, an dem Schutzbedürfnis der Leiharbeitnehmer ausgerichtete Abgrenzung, wie der Großteil der Literatur durch Adaption der Kriterien, wenn auch zum Teil mit unterschiedlichen Termini, deutlich macht, denn auf diese Weise führt ein einzelfalltaugliches Prüfungsschema zu sachgerechten Prüfungsergebnissen.

Hingegen können die eigenständigen Abgrenzungsversuche des Schrifttums zu keiner leistungsfähigen Abgrenzung von Arbeitnehmerüberlassung und Werkvertrag führen, da sie entweder gegen den Gesetzeswortlaut verstoßen oder nur ausgehend vom Werkvertrag Abgrenzungsmerkmale entwickeln, was unter teleologischen Aspekten abzulehnen ist, da die Abgrenzungsmerkmale aus dem Gesetzeszweck des Arbeitnehmerüberlassungsgesetzes entwickelt werden müssen.
Mithin wird hier der Abgrenzung nach vertraglichen Vereinbarungen, der tatsächlichen Vertragsdurchführung mittels des arbeitsvertraglichen Weisungsrechts und der Eingliederung sowie einer abwägenden Gesamtbetrachtung als vorzugswürdig gefolgt.

---

180 Vgl. nur *Wank*, Anm. zu BAG vom 15.06.1983, SAE 1985, 71, 74.

§ 5 Die betriebsverfassungsrechtliche Stellung unechter Leiharbeitnehmer im Allgemeinen

A. Die betriebsverfassungsrechtliche Zuordnung von unechten Leiharbeitnehmern

I. Das Betriebsverfassungsgesetz als Schutzgesetz für (Leih-)Arbeitnehmer

Mit der Begründung eines Arbeitsverhältnisses verpflichtet sich der Arbeitnehmer zur Übernahme einer bestimmten Funktion im Rahmen einer fremden Betriebssphäre, denn durch den Arbeitsvertrag wird er nicht zu konkreten, einzelnen Leistungen verpflichtet, vielmehr übernimmt der Arbeitnehmer eine allgemein bezeichnete Aufgabe, die der Konkretisierung durch das Direktionsrecht des Arbeitgebers bedarf.[181] Danach ist der Arbeitnehmer nach Zweck, Zeit und Ort sowie der Arbeitsorganisation einer Fremdbestimmung unterworfen, die zu seiner rechtlichen und sozialen Abhängigkeit führt. Diese persönliche und wirtschaftliche Abhängigkeit des Arbeitnehmers zu beseitigen oder zumindest abzumildern ist wesentlicher Zweck des Betriebsverfassungsgesetzes, weshalb das Betriebsverfassungsrecht Arbeitnehmerschutzrecht darstellt.[182] Es dient der Respektierung des Arbeitnehmers als Persönlichkeit und seiner Würde,[183] indem es entsprechend seiner Bezeichnung die Verfassung des Betriebs gestaltet und den Arbeitnehmern bzw. dem sie repräsentierenden Betriebsrat Mitwirkungs- und Mitbestimmungsrechte an Entscheidungen der Betriebsleitung gewährt.[184]

Inwieweit nun Leiharbeitnehmer betriebsverfassungsrechtlich in diesen Schutz einbezogen sind, ist danach zu bestimmen, ob und inwieweit das Betriebsverfassungsgesetz auf Leiharbeitnehmer Anwendung findet. Damit ist die Frage nach dem persönlichen Geltungsbereich des Betriebsverfassungsgesetzes eröffnet.

---

181 GK-*Wiese*, Einl. BetrVG Rdnr. 71 ff.

182 *Fitting*, § 1 BetrVG Rdnr. 1; GK-*Wiese*, Einl. BetrVG Rdnr. 76.

183 Vgl. hierzu BAG vom 13.03.1973, AP Nr. zu § 87 BetrVG 1972 Werkmietwohnung Nr. 1 = BAGE 25, 93 = SAE 1973, 229 = RdA 73, 278; BAG vom 05.03.1974, AP zu § 87 BetrVG Kurzarbeit Nr. 1 = BAGE 26, 60 = SAE 1974, 201 = RdA 1974, 251; BAG vom 22.01.1980, AP zu § 87 BetrVG 1972 Lohngestaltung Nr. 3 = BAGE 32, 350 = SAE 1981, 109 = RdA 1980, 286; *Belling*, Haftung, S. 118, 325; Däubler/Kittner/Klebe-*Kustode/Däubler*, Einl. BetrVG Rdnr. 66, 71; *Dütz/Schulin*, ZfA 1975, 103, 112 ff.; *Fitting*, § 1 BetrVG Rdnr. 1 ff.; *Hueck/Nipperdey*, Arbeitsrecht I, S. 29; *Jahnke*, ZfA 1980, 863, 882 f.; *Löwisch/Kaiser*, Einl. BetrVG Rdnr. 1; *Richardi*, § 87 BetrVG Rdnr. 7 ff.; *Söllner*, Arbeitsrecht, § 21 I 3; *Wiese*, ZfA 1989, 645, 650 ff.; *Zöllner/Loritz*, ArbeitsR, § 44 III 4.

184 *Richardi*, Einl. BetrVG Rdnr. 1.

II. Die unechten Leiharbeitnehmer als Adressaten des Betriebsverfassungsgesetzes

1. Die Einbeziehung von unechten Leiharbeitnehmern in den persönlichen Anwendungsbereich des Betriebsverfassungsgesetzes nach § 5 BetrVG

a) Der Arbeitnehmerbegriff i.S.v. § 5 BetrVG

§ 5 BetrVG umschreibt den Personenkreis, welcher innerhalb der Betriebsverfassungsgesetzes durch den Betriebsrat repräsentiert wird und hiermit zugleich denjenigen Kreis, dessen Interessen der Betriebsrat wahrzunehmen hat und wahrnehmen kann.[185] Diese Regelung legt daher den persönlichen Geltungsbereich des Gesetzes fest. Doch beschreibt § 5 Abs. 1 S. 1 BetrVG den Arbeitnehmerbegriff sehr weit, indem danach Arbeitnehmer i.S.d. Gesetzes grundsätzlich Arbeiter und Angestellte einschließlich der zu ihrer Berufsausbildung Beschäftigten sind. Überdies stellt § 5 Abs. 1 S. 2 BetrVG klar, dass auch die in Heimarbeit Beschäftigten als Arbeitnehmer gelten.

Mithin enthält die Vorschrift selbst keine nähere Begriffsdefinition darüber, wer nach dem Betriebsverfassungsgesetz als Arbeitnehmer anzusehen ist.

Mangels einer Definition muss zur Bestimmung der Arbeitnehmereigenschaft i.S.d. Betriebsverfassungsgesetzes zunächst Bezug auf den allgemeinen arbeitsrechtlichen Arbeitnehmerbegriff genommen werden.[186] Danach gilt ganz überwiegend als Arbeitnehmer, wer aufgrund eines privatrechtlichen Vertrags oder eines ihm gleichgestellten Rechtsverhältnis in der Regel persönlich zur Leistung von Diensten für einen anderen in dessen Betrieb und nach dessen Weisungen verpflichtet ist.[187] Einschränkungen des persönlichen Anwendungsbereichs des Gesetzes und damit auch des allgemeinen arbeitsrechtlichen Arbeitnehmerbegriffs erfolgen sodann über eine Art Negativliste in den Abs. 2 und 3, in denen präzise dargelegt ist, welcher Personenkreis nicht erfasst wird. Der Arbeitnehmerbegriff hat folglich zwar den allgemeinen Begriff des Arbeitnehmers als Ausgangspunkt, ist aber nicht mit diesem

---

185 GK-*Raab*, § 5 BetrVG Rdnr. 6.

186 Däubler/Kittner/Klebe-*Trümner*, § 5 BetrVG Rdnr. 8; *Fitting*, § 5 BetrVG Rdnr. 3; GK-*Raab*, § 5 BetrVG Rdnr. 10 f.; HaKo-*Kloppenburg*, § 5 BetrVG Rdnr. 4; Hess/Schlochauer/Glaubitz-*Hess*, § 5 BetrVG Rdnr. 3; *Hromadka/Maschmann*, ArbeitsR II, § 16 Rdnr. 30; *Löwisch/Kaiser*, § 5 BetrVG Rdnr. 1; *Richardi*, § 5 BetrVG Rdnr. 5; allg. zum Arbeitnehmerbegriff *Wank*, Arbeitnehmer und Selbständige, S. 1 ff.

187 Vgl. BAG vom 13.12.1962, AP zu § 611 BGB Abhängigkeit Nr. 3 = BAGE 14, 17 = RdA 1963, 119 = ArbuR 1963, 153; BAG vom 08.06.1967, AP zu § 611 BGB Abhängigkeit Nr. 6 = BAGE 19, 324 = SAE 86, 72 = RdA 1967, 356; BAG vom 25.03.1992, NZA 1992, 899; Däubler/Kittner/Klebe-*Trümner*, § 5 BetrVG Rdnr. 9; *Fitting*, § 5 BetrVG Rdnr. 16; *Hueck/Nipperdey*, Arbeitsrecht I, S. 34 ff.; *Löwisch/Kaiser*, § 5 BetrVG Rdnr. 1 f.; *Nikisch*, ArbeitsR I, S. 91; *Richardi*, § 5 BetrVG Rdnr. 11 ff.; Staudinger-*Richardi*, Vorbem. § 611 BGB Rdnr. 132 ff.; Zöller/Loritz, ArbR § 44 V, § 4 III, IV; kritisch dazu *Wank*, Arbeitnehmer und Selbständige, S. 23 ff.

deckungsgleich:[188] Die Arbeitnehmereigenschaft i.S.d. Betriebsverfassungsgesetzes hat also grundsätzlich positiv zur Voraussetzung, dass ein Arbeitsvertrag bezüglich weisungsgebundener, fremdbestimmter Tätigkeit abgeschlossen wird und negativ, dass keiner der Tatbestände des § 5 Abs. 2 und 3 BetrVG vorliegt.

b) Die Betriebszugehörigkeit des Arbeitnehmers als weitere Voraussetzung

Doch gelangt man mit der bislang erfolgten Begriffsbestimmung nicht zu einer abschließenden Definition des Personenkreises, auf den sich das Betriebsverfassungsgesetz anwenden lässt, denn bei dem Rückgriff auf den allgemeinen arbeitsrechtlichen Arbeitnehmerbegriff, wie er unter den Einschränkungen von § 5 Abs. 2 und 3 BetrVG vorgenommen wird, kann der Zweck des betriebsverfassungsrechtlichen Arbeitnehmerbegriffs nicht unberücksichtigt bleiben, der u.a. darin besteht, innerhalb des räumlich-fachlichen Zuständigkeitsbereichs (Betrieb, Betriebsteil, Nebenbetrieb) des Betriebsrats den persönlichen Geltungsbereich des Gesetzes abzugrenzen.[189] Danach ist folgerichtig neben der o.a. Bestimmung der Arbeitnehmereigenschaft zusätzlich das Kriterium der Betriebszugehörigkeit zur Ermittlung des persönlichen Anwendungsbereichs des Betriebsverfassungsgesetzes zu postulieren,[190] um eine zu große Weite des erfassten Personenkreises zu vermeiden.

Darüber, wie das Kriterium der Betriebszugehörigkeit des Arbeitnehmers zu verstehen ist, gehen die Ansichten auseinander.[191]

Eine Ansicht will hierbei ausschließlich auf den Abschluss eines Arbeitsvertrages mit dem Unternehmer als Betriebsinhaber und Arbeitgeber abstellen,[192] doch ist diese Ansicht nicht zielführend, da sie eine eindeutige betriebliche Zuordnung des Arbeitnehmers bei mehreren Betrieben oder Betriebsteilen des Unternehmers nicht mehr gestattet. Die bloßen arbeitsvertraglichen Beziehungen zum Arbeitgeber können hierüber keinen Aufschluss geben.[193]

Eine andere Ansicht sieht in dem Vertragsverhältnis mit dem Betriebsinhaber und Arbeitgeber keine notwendige Voraussetzung für die Betriebszugehörigkeit. Danach soll es vielmehr genügen, dass jemand auf Dauer als Person in die Arbeitsorganisation des Betriebsinhabers eingegliedert werde und damit zu ihm in ein arbeitsrechtli-

---

188 BAG vom 12.06.1986, AP Nr. 33 zu § 5 BetrVG 1972 = BAGE 52, 182 = EzA § 5 BetrVG 1972 Nr. 44.

189 GK-*Raab*, § 5 BetrVG Rdnr. 6 f. m.w.N.

190 Däubler/Kittner/Klebe-*Trümner*, § 5 BetrVG Rdnr. 12; GK-*Raab*, § 5 BetrVG Rdnr. 21 und GK-*Kreutz*, § 7 Rdnr. 16; *Hromadka/Maschmann*, ArbeitsR II, § 16 Rdnr. 31; *Richardi*, § 5 BetrVG Rdnr. 72; *Richardi*, NZA 1987, 145; *Rüthers/Bakker*, ZfA 1990, 245, 306 ff.; *Säcker/Joost*, Betriebszugehörigkeit, S. 305; *Ziemann*, Anm. zu BAG vom 18.01.1989, ArbuR 1990, 56, 58, 60.

191 Zum Streitstand; *Oetker*, ArbuR 1991, 359 ff.; GK-*Kreutz*, § 7 BetrVG Rdnr. 17 f.; *Rüthers/Bakker*, ZfA 1990, 245, 306 ff; *Säcker*, FS Quack, S. 421, 423 ff.; *Ziemann*, Anm. zu BAG 18.01.1989, ArbuR 1990, 58, 60.

192 Erman-*Hanau*, § 611 BGB Rdnr. 79; Hess/Schlochauer/Glaubitz-Hess § 7 BetrVG Rdnr. 3.

193 Däubler/Kittner/Klebe-*Trümner*, § 5 BetrVG Rdnr. 14.

ches Weisungsverhältnis trete.[194] Allerdings wird auf diese Weise die abzulehnende Betriebszugehörigkeit von Unternehmensarbeitern begründet. Ferner gehen die Ansichten über die Deutung des Begriffs der Eingliederung derart auseinander,[195] dass allein anhand dieses Merkmals eine sichere betriebliche Zuordnung nicht gewährleistet ist. Daher reicht die rein faktische Eingliederung in den Betrieb des Arbeitgebers als Anknüpfungspunkt für die Betriebszugehörigkeit des Leiharbeitnehmers nicht aus.[196]

Vorzugswürdig für die Bestimmung der Betriebszugehörigkeit erscheint die Einbeziehung beider Elemente, so dass für die Feststellung der Betriebszugehörigkeit zum einen ein Arbeitsverhältnis zum Betriebsinhaber und zum anderen eine tatsächliche Eingliederung des Arbeitnehmers in die Betriebsorganisation erforderlich ist,[197] denn nur die Berücksichtigung beider Elemente geht mit dem Betriebsbegriff konform, unter dem „eine organisatorische Einheit, innerhalb derer ein Arbeitgeber mit seinen Arbeitnehmern [...] einen arbeitstechnischen Zweck fortgesetzt verfolgt"[198], verstanden wird. Von Arbeitnehmern des Arbeitgebers kann konsequenterweise nur dann ausgegangen werden, wenn zwischen Betriebsinhaber und Arbeitnehmer arbeitsrechtliche Beziehungen in Form eines Arbeitsverhältnisses bestehen. Überdies erfordert die gemeinsame Verfolgung eines arbeitstechnischen Zwecks denknotwendig, dass die Arbeit gerade für den Betrieb des Arbeitgebers geleistet wird,[199] da ansonsten keine Zweckgemeinschaft besteht.
Betriebszugehörig sind folglich nur solche Arbeitnehmer, die in einem Arbeitsverhältnis zum Betriebsinhaber stehen und innerhalb der Betriebsorganisation des Arbeitgebers Arbeitsleistungen erbringen.[200]

Danach bereitet die Betriebszugehörigkeit von Leiharbeitnehmern insoweit Schwierigkeiten, als bei der unechten Leiharbeit ein Arbeitsverhältnis nur zwischen dem Leiharbeitnehmer und dem Verleiher besteht, der Leiharbeitnehmer aber infolge des

---

194 BAG vom 11.04.1958, AP Nr. 1 zu § 6 BetrVG 1952 = RdA 1960, 34 = JZ 1958, 412; BAG vom 28.04.1964, AP Nr. 3 zu § 4 BetrVG 1952 = BAGE 16, 1 = SAE 1965, 44 = RdA 1964, 293; *Dauner-Lieb*, NZA 1992, 817, 819; *Richardi*, § 5 BetrVG Rdnr. 89 f.

195 Vgl. die Nachweise schon bei *Säcker/Joost*, Betriebszugehörigkeit, S. 23 f.

196 So auch GK-*Kreutz*, § 7 BetrVG Rdnr. 18.

197 Vgl. insoweit Däubler/Kittner/Klebe-*Trümner*, § 5 BetrVG Rdnr. 16.

198 GK-*Kraft*, § 4 BetrVG Rdnr. 5 m.w.N.

199 BAG vom 28.11.1977, AP Nr. 2 zu § 8 BetrVG 1972 = BAGE 29, 398 = RdA 1978, 130 = NJW 1978, 255; BAG vom 18.01.1989, AP Nr. 1 zu § 9 BetrVG 1972 = BAGE 61, 7 = RdA 1989, 1126 = SAE 1990, 56; *Becker*, BlStSozArbR 1972, 129, 135; *Richardi*, NZA 1987, 145, 146; *ders.*, FS für Floretta, S. 595, 599 ff.

200 BAG vom 18.01.1989, AP Nr. 1 zu § 9 BetrVG 1972 = BAGE 61, 7 = EzAÜG Nr. 316 = RdA 1989, 196.

Überlassungsverhältnisses zwischen Verleiher und Entleiher tatsächlich in die Betriebsorganisation des Entleihers eingegliedert ist.[201]
Mithin liegt sowohl bei dem Verleiher als auch bei dem Entleiher je nur ein Element für die Bestimmung der Betriebszugehörigkeit vor. Dadurch ist eine Bestimmung der Betriebszugehörigkeit von unechten Leiharbeitnehmern allein mittels des Betriebsverfassungsgesetzes nicht möglich.
Mangels Bestimmbarkeit der Betriebszugehörigkeit unechter Leiharbeitnehmer nach dem Betriebsverfassungsgesetz sind unechte Leiharbeitnehmer keine Arbeitnehmer i.S.d. § 5 Abs. 1 S. 1 BetrVG und können auf diese Weise nicht vom persönlichen Anwendungsbereich des Gesetzes erfasst werden.

c) Betriebszugehörigkeit unechter Leiharbeitnehmer nach § 7 S. 2 BetrVG ?

Fraglich ist jedoch, ob sich nunmehr infolge des durch das BetrVG-Reformgesetz[202] neu eingefügten § 7 S. 2 BetrVG, wodurch Leiharbeitnehmer in Fällen einer länger als drei Monate beabsichtigten Überlassung das aktive Wahlrecht zum Entleiherbetriebsrat erhalten, hinsichtlich der Ermittelbarkeit der Betriebszugehörigkeit von unechten Leiharbeitnehmern innerhalb des Betriebsverfassungsgesetzes etwas anderes ergibt, da nach der amtlichen Begründung zu § 7 S. 2 BetrVG der Gesetzgeber der Auffassung zu sein scheint, dass diese Regelung in bestimmten Fällen die Betriebszugehörigkeit zum Entleiherbetrieb für unechte Leiharbeitnehmer anerkenne.[203]
Andererseits hat der Gesetzgeber bei dieser Gelegenheit auch ausdrücklich festgestellt, dass durch die Einräumung des aktiven Wahlrechts zum Betriebsrat des Entleiherbetriebs keine Betriebszugehörigkeit von Leiharbeitnehmern zum Entleiherbetrieb begründet werde und dass an der ausschließlichen betriebsverfassungsrechtlichen Zuordnung zum Verleiherbetrieb festzuhalten sei.[204] Vielmehr sollen durch § 7 S. 2 BetrVG unechte Leiharbeitnehmer als Randbelegschaft behutsam an die Stammbelegschaft herangeführt werden, ohne sie in rechtlich unzutreffender Weise als Arbeitnehmer des Entleiherbetriebs einzustufen.[205]
D.h. die Gesetzesbegründung ist teilweise widersprüchlich und beantwortet die Frage der Betriebszugehörigkeit unechter Leiharbeitnehmer nicht mit letzter Sicherheit. Dabei stellt die Vorschrift des § 7 S. 2 BetrVG im Gegensatz zum (kaum veränderten) § 5 Abs. 1 BetrVG eine Neuregelung innerhalb des Betriebsverfassungsgesetzes dar, so dass sich bislang mangels höchstrichterlicher Rechtsprechung noch keine abschließende Meinung darüber, wie die Regelung zu verstehen ist, bilden und erst recht nicht festigen konnte. Folglich bedarf es der Auslegung von § 7 S. 2 BetrVG anhand von Wortlaut, Systematik und Historie sowie Sinn und Zweck.

---

201 Vgl. oben, § 2 B. I. 2. b) cc).

202 Gesetz vom 23.07.2001, BGBl. I, S. 1852.

203 BT-Drucks. 14/5741, S. 36.

204 BT-Drucks. 14/5741, S. 21; a.A. HaKo-*Kloppenburg*, § 5 BetrVG Rdnr. 24.

205 BT-Drucks. 14/5741, S. 28.

Schon der Wortlaut des § 7 S. 2 BetrVG spricht dagegen, dass diese Regelung die Betriebszugehörigkeit unechter Leiharbeitnehmer zum Entleiherbetrieb zu begründen vermag. Zwar verlangt § 7 S. 2 BetrVG lediglich „Arbeitnehmer", doch gibt es nicht den Arbeitnehmer im Rechtssinne schlechthin, es kommt vielmehr darauf an, dass die Person, die auf Grund eines konkreten - vertraglich oder gesetzlich begründeten - Arbeitsrechtsverhältnisses zu einem anderen Rechtssubjekt die Arbeitnehmereigenschaft besitzt.[206] Eine solche Zuordnung hat der Gesetzgeber dadurch getroffen, dass es sich bei § 7 S. 2 BetrVG um „Arbeitnehmer eines anderen Arbeitgebers" handeln muss. Damit handelt es sich gerade nicht um Arbeitnehmer des Betriebs (-inhabers).

Selbst wenn der Bezugskontext, nämlich „eines anderen Arbeitgebers", nur individualarbeitsrechtlich verstanden werden sollte,[207] folgt daraus noch nicht automatisch die Betriebszugehörigkeit unechter Leiharbeitnehmer zum Entleiherbetrieb. Vielmehr ist dann der Begriff des Arbeitnehmers daraufhin zu untersuchen, wie er in dem konkreten Gesetz verwendet wird, denn ohne weitere Anhaltspunkte kann nicht davon ausgegangen werden, dass der Gesetzgeber demselben Begriff mehrere Bedeutungen zumessen will. Der Arbeitnehmerbegriff des Betriebsverfassungsgesetzes ist in § 5 Abs. 1 BetrVG geregelt und setzt u.a. das Bestehen eines Arbeitsverhältnisses gerade zum Betriebsinhaber sowie die tatsächliche Eingliederung in dessen Betriebsorganisation voraus.[208] An dieser Rechtslage hat sich durch das BetrVG-Reformgesetz[209] nichts geändert.[210] In § 5 Abs. 1 BetrVG wurde lediglich klarstellend eingefügt, dass für die Arbeitnehmerstellung unerheblich ist, ob die Arbeitnehmer im Betrieb, im Außendienst oder mit Telearbeit beschäftigt werden. Er enthält nach wie vor keinen Hinweis darauf, dass Leiharbeitnehmer nunmehr als Arbeitnehmer i.S.d. § 5 Abs. 1 BetrVG gelten sollen bzw. im Sinne anderer Vorschriften, wenn sich diese auf Arbeitnehmer beziehen.[211] Insoweit ist weder durch die klarstellende Neufassung von § 5 Abs. 1 BetrVG noch durch die Einfügung des neuen § 7 S. 2 BetrVG eine Änderung des Arbeitnehmerbegriffs des Betriebsverfassungsgesetzes eingetreten. Nachdem Leiharbeitnehmer gemäß § 7 S. 2 BetrVG das aktive Wahlrecht im Entleiherbetrieb erhalten haben, sind sie zwar „Wahlberechtigte" i.S.d. Betriebsverfassungsgesetzes und ihnen stehen mithin im Rahmen des Wahlverfahrens die Rechte zu, die der Gesetzgeber den Wahlberechtigten zubilligt.[212] Problematisch ist jedoch, ob die im Entleiherbetrieb wahlberechtigten Leiharbeitnehmer dadurch auch zu

---

206 So in diesem Zusammenhang auch ArbG Berlin vom 11.09.2002, 7 BV 14772/02, n.v.

207 Diese Deutung erscheint ohne Hinweis im Gesetzestext bei einem kollektivrechtlichen Gesetz von vornherein als problematisch.

208 Vgl. oben, § 5 A. II. 1. a) und b); ebenso *Schiefer/Korte*, NZA 2002, 57, 59.

209 BetrVG-Reformgesetz vom 23.07.2001, BGBl. I, S. 1852.

210 *Hanau*, NJW 2001, 2513, 2515; *Löwisch*, BB 2001, 1734, 1736.

211 Vgl. ArbG Braunschweig vom 31.07.2002, 2 BV 109/01, n.v.

212 *Hennige*, RWS-Forum, S. 59, 72.

„wahlberechtigten Arbeitnehmern" des Entleiherbetriebs geworden sind,[213] was letztlich mittelbar eine Einbeziehung von Leiharbeitnehmern als Arbeitnehmer im Entleiherbetrieb durch das Betriebsverfassungsgesetz zur Folge hätte.
Das Betriebsverfassungsgesetz weist eine differenzierte Terminologie bezüglich der erfassten Personen auf: So unterscheidet das Gesetz bei organisatorischen Vorschriften wie auch bei den Beteiligungsrechten zwischen „Wahlberechtigten",[214] „wahlberechtigten Arbeitnehmern"[215] und „Arbeitnehmern".[216] Diese Differenzierung war vor der Reform des Betriebsverfassungsgesetzes unerheblich, weil der Arbeitnehmerstatus i.S.d. Gesetzes und das Wahlrecht denselben Personen zustand, während durch die Einbeziehung von Leiharbeitnehmern beim aktiven Wahlrecht in Entleiherbetrieben nunmehr aber keine Kongruenz dieser Begriffe mehr besteht.[217] Nach dem Wortlaut des reformierten Betriebsverfassungsgesetzes sind Leiharbeitnehmer zwar aktiv wahlberechtigt, die übrigen Rechte im Hinblick auf Betriebsratswahlen stehen ihnen aber insoweit nicht zu, als sie das Gesetz „Arbeitnehmern" und „wahlberechtigten Arbeitnehmern" vorbehält.[218] Dass es sich dabei nicht um eine durchgängig logische Unterscheidung handelt, zeigt exemplarisch § 17 BetrVG. Danach ist gemäß § 17 Abs. 2 S. 1 BetrVG für die Wahl eines Wahlvorstands in Betrieben ohne Betriebsrat die Mehrheit der anwesenden „Arbeitnehmer" in einer Betriebsversammlung entscheidend, zu welcher aber gemäß § 17 Abs. 3 BetrVG nur „wahlberechtigte Arbeitnehmer" einladen können. Hingegen sind in Betrieben mit einem Betriebsrat auch lediglich „Wahlberechtigte" befugt, einen Antrag auf gerichtliche Bestellung des Wahlvorstands zu stellen.[219] Damit handelt es sich offensichtlich um Formulierungsungenauigkeiten durch den Gesetzgeber. Diese können aber nicht dadurch beseitigt werden, dass bei der jeweiligen Regelung eine Bestimmung des berechtigten oder verpflichteten Personenkreises nach Zweckmäßigkeitsgesichtspunkten i.S.e. optimalen Regelung erfolgt, denn insoweit steht dem der eindeutige Wortlaut der Regelungen entgegen.[220]
Die Ausweitung des Kreises der Wahlberechtigten in § 7 S. 2 BetrVG bedeutet mithin keine Änderung des Arbeitnehmerbegriffs in § 5 Abs. 1 BetrVG; sind Leiharbeitneh-

---

213 So ArbG Frankfurt am Main vom 22.05.2002, 2 BV 148/02, n.v.

214 S. § 16 Abs. 1 S. 1 und § 19 Abs. 2 S. 1 BetrVG.

215 S. § 9, § 17 Abs. 3 und 4, § 18 Abs. 1 S. 2, § 43 Abs. 3 S. 1, § 99 Abs. 1 S. 1, § 111 Abs. 1 S. 1 BetrVG.

216 S. § 38 Abs. 1, § 61 Abs. 1, § 62 Abs. 1, § 106 Abs. 1 S. 1, § 112 a Abs. 1 BetrVG.

217 *Hennige*, RWS-Forum, S. 59, 73.

218 *Hennige*, RWS-Forum, S. 59, 74.

219 Kritisch zu dieser Differenzierung auch *Hennige*, RWS-Forum, S. 59, 75.

220 Durch den möglichen Wortsinn sind der auszulegenden Norm die Grenzen gezogen. Soll davon abgewichen und die Norm damit auf Fälle angewandt werden, die eindeutig nicht unter ihren Wortlaut fallen, so kann dies nicht mittels der Gesetzesauslegung geschehen; vgl. *Zippelius*, Methodenlehre, § 10 VI.

mer damit keine Arbeitnehmer des Entleihers, werden sie es auch nicht durch eine Wahlberechtigung nach § 7 S. 2 BetrVG.[221]
Folglich können die nach § 7 S. 2 BetrVG aktiv wahlberechtigten Leiharbeitnehmer ausschließlich als „Wahlberechtigte" aufgefasst werden, eine Qualifizierung als „wahlberechtigte Arbeitnehmer" oder gar als „Arbeitnehmer" i.S.d. Betriebsverfassungsgesetzes ist jedoch im Hinblick auf den Wortlaut ausgeschlossen.

Für die hier vertretene Auffassung spricht überdies die Systematik. § 7 S. 2 BetrVG regelt nur, wer wahlberechtigt ist, nicht wer Arbeitnehmer des Betriebsinhabers ist.[222] Die für das Betriebsverfassungsgesetz geltende Legaldefinition des Arbeitnehmerbegriffs erfolgt in § 5 BetrVG, wonach Leiharbeitnehmer im Entleiherbetrieb nicht erfasst werden können.[223] Im Übrigen findet sich die Regelung bezüglich des aktiven Wahlrechts von Leiharbeitnehmern mit § 7 S. 2 BetrVG im ersten Abschnitt des zweiten Teils des Betriebsverfassungsgesetzes (Zusammensetzung und Wahl des Betriebsrats) und damit regelungstechnisch deutlich getrennt vom ersten Teil des Betriebsverfassungsgesetzes (Allgemeine Vorschriften), in dem sich u.a. mit § 5 BetrVG gleichsam vor die Klammer gezogene allgemeine Regelungen befinden. Daraus lässt sich ableiten, dass § 7 S. 2 BetrVG nur Bedeutung im Hinblick auf die Wahl des Betriebsrats des Entleiherbetriebs hat, aber keine allgemeine und damit für das gesamte Betriebsverfassungsrecht geltende Regelung darstellt.[224] Sollte durch § 7 S. 2 BetrVG über das aktive Wahlrecht für Leiharbeitnehmer hinaus auch deren Eigenschaft als Arbeitnehmer i.S.d. Betriebsverfassungsgesetzes kodifiziert werden, wäre eine entsprechende Klarstellung (auch) innerhalb von § 5 BetrVG und damit innerhalb der allgemeinen Vorschriften erforderlich gewesen, wodurch Leiharbeitnehmer konsequenterweise dann schon gemäß § 7 S. 1 BetrVG aktiv wahlberechtigt wären.[225]
Darüber hinaus erhält die Vorschrift durch die Normierung des aktiven Wahlrechts für Leiharbeitnehmer in § 7 S. 2 BetrVG den Charakter einer Ausnahmeregelung,[226] denn Satz 2 kann nicht isoliert von Satz 1 gesehen werden. Letzterer ist die allgemeinere Vorschrift für das aktive Wahlrecht zum Betriebsrat und setzt voraus, dass es sich um „Arbeitnehmer des Betriebs" handelt. Damit stellt das Betriebsverfassungsgesetz ausdrücklich fest, wahlberechtigt ist nur, wer dem Betrieb angehört, um

---

221 Hierzu ArbG Berlin vom 11.09.2002, 7 BV 14772/02, n.v.; i.E. *Löwisch*, BB 2001, 1734, 1737; *Reichold*, NZA 2001, 857, 861; *ders.*, Sonderbeilage NZA 2001, 32, 37.

222 ArbG Berlin vom 11.09.2002, 7 BV 14772/02, n.v.; *Leßmann/Liersch*, DStR 2001, 1302, 1304.

223 Dazu *Schaub*, ZTR 2001, 437, 439.

224 I.E. *Brors*, NZA 2002, 123 f.

225 Ähnlich ArbG Krefeld vom 07.08.2002, 2 BV 12/02, n.v.; vgl. auch *Brors*, NZA 2002, 123, 125; *Hanau*, RdA 2001, 65, 68; *Leßmann/Liersch*, DStR 2001, 1302, 1304; *Maschmann*, DB 2001, 2446, 2448; *Schaub*, ZTR 2001, 437, 439.

226 *Franke*, NJW 2002, 656; *Schiefer/Korte*, NZA 2002, 57, 59; als „Sonderfall" bezeichnet von *Hanau*, RdA 2001, 65, 68.

dessen Betriebsratswahl es geht.[227] § 7 BetrVG unterscheidet folglich zwischen „Arbeitnehmern des Betriebs“ (§ 7 S. 1 BetrVG) und zwischen „Arbeitnehmern eines anderen Arbeitgebers“ (§ 7 S. 2 BetrVG). Wegen des Zusammenspiels von Regel- und Ausnahmevorschrift verbietet sich die Folgerung, § 7 S. 2 BetrVG erkenne die Betriebszugehörigkeit solcher Arbeitnehmer an, die in keinem Arbeitsverhältnis zum Arbeitgeber des Betriebs stehen, in dem sie für eine nicht nur ganz kurze Zeit ihre Arbeitsleistung erbringen,[228] denn aus dem in § 7 S. 1 BetrVG niedergelegten Grundsatz ergibt sich nach der Reform des Betriebsverfassungsgesetzes jetzt expressis verbis, dass aktiv wahlberechtigt nur „Arbeitnehmer des Betriebs“ sind. § 7 S. 2 BetrVG macht hiervon nur insoweit eine Ausnahme, als für bestimmte Personengruppen das Erfordernis der Betriebszugehörigkeit für das aktive Wahlrecht nicht besteht.
Diese Ansicht wird durch ein weiteres systematisches Indiz gestützt: Im Zuge der Novellierung des Betriebsverfassungsgesetzes wurde zugleich § 14 Abs. 2 S. 1 AÜG redaktionell an § 7 S. 2 BetrVG angepasst, der bis dahin das aktive Wahlrecht zu den betriebsverfassungsrechtlichen Arbeitnehmervertretungen des Entleiherbetriebs für unechte Leiharbeitnehmer ausschloss und nunmehr nur noch ein entsprechendes passives Wahlrecht negiert.[229] § 14 Abs. 1 AÜG, nach dem unechte Leiharbeitnehmer auch während der Zeit der Überlassung an einen Entleiher „Angehörige des entsendenden Betriebs“ bleiben, wurde nicht geändert. Wollte der Gesetzgeber die mittels dieser Regelung getroffene Zuordnung ändern, hätte er systematisch korrekt eine Änderung von § 14 Abs. 1 AÜG vornehmen müssen. Dass der Gesetzgeber dies übersehen hat und es sich mithin um ein Redaktionsversehen handelt, kann nicht ohne weiteres unterstellt werden. Vielmehr muss wegen der Änderung von § 14 Abs. 2 S. 1 AÜG davon ausgegangen werden, dass der Gesetzgeber § 14 Abs. 1 AÜG absichtlich nicht geändert hat und an der bis dahin anhand der Regelung erfolgten Zuordnung zum Verleiherbetrieb festhalten wollte.

Die Entstehungsgeschichte von § 7 S. 2 BetrVG widerspricht der hier vertretenen Auffassung nur scheinbar. Zwar führte ein Vertreter der Bundesregierung in der Sachverständigenanhörung zur Beschlussempfehlung und dem Bericht des Ausschusses für Arbeit und Sozialordnung zu dem Gesetzentwurf des BetrVG-Reformgesetzes auf Nachfrage hin aus, dass Leiharbeitnehmer mit § 7 S. 2 BetrVG das aktive Wahlrecht zum Betriebsrat des Entleihers erhalten und „folglich bei den Arbeitnehmergrenzzahlen z.B. im Rahmen der §§ 9 und 38 BetrVG bei der Bestimmung der Betriebsratsgröße und der Zahl der Freistellungen zu berücksichtigen seien“,[230] so dass auf eine durch § 7 S. 2 BetrVG eintretende Betriebszugehörigkeit von

[227] Däubler/Kittner/Klebe-*Schneider*, § 7 BetrVG Rdnr. 2; *Richardi*, § 7 BetrVG Rdnr. 5 unter Verweis auf BAG vom 18.01.1989, AP Nr. 1 zu § 9 BetrVG 1972 = BAGE 61, 7 = RdA 1989, 196.

[228] So aber *Fitting*, § 7 BetrVG Rdnr. 37.

[229] Vgl. Art. 2 BetrVG-Reformgesetz vom 23.07.2001, BGBl. I, S. 1852.

[230] BT-Drucks. 14/6352, S. 54; dafür auch *Däubler*, AiB 2001, 685, 688.

Leiharbeitnehmern zum Entleiherbetrieb geschlossen werden könnte. Dem steht aber schon entgegen, dass niemand sonst, insbesondere nicht der Deutsche Bundestag, diese Meinung vertreten oder auch nur aufgegriffen hat.[231] Überdies legt die Gesetzesbegründung vielmehr dar, dass Leiharbeitnehmer auf diese Weise betriebsverfassungsrechtlich aus der Randbelegschaft an die Stammbelegschaft herangeführt werden, „ohne sie in rechtlich unzutreffender Weise als Arbeitnehmer des Entleiherbetriebs einzustufen."[232] Hiermit hat der Gesetzgeber selbst die Frage der Betriebszugehörigkeit von Leiharbeitnehmern zum Entleiherbetrieb eindeutig verneint.

Dem steht auch nicht die Gesetzesbegründung entgegen, dass „um der Erosion der Stammbelegschaft durch den Einsatz von Arbeitnehmern anderer Arbeitgeber entgegenzuwirken, Satz 2 (§ 7 BetrVG) für bestimmte Fälle die Betriebszughörigkeit dieser Arbeitnehmer zum Einsatzbetrieb anerkennt,"[233] denn hieraus folgt bestenfalls die Anerkennung einer Betriebszugehörigkeit von Leiharbeitnehmern in Bezug auf das aktive Wahlrecht. Eine generelle Betriebszugehörigkeit von Leiharbeitnehmern zum Entleiherbetrieb aus der Begründung des Gesetzentwurfs für die spezielle Regelung von § 7 S. 2 BetrVG ableiten zu wollen, wäre auch insoweit verfehlt,[234] als nach der Rechtsprechung des BAG jedwede Zubilligung betriebsverfassungsrechtlicher Rechte an Leiharbeitnehmer eine „gewisse Betriebszugehörigkeit" darstelle, ohne dass dies die Anerkennung einer „vollständigen Betriebszugehörigkeit" innerhalb des Betriebsverfassungsgesetzes bedeute.[235]

Danach kann mit der Gesetzgebungsgeschichte von § 7 S. 2 BetrVG nicht für die Betriebszugehörigkeit unechter Leiharbeitnehmer zum Entleiherbetrieb argumentiert werden.

Letztlich gebietet auch nicht der Sinn und Zweck von § 7 S. 2 BetrVG eine andere Bewertung. Entsprechend der Gesetzesbegründung sollen u.a. durch § 7 S. 2 BetrVG neue Beschäftigungsformen in die Betriebsverfassung einbezogen werden, denn neben der Stammbelegschaft mit einem Arbeitsvertrag zum Betriebsinhaber habe sich in der betrieblichen Praxis eine Randbelegschaft mit Arbeitsverträgen zu Dritten mit der Folge herausgebildet, dass Leiharbeitnehmer oder andere Arbeitnehmer eines fremden Betriebs im Dauereinsatz neben der Stammbelegschaft beschäftigt seien.[236] Daher solle auch mit § 7 S. 2 BetrVG dort eingegriffen werden, wo externe Arbeitnehmer der Weisungsbefugnis des Inhabers des Einsatzbetriebs unterlä-

---

231 ArbG Krefeld vom 07.08.2002, 2 BV 12/02, n.v.; *Löwisch/Kaiser*, § 7 BetrVG Rdnr. 7.

232 S. BT-Drucks. 14/5741, S. 28.

233 BT-Drucks. 14/5741, S. 36; dazu auch *Däubler*, ArbuR 2001, 285, 286, der daran weitergehende Folgerungen (Mitzählen bei Grenzwerten) knüpft.

234 A.A. *Engels/Trebinger/Löhr-Steinhaus*, DB 2001, 532, 536.

235 ArbG Berlin vom 11.09.2002, 7 BV 14772/02, n.v., unter Hinweis auf BAG vom 18.01.1989, AP Nr. 1 zu § 9 BetrVG 1972; i.E. *Hanau*, RdA 2001, 65, 68.

236 BT-Drucks. 14/5741, S. 28.

gen und deshalb Leiharbeitnehmern das aktive Wahlrecht zum Betriebsrat des Entleiherbetriebs eingeräumt werden, um sie hierdurch aus der Randbelegschaft an die Stammbelegschaft heranzuführen, ohne sie als Arbeitnehmer des Entleiherbetriebs einzuordnen.[237] Aus diesen Formulierungen wird ersichtlich, dass der Gesetzgeber weiterhin davon ausgeht, dass Leiharbeitnehmer betriebsverfassungsrechtlich nicht dem Entleiherbetrieb zugeordnet werden können und er dies behutsam nur in der Form modifizieren möchte, dass den Leiharbeitnehmern das aktive Wahlrecht eingeräumt wird.[238]
Der Zweck von § 7 S. 2 BetrVG liegt mithin ausschließlich darin, Leiharbeitnehmer in Bezug auf die Betriebsratswahlen an die Stammbelegschaft heranzuführen, dadurch die demokratische Legitimation[239] des Entleiherbetriebsrats auf eine breitere Grundlage zu stellen und hierfür die normative Basis zu bilden. Ob § 7 S. 2 BetrVG diesem Zweck überhaupt gerecht werden kann und im Hinblick auf die Stammbelegschaft verfassungsrechtlich zu rechtfertigen ist,[240] kann für die hier allein interessierende Möglichkeit der Betriebszugehörigkeit unechter Leiharbeitnehmer gemäß § 7 S. 2 BetrVG noch außer Betracht bleiben und wird daher der späteren zusammenfassenden Untersuchung der Verfassungsmäßigkeit und Zweckmäßigkeit der betriebsverfassungsrechtlichen Rechte unechter Leiharbeitnehmer vorbehalten.

Folglich führt die Auslegung von § 7 S. 2 BetrVG weder nach seinem Wortlaut, noch nach der Systematik, der Gesetzgebungsgeschichte oder nach seinem Sinn und Zweck zu dem Ergebnis, dass durch § 7 S. 2 BetrVG neuerdings die Betriebszugehörigkeit unechter Leiharbeitnehmer zum Entleiherbetrieb begründet wird.
Es fehlt damit auch nach der Reform des Betriebsverfassungsgesetzes die Möglichkeit der Bestimmbarkeit der generellen Betriebszugehörigkeit unechter Leiharbeitnehmer innerhalb des Betriebsverfassungsgesetzes.

2. Die Einbeziehung von unechten Leiharbeitnehmern nach § 14 Abs. 1 AÜG in das Betriebsverfassungsrecht

Eine betriebsverfassungsrechtliche Zuordnung unechter Leiharbeitnehmer ist im Arbeitnehmerüberlassungsgesetz in Form seiner ersten Fassung von 1972 nicht getroffen worden. Der Gesetzgeber ging davon aus, dass unechte Leiharbeitnehmer nur zum Verleiher in einem Arbeitsverhältnis stehen und hierdurch allein in den Ver-

---

237 BT-Drucks. 14/5741, S. 28.

238 So auch ArbG Bayreuth vom 20.08.2002, 4 BV 5/02 H, n.v.

239 Für ein aktives Wahlrecht unechter Leiharbeitnehmer im Hinblick auf die demokratische Legitimation des Entleiherbetriebsrats schon *Ulber*, § 14 AÜG Rdnr. 47 (1. Auflage); kritisch zum Ausschluss des aktiven Wahlrechts auch *Becker/Wulfgramm*, Art. 1 § 14 AÜG Rdnr. 32; *Becker*, ArbuR 1982, 373; *Mayer*, ArbuR 1986, 353; *Plander*, AiB 1990, 29; *Schüren*, § 14 AÜG Rdnr. 47.

240 S. *Hanau*, NJW 2001, 2513, 2515; unten, § 9.

leiherbetrieb betriebsverfassungsrechtlich eingeordnet sind.[241] Dennoch ist die betriebsverfassungsrechtliche Zuordnung unechter Leiharbeitnehmer lange Zeit in Rechtsprechung und Literatur streitig gewesen[242] und erst durch das Gesetz zur Bekämpfung der illegalen Beschäftigung[243] ist mit § 14 AÜG eine betriebsverfassungsrechtliche Regelung zu dieser Streitfrage ergangen, welche die Zuordnungsproblematik zumindest teilweise klärt: § 14 Abs. 1 AÜG ordnet unechte Leiharbeitnehmer auch für die Zeit ihrer Arbeitsleistung dem Entleiher als Angehörige des Verleiherbetriebs zu. Damit geht das Gesetz davon aus, dass unechte Leiharbeitnehmer betriebsverfassungsrechtlich Betriebsangehörige des Verleiherbetriebs sind[244] und stellt klar, dass die betriebsverfassungsrechtliche Stellung unechter Leiharbeitnehmer im Verleiherbetrieb und die Rechte des Verleiherbetriebsrats selbst dann bestehen bleiben, wenn der Leiharbeitnehmer in den Entleiherbetrieb eingegliedert wird und dort seine Arbeitsleistung erbringt.[245]
Folglich ist der Gesetzgeber davon ausgegangen, dass das Betriebsverfassungsgesetz ohne spezial-gesetzliche Regelung der Betriebszugehörigkeit für unechte Leiharbeitnehmer keine Anwendung finden kann.

Zugleich ist damit die Ansicht, die unechte Leiharbeitnehmer im Weg einer vollständigen doppelten Betriebszugehörigkeit zum Verleiher und zum Entleiherbetrieb, beispielsweise unter Verzicht auf die Voraussetzung eines Arbeitsverhältnisses zum Betriebsinhaber als Merkmal der Betriebszugehörigkeit,[246] betriebsverfassungsrechtlich zu erfassen versucht,[247] nicht mit § 14 Abs. 1 AÜG vereinbar. Zwar schließt der Wortlaut von § 14 Abs. 1 AÜG nicht per se eine Betriebszugehörigkeit auch zum Entleiherbetrieb aus,[248] aber aus der Systematik wird mit Blick auf § 1 Abs. 1 AÜG deutlich, dass der Gesetzgeber unechte Leiharbeitnehmer durch den Leiharbeitsvertrag zwischen Verleiher und Arbeitnehmer auch individualrechtlich ausschließlich dem

---

241 Bericht *Jaschke* zu BT-Drucks. 6/3505, S. 4 zu § 11 Abs. 6 AÜG.

242 Vgl. zum Streitstand BAG vom 14.05.1974, AP Nr. 2 zu § 99 BetrVG 1972 m. Anm. *Kraft* = BAGE 26, 149 = SAE 1975, 145 = RdA 1974, 255; *Becker/Wulfgramm*, Art. 1 § 11 AÜG Rdnr. 39 a (2. Auflage); *Erdlenbruch*, S. 63 f.

243 BillG vom 15.12.1981, BBGl. I, S. 1390.

244 BAG vom 18.01.1989, AP Nr. 1 zu § 9 BetrVG 1972 = BAGE 61, 7 = EzAÜG Nr. 316 = RdA 1989, 196; *Becker*, ArbuR 1982, 369, 371; *Becker/Kreikebaum*, Zeitarbeit, S. 184; *Becker/Wulfgramm*, Art. 1 § 14 AÜG Rdnr. 18; vgl. auch *Fitting*, § 5 BetrVG Rdnr. 235, 238; *Gick*, Gewerbsmäßige Arbeitnehmerüberlassung, S. 127; GK-*Kreutz*, § 7 BetrVG Rdnr. 40; *Kraft*, FS Pleyer, S. 383, 387 f.; *Richardi*, FS für Floretta, S. 595, 599; *Sandmann/Marschall*, Art. 1 § 14 AÜG Rdnr. 3 f.; *Schaub*, Arbeitsrecht, § 120 VI 2; *Stege/Weinspach*, § 7 BetrVG Rdnr. 5.

245 *Boemke*, § 14 AÜG Rdnr. 11; *Sandmann/Marschall*, Art. 1 § 14 AÜG Rdnr. 4.

246 So aber *Schüren*, § 14 AÜG Rdnr. 23.

247 BAG vom 11.04.1958, AP Nr. 1 zu § 6 BetrVG 1952 = RdA 1960, 34 = JZ 58, 412; BAG vom 28.04.1964, AP Nr. 3 zu § 4 BetrVG 1952 = BAGE 16, 1 = SAE, 1965, 44 = RdA 1964, 293; *Hueck/Nipperdey*, Arbeitsrecht I, S. 525; *Mayer-Maly*, ZfA 1972, 1, 23 f.; *Richardi*, BetrVG § 7 Rdnr. 8.

248 *Schüren*, § 14 AÜG Rdnr. 32.

Verleiher zuordnet. Ferner bedürfte es dann gerade § 14 Abs. 2 und Abs. 3 AÜG und jetzt auch § 7 S. 2 BetrVG nicht, um entsprechende betriebsverfassungsrechtliche Rechte unechter Leiharbeitnehmer und des Entleiherbetriebsrats zu begründen; vielmehr müssten diese schon durch bloße Eingliederung unechter Leiharbeitnehmer gewährt werden. Das Gesetz kann auch nicht dahingehend interpretiert werden, dass § 14 Abs. 2 und Abs. 3 AÜG lediglich einschränkende Wirkung hinsichtlich der ansonsten umfänglichen Geltung des Betriebsverfassungsgesetzes für unechte Leiharbeitnehmer auch im Entleiherbetrieb habe, da eine mit § 14 Abs. 1 AÜG vergleichbare Zuordnung zum Entleiherbetrieb nicht vorgenommen wird und da sie mangels Betriebszugehörigkeit innerhalb des persönlichen Anwendungsbereichs des Betriebsverfassungsgesetzes gemäß § 5 Abs. 1 S. 1 BetrVG auch nicht automatisch gegeben ist.

Weiterhin tritt infolge der Rechte nach § 14 Abs. 2 und 3 AÜG auch keine nur partielle Betriebszugehörigkeit ein.[249] Eine solche muss schon als ein sprachliches Konstrukt gewertet werden, denn die Betriebszugehörigkeit eines (Leih-)Arbeitnehmers ist nicht teilbar; entweder ist ein Arbeitnehmer betriebsangehörig oder er ist es nicht.[250]

Folglich hat § 14 Abs. 2 und 3 AÜG für die betriebsverfassungsrechtliche Stellung unechter Leiharbeitnehmer im Entleiherbetrieb konstitutive Wirkung,[251] d.h. das Gesetz sieht unechte Leiharbeitnehmer nicht als zum Entleiherbetrieb zugehörig. Mithin sind unechte Leiharbeitnehmer auch während ihrer Einsätze nicht nur individualrechtlich an den Arbeitgeber und Verleiher gebunden, sondern sie sind auch betriebsverfassungsrechtlich ausschließlich dem Verleiherbetrieb zugeordnet.[252]

Gleichwohl ist zu konstatieren, dass Leiharbeitnehmer, die ihre Arbeitsleistung in der Betriebssphäre des Entleihers erbringen, hierbei dem Weisungsrecht des Entleihers unterworfen sind und damit einer Fremdbestimmung unterliegen, mittels derer sie in den Entleiherbetrieb eingegliedert werden. Infolge dieser Eingliederung besteht eine mit den Stammarbeitnehmern des Entleiherbetriebs vergleichbare Schutzbedürftigkeit, denn die Leiharbeitnehmer sind in vergleichbarem Maße wie die Stammarbeitnehmer des Entleihers nicht nur der Fremdbestimmung, sondern auch den betrieblichen Gefahren ausgesetzt. Dieser temporären Integration des Leiharbeitnehmers in den Entleiherbetrieb muss unter Schutzgesichtspunkten betriebsverfassungsrechtlich im Entleiherbetrieb Rechnung getragen werden, indem Leiharbeitnehmer betriebsverfassungsrechtliche Rechte i.S.v. Unterrichtungs-, Anhörungs- und Beschwerderechten zugestanden werden. Dem ist der Gesetzgeber durch § 14 Abs. 2 AÜG gefolgt und hat hiermit die Geltung verschiedener Regelungen des Betriebsverfas-

---

249 So aber *Becker/Wulfgramm*, Art. 1 § 14 AÜG Rdnr. 6; Däubler/Kittner/Klebe-*Trümner*, § 5 BetrVG Rdnr. 78; *Erdlenbruch*, S. 66; *Gick*, Gewerbsmäßige Arbeitnehmerüberlassung, S. 129.

250 *Schüren*, § 14 AÜG Rdnr. 45; prinzipiell gegen die Teilbarkeit des persönlichen Geltungsbereichs des BetrVG auch *Schneider/Trümmer*, FS Gnade, S. 175, 192 f.

251 A.A. *Schüren*, § 14 AÜG Rdnr. 16 ff.

252 BT-Drucks. 9/847, S. 8.

sungsgesetzes für unechte Leiharbeitnehmer bestimmt. § 14 Abs. 2 AÜG regelt die Rechte unechter Leiharbeitnehmer dabei nur punktuell; darauf hat der Gesetzgeber selbst ausdrücklich hingewiesen.[253]
Das Mitbestimmungsrecht des Entleiherbetriebsrat nach § 14 Abs. 3 AÜG i.V.m. § 99 BetrVG berücksichtigt nämlich nur, dass durch die Eingliederung von unechten Leiharbeitnehmern in den Entleiherbetrieb nicht nur Interessen der unechten Leiharbeitnehmer, sondern auch die Interessen der Stammbelegschaft insoweit berührt werden, als Leiharbeit, soweit sie nicht nur ganz kurz oder in sehr geringem Umfang erfolgt, in Konkurrenz zur Arbeitsleistung der Stammbelegschaft steht und der Entleiherbetriebsrat zum Schutz der Stammbelegschaft die Zahl unechter Leiharbeitnehmer klein zu halten bemüht ist.[254]
Mithin ist es Aufgabe von Rechtsprechung und Literatur, die genaue und über § 14 Abs. 2 AÜG hinausgehende betriebsverfassungsrechtliche Stellung unechter Leiharbeitnehmer zu bestimmen.

Zusammenfassend lässt sich also festhalten, dass durch § 14 Abs. 1 AÜG eine eindeutige betriebsverfassungsrechtliche Zuordnung unechter Leiharbeitnehmer zum Verleiherbetrieb erfolgt, dass wegen der Eingliederung der Leiharbeitnehmer in den Entleiherbetrieb zu deren Schutz die nicht abschließenden Sonderregelungen nach § 14 Abs. 2 und 3 AÜG beachtet werden müssen, sowie dass diese keinesfalls zu einer vollen oder auch nur partiellen doppelten Betriebszugehörigkeit führen.

B. Betriebsratsfähigkeit nach § 1 BetrVG und unechte Leiharbeitnehmer

Voraussetzung für die Wahl eines Betriebsrats nach § 1 BetrVG ist, dass in dem Betrieb in der Regel mindestens fünf wahlberechtigte Arbeitnehmer ständig beschäftigt sind, von denen drei wählbar sind. Die Zahl der in der Regel beschäftigten Arbeitnehmer bemisst sich danach, welche Arbeitnehmer in dem Betrieb, mit Ausnahme von vorübergehender Mehr- oder Minderbeschäftigung (z.B. durch Ausverkauf, Weihnachtsgeschäft oder Urlaubszeit), üblicherweise tätig sind.[255] Entscheidend für die Betriebsgröße ist nicht die zufällige Zahl von Arbeitnehmern am Stichtag, sondern maßgeblich ist diejenige Personalstärke, die für den Betrieb allgemein kennzeichnend ist.[256] Unter Arbeitnehmern nach § 1 BetrVG sind hierbei die Arbeitnehmer i.S.d. § 5 Abs. 1 BetrVG zu verstehen.[257] Freilich muss noch hinzukommen, dass diese nach § 7 BetrVG wahlberechtigt sind.

---

253 BT-Drucks. 9/847, S. 9.

254 *Erdlenbruch*, S. 66; *Frerichs/Möller/Ulber*, Leiharbeit, S. 17 f., 63 ff.

255 GK-*Kraft*, § 1 BetrVG Rdnr. 66; Hess/Schlochauer/Glaubitz-*Hess*, § 1 BetrVG Rdnr. 28; *Stege/Weinspach*, § 1 BetrVG Rdnr. 1.

256 BAG vom 22.02.1983, AP Nr. 7 zu § 113 BetrVG 1972 = BAGE 42, 1 = SAE 1983, 172 = RdA 1983, 260; HaKo-*Kloppenburg*, § 1 BetrVG Rdnr. 39.

257 Hess/Schlochauer/Glaubitz-*Hess*, § 1 BetrVG Rdnr. 26.

Ferner bedarf es für die Betriebsratsfähigkeit, dass von den wahlberechtigten Arbeitnehmern mindestens drei wählbar sind (§ 8 BetrVG), mithin also länger als sechs Monate dem Betrieb angehören. Auf diese Weise wird sichergestellt, dass bei der Wahl zum Betriebsrat eine Auswahl zwischen mehreren Bewerbern besteht und keinesfalls dem einzig wählbaren Arbeitnehmer das Betriebratsamt automatisch zufällt.[258]
Daraus folgt, dass unechte Leiharbeitnehmer bei der Betriebsratsfähigkeit nur dann zu beachten sind, wenn sie zu dem vorstehend genannten Personenkreis der Arbeitnehmer i.S.v. § 5 Abs. 1 BetrVG gehören und wahlberechtigt sind.

I. Betriebsratsfähigkeit unechter Leiharbeitnehmer im Verleiherbetrieb

Unechte Leiharbeitnehmer stehen durch den Leiharbeitsvertrag ausschließlich mit dem Verleiher in einem Arbeitsverhältnis und sind ohne weiteres als ständig beschäftigte Arbeitnehmer zu behandeln.[259] Die betriebsverfassungsrechtliche Regelung von § 14 Abs. 1 AÜG ordnet sie folgerichtig auch für die Zeit der Überlassung dem Verleiherbetrieb zu. Überdies wird deren Wahlrecht zum Verleiherbetriebsrat als Arbeitnehmer des Verleiherbetriebs gemäß §§ 7 und 8 BetrVG gesichert. Hiernach liegen die Voraussetzungen für die Betriebsratsfähigkeit i.S.v. § 1 BetrVG bei unechten Leiharbeitnehmern für den Verleiherbetrieb vor.
Dagegen wird vorgebracht, bei der gewerbsmäßigen Arbeitnehmerüberlassung bestehe schon gar kein Betrieb des Verleihers, da der Unternehmenszweck nur in der permanenten Arbeitnehmerüberlassung liege.[260]
Zwar ist insoweit richtig, dass unechte Leiharbeitnehmer nicht im Verleiherbetrieb beschäftigt werden, doch hat gleichwohl auch der Verleiherbetrieb eine Belegschaft, mit welcher der Verleiher gemeinsam mit den Leiharbeitnehmern eine arbeitstechnische Zielsetzung verfolgt; der Verleih der Arbeitnehmer stellt in diesen Fällen gerade den wirtschaftlich-unternehmerischen Zweck dar.[261] Aber auch die angeführte Ansicht gestattet letztlich die Bildung eines Betriebsrats im Verleiherbetrieb zum Zwecke der „Kompensation der mangelnden kollektivrechtlichen Repräsentation in den Empfängerbetrieben", [262] so dass letztlich das Erfordernis eines Betriebs beim Verleiher für die Betriebsratsfähigkeit unentschieden bleiben darf.
Mithin müssen nach beiden Auffassungen unechte Leiharbeitnehmer für die Betriebsratsfähigkeit des Verleiherbetriebs uneingeschränkt berücksichtigt werden.[263]

---

258 Hess/Schlochauer/Glaubitz-*Hess*, § 1 BetrVG Rdnr. 26.

259 LAG Köln vom 20.11.1998, AiB 1999, 641 m. Anm. *Roos*; *Ulber*, § 14 AÜG Rdnr. 13 a.

260 *Säcker/Joost*, Betriebszugehörigkeit, S. 56.

261 *Richardi*, § 1 BetrVG Rdnr. 121.

262 *Säcker/Joost*, Betriebszugehörigkeit, S. 58; vgl. auch *Richardi*, FS für Floretta, S. 595, 598 f.

263 I.E. auch *Schüren*, § 14 AÜG Rdnr. 99.

II. Betriebsratsfähigkeit unechter Leiharbeitnehmer im Entleiherbetrieb

Fraglich ist hingegen, ob unechte Leiharbeitnehmer für die Betriebsratsfähigkeit des Entleiherbetriebs Berücksichtigung finden können. Einerseits zählen die Leiharbeitnehmer nunmehr nach § 7 S. 2 BetrVG zum Kreis der Wahlberechtigten im Entleiherbetrieb mit der Folge, dass die bisherige Begründung in Form der fehlenden Wahlberechtigung nach § 14 Abs. 1 S. 2 AÜG a.F. keine tragfähige Grundlage für die Ablehnung der Betriebsratsfähigkeit im Entleiherbetrieb mehr ist. Andererseits werden unechte Leiharbeitnehmer allein durch § 7 S. 2 BetrVG nicht zu wahlberechtigten Arbeitnehmern gemäß § 1 BetrVG, denn dazu müssten sie zusätzlich Arbeitnehmer des Entleiherbetriebes sein.[264] Dass ein solches Ergebnis vom Gesetzgeber unerwünscht ist, zeigt sich schon darin, dass unechten Leiharbeitnehmern weiterhin das passive Wahlrecht gemäß § 14 Abs. 2 S. 1 AÜG verwehrt ist. Wollte der Gesetzgeber die Leiharbeitnehmer als Arbeitnehmer i.S.v. § 5 Abs. 1 BetrVG klassifizieren, hätte er ihnen auch das passive Wahlrecht einräumen müssen.
Des Weiteren kann die Ansicht nicht überzeugen, die „ständig" lediglich auf die zu erfüllende Arbeitsaufgabe bezogen wissen will,[265] da mit dem Begriff „ständig" eindeutig auf Arbeitnehmer Bezug genommen wird.[266] Danach ist allein der Kreis der nicht nur vorübergehend beschäftigten Arbeitnehmer für die Betriebsratsfähigkeit maßgeblich. Im Übrigen kann auch nach Aufhebung der höchstmöglichen Überlassungszeit von 24 Monaten (§ 3 Abs. 1 Nr. 6 AÜG a.F.) nicht von ständig Beschäftigten ausgegangen werden, da selbst bei längeren Zeiträumen die Arbeitnehmerüberlassung im Überlassungsvertrag zeitlich befristet ist,[267] um diesbezügliche Planungssicherheit zu erzielen und ggf. erforderliche Vertragsänderungen einfacher vornehmen zu können.[268]
Folglich können unechte Leiharbeitnehmer für die Feststellung der Betriebsratsfähigkeit des Entleiherbetriebs gemäß § 1 Abs. 1 Satz 1 BetrVG nicht mitgezählt werden.[269]

---

264 Wie hier *Hennige*, RWS-Forum, S. 59, 72 ff.

265 *Fitting*, § 1 BetrVG Rdnr. 276.

266 So auch *Erdlenbruch*, S. 84 m.w.N.

267 Zur Dauer der durchschnittlichen Überlassung *Walwei*, EuroAS 2002, 149, 161; *Wank*, NZA 2003, 14, 19; wonach in über der Hälfte der Überlassungen die Dauer weniger als drei Monate beträgt.

268 Nach *Fitting*, § 1 BetrVG Rdnr. 276 f.; GK-*Kraft*, § 1 BetrVG Rdnr. 64; Hess/Schlochauer/Glaubitz-*Hess*, § 1 BetrVG Rdnr. 27; *Richardi*, § 1 BetrVG Rdnr. 110 f.; *Stege/Weinspach*, § 1 BetrVG Rdnr. 12 ist unter „ständig" i.S.v. § 1 BetrVG eine von vornherein nicht begrenzte Zeit im Betrieb zu verstehen.

269 So auch GK-*Kraft*, § 1 BetrVG Rdnr. 64; Hess/Schlochauer/Glaubitz-*Hess*, § 1 BetrVG Rdnr. 27; *Richardi*, § 1 BetrVG Rdnr. 122; a.A. *Abeln*, AuA 2001, 170, 171; *Fitting*, § 1 BetrVG Rdnr. 279; HaKo-*Kloppenburg*, § 1 BetrVG Rdnr. 38; *Maschmann*, DB 2001, 2446, 2448.

C. Unechte Leiharbeitnehmer und die Zahl der Betriebsratsmitglieder nach § 9 BetrVG

I. Die Zahl der Betriebsratsmitglieder

Gemäß § 9 BetrVG bestimmt sich die Zahl der Betriebsratsmitglieder in gestaffelter Abfolge nach der Zahl der regelmäßigen Arbeitnehmer,[270] die demnach die maßgebliche Bestimmungsgröße für die Betriebsratsgröße darstellt.[271] Zur Feststellung der regelmäßigen Arbeitnehmerzahl muss neben einem Rückblick auf die Entwicklung der näheren Vergangenheit auch eine Einschätzung und damit Prognose der zukünftigen Entwicklung vorgenommen werden.[272] In den ersten beiden Stufen (5 bis 20 und 21 bis 50 Arbeitnehmer) kommt hinzu, dass es sich um wahlberechtigte Arbeitnehmer handelt und selbst noch in der dritten Stufe (51 bis 100 Arbeitnehmer) müssen unter den 100 Arbeitnehmern noch wenigstens 51 Arbeitnehmer wahlberechtigt sein.[273] Erst ab der vierten Stufe kommt es nur noch auf die Zahl der Arbeitnehmer an, ohne Rücksicht auf ihre Wahlberechtigung.[274]

Ferner ergibt sich aus dem Wortlaut des § 9 Satz 1 BetrVG „[...] in Betrieben mit [...] Arbeitnehmern [...]", dass bei der Ermittlung der Zahl der Betriebsratsmitglieder nur betriebszugehörige Arbeitnehmer berücksichtigt werden können.[275] Dies Beschränkung rechtfertigt sich im Übrigen mit dem Sinn und Zweck der Regelung, durch eine an die Belegschaftsgröße anknüpfende Stufung ein angemessenes Verhältnis der Zahl der Betriebsratsmitglieder zu der Zahl der durch ihn repräsentierten Arbeitnehmer zu erzielen.[276]

Betriebszugehörig sind aber nur solche Arbeitnehmer, die in einem Arbeitsverhältnis zum Betriebsinhaber stehen und innerhalb der Betriebsorganisation abhängige Arbeit erbringen.[277]

---

270 GK-*Kreutz*, § 9 BetrVG Rdnr. 5.

271 Zur Frage, wer Arbeitnehmer des Betriebs ist, vgl. oben, § 5 A. II. 1.

272 BAG vom 19.07.1983, AP Nr. 23 zu § 112 BetrVG 1972 = BB 1983, 2118; allgemein zu diesem Merkmal: GK-*Kreutz*, § 9 BetrVG Rdnr. 9; Hess/Schlochauer/Glaubitz-*Schlochauer*, § 9 BetrVG Rdnr. 8; *Richardi*, § 9 BetrVG Rdnr. 10; *Stege/Weinspach*, § 9 BetrVG Rdnr. 2 ff.

273 Hess/Schlochauer/Glaubitz-*Schlochauer*, § 9 BetrVG Rdnr. 7 (noch für die Staffelung vor der Änderung durch das BetrV-ReformG).

274 Däubler/Kittner/Klebe-*Schneider*, § 9 BetrVG Rdnr. 2.

275 BAG vom 18.01.1989, AP Nr. 1 zu § 9 BetrVG 1972 = BAGE 61, 7 = EzAÜG Nr. 316 = NZA 1989, 725; im Grundsatz auch *Fitting*, § 9 BetrVG Rdnr. 14, der nach Einfügung von § 7 Satz 2 BetrVG irrtümlich davon ausgeht, es sei nun in bestimmten Fallkonstellationen des Drittpersonaleinsatzes durch die Verleihung des aktiven Wahlrechts die Betriebszugehörigkeit der überlassenen Arbeitnehmer (auch) zum Einsatzbetrieb vom Gesetzgeber anerkannt; vgl. hierzu *Fitting*, § 9 BetrVG Rdnr. 4, 20; Hess/Schlochauer/Glaubitz-*Schlochauer*, § 9 BetrVG Rdnr. 8.

276 *Stege/Weinspach*, § 9 BetrVG Rdnr. 2 a.

277 *Richardi*, § 9 BetrVG Rdnr. 7; *Stege/Weinspach*, § 9 BetrVG Rdnr. 2 a; vgl. zur Betriebszugehörigkeit oben, § 5 A. II. 1.

II. Die Zahl der Betriebsratsmitglieder im Verleiherbetrieb

Unechte Leiharbeitnehmer haben zum Verleiher das arbeitsrechtliche Band des Leiharbeitvertrages und bleiben gemäß § 14 Abs. 1 AÜG während der Einsätze beim Entleiher Arbeitnehmer des Verleihers. Individual- und betriebsverfassungsrechtlich sind unechte Leiharbeitnehmer folglich Arbeitnehmer des Verleiherbetriebs, besitzen infolgedessen das Wahlrecht zum Betriebsrat nach §§ 7, 8 BetrVG und werden zur Bestimmung der Betriebsratsgröße gemäß § 9 BetrVG im Verleiherbetrieb mitgezählt.[278]

III. Die Zahl der Betriebsratsmitglieder im Entleiherbetrieb

Eine Berücksichtigung von unechten Leiharbeitnehmern für die Bemessung der Betriebsratsgröße im Entleiherbetrieb ist hingegen problematisch.
Mit § 7 S. 2 BetrVG haben unechte Leiharbeitnehmer nun das aktive Wahlrecht zum Betriebsrat des Entleiherbetriebs, wenn sie länger als drei Monate im Entleiherbetrieb eingesetzt werden, so dass ein prinzipieller Ausschluss von der Bemessung der Betriebsratsgröße innerhalb der ersten drei Stufen allein anhand ihrer (früheren) mangelnden Wahlberechtigung jetzt bei entsprechend lang beabsichtigter Überlassungsdauer nicht mehr vorgenommen werden kann.[279] Nach der neuen Rechtslage kommt es im Rahmen von § 9 BetrVG für die Betriebsratsgröße im Entleiherbetrieb mithin nur noch darauf an, ob unechte Leiharbeitnehmer mit einer länger als drei Monate vorgesehenen Überlassungsdauer zu den regelmäßigen Arbeitnehmern des Entleiherbetriebs gerechnet werden können.
Die schon vor der Gesetzesänderung vertretene Ansicht, oberhalb von 51 wahlberechtigten Arbeitnehmern richte sich die Betriebsratsgröße ausschließlich nach der Zahl der Arbeitsplätze im Betrieb,[280] wonach dann unechte Leiharbeitnehmer im Entleiherbetrieb mitgezählt werden könnten, übersieht indes, dass gemäß § 9 BetrVG nicht auf die Zahl der regelmäßig vorhandenen Arbeitsplätze, sondern nur auf die Zahl der in der Regel dem Betrieb angehörenden Arbeitnehmer abzustellen ist,[281] wie es auch der Wortlaut dieser Regelung erfordert.

Zu den Arbeitnehmern eines Betriebs gehören daher nicht alle im Betrieb Beschäftigten, vielmehr können hierzu nur solche Arbeitnehmer gerechnet werden, die im betriebsverfassungsrechtlichen Sinne als betriebsangehörige Arbeitnehmer anzusehen

---

278 I.E. *Ulber*, § 14 AÜG Rdnr. 11.

279 So noch für die alte Rechtslage: *Erdlenbruch*, S. 86; *Fitting*, § 9 BetrVG Rdnr. 4 a (20. Aufl.); *Richardi*, § 9 BetrVG Rdnr. 7 (7. Auflage).

280 LAG Hamm vom 03.04.1997, DB 1997, 881; *Ulber*, § 14 AÜG Rdnr. 13 a.

281 BAG vom 18.01.1989, AP Nr. 1 zu § 9 BetrVG 1972 = BAGE 61, 7 = EzAÜG Nr. 316 = RdA 1989, 196.

sind.[282] Hierzu ist es erforderlich, dass die Arbeitnehmer zum Betriebsinhaber in einem Arbeitsverhältnis stehen und innerhalb der Betriebsorganisation des Arbeitgebers abhängige Arbeitsleistungen erbringen.[283] Wie schon aus § 14 Abs. 1 AÜG folgt, ist eine rein tatsächliche Eingliederung eines Arbeitnehmers – ohne arbeitsvertragliche Bindung – in die Betriebsorganisation nicht geeignet, eine Betriebszugehörigkeit zu begründen.[284] Diese in der spezialgesetzlichen betriebsverfassungsrechtlichen Vorschrift von § 14 Abs. 1 AÜG zum Ausdruck kommende Wertung des Gesetzgebers kann bei der Auslegung von § 9 BetrVG nicht übergangen werden. Mangels eines Arbeitsverhältnisses zwischen Leiharbeitnehmer und Entleiher sind diese keine betriebszugehörigen Arbeitnehmer des Entleihers. Über dies erfordert der Sinn und Zweck von § 9 BetrVG, durch eine an die Belegschaftsstärke eines Betriebs anknüpfende Staffelung sicherzustellen, dass die Zahl der Betriebsratsmitglieder in einem angemessenen Verhältnis zur Zahl der betriebsangehörigen Arbeitnehmer steht und auf diese Weise die Funktionsfähigkeit des Betriebsrat gewährleistet ist.[285] Zwar fällt auch bei nur tatsächlich in die Betriebsorganisation eingegliederten Arbeitnehmern Betriebsratsarbeit an, die eine Berücksichtigung der tatsächlich Beschäftigten im Rahmen von § 9 BetrVG als denkbar erscheinen lässt,[286] doch enthält der insoweit maßgebliche und als Ordnungsvorschrift zu wertende § 9 BetrVG auch nach der Novelle zum Betriebsverfassungsgesetz diesbezüglich keinerlei Anhaltspunkte. Schließlich hat der Gesetzgeber anlässlich der Änderung des Betriebsverfassungsgesetzes nochmals klargestellt, dass Leiharbeitnehmer als Fremdbelegschaft lediglich behutsam an die Stammbelegschaft herangeführt werden sollen, ohne dadurch zu Arbeitnehmern des Entleiherbetriebs zu werden.[287]
Folglich können auch nach der Novelle zum Betriebsverfassungsgesetz unechte Leiharbeitnehmer mangels Zugehörigkeit zum Entleiherbetrieb nicht zur Ermittlung der Zahl der Betriebsratsmitglieder im Entleiherbetrieb nach § 9 BetrVG herangezogen werden.[288]

---

282 Vgl. oben, § 5 A. II. ausführlich zur Betriebszugehörigkeit von Leiharbeitnehmern nach dem BetrVG-Reformgesetz; i.E. auch ArbG Krefeld vom 07.08.2002, 2 BV 12/02, n.v.; ArbG Bayreuth vom 20.08.2002, 4 BV/5/02 H, n.v.; ArbG Berlin vom 11.09.2002, 7 BV 14772/02, n.v.; *Hanau*, RdA 2001, 65, 68; *Lindemann/Simon*, NZA 2002, 365, 368; *Löwisch*, BB 2001, 1734, 1737; *Schiefer/Korte*, NZA 2002, 57, 59; a.A. *Däubler*, ArbuR 2001, 285, 286; *Fitting*, § 9 BetrVG Rdnr. 5; *Fischer*, AiB 2001, 561, 563.

283 BAG vom 28.11.1977, AP Nr. 2 zu § 8 BetrVG 1972 = BAGE 29, 398 = RdA 1978, 130 = SAE 1979, 10; vgl. zu diesem Grundsatz *Fitting*, § 9 BetrVG Rdnr. 14; *Richardi*, § 9 BetrVG Rdnr. 7.

284 BAG vom 18.01.1989, AP Nr. 1 zu § 9 BetrVG 1972 = BAGE 61, 7 = EzAÜG Nr. 316 = RdA 1989, 196.

285 BAG vom 18.01.1989, AP Nr. 1 zu § 9 BetrVG 1972 = BAGE 61, 7 = EzAÜG Nr. 316 = RdA 1989, 196.

286 Dafür *Richardi*, NZA 2001, 346, 350; a.A. *Hennige*, RWS-Forum, S. 59, 76.

287 BT-Drucks. 14/5741, S. 28.

288 So auch *Hanau*, ZIP 2001, 1981, 1982; *ders.*, RdA 2001, 65, 68; *Konzen*, RdA 2001, 76, 83; a.A. *Däubler*, ArbuR 2001, 1, 5; HaKo-*Brors*, § 9 BetrVG Rdnr. 3.

D. Unechte Leiharbeitnehmer und die Zahl der Freistellungen nach § 38 Abs. 1 BetrVG

I. Die Freistellung von Betriebsratsmitgliedern nach § 38 Abs. 1 BetrVG

Im Interesse einer effektiven Arbeit des Betriebsrats sieht § 38 Abs. 1 BetrVG als Konkretisierung von § 37 Abs. 2 BetrVG ab einer bestimmten Betriebsratsgröße die Freistellung von Mitgliedern des Betriebsrats von der Arbeit vor.[289] Gegenüber § 37 Abs. 2 BetrVG bedeutet die Freistellung nach § 38 Abs. 1 BetrVG eine generelle Entbindung der Mitglieder des Betriebrats von der Arbeitspflicht, ohne dass es jeweils eines konkreten Nachweises bedarf, dass die Versäumnis der Arbeit wegen der Durchführung der dem Betriebsrat obliegenden Aufgaben notwendig ist.[290]
Die Zahl der freizustellenden Betriebsratsmitglieder ist für Betriebe mit bis zu 10.000 Arbeitnehmern durch eine exakte Staffelung direkt § 38 Abs. 1 S. 1 BetrVG zu entnehmen. Darüber hinaus ist für je angefangene weitere 2.000 Arbeitnehmer mindestens ein weiteres Betriebsratsmitglied freizustellen. Maßgeblich für die Zahl der Freistellungen von Betriebsratsmitgliedern sowohl nach der Staffelung als auch in der ergänzenden Regelung von § 38 Abs. 1 S. 2 BetrVG ist die Zahl der regelmäßigen Arbeitnehmer des Betriebes,[291] § 38 Abs. 1 S. 1 BetrVG. Hierbei auf alle in dem Betrieb beschäftigten Arbeitnehmer abzustellen,[292] wäre insoweit zu weitgehend, da dass Merkmal der Beschäftigung und damit die rein faktische Beschäftigung vom Gesetz nicht erwähnt wird und statt dessen § 38 Abs. 1 S. 1 BetrVG von einer Regelzahl von Arbeitnehmern des Betriebs ausgeht. Die Regelung greift wie § 9 BetrVG bei den Schwellenwerten auf die Zahl der regelmäßigen Arbeitnehmer des Betriebs zurück und so ist es nur folgerichtig, von einem einheitlichen Arbeitnehmerbegriff in beiden Regelungen auszugehen, der nach der hier vertretenen Ansicht mit Blick auf die Auslegung von § 5 Abs. 1 BetrVG[293] nur betriebszugehörige Arbeitnehmer umfasst.

---

[289] Vgl. hierzu Däubler/Kittner/Klebe-*Berg*, § 38 BetrVG Rdnr. 1; *Fitting*, § 38 BetrVG Rdnr. 1; GK-*Wiese/Weber*, § 38 BetrVG Rdnr. 1, 7 f.; Hess/Schlochauer/Glaubitz-*Glaubitz*, § 38 BetrVG Rdnr. 6; *Richardi*, § 38 BetrVG Rdnr. 5.

[290] BAG vom 26.07.1989, AP Nr. 10 zu § 38 BetrVG 1972 = BAGE 63, 1 = RdA 1990, 253 = SAE 1990, 273; GK-*Wiese/Weber*, § 38 BetrVG Rdnr. 7; Hess/Schlochauer/Glaubitz-*Glaubitz*, § 38 BetrVG Rdnr. 6; *Jülicher*, ArbuR 1973, 161, 162; *Löwisch/Kaiser*, § 38 BetrVG Rdnr. 5; *Richardi*, § 38 BetrVG Rdnr. 5.

[291] *Fitting*, § 38 BetrVG Rdnr. 8.

[292] So *Erdlenbruch*, S. 91; GK-*Wiese/Weber*, § 38 BetrVG Rdnr. 11.

[293] Vgl. oben, § 5 A. II. 1. b).

II. Die Freistellung von Betriebsratsmitgliedern nach § 38 Abs. 1 BetrVG im Verleiherbetrieb

Die Berechnung der Zahl der Betriebsratsmitglieder, die gemäß § 38 Abs. 1 BetrVG freizustellen sind, erfolgt im Verleiherbetrieb ohne Besonderheiten. Gemäß § 14 Abs. 1 AÜG sind unechte Leiharbeitnehmer auch während der Überlassungszeiten Arbeitnehmer des Verleiherbetriebs und daher wie andere (Stamm-)Arbeitnehmer des Verleiherbetriebs innerhalb von § 38 Abs. 1 BetrVG mitzuzählen.
Folglich finden unechte Leiharbeitnehmer im Rahmen der Ermittlung der Zahl der freizustellenden Betriebsratsmitglieder nach § 38 Abs. 1 BetrVG volle Berücksichtigung.

III. Die Freistellungen von Betriebsratsmitgliedern nach § 38 Abs. 1 BetrVG im Entleiherbetrieb

Auch im Entleiherbetrieb kann für die Ermittlung der Zahl der freizustellenden Betriebsratsmitglieder nach § 38 Abs. 1 BetrVG nur auf die regelmäßigen Arbeitnehmer des Entleiherbetriebs abgestellt werden. Das setzt entsprechend den Ausführungen zur Zahl der Betriebsratsmitglieder im Entleiherbetrieb nach § 9 BetrVG voraus, dass es sich bei den berücksichtigungsfähigen Arbeitnehmern um Betriebsangehörige handelt.[294] Zwar werden auch vorübergehend beschäftigte Arbeitnehmer wie z.B. zur Berufsausbildung Beschäftigte miteinbezogen,[295] doch müssen auch sie dem Betrieb angehören.[296]
Unechte Leiharbeitnehmer gehören jedoch betriebsverfassungsrechtlich nicht zum Entleiherbetrieb,[297] folglich können diese im Rahmen von § 38 Abs. 1 BetrVG nicht mitgezählt werden.[298]

E. Zusammenfassung der betriebsverfassungsrechtlichen Stellung unechter Leiharbeitnehmer

Für die betriebsverfassungsrechtliche Stellung unechter Leiharbeitnehmer ist demnach festzuhalten, dass unechte Leiharbeitnehmer betriebsverfassungsrechtlich allein durch das Betriebsverfassungsgesetz nicht einem Betrieb zugeordnet werden können und erst nach § 14 Abs. 1 AÜG eine ausschließliche Zuordnung zum Ver-

---

294 Im Grundsatz auch *Richardi*, § 38 BetrVG Rdnr. 9.

295 GK-*Wiese/Weber*, § 38 BetrVG Rdnr. 11; *Richardi*, § 38 BetrVG Rdnr. 9.

296 *Richardi*, § 38 BetrVG Rdnr. 9.

297 Anders nur dann, wenn kraft der Fiktion von § 10 Abs. 1 AÜG ein Arbeitsverhältnis zwischen Leiharbeitnehmer und Entleiher begründet wird.

298 A.A. *Erdlenbruch*, S. 91, der zu seinem Ergebnis nur infolge der m.E. schwer vertretbaren Annahme einer vollen oder partiellen Betriebszugehörigkeit der unechten Leiharbeitnehmer (auch) zum Entleiherbetrieb gelangt.

leiherbetrieb vorgenommen wird. Über dies begründet § 14 Abs. 2 und 3 AÜG keine weitere und damit doppelte Betriebszugehörigkeit auch zum Entleiherbetrieb, sondern gewährt wegen der aus der tatsächlichen Eingliederung im Entleiherbetrieb resultierenden Schutzbedürftigkeit unechter Leiharbeitnehmer die dort niedergelegten betriebsverfassungsrechtlichen Rechte.

Die Vorschriften §§ 1, 9 und 38 Abs. 1 BetrVG verlangen nach dem hier gefundenen Ergebnis für die Einbeziehung von Arbeitnehmern bei der Berechnung der Schwellenwerte das Merkmal der Betriebszugehörigkeit. Die Betriebszugehörigkeit unechter Leiharbeitnehmer zum Verleiherbetrieb ist im Hinblick auf § 14 Abs. 1 AÜG unproblematisch gegeben, so dass sie bei der Berechnung der Schwellenwerte nach §§ 1, 9 und 38 Abs. 1 BetrVG zu berücksichtigen sind.
Hingegen gehören unechte Leiharbeitnehmer nicht zum Entleiherbetrieb und können folglich weder bei der Ermittlung der Betriebsratsfähigkeit des Entleiherbetriebs, noch bei der Zahl der zu wählenden Betriebsratsmitglieder bzw. der Zahl der freizustellenden Betriebsratsmitglieder im Entleiherbetrieb mitgerechnet werden.

§ 6 Beteiligungsrechte des Betriebsrats des Verleiherbetriebs in Bezug auf unechte Leiharbeitnehmer

A. Zum Beteiligungsrecht des Betriebsrats

Durch das Betriebsverfassungsgesetz wird die betriebliche Verfassung der privatrechtlich organisierten Unternehmen gestaltet und hierdurch eine Basis für die Vertretung der Belegschaft durch den Betriebsrat geschaffen.[299] Der Betriebsrat hat somit die Interessen der Arbeitnehmer i.S.v. § 5 Abs. 1 BetrVG gegenüber dem Arbeitgeber zu vertreten.[300] Den Kern des Gesetzes bilden die Rechtsbeziehungen zwischen Arbeitgeber und Betriebsrat,[301] die der Begrenzung der Regelungskompetenz des Arbeitgebers dienen. Durch die dem Betriebsrat gewährten Mitwirkungs- und Mitbestimmungsrechte gestaltet der Betriebsrat die betrieblichen Arbeitsbedingungen mit, wobei sich der Wirkungsbereich des Betriebsrats von sozialen und personellen Angelegenheiten bis zu wirtschaftlichen Angelegenheiten erstreckt und auch die Gestaltung des Arbeitsplatzes und des Arbeitsablaufs erfasst wird. Allerdings sind die Mitwirkungs- und Mitbestimmungsrechte des Betriebsrats und folglich die Einflussnahme auf den Betrieb durch unterschiedlich starke Beteiligungsrechte abgestuft.[302] Sie reichen von bloßen Unterrichtungs- und Anhörungsrechten über Mitwirkungsrechten bis zu echten Mitbestimmungsrechten.[303]

B. Zum Beteiligungsrecht des Verleiherbetriebsrats

Diese Grundsätze zum Beteiligungsrecht des Betriebsrats gelten auch für die Vertretung unechter Leiharbeitnehmer durch Betriebsräte in Verleiherbetrieben, denn wegen der nach § 14 Abs. 1 AÜG bestehenden Betriebszugehörigkeit zum Verleiherbetrieb hat dieser neben den Interessen der übrigen im Verleiherbetrieb tätigen Arbeitnehmer (z.B. Disponenten, Buchhalter) auch diejenigen der unechten Leiharbeitnehmer wahrzunehmen.[304] Damit besteht im Verleiherbetrieb die Besonderheit, dass sich dort zwei Gruppen von Arbeitnehmern befinden, die sich dadurch unterscheiden, dass die eine Gruppe dauerhaft bzw. ohne Überlassungen an Entleiherbetriebe im Verleiherbetrieb tätig ist und die andere Gruppe ausschließlich zum Zweck der Überlassung an Drittbetriebe eingestellt und auch nur dort tätig wird. Bezüglich derjenigen Arbeitnehmer, die stets nur im Verleiherbetrieb beschäftigt werden, gelten keine Besonderheiten, sie werden vom Betriebsverfassungsgesetz über § 5 Abs. 1 BetrVG

---

299 *Richardi*, Einl. BetrVG Rdnr. 81.

300 Däubler/Kittner/Klebe-*Schneider/Wedde*, Einl. BetrVG Rdnr. 112.

301 MünchArbR-*v. Hoyningen-Huene*, § 292 Rdnr. 11 bezeichnet diese Beziehung als Betriebsverhältnis; *Richardi*, Einl. BetrVG Rdnr. 82.

302 Däubler/Kittner/Klebe-*Schneider/Wedde*, Einl. BetrVG Rdnr. 115.

303 Vgl. zur Terminologie nur *Fitting*, § 1 BetrVG Rdnr. 242; GK-*Kraft*, § 1 BetrVG Rdnr. 55.

304 *Becker/Wulfgramm*, Art. 1 § 14 AÜG Rdnr. 76; *Schüren*, § 14 AÜG Rdnr. 270.

erfasst. Folglich stehen ihnen ohne weiteres die Betriebsverfassungsrechte nach dem Betriebsverfassungsgesetz zu und auch der Verleiherbetriebsrat hat ohne Einschränkungen die Mitbestimmungsrechte für diese Gruppe von Arbeitnehmern. Mangels Besonderheiten kann hier auf eine Auseinandersetzung mit dieser Gruppe von Arbeitnehmern im Verleiherbetrieb verzichtet werden.

Stattdessen sind die Beteiligungsrechte des Betriebsrats im Hinblick auf die zweite Gruppe der Arbeitnehmer des Verleiherbetriebs zu betrachten, da sich bei ihnen wegen der Beschäftigung in Entleiherbetrieben Einschränkungen des Prinzips der Interessenwahrnehmung von unechten Leiharbeitnehmern durch den Verleiherbetriebsrat ergeben und insoweit betriebsverfassungsrechtliche Besonderheiten vorliegen, als die Beteiligungsrechte an die Tätigkeit im Entleiherbetrieb bzw. an die Eingliederung des Arbeitnehmers in die Entleiherbetriebsorganisation anknüpfen:[305] Der Betriebsrat des Verleiherbetriebs hat in diesen Fällen schon mangels Regelungskompetenz keine Einwirkungsmöglichkeit auf die Betriebsorganisation im Entleiherbetrieb und darüber hinaus ist der Betriebsrat des Entleiherbetriebs immer dann zuständig, wenn es um Beteiligungsrechte geht, die das Direktionsrecht des Arbeitgebers betreffen, denn dieses ist bei der Leiharbeit auf den Inhaber des Entleiherbetriebs übergegangen.[306]
Im Folgenden werden nun entsprechend der Signifikanz der Mitbestimmung für den Betriebsrat die Beteiligungsrechte des Verleiherbetriebsrats im Verleiherbetrieb im Hinblick auf unechte Leiharbeitnehmer untersucht.

I. Mitbestimmung in sozialen Angelegenheiten, §§ 87 – 89 BetrVG

Die Mitbestimmung in sozialen Angelegenheiten als Kernbereich der betrieblichen Mitbestimmung will gewährleisten, dass die Interessen der Arbeitnehmer bei den sie direkt betreffenden Fragen gleichrangig berücksichtigt werden.[307] Als soziale Angelegenheiten begreift das Betriebsverfassungsgesetz im Wesentlichen die formellen Arbeitsbedingungen, die der Betriebsrat mitzuregeln befugt ist. Die Regelung dient als Kompensation zum ansonsten alleinigen Regelungs- und Entscheidungsrecht des Arbeitgebers dem Schutz der Belegschaftsmitglieder.

---

305 *Becker/Wulfgramm*, Art. 1 § 14 AÜG Rdnr. 78; *Boemke*, § 14 AÜG Rdnr. 28; *Schüren*, § 14 AÜG Rdnr. 271.

306 *Becker/Wulfgramm*, Art. 1 § 14 AÜG Rdnr. 78; *Boemke*, § 14 AÜG Rdnr. 28; *Gaul*, AktuellAR 2001, Kap. H 4.; *Schüren*, § 14 AÜG Rdnr. 271; nach *Kort*, ZfA 2000, 329, 365 kann es aber keinesfalls zur Verdoppelung von Mitbestimmungsrechten des Betriebsrats führen.

307 Hess/Schlochauer/Glaubitz-*Glaubitz*, § 87 BetrVG Rdnr. 7.

1. Soziale Mitbestimmung, § 87 BetrVG

Die soziale Mitbestimmung ist durch einen abschließenden Katalog gemäß § 87 Abs. 1 BetrVG in ihrem Umfang begrenzt und erfasst darin über die Ordnung des Betriebs hinaus auch solche Arbeitsbedingungen, die das einzelne Arbeitsverhältnis der Arbeitnehmer betreffen. In diesem Bereich handelt es sich um die stärkste Form der Mitbestimmung, denn der Arbeitgeber kann hier eine Maßnahme i.S.v. § 87 Abs. 1 BetrVG nur vornehmen, wenn der Betriebsrat entweder sein Mitbestimmungsrecht wahrgenommen hat oder die Einigungsstelle einen bindenden Spruch gefällt hat.[308] Die Zustimmung des Betriebsrats ist folglich Wirksamkeitsvoraussetzung für alle mitbestimmungspflichtigen Regelungstatbestände des § 87 Abs. 1 BetrVG.[309]

Die betriebsverfassungsrechtliche Zuordnung unechter Leiharbeitnehmer nach § 14 Abs. 1 AÜG zum Verleiherbetrieb hat zur Folge, dass dem Verleiherbetriebsrat grundsätzlich das Mitbestimmungsrecht in sozialen Angelegenheiten auch für diese Gruppe von Arbeitnehmern zusteht. Allerdings ist hieraus kein uneingeschränktes Mitbestimmungsrecht abzuleiten, denn die soziale Mitbestimmung in § 87 Abs. 1 BetrVG verlangt je nach Mitbestimmungstatbestand entweder das Bestehen eines Arbeitsvertrages zwischen Arbeitnehmer und dem Inhaber des Betriebs oder die tatsächliche Eingliederung des Arbeitnehmers in die Betriebsordnung.[310] Die soziale Mitbestimmung des Verleiherbetriebsrats entfällt mithin immer dann, wenn es sich um solche Beteiligungsrechte handelt, welche die tatsächliche Eingliederung des Arbeitnehmers in den Betrieb betreffen.[311]
Folglich kann der Umfang der sozialen Mitbestimmung des Verleiherbetriebsrats nicht pauschal bestimmt werden, vielmehr muss jeder Mitbestimmungstatbestand einzeln betrachtet werden.

a) Fragen der Ordnung des Betriebs und des Verhaltens der Arbeitnehmer im Betrieb, § 87 Abs. 1 Nr. 1 BetrVG

Zu dem Mitbestimmungsrecht gehören Fragen der Ordnung des Betriebs und des Verhaltens der Arbeitnehmer im Betrieb, womit die gesamte Gestaltung des Zusammenlebens der Arbeitnehmer im Betrieb gemeint ist.[312] Die betriebliche Ordnung umfasst die allgemeingültige, für die Arbeitnehmer oder jedenfalls für Gruppen von ih-

---

308 *Stege/Weinspach*, § 87 BetrVG Rdnr. 3.

309 BAG vom 04.05.1982, AP zu § 87 BetrVG 1972 Altersversorgung Nr. 6 = BAGE 38, 365 = RdA 1983, 69 = ArbuR 1982, 388; BAG vom 26.04.1988, AP zu § 87 BetrVG 1972 Altersversorgung Nr. 16; BAG GS vom 03.12.1991, AP zu § 87 BetrVG Lohngestaltung Nr. 51 = SAE 1993, 97 = RdA 1992, 282 = NZA 1992, 749.

310 *Erdlenbruch*, S. 123.

311 *Becker/Wulfgramm*, Art. 1 § 14 AÜG Rdnr. 81; *Schüren*, § 14 AÜG Rdnr. 290.

312 BAG vom 24.03.1981, AP zu § 87 BetrVG 1972 Arbeitssicherheit Nr. 2 = BAGE 35, 150 = EzA § 87 BetrVG 1972 Betriebliche Ordnung Nr. 6 = RdA 1981, 403 = NJW 1982, 404.

nen verbindliche Verhaltensregeln zur Sicherung eines ungestörten Arbeitsablaufs und des reibungslosen Zusammenwirkens der Arbeitnehmer im Betrieb.[313] Zu dem mitbestimmungspflichtigen Ordnungsverhalten zählen beispielsweise Regeln über das Betreten und Verlassen des Betriebs,[314] die Einführung von Werksausweisen,[315] die Einführung und Ausgestaltung einer einheitlichen Arbeitskleidung,[316] sowie Rauch- und Alkoholverbote.[317] § 87 Abs. 1 Nr. 1 BetrVG trägt damit dem Umstand Rechnung, dass der Arbeitnehmer durch seinen Arbeitsvertrag verpflichtet ist, seine Tätigkeit in einer fremden und damit nicht selbstbestimmten, sondern der Disposition des Arbeitgebers unterliegenden, Betriebssphäre zu erbringen[318] und hierdurch in seinem Verhalten dem Direktionsrecht des Arbeitgebers unterliegt.[319]

Hinsichtlich der faktischen Eingliederung in den Entleiherbetrieb, an welche die betriebliche Ordnung anknüpft, entfaltet das Mitbestimmungsrecht gemäß § 87 Abs. 1 Nr. 1 BetrVG für den Verleiherbetriebsrat bezüglich der unechten Leiharbeitnehmer kaum Bedeutung: Unechte Leiharbeitnehmer erbringen ihre Arbeitsleistung entsprechend der vertraglichen Ausgestaltung nur im Entleiherbetrieb. Sie unterliegen den im Verleiherbetrieb geltenden Regelungen der betrieblichen Ordnung folglich nur für die Zeit, in der sie sich (ausnahmsweise) in der Betriebssphäre des Verleihers befinden.[320]
Also hat der Betriebsrat des Verleihers praxisbedingt nur ein sehr eingeschränktes Mitbestimmungsrecht nach § 87 Abs. 1 Nr. 1 BetrVG.

b) Lage der Arbeitszeit, § 87 Abs. 1 Nr. 2 BetrVG

Nach § 87 Abs. 1 Nr. 2 BetrVG hat der Betriebsrat bei der Festsetzung des Beginns und des Endes der täglichen Arbeitszeit einschließlich der Pausen sowie der Verteilung der Arbeitszeit auf die einzelnen Wochentage ein Mitbestimmungsrecht. Um die

---

313 BAG vom 24.11.1981, AP zu § 87 BetrVG 1972 Ordnung des Betriebs Nr. 3 m. Anm. *Herschel* = BAGE 37, 112 = EzA § 87 BetrVG 1972 Betriebliche Ordnung = RdA 1982, 261; BAG vom 09.12.1980, AP zu § 87 BetrVG 1972 Ordnung des Betriebs Nr. 2 = EzA § 87 BetrVG 1972 Betriebliche Ordnung Nr. 5 = SAE 1981, 223 = RdA 1981, 197; Hess/Schlochauer/Glaubitz-*Glaubitz*, § 87 BetrVG Rdnr. 99.

314 BAG vom 21.08.1990, AP zu § 87 BetrVG 1972 Ordnung des Betriebs Nr. 17 = SAE, 1992, 142 = NZA 1991, 154.

315 BAG vom 16.12.1986, AP zu § 87 BetrVG 1972 Ordnung des Betriebs Nr. 13 = BAGE 54, 36 = EzA Art. 9 GG Arbeitskampf Nr. 64 = NJW 1987, 1358.

316 BAG vom 08.08.1989, AP zu § 87 BetrVG 1972 Ordnung des Betriebs Nr. 15 = EzA § 87 BetrVG 1972 Betriebliche Ordnung Nr. 13 = RdA 1989, 384 = NZA 1990, 320; BAG vom 01.12.1992, AP zu § 87 BetrVG 1972 Ordnung des Betriebs Nr. 20 = EzA § 87 BetrVG 1972 Betriebliche Ordnung Nr. 20 = RdA 1993, 126 = NZA 1993, 711.

317 BAG vom 23.09.1986, AP Nr. 20 zu § 75 BPersVG = BAGE 53, 97 = RdA 1987, 62 = NZA 1987, 250; LAG München vom 27.11.1990, BB 1991, 624 = NZA 1991, 521.

318 GK-*Wiese*, § 87 BetrVG Rdnr. 170.

319 *Hueck/Nipperdey*, Arbeitsrecht I, S. 159; *Nikisch*, ArbeitsR I, S. 256.

320 *Boemke*, § 14 AÜG Rdnr. 30; *Schüren*, § 14 AÜG Rdnr. 292.

ansonsten denkbare Verlagerung des Betriebs- und Wirtschaftsrisikos auf die Arbeitnehmer durch die einseitige Bestimmung der Leistungszeit zu unterbinden, wird der Betriebsrat an der Bestimmung der Lage der Arbeitszeit beteiligt.[321] Die Regelung der Dauer der tarif- oder einzelvertraglich geschuldeten wöchentlichen Arbeitszeit ist (mit Ausnahme von § 87 Abs. 1 Nr. 3 BetrVG) dagegen nicht mitbestimmungspflichtig.[322]
Folglich besteht hier das Mitbestimmungsrecht bei der Verteilung der wöchentlichen Arbeitszeit auf die einzelnen Wochentage, bei Beginn und Ende der täglichen Arbeitszeit und bezüglich der Dauer und der Lage der Pausen innerhalb der täglichen Arbeitszeit.[323]

Die Regelungen zur Arbeitszeit nach § 87 Abs. 1 Nr. 2 BetrVG könnten zwar als Konkretisierung des tarif- oder einzelvertraglich geschuldeten zeitlichen Arbeitsvolumens und damit zum Arbeitsverhältnis zugehörig angesehen werden,[324] mit der Folge einer auch im Hinblick auf § 14 Abs. 1 AÜG übereinstimmenden Mitbestimmung des Verleiherbetriebsrats. Doch übersähe eine Zuordnung des Mitbestimmungsrechts nach § 87 Abs. 1 Nr. 2 BetrVG zum Betriebsrat des Verleiherbetriebs den Umstand, dass sich die Lage der Arbeitszeit bei unechten Leiharbeitnehmern an den Gegebenheiten und Bedürfnissen des Entleiherbetriebs orientieren muss,[325] denn dort erbringen unechte Leiharbeitnehmer ihre Arbeitsleistung entsprechend dem vom Verleiher auf den Entleiher übergegangenen Weisungsrecht.[326] Für unechte Leiharbeitnehmer werden dort im Wesentlichen keine anderen Arbeitszeiten als für die Stammbelegschaft gelten.[327] Selbst soweit andere Arbeitszeiten bestimmt seien sollten, werden diese vom Entleiher im Hinblick auf einen reibungslosen Betriebsablauf festgesetzt. Der Betriebsrat des Verleihers kann aber mangels Regelungskompetenz

---

321 *Richardi*, § 87 BetrVG Rdnr. 255.

322 BAG vom 18.08.1987, AP Nr. 23 zu § 77 BetrVG 1972 = BAGE 56, 18 = EzA § 77 BetrVG 1972 Nr. 18 = RdA 1987 383; BAG vom 13.10.1987, AP zu § 87 BetrVG 1972 Arbeitszeit Nr. 24 = BAGE 56, 197 = EzA § 87 BetrVG 1972 Arbeitszeit Nr. 25 = RdA 1988, 61; BAG vom 28.09.1988 AP zu § 87 BetrVG 1972 Arbeitszeit Nr. 29 = EzA § 87 BetrVG 1972 Arbeitszeit Nr. 30 = RdA 1989, 129 = NZA 1989, 184; BAG vom 31.01.1989, AP zu § 87 BetrVG 1972 Tarifvorrang Nr. 15 = EzA § 87 BetrVG 1972 Arbeitszeit Nr. 31 = RdA 1989, 197 = NZA 1989, 604; *Buchner*, RdA 1990, 1, 10; *Fitting*, § 87 BetrVG Rdnr. 103; GK-*Wiese*, § 87 BetrVG Rdnr. 275; Hess/Schlochauer/Glaubitz-*Glaubitz*, § 87 BetrVG Rdnr. 155; *Löwisch/Kaiser*, § 87 BetrVG Rdnr. 85; *Richardi*, § 87 BetrVG Rdnr. 262; a.A. *Farthmann*, RdA 1974, 65, 66 f.; *Kleveman*, AiB 1984, 90, 91; *Plander*, ArbuR 1987, 281, 288.

323 *Fitting*, § 87 BetrVG Rdnr. 106, 112, 117.

324 *Erdlenbruch*, S. 129.

325 *Schüren*, § 14 AÜG Rdnr. 293.

326 Vgl. oben, § 2 B. I. 2. b) cc).

327 Dies gilt umso mehr, wenn nach der Neureglung des § 3 Abs. 1 Nr. 3 AÜG durch das Erste Gesetz für moderne Dienstleistungen am Arbeitsmarkt vom 23.12.2002, BGBl. I, S. 4607, zu den wesentlichen Arbeitsbedingungen eines mit dem überlassenen Leiharbeitnehmer vergleichbaren Arbeitnehmer des Entleihers auch die Lage der Arbeitszeit gezählt wird.

keine Befugnisse im Entleiherbetriebsrat wahrnehmen,[328] so dass für ihn keine Mitbestimmungsmöglichkeit bezüglich der Lage der Arbeitszeit besteht.[329] Ferner kann die Zuständigkeit des Betriebsrats in Form einer ausschließlichen Zuständigkeit des Verleiherbetriebrats oder gar einer parallelen Zuständigkeit des Entleiherbetriebsrats nicht der Disposition des Überlassungsvertrags zwischen Verleiher und Entleiher unterstellt werden,[330] denn dies würde die prinzipielle Notwendigkeit der Zuordnung von Zuständigkeiten bei der Mitbestimmung je nachdem, ob der Mitbestimmungstatbestand eher an das Arbeitsverhältnis oder an die tatsächliche Eingliederung anknüpft, verkennen.
Mithin hat der Betriebsrat des Verleihers kein Mitbestimmungsrecht gemäß § 87 Abs. 1 Nr. 2 BetrVG für unechte Leiharbeitnehmer.

c) Dauer der Arbeitszeit, § 87 Abs. 1 Nr. 3 BetrVG

Nach § 87 Abs. 1 Nr. 3 BetrVG hat der Betriebsrat ein Mitbestimmungsrecht bei der Verkürzung oder Verlängerung der betriebsüblichen Arbeitszeit. Gegenstand der Mitbestimmung ist aber nur die vorübergehende Verkürzung oder Verlängerung der betriebsüblichen Arbeitszeit, hingegen nicht die generelle Änderung,[331] denn unter der betriebsüblichen Arbeitszeit ist nur die regelmäßige betriebliche Arbeitszeit zu verstehen.[332]
Danach hat der Betriebsrat über die Einführung von Kurzarbeit und Überstunden mitzubestimmen[333] und besitzt auf diese Weise Einfluss auf das zu erbringende Arbeitsvolumen. Doch ist der Zweck der Mitbestimmung nicht die Beteiligung des Betriebsrats an den unternehmerischen Entscheidungen des Arbeitgebers, vielmehr soll hierdurch ein Ausgleich zwischen den Belangen des Betriebs und den Interessen der

---

328 Zur betriebsverfassungsrechtlichen Zuordnung von unechten Leiharbeitnehmern und den Zuständigkeiten der Betriebsräte vgl. ErfK-*Wank*, § 14 AÜG Rdnr. 2 ff.

329 A.A. *Boemke*, § 14 AÜG Rdnr. 31, 33; *Ulber*, § 14 AÜG Rdnr. 37.

330 So aber *Becker/Wulfgramm*, Art. 1 § 14 AÜG Rdnr. 81; unter der Bedingung der Zustimmung des Verleiherbetriebsrats auch *Ankersen*, Anm. zu BAG vom 19.06.2001, BB 2001, 2585 f.

331 *Richardi*, § 87 BetrVG Rdnr. 345; *Stege/Weinspach*, § 87 BetrVG Rdnr. 76; die Verlängerung oder Verkürzung der Wochenarbeitszeit stellt keine Versetzung i.S.v. § 95 Abs. 3 BetrVG dar, die der Zustimmung des Betriebsrats nach § 99 BetrVG bedarf, s. BAG vom 16.07.1991, AP Nr. 28 zu § 95 BetrVG 1972 = RdA 1991, 384 = EWiR 1992, 129 m. Anm. *Wank*.

332 BAG vom 21.11.1978, AP zu § 87 BetrVG 1972 Arbeitszeit Nr. 2 = RdA 19979, 135 =ArbuR 1979, 283 = NJW 1979, 1847; BAG vom 13.06.1989, AP zu § 87 BetrVG 1972 Arbeitszeit Nr. 36 = RdA 1989, 380 = NZA 1990, 235 = SAE 1990, 115; BAG vom 16.07.1991, AP zu § 87 BetrVG Arbeitszeit Nr. 44 = RdA 1991, 384 = NZA 1992, 70 = SAE 1992, 384; LAG Frankfurt vom 06.02.1991, ArbuR 1991, 153.

333 BAG vom 05.03.1974, AP zu § 87 BetrVG 1972 Kurzarbeit Nr. 1 m. Anm. *Wiese* = BAGE 26, 60 = RdA 1974, 251 = NJW 1974, 1724; BAG vom 21.11.1978, AP zu § 87 BetrVG 1972 Arbeitszeit Nr. 2 = RdA 1979, 135 = NJW 1979, 1847 = EzA § 87 BetrVG 1972 Arbeitszeit Nr. 7; BAG vom 14.02.1991, AP zu § 615 BGB Kurzarbeit Nr. 4 = RdA 1991, 192 = NZA 1991, 93 = SAE 1992, 340; *Fitting*, § 87 BetrVG Rdnr. 154; *Hanau*, BB 1972, 499 f.; Hess/Schlochauer/Glaubitz-*Glaubitz*, § 87 BetrVG Rdnr. 190 ff.

Arbeitnehmer an der Vermeidung von Sonderbelastungen erfolgen können, die sich für den einzelnen Arbeitnehmer besonders beim Arbeitsentgelt auswirken.[334]

Fraglich ist, ob das Mitbestimmungsrecht nach § 87 Abs. 1 Nr. 3 BetrVG dem Verleiherbetriebsrat auch für unechte Leiharbeitnehmer zustehen kann. Kurzarbeit und Überstunden sind Ausfluss des schwankenden Auftragsvolumens des Betriebs und damit Folge der betrieblichen Auslastung. Die veränderte Auslastung eines Verleiherbetriebs bedeutet also nichts anderes, als dass sich die Nachfrage nach unechten Leiharbeitnehmern vermindert oder erhöht. Bei einer Veränderung des Auftragsvolumens kann der Verleiher keine Kurzarbeit oder Überstunden für unechte Leiharbeitnehmer einführen, denn eine solche vorübergehende Verkürzung oder Verlängerung der betriebsüblichen Arbeitszeit ließe außer acht, dass unechte Leiharbeitnehmer ihre Arbeitsleistung ständig in einem fremden Betrieb erbringen und für sie folglich von vornherein keine betriebsübliche Arbeitszeit im Verleiherbetrieb in Frage kommt. Größeren Schwankungen der nachgefragten Leiharbeit kann der Verleiher unter betriebswirtschaftlichen Aspekten nur durch die entsprechende Absenkung oder Erhöhung der Zahl unechter Leiharbeitnehmer begegnen.
Mangels einer betriebsüblichen Arbeitszeit für unechte Leiharbeitnehmer im Verleiherbetrieb kann auch eine vorübergehende Änderung der betriebsüblichen Arbeitszeit im Entleiherbetrieb während der Überlassung nicht zu einer Änderung der Arbeitszeit unechter Leiharbeitnehmer führen.[335] Die Einführung von Kurzarbeit oder Überstunden betrifft in diesen Fällen nur den Entleiherbetrieb. Die Befugnis des Entleihers, ggf. gegenüber unechten Leiharbeitnehmern Überstunden anzuordnen, bestimmt sich als individualrechtliche Maßnahme nach den Vereinbarungen von Leiharbeitsvertrag und Überlassungsvertrag, löst aber kein Mitbestimmungsrecht des Verleiherbetriebsrats aus,[336] denn der Verleiherbetriebsrat besitzt insoweit keine Mitbestimmungskompetenz im Entleiherbetrieb.
Mithin hat der Betriebsrat des Verleihers kein Mitbestimmungsrecht bei der vorübergehenden Veränderung der betriebsüblichen Arbeitszeit nach § 87 Abs. 1 Nr. 3 BetrVG bei unechten Leiharbeitnehmern.

d) Auszahlung der Arbeitsentgelte, § 87 Abs. 1 Nr. 4 BetrVG

Gemäß § 87 Abs. 1 Nr. 4 BetrVG hat der Betriebsrat ein Mitbestimmungsrecht bei Zeit, Ort und Art der Auszahlung der Arbeitsentgelte, wobei unter Arbeitsentgelt nicht nur sämtliche Vergütungen in Geld ohne Rücksicht auf ihre Bezeichnung als Lohn, Gehalt, Leistungs- oder Erschwerniszulage, Gewinnbeteiligung, Gratifikation, Urlaubsentgelt, sondern auch alle Sachleistungen wie Unterkunft und Kost zu verste-

---

334 *Richardi*, § 87 BetrVG Rdnr. 335.

335 So aber *Ulber*, § 14 AÜG Rdnr. 38.

336 *Schüren*, § 14 AÜG Rdnr. 294.

hen sind.[337] Mit der Zeit der Auszahlung des Arbeitsentgelts ist die Festlegung der Entgeltzeiträume gemeint und betrifft folglich das „Wann" der Auszahlung.[338] Der Ort der Auszahlung stellt das „Wo" der Auszahlung[339] dar und unter der bedeutungsvolleren Art der Auszahlung ist die Mitbestimmung bei der Barzahlung oder der Zahlung per Scheck und bei der bargeldlosen Überweisung zu begreifen.[340] Der Zweck dieses Mitbestimmungsrechts liegt darin, das bei der Auszahlung der Arbeitsentgelte an einer einheitlichen Ordnung orientierte Interesse des Arbeitgebers mit den Interessen der Arbeitnehmer zu einem für beide Seiten gerechten Ausgleich zu bringen.[341]
Folglich bezieht sich das Mitbestimmungsrecht des Betriebsrats bloß auf die Umstände der Auszahlung des Arbeitsentgelts, aber keinesfalls auf seine Festsetzung und damit seine Bemessung.[342]

Unechte Leiharbeitnehmer haben nur mit dem Verleiher einen Arbeitsvertrag und stehen daher allein zum Verleiher in einem Arbeitsverhältnis.[343] Hiernach ist der Verleiher gemäß § 611 Abs. 1 BGB zur Gewährung der Vergütung verpflichtet. Die Modalitäten der Auszahlung des Arbeitsentgelts nach § 87 Abs. 1 Nr. 4 BetrVG stehen mithin in einem engen sachlichen Zusammenhang zur Hauptleistungspflicht des Verleihers und berühren nur die arbeitsvertraglichen Pflichten zwischen Verleiher und unechtem Leiharbeitnehmer.[344]
Mithin hat der Betriebsrat des Verleiherbetriebs das Mitbestimmungsrecht bei der Auszahlung des Arbeitsentgelts gemäß § 87 Abs. 1 Nr. 4 BetrVG für unechte Leiharbeitnehmer.[345]

e) Urlaubsfragen, § 87 Abs. 1 Nr. 5 BetrVG

§ 87 Abs. 1 Nr. 5 BetrVG sieht ein Mitbestimmungsrecht des Betriebsrats bei der Aufstellung allgemeiner Urlaubsgrundsätze und des Urlaubsplans sowie unter Um-

---

337 BAG vom 25.04.1989, AP Nr. 3 zu § 98 ArbGG 1979 = BAGE 62, 1 = EWiR 1989, 931 m. Anm. *Wank* = EzA § 98 ArbGG 1979 Nr. 6; LAG Baden-Württemberg vom 10.11.1987, NZA 1988, 325, 326; GK-*Wiese*, § 87 BetrVG Rdnr. 425; Hess/Schlochauer/Glaubitz-*Glaubitz*, § 87 BetrVG Rdnr. 242.

338 Vgl. LAG Baden-Württemberg vom 10.11.1987, NZA 1988, 325 f.; Däubler/Kittner/Klebe-*Klebe*, § 87 BetrVG Rdnr. 106; *Fitting*, § 87 BetrVG Rdnr. 181 f.; *Richardi*, § 87 BetrVG Rdnr. 414.

339 Regelmäßig der Betrieb, vgl. nur *Fitting*, § 87 BetrVG Rdnr. 184.

340 BAG vom 08.03.1977, AP zu § 87 BetrVG 1972 Auszahlung Nr. 1 = BAGE 29, 40 = RdA 1977, 263 = NJW 1978, 775; BAG vom 05.03.1991, AP zu § 87 BetrVG 1972 Auszahlung Nr. 11 = RdA 1991, 254 = NZA 1991, 611 = SAE 1992, 341; Hess/Schlochauer/Glaubitz-*Glaubitz*, § 87 BetrVG Rdnr. 248.

341 Hess/Schlocheuer/Glaubitz-*Glaubitz*, § 87 BetrVG Rdnr. 241; *Richardi*, § 87 BetrVG Rdnr. 412.

342 *Fitting*, § 87 BetrVG Rdnr. 179; Hess/Schlochauer/Glaubitz-*Glaubitz*, § 87 BetrVG Rdnr. 243; auch durch § 3 Abs. 1 Nr. 3 AÜG werden die Umstände der Auszahlung nicht betroffen.

343 Vgl. oben, § 2 B. I. 2. b).

344 *Becker/Wulfgramm*, Art. 1 § 14 AÜG Rdnr. 81; *Ulber*, § 14 AÜG Rdnr. 39.

345 *Becker/Wulfgramm*, Art. 1 § 14 AÜG Rdnr. 81; *Erdlenbruch*, S. 134; *Schüren*, § 14 AÜG Rdnr. 295; *Ulber*, § 14 AÜG Rdnr. 39.

ständen auch die Festsetzung der zeitlichen Lage des Urlaubs für einzelne Arbeitnehmer vor. Als Urlaub ist hier vor allem der Erholungsurlaub i.S.d. § 1 BUrlG zu begreifen, daneben bezieht sich die Mitbestimmung auf jede Form des Urlaubs, so dass jede bezahlte oder unbezahlte Freistellung von der Arbeit erfasst ist.[346] Vorrangiger Zweck dieses, das Gestaltungsrecht des Arbeitgebers einschränkenden, Mitbestimmungstatbestandes besteht darin, die Urlaubswünsche von Arbeitnehmern mit den betrieblichen Bedürfnissen und Notwendigkeiten im Interesses eines geordneten Betriebsablaufs durch die Beteiligung der Arbeitnehmervertretung zu einem Ausgleich zu bringen.[347] Überdies müssen ggf. die Urlaubsinteressen der Arbeitnehmer untereinander ausgeglichen werden.[348] Allerdings greift die Mitbestimmung nur soweit, wie keine entgegenstehenden Vorschriften des Bundesurlaubsgesetzes oder eines Tarifvertrags einschlägig sind.

Der Mitbestimmungstatbestand in Urlaubsfragen nach § 87 Abs. 1 Nr. 5 BetrVG nimmt wiederum Bezug auf die arbeitsvertraglichen Beziehungen und damit das Arbeitsverhältnis zwischen Verleiher und unechtem Leiharbeitnehmer: Der Verleiher als Arbeitgeber schuldet den Urlaubsanspruch.[349]
Folglich muss der Betriebsrat des Verleiherbetriebs nach § 87 Abs. 1 Nr. 5 BetrVG dann mitbestimmen, wenn der Verleiher einen auch die unechten Leiharbeitnehmer miteinbeziehenden Urlaubsplan oder allgemeine Urlaubsgrundsätze aufstellt oder die zeitliche Lage des Urlaubs für einzelne (Leih-)Arbeitnehmer festsetzt.

f) Technische Überwachungseinrichtungen, § 87 Abs. 1 Nr. 6 BetrVG

Der Betriebsrat hat nach § 87 Abs. 1 Nr. 6 BetrVG ein Mitbestimmungsrecht, wenn es darum geht, ob technische Einrichtungen eingeführt oder angewendet werden sollen, die dazu dienen, das Verhalten oder die Leistung der Arbeitnehmer zu überwachen. Mit technischen Einrichtungen sind alle diejenigen Einrichtungen gemeint, die wenigstens Rückschlüsse auf das Verhalten oder die Leistung der Arbeitnehmer zulassen, wie beispielsweise die Verwendung von Multimoment-Kameras, Tonbandaufnahmen, Mikrophone, Stechuhren, Produktographen, Fahrtenschreiber sowie die Datenerhebung und -verarbeitung.[350] An den Begriff der technischen Einrichtung sind

---

346 GK-*Wiese*, § 87 BetrVG Rdnr. 444; *Richardi*, § 87 BetrVG Rdnr. 441.

347 *Fitting*, § 87 BetrVG Rdnr. 191; GK-*Wiese*, § 87 BetrVG Rdnr. 443; *Richardi*, § 87 BetrVG Rdnr. 440; es handelt sich um eine Regelung zum Ausgleich von Interessen bei der Verteilung des Urlaubs, nicht aber um eine Regelung über die Höhe des Urlaubs, so dass § 3 Abs. 1 Nr. 1 AÜG hierauf ohne Einfluss ist.

348 BAG vom 18.06.1974, AP zu § 87 BetrVG 1972 Urlaub Nr. 1 = BAGE 26, 193 = RdA 1974, 390 = NJW 1975, 80; *Fitting*, § 87 BetrVG Rdnr. 191; *Richardi*, § 87 BetrVG Rdnr. 440.

349 *Boemke*, § 14 AÜG Rdnr. 36; *Schüren*, § 14 AÜG Rdnr. 296; *Ulber*, § 14 AÜG Rdnr. 39.

350 BAG vom 14.05.1974, AP zu § 87 BetrVG 1972 Überwachung Nr. 1 = RdA 1974, 255 = NJW 1974, 2023 = SAE 1975, 151; BAG vom 10.07.1979, AP zu § 87 BetrVG 1972 Überwachung Nr. 4 = RdA 1980, 76 = NJW 1980, 359 = SAE 1980, 45; BAG vom 18.02.1986, AP zu § 87 BetrVG 1972 Überwachung Nr. 13 = BAGE 51, 143 = RdA 1986, 271 = NJW 1986, 2069; BAG

dabei keine hohen Anforderungen zu stellen, es reicht aus, dass das Verhalten oder die Leistung von Arbeitnehmern technisch vermittelt der menschlichen Wahrnehmung zugänglich gemacht wird.[351] Die Mitbestimmung des Betriebsrats bezweckt hier den Persönlichkeitsschutz der Arbeitnehmer, da entsprechende Kontrolleinrichtungen stark in den persönlichen Bereich des Arbeitnehmers eingreifen,[352] denn eine Überwachung durch technische Einrichtungen führt zu einer unentrinnbaren und häufig vom Betroffenen selbst nicht wahrnehmbaren Kontrolle. Obwohl der Wortlaut von § 87 Abs. 1 Nr. 6 BetrVG eine Differenzierung zwischen Leistung und Verhalten der Arbeitnehmer nahe zu legen scheint, stellt allein das Verhalten des Arbeitnehmers, zu welchem insbesondere seine Leistungen zählen, den Anknüpfungspunkt des Mitbestimmungsrechts dar.[353]

Denkbar erscheint, das Mitbestimmungsrecht dem Betriebsrat des Verleiherbetriebs deshalb zu versagen, weil unechte Leiharbeitnehmer ihre Arbeitsleistung permanent in einem vom Verleiherbetrieb verschiedenen Betrieb erbringen[354] und auch dieses Mitbestimmungsrecht an der tatsächlichen Erbringung der Arbeitsleistung anknüpft. Dies ließe aber diejenigen Fälle unberücksichtigt, in denen sich unechte Leiharbeitnehmer zwecks Rücksprache mit dem Arbeitgeber für weitere Überlassungen, eines Personalgesprächs oder wegen der Erhebung und Verarbeitung von Daten bezüglich der einzelnen Überlassungen (Zeitraum, Arbeitszeit, Krankenstand und ggf. Leistungsverhalten) wenigstens gelegentlich im Verleiherbetrieb aufhalten.
Die insoweit mögliche technische Überwachung unechter Leiharbeitnehmer löst folglich das Mitbestimmungsrecht des Betriebsrats im Verleiherbetrieb aus.[355]

g) Arbeits- und Gesundheitsschutz, § 87 Abs. 1 Nr. 7 BetrVG

Das Mitbestimmungsrecht nach § 87 Abs. 1 Nr. 7 BetrVG greift bei Regelungen bezüglich der Vermeidung von Arbeitsunfällen und Berufskrankheiten, beim Gesundheitsschutz und bei Unfallverhütungsvorschriften ein.[356] Der Arbeitgeber kann unter Mitwirkung des Betriebsrats aber nur insoweit Regelungen in diesem Bereich treffen, als ergänzungs- und ausfüllungsbedürftige Rahmenregelungen über den Arbeits-

vom 12.01.1988, AP Nr. 23 zu § 75 BPersVG = Betrieb 1988, 1552 = RdA 1988, 189 = NZA 1988, 621; vgl. auch Übersicht bei GK-*Wiese*, § 87 BetrVG Rdnr. 551.

351 GK-*Wiese*, § 87 BetrVG Rdnr. 497 f.

352 BT-Drucks. 6/1786 S. 48 f.

353 BAG vom 11.03.1986, AP zu § 87 BetrVG 1972 Überwachung Nr. 14 = BAGE 51, 217 = RdA 1986, 334 = NJW 1986, 2724; GK-*Wiese*, § 87 BetrVG Rdnr. 538; *Richardi*, § 87 BetrVG Rdnr. 494.

354 So *Becker*, ArbuR 1982, 369, 374; *Becker*, Leitfaden, S. 85; *Gick*, Gewerbsmäßige Arbeitnehmerüberlassung, S. 128, 136 f.; *Müllner*, Aufgespaltene Arbeitgeberstellung, S. 82.

355 *Schüren*, § 14 AÜG Rdnr. 297; *Ulber*, § 14 AÜG Rdnr. 41; im Ergebnis auch *Erdlenbruch*, S. 139.

356 Zu den Begrifflichkeiten vgl. *Fitting*, § 87 BetrVG Rdnr. 260 ff.; *Richardi*, § 87 BetrVG Rdnr. 541 ff.

und Gesundheitsschutz seitens des Gesetzgebers vorliegen, denn die zwingenden gesetzlichen Vorschriften unterliegen nicht der betrieblichen Mitbestimmung.[357] Die Mitbestimmung des Betriebsrats dient lediglich der Effektuierung des gesetzlichen Arbeitsschutzes,[358] da innerhalb des gesetzlichen Arbeitsschutzrechts oftmals keine genauen Regelungen getroffen sind und sie sich in Form von Rahmenvorschriften auf die Vorgabe eines bestimmten Sicherheitsziels beschränken.[359] Die Betriebsräte fungieren dann durch ihr Mitbestimmungsrecht als Interessenvertreter der Arbeitnehmer, die ansonsten wegen der alleinigen Verantwortung des Arbeitgebers für die Einhaltung und Erreichung der gesetzlichen Vorschriften keinen hinreichenden Einfluss auf die Konkretisierung der Rahmenvorschriften auf der betrieblichen Ebene besäßen.

Die Mitbestimmung des Verleiherbetriebsrats nach § 87 Abs. 1 Nr. 7 BetrVG beim Arbeits- und Gesundheitsschutz ist durch § 11 Abs. 6 S. 1 AÜG spezialgesetzlich geregelt. Der dort niedergelegte Grundsatz, dass der Verleiher unbeschadet der Pflichten des Entleihers den öffentlich-rechtlichen Vorschriften des Arbeitsschutzrechts auch für unechte Leiharbeitnehmer unterliegt, hat zwar wegen der tatsächlichen Arbeitsleistung im Entleiherbetrieb geringe praktische Relevanz, kann aber in Fällen der dem Arbeitgeber obliegenden allgemeinen arbeitsmedizinischen Untersuchungen Bedeutung entfalten.[360]
Sofern folglich im Rahmen der allgemeinen arbeitsmedizinischen Vorsorge ausfüllungsbedürftige Rahmenvorschriften bestehen, hat der Betriebsrat des Verleiherbetriebs nach § 87 Abs. 1 Nr. 7 BetrVG mitzubestimmen.

h) Sozialeinrichtungen, § 87 Abs. 1 Nr. 8 BetrVG

§ 87 Abs. 1 Nr. 8 BetrVG gewährt dem Betriebsrat ein Mitbestimmungsrecht bei Form, Ausgestaltung und Verwaltung von Sozialeinrichtungen. Sozialeinrichtungen i.S.d. Vorschrift sind alle diejenigen Einrichtungen, die vom Arbeitgeber mit der Zwecksetzung errichtet sind, um den Arbeitnehmern oder deren Familienangehörigen Sozialleistungen zu gewähren.[361] Die Mitbestimmung bezieht sich auf die Form, Ausgestaltung und Verwaltung der Sozialeinrichtung, nicht aber auf deren Errichtung.[362] Zu beachten ist ferner, dass es sich um eine Einrichtung handelt, die der Verwaltung bedarf, weshalb ein zweckgebundenes Sondervermögen mit einer ab-

---

[357] BAG vom 28.07.1981, AP zu § 87 BetrVG 1972 Arbeitssicherheit Nr. 3 = BAGE 36, 138 =RdA 1982, 131 = NJW 1982, 2140; m. Anm. *Khote*, AiB 1983, 51; BAG vom 06.12.1983, AP zu § 87 BetrVG 1972 Überwachung Nr. 7 = BAGE 44, 285 = RdA 1984, 194 = NJW 1984, 1475; Hess/Schlochauer/Glaubitz-*Glaubitz*, § 87 BetrVG Rdnr. 342.

[358] Vgl. statt vieler nur Däubler/Kittner/Klebe-*Klebe*, § 87 BetrVG Rdnr. 167.

[359] GK-*Wiese*, § 87 BetrVG Rdnr. 586.

[360] *Erdlenbruch*, S. 142; *Schüren*, § 14 AÜG Rdnr. 298; *Ulber*, § 14 AÜG Rdnr. 40.

[361] Hess/Schlochauer/Glaubitz-*Glaubitz*, § 87 BetrVG Rdnr. 393; *Richardi*, § 87 BetrVG Rdnr. 602.

[362] *Richardi*, § 87 BetrVG Rdnr. 626.

grenzbaren, auf Dauer gerichteten Organisation erforderlich ist.[363] Dabei müssen die Sozialleistungen nach allgemeinen Richtlinien vergeben werden, da es sich ansonsten lediglich um eine Leistung im Einzelfall handeln würde.[364] Hiernach kommen als Sozialeinrichtungen beispielsweise Werkskantinen, Kindergärten, Betriebssportanlagen, Unterstützungs- und Pensionskassen sowie Firmenkrankenhäuser in Betracht.[365] Das Mitbestimmungsrecht an der Erbringung und Gestaltung von Leistungen des Betriebsinhabers besteht bei den für die Arbeitnehmer grundsätzlich vorteilhaften Sozialeinrichtungen, um auf diese Weise die Gewährleistung der innerbetrieblichen Verteilungsgerechtigkeit sicherzustellen.[366]

Der Betriebsrat des Verleiherbetriebs hat das Mitbestimmungsrecht gemäß § 87 Abs. 1 Nr. 8 BetrVG für soziale Einrichtungen, die den Arbeitnehmern des Betriebs oder deren Angehörigen zugute kommen und damit für die gesamte Belegschaft des Betriebs. Zur Belegschaft eines Verleiherbetriebs gehört im Hinblick auf § 14 Abs. 1 AÜG auch die unechten Leiharbeitnehmer, so dass sich das Mitbestimmungsrecht des Verleiherbetriebsrats auf sie erstreckt.[367] Gleichwohl wird die Möglichkeit der Inanspruchnahme von sozialen Einrichtungen des Verleiherbetriebs wie Kantinen oder Betriebssportanlagen durch unechte Leiharbeitnehmer wegen der außerbetrieblichen Erbringung der Arbeitsleistung kaum bestehen, hingegen ist die Nutzung von Firmenkrankenhäusern und Leistungen aus Unterstützungs- oder Pensionskassen denkbar. Aufgabe des Verleiherbetriebsrats ist in diesen Fällen dafür zu sorgen, dass die unechten Leiharbeitnehmer in den Kreis der Begünstigten der sozialen Einrichtung einbezogen werden.[368] Für diejenigen sozialen Leistungen, die unechte Leiharbeitnehmer infolge der außerbetrieblichen Arbeitsleistung nicht in Anspruch nehmen können, kann ihnen keine finanzielle Entschädigung geleistet werden.[369] Zwar haben die sozialen Leistungen des Arbeitgebers Entgeltcharakter,[370] doch sind sich nicht

---

363 BAG vom 12.06.1975, AP zu § 87 BetrVG 1972 Altersversorgung Nr. 1 = BAGE 27, 194 = RdA 1975, 323 = SAE 1976, 37; BAG vom 12.06.1975, AP zu § 87 BetrVG 1972 Altersversorgung Nr. 2 = RdA 1975, 330 = ArbuR 1975, 377 = JuS 1975, 742; BAG vom 09.12.1980, AP zu § 87 BetrVG 1972 Lohngestaltung Nr. 5 = BAGE 34, 297 = RdA 1981, 197 = NJW 1982, 253; *Löwisch/Kaiser*, § 87 BetrVG Rdnr. 124; Hess/Schlochauer/Glaubitz-*Glaubitz*, § 87 BetrVG Rdnr. 392; *Stege/Weinspach*, § 87 BetrVG Rdnr. 136 f.

364 *Fitting*, § 87 BetrVG Rdnr. 341.

365 BAG vom 06.12.1963, AP zu § 56 BetrVG 1952 Wohlfahrtseinrichtungen Nr. 6 = BAGE 15, 136 = RdA 1964, 40 = NJW 1964, 515; BAG vom 15.09.1987, AP zu § 87 BetrVG 1972 Sozialeinrichtung Nr. 9 = RdA 1988, 59 = NZA 1988, 104 = SAE 1988, 271; Däubler/Kittner/Klebe-*Klebe*, § 87 BetrVG Rdnr. 226;GK-*Wiese*, § 87 BetrVG Rdnr. 692; *Richardi*, § 87 BetrVG Rdnr. 619.

366 *Fitting*, § 87 BetrVG Rdnr. 363; *Richardi*, § 87 BetrVG Rdnr. 608 f.

367 *Erdlenbruch*, S. 144 f.; *Schüren*, § 14 AÜG Rdnr. 299; *Ulber*, § 14 AÜG Rdnr. 42.

368 *Schüren*, § 14 AÜG Rdnr. 299.

369 A.A. *Ulber*, § 14 AÜG Rdnr. 42.

370 BAG vom 12.06.1975, AP zu § 87 BetrVG 1972 Altersversorgung Nr. 1 = BAGE 27, 194 = RdA 1975, 323 = SAE 1976, 37; GK-*Wiese*, § 87 BetrVG Rdnr. 687; *Richardi*, § 87 BetrVG Rdnr. 609.

unmittelbar leistungsbezogen, da sie keine Gegenleistung für die unmittelbar geschuldete Arbeitsleistung sind.[371]
Der Betriebsrat des Verleiherbetriebs hat danach immer dann das Mitbestimmungsrecht bei Form, Ausgestaltung und Verwaltung von sozialen Einrichtungen für unechte Leiharbeitnehmer gemäß § 87 Abs. 1 Nr. 8 BetrVG, soweit eine Einbeziehung unechter Leiharbeitnehmer in den Kreis der durch den Verleiherbetrieb Begünstigten möglich ist.

i) Werkmietwohnungen, § 87 Abs. 1 Nr. 9 BetrVG

Gemäß § 87 Abs. 1 Nr. 9 BetrVG hat der Betriebsrat ein Mitbestimmungsrecht bei der Zuweisung und Kündigung von Werksmietwohnungen sowie bei der Aufstellung allgemeiner Nutzungsbedingungen für diese. Dieses Mitbestimmungsrecht stellt einen Unterfall zum Mitbestimmungstatbestand von § 87 Abs. 1 Nr. 8 BetrVG dar,[372] soweit Werkmietwohnungen eine Sozialeinrichtung darstellen. Doch ist § 87 Abs. 1 Nr. 9 BetrVG eine eigenständige Sonderregelung für Wohnräume, die Arbeitnehmern mit Rücksicht auf das Bestehen ihres Arbeitsverhältnisses vermietet werden.[373] Zu den Werkmietwohnungen gehören Räume jeder Art, die zum Wohnen bestimmt und geeignet sind, gleichgültig für welchen Zeitraum und ob sie entgeltlich oder kostenlos überlassen werden.[374] Nicht erfasst werden Werkdienstwohnungen,[375] denn deren Überlassung ist Bestandteil des Arbeitsverhältnisses.[376]
Durch die Vermietung von Werkswohnungen wird der Arbeitnehmer neben der aus dem Arbeitsverhältnis resultierenden Abhängigkeit zusätzlich noch in seinem außerbetrieblichen Lebensbereich an seinen Arbeitgeber gebunden. Dem hieraus folgenden gesteigerten Schutzbedürfnis des Arbeitnehmers sowie dem Interesse der Belegschaft an der gerechten Auswahl bei der Zuweisung von Werkswohnungen und Aufstellung der Nutzungsbedingungen, zu denen insbesondere der Mietzins zählt, soll mittels des Mitbestimmungsrechts des Betriebsrats gedient werden.[377]

§ 87 Abs. 1 Nr. 9 BetrVG setzt dabei voraus, dass die Werkswohnung mit Rücksicht auf das Bestehen eines Arbeitsverhältnisses vermietet wird. Folglich ist die Überlas-

---

371 *Fitting*, § 87 BetrVG Rdnr. 335.

372 BAG vom 13.03.1973, AP zu § 87 BetrVG 1972 Werkmietwohnungen Nr. 1 = BAGE 25, 93 = RdA 1973, 278 = NJW 1973, 1900.

373 *Fitting*, § 87 BetrVG Rdnr. 384; Däubler/Kittner/Klebe-*Klebe*, § 87 BetrVG Rdnr. 228; *Richardi*, § 87 BetrVG Rdnr. 687.

374 *Fitting*, § 87 BetrVG Rdnr. 382.

375 BAG vom 03.06.1975, AP zu § 87 BetrVG 1972 Werkmietwohnungen Nr. 3 = RdA 1975, 389 = ArbuR 1975, 216 = Betrieb 1975, 1752; BAG vom 28.07.1992, AP zu § 87 BetrVG 1972 Werkmietwohnungen Nr. 7 = ArbuR 1993, 62 = NZA 1993, 272; *Löwisch/Kaiser*, § 87 BetrVG Rdnr. 202; Hess/Schlochauer/Glaubitz-*Glaubitz*, § 87 BetrVG Rdnr. 434; *Stege/Weinspach*, § 87 BetrVG Rdnr. 149.

376 *Richardi*, § 87 BetrVG Rdnr. 690.

377 GK-*Wiese*, § 87 BetrVG Rdnr. 792; ähnlich MünchArbR-*Matthes*, § 322 Rdnr. 3.

sung von Wohnraum seitens des Arbeitgebers an ein bestehendes Arbeitsverhältnis gebunden. Ein Arbeitsverhältnis liegt zwischen unechten Leiharbeitnehmern und dem Verleiher vor, mithin hat der Betriebsrat des Verleiherbetriebs bei der Zuweisung, Kündigung und Aufstellung von Nutzungsbedingungen bei Werkswohnungen auch für unechte Leiharbeitnehmer nach § 87 Abs. 1 Nr. 9 BetrVG mitzubestimmen.

j) Betriebliche Lohngestaltung, § 87 Abs. 1 Nr. 10 BetrVG

Der Betriebsrat hat nach § 87 Abs. 1 Nr. 10 BetrVG ein Mitbestimmungsrecht bei Fragen der betrieblichen Lohngestaltung, insbesondere bei der Aufstellung von Entlohnungsgrundsätzen und bei der Einführung und Anwendung von neuen Entlohnungsmethoden sowie deren Änderung. Den Oberbegriff stellt die betriebliche Lohngestaltung dar, womit die Festlegung kollektiver abstrakter Regelungen für die Entlohnung gemeint ist.[378] Aus der Mitwirkung bei der Aufstellung allgemeiner Entlohnungsgrundsätze wird deutlich, dass es sich nur um kollektive Regelungen handeln kann und dass sie nicht zum Tragen kommt, wenn es um Regelungen wegen besonderer Umstände des einzelnen Arbeitnehmers ohne Bezug zu Regelungen für andere Arbeitnehmer geht.[379] Hierbei stellt der Mitbestimmungstatbestand nicht nur unmittelbar auf Lohn oder Gehalt ab, vielmehr werden von der betrieblichen Lohngestaltung alle vermögenswerten Arbeitgeberleistungen erfasst, die in ihrem Umfang nach bestimmten Grundsätzen oder einer bestimmten Systematik ermittelt werden.[380] Das sind z.B. die betriebliche Altersversorgung, die Gewährung zinsgünstiger Darlehen, zusätzliches Urlaubsgeld, Nutzungsregelungen für Dienstwagen.[381] Dabei geht es nicht um Lohnpolitik im Sinne einer Entscheidung über die Lohnhöhe, sondern um den Aspekt der Lohngerechtigkeit:[382] Das Mitbestimmungsrecht des Betriebsrats verfolgt an dieser Stelle den Zweck, die Arbeitnehmer vor einer einseitig an den Interessen des Unternehmens orientierten oder willkürlichen Entgeltgestaltung zu schützen[383] und durch seine Mitwirkung die Angemessenheit und Transparenz des innerbetrieblichen Lohngefüges zu erzielen.[384]

---

378 BAG vom 29.03.1977, AP zu § 87 BetrVG 1972 Provision Nr. 1 = BAGE 29, 103 = RdA 1977, 264 = NJW 1977, 1654.

379 BAG vom 27.10.1992, AP zu § 87 BetrVG 1972 Lohngestaltung Nr. 61 = NZA 1993, 561 = DB 1993, 1143 = JuS 1993, 973.

380 BAG vom 12.06.1975, AP zu § 87 BetrVG 1972 Altersversorgung Nr. 1 = BAGE 27, 194 = RdA 1975, 323 = SAE 1976, 37; BAG vom 06.12.1988, AP zu § 87 BetrVG 1972 Lohngestaltung Nr. 37 = BAGE 60, 244 = RdA 1989, 134 = NZA 1989, 479; Däubler/Kittner/Klebe-*Klebe*, § 87 BetrVG Rdnr. 242.

381 Vgl. nur die Aufstellung bei *Fitting*, § 87 BetrVG Rdnr. 414; Hess/Schlochauer/Glaubitz-*Glaubitz*, § 87 BetrVG Rdnr. 464.

382 *Richardi*, § 87 BetrVG Rdnr. 730.

383 Hess/Schlochauer/Glaubitz-*Glaubitz*, § 87 BetrVG Rdnr. 463.

384 BAG vom 31.01.1984, AP zu § 87 BetrVG 1972 Tarifvorrang Nr. 3 = BAGE 46, 182 = RdA 1984, 256 = NZA 1984, 47; BAG GS vom 03.12.1991, AP zu § 87 BetrVG 1972 Lohngestaltung Nr. 51 = RdA 1992, 282 = NZA 1992, 749 = SAE 1993, 97.

Von der betrieblichen Lohngestaltung sind unechte Leiharbeitnehmer genauso betroffen wie die anderen Arbeitnehmer des Verleihers, so dass insoweit dasselbe Schutzbedürfnis besteht. Durch die Festlegung abstrakt-genereller Grundsätze bei den Fragen der betrieblichen Lohngestaltung bezieht sich das Mitbestimmungsrecht jedenfalls mittelbar auf die Hauptleistungspflicht und damit auf die Entgeltzahlung des Arbeitgebers gegenüber dem Arbeitnehmer und fußt hierdurch auf dem Arbeitsverhältnis zwischen Verleiher und unechtem Leiharbeitnehmer. Daran hat sich auch durch den neuen § 3 Abs. 1 Nr. 3 AÜG nichts geändert, der dazu führt, dass u.U. der Verleiher einem unechten Leiharbeitnehmer für die Zeit der Überlassung an einen Entleiher die in dessen Betrieb für einen vergleichbaren Arbeitnehmer geltenden wesentlichen Arbeitsbedingungen einschließlich des Arbeitsentgelts gewähren muss, denn die darin hauptsächlich beabsichtigte Gleichheit der Lohnhöhe ist kein durch § 87 Abs. 1 Nr. 10 BetrVG der Mitbestimmung des Betriebsrats zugänglicher Tatbestand.[385] Soweit von § 3 Abs. 1 Nr. 3 AÜG wesentliche Arbeitsbedingungen in Form von Urlaubsgeld u.ä. des Entleihers zu berücksichtigen sind, hat der Verleiherbetriebsrat schon deshalb nicht mitzubestimmen, da es sich nicht um die Aufstellung abstrakt-genereller Grundsätze der betrieblichen Lohngestaltung des Verleiherbetriebs handelt, sondern derartige Ansprüche durch das Gesetz begründet werden. In diesen Fällen kann der Verleiherbetriebsrat nur gemäß § 80 Abs. 1 Nr. 1 BetrVG die Einhaltung der dem Verleiher durch § 3 Abs. 1 Nr. 3 AÜG auferlegten Leistungspflichten überwachen.

Folglich hat der Betriebsrat des Verleiherbetriebs das Mitbestimmungsrecht für Fragen der betrieblichen Lohngestaltung nach § 87 Abs. 1 Nr. 10 BetrVG für unechte Leiharbeitnehmer, soweit § 3 Abs. 1 Nr. 3 AÜG nicht einschlägig ist.

k) Leistungslohn, § 87 Abs. 1 Nr. 11 BetrVG

Das Mitbestimmungsrecht des Betriebsrats bei der Festsetzung von Akkord- und Prämiensätzen und vergleichbarer leistungsbezogener Entgelte, einschließlich der Geldfaktoren gemäß § 87 Abs. 1 Nr. 11 BetrVG, steht in engem Zusammenhang mit § 87 Abs. 1 Nr. 10 BetrVG. Die Vorschrift stellt gegenüber § 87 Abs. 1 Nr. 10 BetrVG insofern eine Erweiterung der Mitbestimmung dar, als neben der Festlegung sämtlicher Bemessungsgrößen, die für die Entgeltberechnung bedeutsam sind, auch der Zeit- und Geldfaktor mitbestimmungspflichtig ist,[386] um die Arbeitnehmer vor der aus der Zahlung leistungsbezogener Entgelte erwachsenden Gefahr der Benachteiligung und der Überforderung zu schützen.[387]

---

385 Vgl. zur Reichweite der wesentlichen Arbeitsbedingungen des § 3 Abs. 1 Nr. 3 AÜG BT-Drucks. 15/25, S. 38.

386 BT-Drucks. 6/1786, S. 49.

387 BAG vom 29.03.1977, AP zu § 87 BetrVG 1972 Provision Nr. 1 = BAGE 29, 103 = RdA 1977, 264 = NJW 1977, 1654; BAG vom 13.09.1983, AP zu § 87 BetrVG 1972 Prämie Nr. 3 = BAGE 43, 278 = RdA 1984, 55 = SAE 1988, 253; *Fitting*, § 87 BetrVG Rdnr. 499; GK-*Wiese*, § 87

Für dieses Mitbestimmungsrecht als Spezialfall der betrieblichen Lohngestaltung gelten die Ausführungen zu § 87 Abs. 1 Nr. 10 BetrVG entsprechend. Wie dort nimmt dieses Mitbestimmungsrecht Bezug auf die Entgeltzahlungspflicht des Arbeitgebers an den Arbeitnehmer und räumt folglich hinsichtlich der Arbeitgeberstellung des Verleihers dem Betriebsrat des Verleiherbetriebs die Mitwirkung bei der Festlegung leistungsbezogener Entgelte für unechte Leiharbeitnehmer ein.[388] Dies gilt aber nur soweit, wie die Festlegung leistungsbezogener Entgelte nicht durch § 3 Abs. 1 Nr. 3 AÜG verdrängt wird. Letzterenfalls beschränkt sich das Recht des Verleiherbetriebsrats darauf, die Einhaltung dieser Vorschrift nach § 80 Abs. 1 Nr. 1 BetrVG zu überwachen.

l) Betriebliches Vorschlagswesen, § 87 Abs. 1 Nr. 12 BetrVG

Der Betriebsrat hat im Rahmen des betrieblichen Vorschlagswesens nach § 87 Abs. 1 Nr. 12 BetrVG mitzubestimmen. Dazu gehören alle Systeme und Methoden, welche auf Vorschläge der Arbeitnehmer, die sie außerhalb ihres eigentlichen Pflichtenkreises freiwillig zur Vereinfachung, Beschleunigung oder Verbesserung der betrieblichen Arbeit machen, zurückzuführen sind.[389] Vom betrieblichen Vorschlagswesen erfasst werden aber nur (technische oder organisatorische) Verbesserungsvorschläge, nicht in diesen Regelungsbereich fallen die Arbeitnehmererfindungen.[390] Einen Verbesserungsvorschlag stellt demnach jede Anregung dar, die im Falle ihrer Berücksichtigung zu einer Verbesserung gegenüber dem bisherigen Zustand führt; er darf sich nicht darin erschöpfen, auf Verbesserungspotenzial hinzuweisen, sondern muss zugleich darlegen, wie die Verbesserung erreicht werden kann.[391]
Die Interessenwahrnehmung beim betrieblichen Vorschlagswesen durch den Betriebsrat bezweckt den Schutz und der Förderung der Persönlichkeitsentfaltung der Arbeitnehmer.[392] Auf diese Weise soll die Behandlung von Verbesserungsvorschlägen überschaubarer werden und eine nach den Grundsätzen von Recht und Billigkeit gleichmäßige Berücksichtigung der Initiative und Leistung der Arbeitnehmer in diesem Bereich erfolgen.[393] Dies zum Maßstab genommen, hat der Betriebsrat bei der Organisation des betrieblichen Vorschlagswesens, der Bestimmung des Personen-

---

BetrVG Rdnr. 962; Hess/Schlochauer/Glaubitz-*Glaubitz*, § 87 BetrVG Rdnr. 532; *Richardi*, § 87 BetrVG Rdnr. 875.

388 *Becker/Wulfgramm*, Art. 1 § 14 AÜG Rdnr. 81; *Schüren*, § 14 AÜG Rdnr. 302; *Ulber*, § 14 AÜG Rdnr. 43.

389 *Fitting*, § 87 BetrVG Rdnr. 53926; Hess/Schlochauer/Glaubitz-*Glaubitz*, § 87 BetrVG Rdnr. 579.

390 Däubler/Kittner/Klebe-*Klebe*, § 87 BetrVG Rdnr. 290; *Fitting*, § 87 BetrVG Rdnr. 542; GK-*Wiese*, § 87 BetrVG Rdnr. 1011; Hess/Schlochauer/Glaubitz-*Glaubitz*, § 87 BetrVG Rdnr. 582.

391 *Fitting*, § 87 BetrVG Rdnr. 540.

392 BAG vom 28.04.1981, AP zu § 87 BetrVG 1972 Vorschlagswesen Nr. 1 = BAGE 35, 205 = RdA 81, 404 =NJW 1982, 405; *Fitting*, § 87 BetrVG Rdnr. 536; *Löwisch/Kaiser*, § 87 BetrVG Rdnr. 200; *Richardi*, § 87 BetrVG Rdnr. 925.

393 BAG vom 28.04.1981, AP zu § 87 BetrVG 1972 Vorschlagswesen Nr. 1 = BAGE 35, 205 = RdA 1981, 404 = NJW 1982, 405.

kreises, der Erstellung des Verfahrens zur Anerkennung und Bewertung des Verbesserungsvorschlags und der Festlegung von Prämiengrundsätzen mitzuwirken.

Infolge der permanenten Überlassung an andere Betriebe befinden sich unechte Leiharbeitnehmer in nur ganz geringem Umfang im Verleiherbetrieb und erlangen daher keine oder nur geringe Kenntnisse über die Betriebsorganisation. Vor diesem Hintergrund erscheinen Verbesserungsvorschläge für den Verleiherbetrieb seitens der unechten Leiharbeitnehmer als sehr unwahrscheinlich. Einzig denkbar sind Verbesserungsvorschläge, die den Ablauf bzw. die Organisation der Überlassungen betreffen, doch ist die Gestaltung der Überlassung von den Bedürfnissen und Wünschen des Entleihers abhängig, so dass auch diesbezügliche Verbesserungsvorschläge die Ausnahme sein dürften. Jedoch vermag die minimale tatsächliche Relevanz nicht das Mitbestimmungsrecht a priori auszuschließen; der Betriebsrat des Verleiherbetriebs hat daher grundsätzlich beim betrieblichen Vorschlagswesen gemäß § 87 Abs. 1 Nr. 12 BetrVG bezüglich von unechten Leiharbeitnehmern mitzubestimmen.[394]

m) Gruppenarbeit, § 87 Abs. 1 Nr. 13 BetrVG

Mit dem Gesetz zur Reform des Betriebsverfassungsgesetzes[395] hat der Gesetzgeber dem Betriebsrat ein Mitbestimmungsrecht hinsichtlich der Grundsätze über die Durchführung von Gruppenarbeit mit § 87 Abs. 1 Nr. 13 BetrVG gegeben. Nach der innerhalb dieser Regelung mitgelieferten Legaldefinition liegt Gruppenarbeit vor, wenn im Rahmen des betrieblichen Arbeitsablaufs eine Gruppe von Arbeitnehmern eine ihr übertragene Gesamtaufgabe im Wesentlichen eigenverantwortlich erledigt.[396] Dadurch, dass die Mitwirkung des Betriebsrats auf die Grundsätze der Durchführung der Gruppenarbeit beschränkt ist, wird deutlich, dass die unternehmerische Entscheidung über das „Ob" der Gruppenarbeit mitbestimmungsfrei bleibt.[397] Durch die selbstständige und Eigeninitiative fordernde Gruppenarbeit besteht nach Meinung des Gesetzgebers die Gefahr, dass der Gruppendruck zu einer Selbstausbeutung der Gruppenmitglieder und zu einer Ausgrenzung leistungsschwacher Arbeitnehmer führen könnte, welcher mit dem neuen Mitbestimmungsrecht begegnet werden müsse.[398] Indem der Betriebsrat Grundsätze über Gruppenarbeit mitgestaltet und hierbei Regelungen über die Wahl von Gruppensprechern, dessen Stellung und Aufgaben, über die Zusammenarbeit in den Gruppen und zur Berücksichtigung von leistungs-

---

394 *Schüren*, § 14 AÜG Rdnr. 303; i.E. auch *Ulber*, § 14 AÜG Rdnr. 40, der das Mitbestimmungsrecht des Verleiherbetriebsrats durch § 11 Abs. 7 AÜG begründet sieht.

395 BGBl. I, 2001, S. 1852.

396 Vgl. zu den Voraussetzungen der Gruppenarbeit nach der Neuregelung *Preis/Elert*, NZA 2001, 371 ff.

397 So auch BT-Drucks. 14/5741, S. 47; HaKo-*Kohte*, § 87 BetrVG Rdnr. 115.

398 BT-Drucks. 14/5741, S. 47.

schwächeren Arbeitnehmern erwirkt, soll dem aus der Gruppenarbeit resultierenden Schutzbedürfnis Rechnung getragen werden.[399]

Für unechte Leiharbeitnehmer wird das neue Mitbestimmungsrecht bei Gruppenarbeit wenig Bedeutung entwickeln. Nur schwer vorstellbar ist die Überlassung von unechten Leiharbeitnehmern als Gruppe, denn die Arbeits- und Einsatzform der überlassenen Arbeitnehmer hängt von den Gegebenheiten im Entleiherbetrieb ab. Es kann ausnahmsweise nur dann zum Tragen kommen, wenn der Verleiher sich gegenüber dem Entleiher zur Überlassung von unechten Leiharbeitnehmern verpflichtet, die im Entleiherbetrieb als Gruppe arbeiten. In diesen seltenen Fällen hat der Betriebsrat des Verleiherbetriebs das Mitbestimmungsrecht nach § 87 Abs. 1 Nr. 13 BetrVG für unechte Leiharbeitnehmer.

2. Freiwillige Betriebsvereinbarungen, § 88 BetrVG

Der die Mitbestimmung nach § 87 BetrVG ergänzende § 88 BetrVG eröffnet dem Betriebsrat die Möglichkeit, Betriebsvereinbarungen über mitbestimmungsfreie Angelegenheiten abzuschließen.[400] Die Enumeration der freiwilligen Betriebsvereinbarungen über zusätzliche Maßnahmen zur Verhütung von Arbeitsunfällen und Gesundheitsschädigungen, die Errichtung von Sozialeinrichtungen, Maßnahmen zur Förderung der Vermögensbildung und (durch das Reformgesetz zum Betriebsverfassungsgesetz neu eingefügte) Maßnahmen des betrieblichen Umweltschutzes sowie Maßnahmen zur Integration ausländischer Arbeitnehmer ist nicht abschließend, wie sich aus der Formulierung „insbesondere" ergibt,[401] sondern hat nur klarstellende und hervorhebende Bedeutung,[402] weshalb dem Betriebsrat eine umfassende funktionelle Zuständigkeit zukommt.[403]
§ 88 BetrVG als eine Regelung im Abschnitt über die Mitbestimmung in sozialen Angelegenheiten lässt die Schlussfolgerung zu, dass freiwillige Betriebsvereinbarungen nur bezüglich der sozialen Angelegenheiten abgeschlossen werden dürfen.[404] Jedoch berühren auch personelle Einzelmaßnahmen und Personalplanungsmaßnahmen z.B. durch Festlegung von Kündigungsfristen, -terminen und -formen die Mitbestimmung in sozialen Angelegenheiten und können folglich in Betriebsvereinbarun-

---

399 So die Begründung des Regierungsentwurfs, BT-Drucks. 14/5741, S. 47.

400 *Fitting*, § 88 BetrVG Rdnr. 1.

401 Däubler/Kittner/Klebe-*Däubler*, § 88 BetrVG Rdnr. 1; *Fitting*, § 88 BetrVG Rdnr. 2; GK-*Wiese*, § 88 BetrVG Rdnr. 7.

402 BT-Drucks. 14/5741, S. 48.

403 BAG GS vom 07.11.1989, AP Nr. 46 zu § 77 BetrVG 1972 = BAGE 63, 211 = RdA 1990, 311 = NZA 1990, 816; BAG vom 19.07.1978, AP Nr. 1 zu § 88 BetrVG 1972 = BAGE 30, 298 = RdA 1978, 399 = SAE 1980, 30; HaKo-*Kohte*, § 88 BetrVG Rdnr. 5.

404 GK-*Wiese*, § 88 BetrVG Rdnr. 10; Hess/Schlochauer/Glaubitz-*Glaubitz*, § 88 BetrVG Rdnr. 3; *Richardi*, § 88 BetrVG Rdnr. 4.

gen nach § 88 BetrVG geregelt werden.[405] Die funktionelle Zuständigkeit des Betriebsrats findet aber generell ihre Schranke durch den Tarifvorrang nach § 77 Abs. 3 BetrVG, wonach freiwillige Betriebsvereinbarungen unzulässig sind, wenn es um das Arbeitsentgelt und sonstige tariflich geregelte oder üblicherweise geregelte Arbeitsbedingungen geht.[406]

Freiwillige Betriebsvereinbarungen nach § 88 BetrVG können im Verleiherbetrieb grundsätzlich nicht nur für die im Verleiherbetrieb Beschäftigten sondern auch mit Wirkung für unechte Leiharbeitnehmer abgeschlossen werden. Zu unterscheiden ist aber danach, ob der Inhalt der Betriebsvereinbarung für die unechten Leiharbeitnehmer maßgeblich werden kann bzw. ob sie aus der Betriebsvereinbarung Rechte herleiten können. Das hängt einerseits vom Regelungsgegenstand der Betriebsvereinbarung ab, andererseits ist ausschlaggebend, inwieweit dieser Regelungsgegenstand an das Bestehen des Arbeitsverhältnisses oder an die Eingliederung in die Betriebssphäre anknüpft.[407]

So können beispielsweise freiwillige Betriebsvereinbarungen über zusätzliche Maßnahmen zur Verhütung von Arbeitsunfällen und Gesundheitsschädigungen (§ 88 Nr. 1 BetrVG), die infolge der Eingliederung in den Betrieb relevant werden, für unechte Leiharbeitnehmer keine Bedeutung erlangen. Aus dem gleichen Grund sind Betriebsvereinbarungen über Maßnahmen des betrieblichen Umweltschutzes (§ 88 Nr. 1 a BetrVG) und Maßnahmen zur Integration ausländischer Arbeitnehmer sowie zur Bekämpfung von Rassismus und Fremdenfeindlichkeit im Betrieb (§ 88 Nr. 4 BetrVG) mit Wirkung für unechte Leiharbeitnehmer kaum vorstellbar. Bei der Errichtung von Sozialeinrichtungen (§ 88 Nr. 2 BetrVG) kommt es auf die Nutzbarkeit für unechte Leiharbeitnehmer an.[408] Sofern sie trotz ihres Einsatzes beim Entleiherbetrieb die Sozialeinrichtung des Verleihers nutzen können, kann der Betriebsrat des Verleihers hierüber ohne Besonderheiten freiwillige Betriebsvereinbarungen auch mit Wirkung für unechte Leiharbeitnehmer abschließen. Bei den Betriebsvereinbarungen über Maßnahmen zur Vermögensbildung (§ 88 Nr. 3 BetrVG) handelt es sich um eine Regelungsmaterie, die an das Bestehen des Arbeitsvertrages anknüpft. Der Arbeitsvertrag besteht zwischen Verleiher und unechtem Leiharbeitnehmer, mithin können derartige Betriebsvereinbarungen mit Wirkung für unechte Leiharbeitnehmer

---

405 Däubler/Kittner/Klebe-*Däubler*, § 88 BetrVG Rdnr. 4; Hess/Schlochauer/Glaubitz-*Glaubitz*, § 88 BetrVG Rdnr. 4.

406 BAG vom 18.08.1987, AP Nr. 23 zu § 77 BetrVG 1972 = BAGE 56, 18 = RdA 1987, 383 = NJW 1987, 510; BAG vom 27.03.1963, AP Nr. 9 zu § 59 BetrVG = BAGE 14, 40 = RdA 1963, 246 = NJW 1963, 1566; GK-*Wiese*, § 88 BetrVG Rdnr. 8; *Konzen*, BB 1977, 1307, 1312; *Richardi*, § 88 BetrVG Rdnr. 6; *Stege/Weinspach*, § 88 BetrVG Rdnr. 2 a.

407 *Erdlenbruch*, S. 157; *Schüren*, § 14 AÜG Rdnr. 304.

408 Vgl. hierzu oben,§ 6 B. I. 1. h); allgemein zu den in Frage kommenden zusätzlichen Sozialeinrichtungen: *Fitting*, § 88 BetrVG Rdnr. 20 ff.; GK-*Wiese*, § 87 BetrVG Rdnr. 24 und § 88 BetrVG Rdnr. 697.

getroffen werden. Ein Ausschluss würde sie außerdem gemäß § 75 Abs. 1 BetrVG ungerechtfertigt benachteiligen.[409]

3. Arbeits- und betrieblicher Umweltschutz, § 89 BetrVG

Gemäß § 89 Abs. 1 BetrVG hat der Betriebsrat sich für die Durchführung der Vorschriften über den Arbeitsschutz und der Unfallverhütung im Betrieb einzusetzen. Anders als § 87 Abs. 1 Nr. 7 BetrVG, bei dem es um die Mitbestimmung bei der Anordnung betrieblicher Vorschriften über den Arbeits- und Gesundheitsschutz geht, bezweckt die Regelung durch die Beteiligung des Betriebsrat die Sicherstellung der tatsächlichen Durchführung des Arbeitsschutzes im Betrieb.[410] Hierzu hat der Betriebsrat die für den Arbeitsschutz zuständigen Stellen durch Anregung, Beratung und Auskunft zu unterstützen.[411]
Neu hinzugekommen ist durch das Gesetz zur Reform der Betriebsverfassung,[412] dass der Betriebsrat sich fortan für die Durchführung des betrieblichen Umweltschutzes einzusetzen hat, der in § 89 Abs. 3 BetrVG für das Betriebsverfassungsgesetz eine Legaldefinition erfahren hat. Nachdem sich eine häufige Verbindung von Arbeits- und Gesundheitsschutz sowie dem Umweltschutz herausgestellt hat,[413] da wegen der Verwendung gefährlicher Stoffe im Betrieb Arbeitnehmer und Umwelt gleichermaßen gefährdet werden, hat der Gesetzgeber im Hinblick auf diese Wechselwirkung von Arbeitsschutz und Umweltschutz den Betriebsrat in § 89 BetrVG dazu verpflichtet, sich für die Einhaltung der Vorschriften des betrieblichen Umweltschutzes einzusetzen.[414] Problematisch an dieser Regelung dürfte vor allem sein, wie der betriebliche Umweltschutz von der allgemeinpolitischen Aufgabe des Umweltschutzes abzugrenzen ist, denn der Betriebsinhaber muss im Hinblick auf die nach Art. 12 Abs. 1 GG geschützte Berufsfreiheit davor bewahrt sein, dass der Betriebsrat mit diesem neuen Zuständigkeitsbereich gleichsam ein die betriebliche Sphäre nicht berührendes umweltpolitisches Mandat wahrnimmt.

§ 89 BetrVG als Erweiterung der Mitwirkung des Betriebsrats beim betrieblichen Arbeits- und Gesundheitsschutz und jetzt auch des betrieblichen Umweltschutzes stellt eine Regelung dar, die vor dem Hintergrund der Eingliederung des Arbeitnehmers in

---

409 *Schüren*, § 14 AÜG Rdnr. 304.

410 *Richardi*, § 89 BetrVG Rdnr. 11.

411 Zu den Einzelheiten der Aufgaben des Betriebsrats bei der Bekämpfung von Unfall- und Gesundheitsgefahren vgl. *Fitting*, § 89 BetrVG Rdnr. 16 ff.; Däubler/Kittner/Klebe-*Buschmann*, § 89 BetrVG Rdnr. 14 ff.; GK-*Wiese*, § 89 BetrVG Rdnr. 7 ff.; Hess/Schlochauer/Glaubitz-*Glaubitz*, § 89 BetrVG Rdnr. 3 ff.; *Richardi*, § 89 BetrVG Rdnr. 17 ff.; *Stege/Weinspach*, § 89 BetrVG Rdnr. 2 ff.

412 BetrVG-Reformgesetz vom 23.07.2001, BGBl. I, S. 1852.

413 Vgl. nur *Kloepfer/Veit*, NZA 1990, 121, 123; *Kloepfer*, DB 1993, 1125, 1125; *Salje*, BB 1988, 74 ff.

414 BT-Drucks. 14/5741, S. 48.

eine ihm fremde Betriebssphäre zu sehen ist. Genau wie Regelungen über die Verhütung von Arbeitsunfällen, Berufskrankheiten und über den Gesundheitsschutz gemäß § 87 Abs. 1 Nr. 7 BetrVG dient diese Vorschrift den im Betrieb beschäftigten Arbeitnehmern; für die sich typischerweise in Drittbetrieben aufhaltenden unechten Leiharbeitnehmer entfalten diese Vorschriften im Verleiherbetrieb keine Relevanz.[415] Auf die Durchführung der Regelungen zum betrieblichen Arbeits-, Gesundheits- und Umweltschutz im Entleiherbetrieb hat der Verleiherbetriebsrat mangels Kompetenz keine Einwirkungsmöglichkeit.[416]

4. Mitbestimmung bei der Gestaltung von Arbeitsplatz, Arbeitsablauf und Arbeitsumgebung, §§ 90 und 91 BetrVG

Die Mitbestimmung nach §§ 90 und 91 BetrVG bezieht sich auf alle Angelegenheiten, die sich auf die Gestaltung von Arbeitsplatz, Arbeitsablauf und Arbeitsumgebung auswirken können.[417] Der Betriebsrat soll schon im Planungsstadium die berechtigten Interessen der Arbeitnehmer hinsichtlich der Auswirkungen der unternehmerischen Entscheidungen auf die Art der Arbeit und die Anforderungen an die Arbeitnehmer berücksichtigen,[418] um Belastungen der Arbeitnehmer möglichst von vornherein zu vermeiden. Er ist gemäß § 90 Abs. 1 BetrVG über die nach Nr. 1 – 4 dargelegten Planungsgegenstände rechtzeitig zu unterrichten und es sind nach § 90 Abs. 2 BetrVG mit ihm die geplanten Maßnahmen und deren Auswirkungen auf die Arbeitnehmer derart frühzeitig zu beraten, dass Vorschläge und Bedenken des Betriebsrats noch berücksichtigt werden können.[419] Dabei ist der Mitbestimmungstatbestand nicht auf den Gesundheitsschutz begrenzt, da die Orientierung der Beteiligungsrechte an den arbeitswissenschaftlichen Erkenntnissen über die menschengerechte Gestaltung der Arbeit die Humanisierung der Arbeit fördern soll.[420]
Dem Unterrichtungs- und Beratungsrecht wird mit dem korrigierendem Mitbestimmungsrecht gemäß § 91 BetrVG erst die eigentliche Stärke verliehen, denn hiermit kann der Betriebsrat eine bestimmte Maßnahme vom Arbeitgeber erzwingen, soweit gegen gesicherte arbeitswissenschaftliche Erkenntnisse offensichtlich verstoßen wird und die Arbeitnehmer dadurch besonders belastet werden.

Unechte Leiharbeitnehmer werden durch die Planung von baulichen Veränderungen der Betriebsräume, von technischen Anlagen, von Arbeitsverfahren und Arbeitsab-

---

415 *Boemke*, § 14 AÜG Rdnr. 44.

416 *Schüren*, § 14 AÜG Rdnr. 305.

417 *Fitting*, § 90 BetrVG Rdnr. 1.

418 BT-Drucks. 6/ 1786, S. 49; Bericht des BT-Ausschusses für Arbeit und Sozialordnung, BT-Drucks. 6/2729, S. 4 f.

419 *Stege/Weinspach*, § 90 BetrVG Rdnr. 15.

420 ErfK-*Hanau/Kania*, § 90 BetrVG Rdnr. 1; *Fitting*, § 90 BetrVG Rdnr. 2; GK-*Wiese*, Vorbem. § 90 BetrVG Rdnr. 5.

läufen oder der Arbeitsplätze durch den Verleiher nicht betroffen, denn sie erbringen entsprechend dem Leiharbeitsvertrag ihre Arbeitsleistung in Drittbetrieben.[421] Folglich scheidet ein Mitbestimmungsrecht des Verleiherbetriebsrats bei der Gestaltung von Arbeitsplatz, Arbeitsablauf und Arbeitsumgebung in Bezug auf unechte Leiharbeitnehmer aus. Etwas anderes ergibt sich auch nicht aus dem Unterrichtungsrecht des Betriebsrats über die Planung des Arbeitsplatzes nach § 90 Abs. 1 Nr. 4 BetrVG, da in diesem Zusammenhang der Arbeitsplatz rein räumlich-funktional und gerade nicht tätigkeitsbezogen zu begreifen ist.[422]

II. Mitbestimmung in personellen Angelegenheiten, §§ 92 – 105 BetrVG

Die §§ 92 – 105 BetrVG betreffen die Mitbestimmung des Betriebsrats in personellen Angelegenheiten und damit in allen Angelegenheiten, die sich auf Zusammensetzung und Gliederung der Belegschaft des Betriebs beziehen.[423] Die personelle Mitbestimmung ist durch die Untergliederung in allgemeine personelle Angelegenheiten, §§ 92 – 95 BetrVG, in Berufsbildung, §§ 96 – 98 BetrVG und in personelle Einzelmaßnahmen §§ 99 – 105 BetrVG dreigeteilt. Übergeordneter Zweck der personellen Mitbestimmung ist die Möglichkeit der Einflussnahme auf die soziale Struktur des Betriebs durch den Betriebsrat.[424]

Dieser Aspekt ist für alle Arbeitnehmer im Verleiherbetrieb gleichermaßen bedeutsam, so dass der Betriebsrat des Verleiherbetriebs im Grundsatz sein Beteiligungsrecht in personellen Angelegenheiten auch hinsichtlich unechter Leiharbeitnehmer auszuüben hat.[425] Jedoch sind durch die Eigenart der Leiharbeit nicht alle Mitbestimmungsrechte anwendbar, folglich müssen hierauf die einzelnen Mitbestimmungstatbestände untersucht werden. Die Reihenfolge der Untersuchung bestimmt sich vorliegend nach der Signifikanz der Mitbestimmungstatbestände für den Verleiherbetriebsrat.

1. Personelle Einzelmaßnahmen, §§ 99 – 105 BetrVG

Die Beteiligungsrechte des Betriebsrats bei personellen Einzelmaßnahmen stellen wichtige Mitbestimmungstatbestände dar, denn sie betreffen im Wesentlichen mit

---

421 *Becker/Wulfgramm*, Art. 1 § 14 AÜG Rdnr. 82; *Boemke*, § 14 AÜG Rdnr. 45.

422 Däubler/Kittner/Klebe-*Klebe*, § 90 BetrVG Rdnr. 15; GK-*Wiese*, § 90 BetrVG Rdnr. 21; Hess/Schlochauer/Glaubitz-*Schlochauer*, § 90 BetrVG Rdnr. 9; *Hofe*, Betriebliche Mitbestimmung, S. 66; *Natzel*, Gestaltung, S. 25 f., 54 f.; *Stege/Weinspach*, § 90 BetrVG Rdnr. 9.

423 *Richardi*, Vorbem. § 92 BetrVG Rdnr. 1.

424 *Schaub*, Arbeitsrecht, § 240 1.

425 *Schüren*, § 14 AÜG Rdnr. 308.

§ 99 BetrVG die Einstellung,[426] Eingruppierung,[427] Umgruppierung[428] und Versetzung[429] sowie nach den §§ 102 und 103 BetrVG die Kündigung von Arbeitnehmern. Hierdurch soll den Interessen der Arbeitnehmer bei der Personalauswahl sowie der Sicherung des Arbeitsplatzes gedient werden.[430]
Dabei sind die Beteiligungsrechte des Betriebsrats bei personellen Einzelmaßnahmen nach den §§ 99 – 105 BetrVG abschließend[431] und können weder durch eine Betriebsvereinbarung noch durch einen Tarifvertrag eingeschränkt oder erweitert werden.[432]

a) Mitbestimmung bei personellen Einzelmaßnahmen, §§ 99 – 101 BetrVG

Das Mitbestimmungsrecht des Betriebsrats gemäß § 99 BetrVG wird bei den personellen Einzelmaßnahmen der Einstellung, Eingruppierung, Umgruppierung und Versetzung ausgelöst. Hinsichtlich der Verschiedenartigkeit der personellen Einzelmaßnahmen nach § 99 Abs. 1 BetrVG lässt sich kein einheitlicher Zweck dieses Mitbestimmungstatbestandes ermitteln: Während sich die Einstellung und Versetzung auf Erwerb bzw. Wechsel des Arbeitsplatzes beziehen, nimmt die Ein- und Umgruppierung auf eine korrekte Einstufung in eine Vergütungsordnung Bezug.[433]
Alle diese Zwecke können für unechte Leiharbeitnehmer relevant werden, so dass der Betriebsrat des Verleiherbetriebs bei Vorliegen der Voraussetzungen von § 99 Abs. 1 BetrVG bei entsprechenden Maßnahmen im Verleiherbetrieb mitzubestimmen hat.[434] Dies gilt auch für die Versetzung innerhalb des Verleiherbetriebs, die dadurch erfolgen kann, dass ein Leiharbeitsverhältnis in ein Stammarbeitsverhältnis gewandelt wird.[435]
Fraglich ist jedoch, ob die Überlassung in einen Drittbetrieb eine Versetzung darstellt und infolge dessen bei jeder Überlassung der Betriebsrat des Verleihers zu beteili-

---

426 Vgl. zu umstrittenen Begriff der Einstellung: BAG vom 14.05.1974, AP Nr. 2 zu § 99 BetrVG 1972 = BAGE 26, 149 = RdA 1974, 255 = NJW 1974, 1966; BAG vom 12.07.1988, AP Nr. 54 zu § 99 BetrVG 1972 = RdA 1988, 384 = NZA 1988, 577; Däubler/Kittner/Klebe-*Kittner*, § 99 BetrVG Rdnr. 37 ff.; GK-*Wiese*, § 99 BetrVG Rdnr. 20 ff.; *Löwisch/Kaiser*, § 99 BetrVG Rdnr. 33 ff.; MünchArbR-*Matthes*, § 344 Rdnr. 8; *Richardi*, § 99 BetrVG Rdnr. 26 ff.

427 Däubler/Kittner/Klebe-*Kittner*, § 99 BetrVG Rdnr. 69 ff.; *Fitting*, § 99 BetrVG Rdnr. 73 ff.; *Stege/Weinspach*, § 99 - 101 BetrVG Rdnr. 20 ff.

428 GK-*Kraft*, § 99 BetrVG Rdnr. 46; *Richardi*, § 99 BetrVG Rdnr. 82 ff.; *Stege/Weinspach*, § 99 - 101 BetrVG Rdnr. 126 f.

429 Däubler/Kittner/Klebe-*Kittner*, § 99 BetrVG Rdnr. 86 ff.

430 *Richardi*, Vorbem. § 92 BetrVG Rdnr. 7.

431 *Fitting*, § 99 BetrVG Rdnr. 2.

432 *Richardi*, § 99 BetrVG Rdnr. 7.

433 *Richardi*, § 99 BetrVG Rdnr. 9.

434 *Becker/Wulfgramm*, Art. 1 § 14 AUG Rdnr. 85; *Schüren*, § 14 AÜG Rdnr. 272; *Ulber*, § 14 AÜG Rdnr. 26.

435 Vgl. dazu *Schüren*, § 14 AÜG Rdnr. 273; aA *Erdlenbruch*, S. 179, der darin eine Einstellung sieht.

gen ist.[436] Nach der Legaldefinition der Versetzung gemäß § 95 Abs. 3 BetrVG stellt diese die Zuweisung eines anderen Arbeitsbereichs dar, die voraussichtlich die Dauer von einem Monat überschreitet oder mit erheblichen Änderungen der Umstände verbunden ist, unter denen die Arbeitsleistung zu erbringen ist. Zwar wird mit jeder Überlassung an einen Drittbetrieb der Arbeitsbereich neu zugewiesen, was stets zu einer erheblichen Änderung der Umstände bei der Leistungserbringung führt. Dabei gilt es für unechte Leiharbeitnehmer zu beachten, dass diese keinen festen oder regelmäßigen Arbeitsbereich haben, der ständige Wechsel des Arbeitsplatzes vielmehr typisch ist und folglich die Überlassung in Drittbetriebe gemäß § 95 Abs. 3 S. 2 BetrVG nicht als Versetzung angesehen werden kann.[437]
Danach löst die Überlassung von unechten Leiharbeitnehmern an Drittbetriebe kein Mitbestimmungsrecht des Verleiherbetriebsrats gemäß § 99 Abs. 1 BetrVG aus.

b) Mitbestimmung bei der Beendigung des Arbeitsverhältnisses, §§ 102 – 104 BetrVG

Nach § 102 Abs. 1 S. 1 BetrVG ist der Betriebsrat vor jeder Kündigung anzuhören und gemäß § 102 Abs. 1 S. 3 BetrVG ist eine Kündigung ohne eine solche Anhörung unwirksam. Durch die zwingende Anhörung des Betriebsrats vor jeder Kündigung soll der Betriebsrat zur beabsichtigten Kündigung Stellung nehmen können, damit der Arbeitgeber die Position des Betriebsrats zur Kenntnis nimmt und ggf. dessen Bedenken sich zu eigen macht.[438] Der Betriebsrat erhält damit die Gelegenheit auf den Willensbildungsprozess des Arbeitgebers bezüglich der bis dahin erst geplanten Kündigung Einfluss zu nehmen.[439]

Die Kündigung eines Arbeitnehmers und damit das Beteiligungsrecht des Betriebsrats setzt ein Arbeitsverhältnis zwischen Arbeitgeber und Arbeitnehmer voraus, welches mit dem Leiharbeitsvertrag zwischen Verleiher und unechtem Leiharbeitnehmer gegeben ist. Folglich ist der Verleiherbetriebsrat vor jeder Kündigung eines unechten Leiharbeitnehmers gemäß § 102 Abs. 1 S. 1 BetrVG anzuhören. Für die Begründetheit des Widerspruchs des Verleiherbetriebsrats gegen die geplante Kündigung ist hinsichtlich der Widerspruchsgründe nach § 102 Abs. 3 BetrVG grundsätzlich allein auf den Verleiherbetrieb abzustellen, da die Regelung der Sicherung des Arbeitsver-

---

436 Zu diesem Problem auch BAG vom 19.06.2001, AuA 2001, 372 = BB 2001, 1798 = ZIP 2001, 1783; *Becker/Wulfgramm*, Art. 1 § 14 AÜG Rdnr. 86; Däubler/Kittner/Klebe-*Kittner*, § 87 BetrVG Rdnr. 112; *Schüren*, § 14 AÜG Rdnr. 277; *Ulber*, § 14 AÜG Rdnr. 27.

437 Vgl. zur Ausklammerung des ständig wechselnden Arbeitsplatzes aus dem Versetzungsbegriff *Richardi*, § 99 BetrVG Rdnr. 117 ff.

438 BAG vom 13.07.1978, AP Nr. 17 zu § 102 BetrVG 1972 = BAGE 30, 386 = RdA 1979, 58 = NJW 1979, 1677; BAG vom 24.11.1983, AP Nr. 30 zu § 102 BetrVG 1972 = BAGE 44, 249 = RdA 1984, 193 = SAE 1984, 300.

439 GK-*Raab*, § 102 BetrVG Rdnr. 3.

hältnisses dient, und ein Arbeitsverhältnis nur zum Verleiher besteht.[440] Eine Besonderheit besteht für unechte Leiharbeitnehmer beim Widerspruchsgrund von § 102 Abs. 3 Nr. 3 BetrVG: Da unechte Leiharbeitnehmer nicht auf einem anderen Arbeitsplatz im Verleiherbetrieb weiterbeschäftigt werden können, muss bei diesem Widerspruchsgrund darauf abgestellt werden, ob eine Einsatzmöglichkeit in einem anderen Entleiherbetrieb möglich ist.[441] Zwar hat der Verleiherbetriebsrat regelmäßig keine Kenntnis über die Beschäftigungsmöglichkeit von unechten Leiharbeitnehmern in einem Entleiherbetrieb, doch müssen immer dann die Voraussetzungen des Widerspruchsgrunds als erfüllt angesehen werden, wenn der Verleiher mit Entleiherbetrieben Überlassungsverträge abgeschlossen hat, nach deren Inhalt der durch die geplante Kündigung betroffene unechte Leiharbeitnehmer eingesetzt werden könnte.

Für die Fälle, in denen unechte Leiharbeitnehmer dem Betriebsrat des Verleiherbetriebs angehören, besitzen sie ohne Besonderheiten den Kündigungsschutz gemäß § 103 BetrVG.[442]

Gemäß § 104 BetrVG kann der Betriebsrat die Versetzung oder Entlassung derjenigen Arbeitnehmer fordern, die den Betriebsfrieden wiederholt ernsthaft gestört haben. Diese Regelung ergänzt § 99 Abs. 2 Nr. 6 BetrVG, indem bei Vorliegen der Voraussetzungen von § 104 BetrVG sich die Besorgnis i.S.d. § 99 Abs. 2 Nr. 6 BetrVG als berechtigt erwiesen hat.[443] Voraussetzung für das Verlangen der Entfernung betriebsstörender Arbeitnehmer seitens des Betriebsrats ist die wiederholte und ernstliche Störung des Betriebsfriedens, die entweder auf gesetzwidrigem Verhalten oder auf der Verletzung der in § 75 Abs. 1 BetrVG enthaltenen Grundsätze beruht.[444]

Prinzipiell hat der Verleiherbetriebsrat wegen der Betriebszugehörigkeit der unechten Leiharbeitnehmer zum Verleiherbetrieb nach § 14 Abs. 1 AÜG das Recht gegenüber dem Verleiher, die Versetzung oder sogar die Entlassung von unechten Leiharbeitnehmern zu verlangen. Doch dürften die Gelegenheiten, bei denen unechte Leiharbeitnehmer den Betriebsfrieden des Verleiherbetriebs beeinträchtigen können, eher gering sein, denn von Personalgesprächen oder der Information von weiteren Überlassungen abgesehen, befinden sich unechte Leiharbeitnehmer nicht im Verleiherbetrieb. Störungen des Betriebsfriedens durch das Verhalten unechter Leiharbeitneh-

---

440 *Becker/Wulfgramm*, Art. 1 § 14 AÜG Rdnr. 88; *Gick*, Gewerbsmäßige Arbeitnehmerüberlassung, S. 125; *Schüren*, § 14 AÜG Rdnr. 320.

441 A.A. *Erdlenbruch*, S. 204.

442 *Becker/Wulfgramm*, Art. 1 § 14 AÜG Rdnr. 88; *Erdlenbruch*, S. 204; *Schüren*, § 14 AÜG Rdnr. 320; vgl. allgemein zum von § 103 BetrVG erfassten Personenkreis Däubler/Kittner/Klebe-*Kittner*, § 103 BetrVG Rdnr. 10 ff.

443 GK-*Raab*, § 104 BetrVG Rdnr. 2.

444 Zu den Einzelheiten der Voraussetzungen vgl. GK-*Raab*, § 104 BetrVG Rdnr. 6; *Richardi*, § 104 BetrVG Rdnr. 4; *Stege/Weinspach*, § 104 BetrVG Rdnr. 2.

mer im Entleiherbetrieb haben im Übrigen nur dann Relevanz, wenn sich das Verhalten im Entleiherbetrieb zugleich als Betriebsfriedensstörung im Verleiherbetrieb erweist.[445] Denkbar wäre dies beispielsweise dann, wenn von dem Störer andere, zusammen mit diesem überlassene Leiharbeitnehmer infolge der Störungen eine Fortsetzung der Zusammenarbeit ablehnen.
In derartigen seltenen Ausnahmefällen kann der Verleiherbetriebsrat vom Verleiher unter Beachtung des Grundsatzes der Verhältnismäßigkeit die Versetzung oder Kündigung nach § 104 BetrVG verlangen. Das mildere Mittel der Versetzung des störenden Leiharbeitnehmers kommt nur dann in Betracht, wenn dieser in einen anderen Betrieb überlassen werden kann und dort keine Betriebsfriedensstörungen zu erwarten sind, denn ein Arbeitsplatz im Verleiherbetrieb besteht im Rahmen unechter Leiharbeit gerade nicht.

2. Mitbestimmung in allgemeinen personellen Angelegenheiten, §§ 92 – 95 BetrVG

Die personellen Einzelmaßnahmen des Arbeitgebers gehen zumeist auf zeitlich deutlich vorgelagerte Grundsatzentscheidungen zurück. Um eine gewisse Objektivierung und Durchschaubarkeit der allgemeinen Personalwirtschaft und der personellen Einzelentscheidungen zu erreichen, soll der Betriebsrat sehr frühzeitig und damit schon im Vorbereitungs- und Planungsstadium beteiligt werden.[446] Hierzu werden dem Betriebsrat Beteiligungsrechte bei der Beschäftigungssicherung (§ 92 a BetrVG), der Arbeitsplatzausschreibung (§ 93 BetrVG), der Erstellung von Personalfragebogen und allgemeinen Beurteilungsgrundsätzen (§ 94 BetrVG) sowie bei der Aufstellung von Auswahlrichtlinien (§ 95 BetrVG) eingeräumt, die auf der allgemeinen Personalplanung nach § 92 BetrVG aufbauen.[447]
Bei der Personalplanung i.S.v. § 92 BetrVG handelt es sich um Prognosen über den quantitativen und qualitativen Personalbedarf eines Betriebs, der unter Bezugnahme der Umstände des Betriebes, des Marktes und der Planziele des Unternehmens als Basis zukünftiger Personalentscheidungen vorgesehen ist.[448]

---

445 *Schüren*, § 14 AÜG Rdnr. 321.

446 BT-Drucks. 6/1786, S. 50; BR-Drucks. 715/70, S. 32; GK-*Kraft*, Vorbem. § 92 BetrVG Rdnr. 1 f.; Hess/Schlochauer/Glaubitz-*Schlochauer*, § 92 BetrVG Rdnr. 1.

447 *Fitting*, § 92 BetrVG Rdnr. 2.

448 Wie hier BAG vom 19.06.1984, AP Nr. 2 zu § 92 BetrVG = BAGE 46, 142 = RdA 1984, 323 = NJW 1985, 343; LAG Berlin vom 13.06.1988, DB 1988, 1860; *Fitting*, § 92 BetrVG Rdnr. 9 ff.; *Löwisch/Kaiser*, § 92 BetrVG Rdnr. 2 ff.; *Richardi*, § 92 BetrVG Rdnr. 3 ff.; a.A. Däubler/Kittner/Klebe-*Klebe*, § 92 BetrVG Rdnr. 1, die vor allem die menschengerechte Gestaltung der Arbeit als mit den Arbeitgeberinteressen gleichgewichtiges Ziel der Beteiligung des Betriebsrats bei der Personalplanung betrachten.

Derartige Prognosen sind für Stammarbeitnehmer wie für unechte Leiharbeitnehmer gleichermaßen bedeutsam, denn von den Marktumständen und den Planzielen des Unternehmens hängt die Zahl der beschäftigten Leiharbeitnehmer direkt ab.
Folglich hat der Verleiherbetriebsrat gemäß § 92 BetrVG Unterrichtungs-, Beratungs- und Vorschlagsrechte bei der auf unechte Leiharbeitnehmer bezogenen Personalplanung.

Mit dem neuen § 92 a BetrVG[449] erhält der Betriebsrat ein umfassendes Vorschlagsrecht zur Förderung und Sicherung der Beschäftigung. Der Arbeitgeber ist zugleich verpflichtet, diese Vorschläge mit dem Betriebsrat zu beraten, um auf diese Weise den Meinungsbildungsprozess zu Fragen der Sicherung und Förderung der Beschäftigung aufrecht zu erhalten.[450]
Vom Grundsatz her steht dem Betriebsrat des Verleiherbetriebs auch hier ein Beteiligungsrecht für unechte Leiharbeitnehmer zu, jedoch werden die meisten Vorschläge wie z.B. die Flexibilisierung der Arbeitszeit oder die Einführung neuer Formen der Arbeitsorganisation im Hinblick auf die Erbringung der Arbeitsleistung im Entleiherbetrieb für unechte Leiharbeitnehmer nicht durchführbar sein.

Das Recht des Betriebsrats, die innerbetriebliche Ausschreibung von Arbeitsplätzen vom Arbeitgeber gemäß § 93 BetrVG zu verlangen, trägt dem Gedanken eines innerbetrieblichen Arbeitsmarktes Rechnung und bezweckt die im Betrieb vorhandenen Möglichkeiten der Personalrekrutierung zu nutzen.[451] Die Arbeitnehmer des Betriebes erhalten so Gelegenheit, sich um eine im Betrieb freigewordene Stelle zu bewerben.
Für unechte Leiharbeitnehmer kann dies insoweit Bedeutung entfalten, als sie sich auf einen Arbeitsplatz im Verleiherbetrieb bewerben, der keinen Leiharbeitsplatz darstellt (z.B. Disponenten).
Mithin kann der Betriebsrat des Verleiherbetriebs die Ausschreibung von Arbeitsplätzen nach § 93 BetrVG verlangen.

Personalfragebogen, persönliche Angaben in Arbeitsverträgen sowie die Aufstellung allgemeiner Beurteilungsgrundsätze unterliegen gemäß § 94 Abs. 1 und 2 BetrVG der Mitbestimmung des Betriebsrats. Der Personalfragebogen als formularmäßige Zusammenfassung von Fragen über die persönlichen Verhältnisse, Kenntnisse und Fähigkeiten eines Arbeitnehmers[452] sowie die persönlichen Angaben in Arbeitsverträgen dienen dem Interesse des Arbeitgebers, möglichst viele Daten über den Arbeitnehmer und hierdurch eine systematisierte und vergleichbare Informationsgrund-

---

[449] Eingefügt durch BetrVG-Reformgesetz vom 23.07.2001, BGBl. I, S. 1851.

[450] BT-Drucks. 14/5741, S. 49.

[451] *Fitting*, § 93 BetrVG Rdnr. 1; GK-*Kraft*, § 93 BetrVG Rdnr. 1.

[452] BAG vom 09.07.1991, AP zu § 87 BetrVG 1972 Ordnung des Betriebes Nr. 19 = RdA 1991, 383 = NZA 1992, 126 = SAE 1992, 383; *Richardi*, § 94 BetrVG Rdnr. 5.

lage für Entscheidungen innerhalb der Personalplanung zu erhalten.[453] Die Mitbestimmung bei persönlichen Angaben in Arbeitsverträgen will dabei nur verhindern, dass die Mitbestimmung bei Einführung, Ausgestaltung und Nutzung von Personalfragebogen unterlaufen wird,[454] da der Arbeitgeber die gewünschten Daten unter Auslassung im Fragebogen dann im Arbeitsvertrag ohne Beteiligung des Betriebsrats erhalten könnte. Der Mitbestimmung unterliegt nicht nur die erstmalige Einführung eines Personalfragebogens sondern auch jede Veränderung desselben,[455] wodurch der Betriebsrat Einfluss auf den konkreten Inhalt des Personalfragebogens bzw. Art und Umfang über die Feststellung reiner Personalien hinausgehender persönlicher Angaben in Arbeitsverträgen gewinnt. Zulässig sind aber auch bei der Mitwirkung des Betriebsrats nur solche Fragen und Angaben, die unter Abwägung des Persönlichkeitsschutzes des Arbeitnehmers und des Auskunftsinteresses des Arbeitgebers für die Tätigkeit des Befragten in einem sachlichen Zusammenhang stehen.[456] Durch diesen Mitbestimmungstatbestand wird folglich der Verletzung der Persönlichkeitssphäre der Arbeitnehmer vorgebeugt und das Fragerecht auf diejenigen Bereiche beschränkt, für die der Arbeitgeber ein berechtigtes Auskunftsbedürfnis besitzt.[457]

Das Fragerecht des Arbeitgebers bei Personalfragebogen oder persönlichen Angaben in Arbeitsverträgen steht allgemein im Zusammenhang mit der Begründung und dem Abschluss eines Arbeitsvertrages. Einen Arbeitsvertrag schließen unechte Leiharbeitnehmer mit dem Verleiher. In diesem Zusammenhang benötigt der Verleiher Kenntnisse über die Fähigkeiten und Qualifikationen des unechten Leiharbeitnehmers, um im Rahmen von Überlassungsverhältnissen dem Anforderungsprofil des Entleihers entsprechende Arbeitnehmer überlassen zu können.
Mithin hat der Betriebsrat des Verleiherbetriebs für Personalfragebogen und persönliche Angaben in Arbeitsverträgen hinsichtlich unechter Leiharbeitnehmer mitzubestimmen.

Auch die Aufstellung allgemeiner Beurteilungsgrundsätze i.S.v. § 94 Abs. 2 2. Fall BetrVG stellt nichts anderes als eine richtlinienartige Bewertungsmethode von Leis-

---

453 Hess/Schlochauer/Glaubitz-*Schlochauer*, § 94 BetrVG Rdnr. 1; *Richardi*, § 94 BetrVG Rdnr. 1.

454 Däubler/Kittner/Klebe-*Klebe*, § 94 BetrVG Rdnr. 27; *Fitting*, § 94 BetrVG Rdnr. 27; GK-*Kraft*, § 94 BetrVG Rdnr. 8; Hess/Schlochauer/Glaubitz-*Schlochauer*, § 94 BetrVG Rdnr. 6.

455 Däubler/Kittner/Klebe-*Klebe*, § 94 BetrVG Rdnr. 6; *Fitting*, § 94 BetrVG Rdnr. 6; Hess/Schlochauer/Glaubitz-*Schlochauer*, § 94 BetrVG Rdnr. 5.

456 BAG vom 07.09.1995, AP zu § 242 BGB Auskunftspflicht Nr. 24 = BAGE 81, 15 = RdA 1996, 393 = NZA 1996, 637; GK-*Kraft*,§ 94 BetrVG Rdnr. 18 f.; MünchArbR-*Buchner*, § 41 Rdnr. 33 ff;; vgl. allgemein zur Problematik zulässiger Fragen *Fitting*, § 94 BetrVG Rdnr. 17 ff.

457 BT-Drucks. 6/1786, S. 50; BR-Drucks. 715/70, S. 50; BAG vom 09.07.1991, AP zu § 87 BetrVG 1972 Ordnung des Betriebs Nr. 19 = RdA 1991, 383 = NZA 1992, 126 = SAE 1992, 383.

tung und Verhalten der Arbeitnehmer dar.[458] Der Betriebsrat hat bei der Festlegung der materiellen Beurteilungskriterien und der Ausgestaltung des Verfahrens zur Ermittlung der Kriterien mitzubestimmen,[459] um zu einer Objektivierung und Versachlichung der betrieblichen Personalführung beizutragen.[460]
Die Bewertung von Leistung und Verhalten unechter Leiharbeitnehmer ist Aufgabe und Interesse des Arbeitgebers und damit des Verleihers. Sofern der Verleiher diesbezügliche Beurteilungsgrundsätze i.S.v. § 94 Abs. 2 2. Fall BetrVG aufstellt, hat der Betriebsrat des Verleiherbetriebs hierbei mitzubestimmen.

Das Zustimmungserfordernis des Betriebsrats bei Richtlinien über die personelle Auswahl bei Einstellungen, Versetzungen, Umgruppierungen und Kündigungen gemäß § 95 Abs. 1 BetrVG dient der Durchschaubarkeit der bei personellen Maßnahmen angewandten Grundsätze und der Absehbarkeit von Personalentscheidungen.[461] Auswahlrichtlinien für personelle Maßnahmen sind abstrakt und generell gefasste Betriebsnormen, welche die Voraussetzungen bei den entsprechenden Maßnahmen festlegen.[462] Aus § 95 Abs. 2 BetrVG folgt, dass zum Inhalt solcher Richtlinien sowohl fachliche und persönliche Voraussetzungen als auch soziale Gesichtspunkte gehören. Seit der Reform des Betriebsverfassungsgesetzes[463] kommt dem Betriebsrat für die Aufstellung dieser Richtlinien auch ein Initiativrecht in Betrieben mit mehr als 500 Arbeitnehmern zu.
Durch derartige Richtlinien werden unechte Leiharbeitnehmer grundsätzlich gleichermaßen wie andere Arbeitnehmer betroffen. Eine Einschränkung erfährt dieser Grundsatz nur bei Auswahlrichtlinien für Versetzungen von unechten Leiharbeitnehmern, da die Überlassung in den Drittbetrieb keine Versetzung i.S.v. § 95 Abs. 3 BetrVG ist.[464]
Folglich hat der Betriebsrat des Verleihers in diesen Fällen mitzubestimmen.

---

458 BAG vom 23.10.1984, AP zu § 87 BetrVG 1972 Ordnung des Betriebes Nr. 8 = BAGE 47, 96 = RdA 1985, 63 = NJW 1985, 1045; LAG Frankfurt vom 06.03.1990, DB 1990, 1975; Däubler/Kittner/Klebe-*Klebe*, § 94 BetrVG Rdnr. 28; *Jedzig*, DB 1996, 1337, 1338.

459 Däubler/Kittner/Klebe-*Klebe*, § 94 BetrVG Rdnr. 29; *Richardi*, § 94 BetrVG Rdnr. 59.

460 BT-Drucks. 6/1786, S. 50; BT-Drucks. 6/2729, S. 5; *Richardi*, § 94 BetrVG Rdnr. 1.

461 BT-Drucks. 6/1786, S. 50; BAG vom 27.10.1992, AP Nr. 29 zu § 95 BetrVG 1972 = RdA 1993, 124 = NZA 1993, 603 = AiB 1993.

462 BAG vom 31.01.1984, AP Nr. 3 zu § 95 BetrVG 1972 = RdA 1984, 256 = NJW 1984, 1709 = NZA 1984, 51; BAG vom 27.10.1992, AP Nr. 29 zu § 95 BetrVG 1972 = RdA 1993, 124 = NZA 1993, 603 = AiB 1993; *Richardi*, § 95 BetrVG Rdnr. 7; *Stege/Weinspach*, § 95 BetrVG Rdnr. 1 a.

463 BetrVG-Reformgesetz vom 23.07.2001, BGBl. I, S. 1852.

464 Vgl. *Schüren*, § 14 AÜG Rdnr. 317.

3. Mitbestimmung bei der Berufsbildung, §§ 96- 98 BetrVG

Nach § 96 BetrVG haben Arbeitgeber und Betriebsrat die Berufsbildung der Arbeitnehmer zu fördern. Der Begriff der Berufsbildung in den §§ 96 – 98 BetrVG ist insoweit mit dem Begriff der Berufsbildung i.S.d. Berufsbildungsgesetzes kongruent, als er hiernach die Berufsausbildung, die berufliche Fortbildung und die berufliche Umschulung umfasst, letztlich aber darüber hinaus geht und alle Maßnahmen erfasst, die einen Bildungsbezug zum Beruf aufweisen.[465] Dies ist infolge der weiten Auslegung[466] der Berufsbildung immer dann der Fall, wenn sie systematische Kenntnisse und Fähigkeiten vermittelt.[467] Die Förderpflicht nach Abs. 1 liegt dabei im Interesse von Arbeitgeber und Arbeitnehmern, denn der Arbeitgeber möchte regelmäßig Arbeitnehmer, die über neuere und umfassende Qualifikationen verfügen, um auf diese Weise technische Innovationen im Betrieb nutzen zu können, und für die Arbeitnehmer ist die stete Berufsbildung für den Erhalt des Arbeitsplatzes sowie für den beruflichen Aufstieg von Bedeutung.[468] Die Förderpflicht von Arbeitgeber und Betriebsrat wird neuerdings durch einen Anspruch des Betriebsrats gegen den Arbeitgeber auf Ermittlung des betrieblichen Berufsbildungsbedarfs ergänzt, denn dies ist abgesehen von der praktischen Voraussetzung zur Förderung erforderlich, damit der Betriebsrat die für die Qualifizierung der Arbeitnehmer bedeutsamen Beteiligungsrechte bei der betrieblichen Berufsausbildung nach den §§ 96 ff. BetrVG wirksam ausüben kann.[469]

Die Berufsbildung ist einerseits wegen des Fähigkeits- und Kenntniserwerbs und der damit verbundenen beruflichen Chancen des Arbeitnehmers und andererseits wegen der verbesserten Einsatzmöglichkeit qualifizierter Arbeitnehmer auch für unechte Leiharbeitnehmer von Interesse. Durch ein entsprechend verbessertes Leistungsprofil von unechten Leiharbeitnehmern erhöhen sich zudem für den Verleiher die Möglichkeiten der Überlassung der Arbeitnehmer an Drittbetriebe. Die Berufsbildung als eine Aufgabe des vertraglichen Arbeitgebers obliegt folglich dem Verleiher.[470]

---

465 ErfK-*Hanau/Kania*, § 96 BetrVG Rdnr. 6; *Fitting*, § 96 BetrVG Rdnr. 10 f.

466 Für eine weite Auslegung des Begriffs der Berufsbildung BAG vom 05.11.1985, AP Nr. 2 zu § 98 BetrVG 1972 = BAGE 50, 85 = RdA 1986, 135 = NZA 1986, 535; BAG vom 10.02.1988, AP Nr. 5 zu § 98 BetrVG 1972 = BAGE 57, 295 = RdA 88, 191 = NZA 1988, 549; BAG vom 04.12.1990, AP Nr. 1 zu § 97 BetrVG 1972 = BAGE 66, 292 = NZA 1991, 388 = SAE 1991, 261; *Hammer*, Berufsbildung, S. 33 ff.; *Natzel*, Berufsbildungsrecht, S. 514.

467 BAG vom 28.01.1992, AP Nr. 1 zu § 96 BetrVG 1972 = RdA 1992, 222 = NZA 192, 707 = BB 1992, 1488; *Kraft*, NZA 1990, 457, 459.

468 BAG vom 05.1.1985, AP Nr. 2 zu § 98 BetrVG 1972 = BAGE 50, 85 = RdA 1986, 135 = NZA 1986, 535; BAG vom 23.04.1991, AP Nr. 7 zu § 98 BetrVG 1972 = RdA 1991, 319 = NZA 1991, 817 = SAE 1992, 344; Däubler/Kittner/Klebe-*Buschmann*, § 96 BetrVG Rdnr. 1.

469 BT-Drucks. 14/5741, S. 49.

470 *Becker/Wulfgramm*, Art. 1 § 14 AÜG Rdnr. 85; *Boemke*, § 14 AÜG Rdnr. 47; *Schüren*, § 14 AÜG Rdnr. 318.

Folglich hat der Betriebsrat des Verleiherbetriebs auch die Beteiligungsrechte im Rahmen der Berufsbildung für unechte Leiharbeitnehmer nach den §§ 96 – 98 BetrVG.[471]

III. Mitbestimmung in wirtschaftlichen Angelegenheiten, §§ 106 – 113 BetrVG

Die Regelungen der §§ 106 ff. BetrVG betreffen die Mitwirkung und Mitbestimmung der Arbeitnehmervertretungen in wirtschaftlichen Angelegenheiten. Eine Legaldefinition für wirtschaftliche Angelegenheiten besteht nicht und nach § 106 Abs. 3 BetrVG erfolgt lediglich eine nicht abschließende Aufzählung von Tatbeständen,[472] die der Gesetzgeber als wirtschaftliche Angelegenheiten auffasst. Der generalklauselartige Tatbestand von § 106 Abs. 3 Nr. 10 BetrVG lässt aber denn Schluss zu, dass es sich jedenfalls immer dann um wirtschaftliche Angelegenheiten i.S.v. § 106 ff. BetrVG handelt, wenn sie die Interessen der Arbeitnehmer des Unternehmens wesentlich berühren. In diesen Fällen bestehen Unterrichtungs- und Beratungsrechte gegenüber dem Unternehmer, so dass es sich hierbei um bloße Mitwirkungsrechte ohne jede Entscheidungskompetenz handelt.[473]

Einen gewichtigen Aspekt der wirtschaftlichen Mitbestimmung bildet die Mitbestimmung bei Betriebsänderungen durch die Vorschriften der §§ 111 ff. BetrVG. Nach § 111 Abs. 1 S. 1 BetrVG sind die Mitbestimmung auslösende Betriebsänderungen alle diejenigen Maßnahmen, die wesentliche Nachteile für die Belegschaft oder erheblicher Teile der Belegschaft zur Folge haben können. Zwar gibt auch hier das Gesetz keine konkrete Begriffsbestimmung der Betriebsänderung (beispielsweise durch eine prozentuale Angabe der Zahl der betroffenen Belegschaftsmitglieder) vor, doch was als Betriebsänderung zu betrachten ist, wird mit § 111 Abs. 1 S. 3 BetrVG abschließend aufgezählt.[474] Zwar hat hier der Betriebsrat auch nur Unterrichtungs- und Beratungsrechte, doch kann er mittels des Verhandlungsrechts über einen Inte-

---

[471] Für die Beteiligungs- und Mitbestimmungsrechte des Betriebsrat des Verleihers bei der Einrichtung und Maßnahmen der Berufsbildung sowie bei der Durchführung betrieblicher Bildungsmaßnahmen gemäß §§ 97, 98 BetrVG bestehen keine Besonderheiten.

[472] Däubler/Kittner/Klebe-*Däubler*, § 106 BetrVG Rdnr. 62; *Fitting*, § 106 BetrVG Rdnr. 33; GK-*Fabricius/Oetker*, § 106 BetrVG Rdnr. 41; Hess/Schlochauer/Glaubitz-*Hess*, § 106 BetrVG Rdnr. 32; *Richardi*, § 106 BetrVG Rdnr. 37; abl. *Löwisch/Kaiser*, Vorbem. § 106 BetrVG Rdnr. 3, § 106 BetrVG Rdnr. 32.

[473] GK-*Oetker*, Vorbem. § 106 BetrVG Rdnr. 7.

[474] LAG Düsseldorf vom 29.03.1978, DB 1979, 114; Hess/Schlochauer/Glaubitz-*Hess*, § 111 BetrVG Rdnr. 16; *Löwisch/Kaiser*, § 111 BetrVG Rdnr. 19; *Richardi*, § 111 BetrVG Rdnr. 41; *Stege/Weinspach*, § 111 – 113 BetrVG Rdnr. 27; offengelassen BAG vom 17.02.1981, AP Nr. 9 zu § 111 BetrVG 1972 = RdA 1981, 262 = NJW 1981, 2716 = EzA § 111 BetrVG 1972 Nr. 13; BAG vom 21.10.1980, AP Nr. 8 zu § 111 BetrVG 1972 = RdA 1981, 134 = NJW 1981, 2599 = SAE 1981, 140; a.A. *Becker*, BlStSozArbR 1974, 54, 55; *Fitting*, § 111 BetrVG Rdnr. 44.

ressenausgleich oder Sozialplan gemäß § 112 Abs. 1 BetrVG einen Ausgleich oder eine Minderung der wirtschaftlichen Nachteile erreichen.
Folglich hat der Betriebsrat nach der gestuften Mitbestimmung in wirtschaftlichen Angelegenheiten keine Möglichkeit, eine Betriebsänderung zu verhindern, er kann aber Regelungen über die Milderung einer solchen Betriebsänderung erwirken.

1. Die Unterrichtung in wirtschaftlichen Angelegenheiten im Verleiherunternehmen, §§ 106 – 110 BetrVG

Das Unterrichtungs- und Beratungsrecht nach § 106 Abs. 1 und 2 BetrVG hat der Unternehmer gegenüber dem Wirtschaftsausschuss wahrzunehmen, welcher als Hilfsorgan des Betriebsrats[475] in Unternehmen mit in der Regel mehr als einhundert beschäftigten Arbeitnehmern zu bilden ist. Auf diese Weise sollen Entscheidungen auf der Unternehmensebene, die sich für die Arbeitnehmer nachteilig auswirken können, frühzeitig erkannt und eine partnerschaftliche vertrauensvolle Zusammenarbeit im Betrieb gefördert werden.[476] Der Wirtschaftsausschuss hat wiederum den Betriebsrat nach Maßgabe von § 108 Abs. 4 BetrVG zu unterrichten, um ihm die für die Erledigung seiner Aufgaben notwendigen Kenntnisse in Bezug auf wirtschaftliche Angelegenheiten des Unternehmens zu verschaffen.[477]
Für das notwendige Quantum der regelmäßig mehr als einhundert Beschäftigten ist auf Arbeitnehmer im betriebsverfassungsrechtlichen Sinne abzustellen,[478] so dass im Hinblick auf § 14 Abs. 1 S. 1 AÜG unechte Leiharbeitnehmer zur Bildung des Wirtschaftsausschusses im Verleiherunternehmen mitzuzählen sind.[479]

2. Betriebsänderungen im Verleiherunternehmen, §§ 111 – 113 BetrVG

In Fällen geplanter Betriebsänderungen eines Unternehmens, die mit wesentlichen Nachteilen für die Belegschaft oder für erhebliche Teile der Belegschaft verbunden sein können, bestehen für den Betriebsrat mittels § 111 i.V.m. §§ 112 und 112 a BetrVG abgestufte Mitwirkungs- und Mitbestimmungsrechte.[480] Nach der Novelle zum Betriebsverfassungsgesetz[481] greifen diese Regelungen nunmehr schon dann,

---

475 So BAG vom 18.07.1978, AP Nr. 1 zu § 108 BetrVG 1972 = RdA 1978, 404 = SAE 1978, 304 = EzA § 108 BetrVG 1972 Nr. 3; BAG vom 05.02.1991, AP Nr. 10 zu § 106 BetrVG 1972 = RdA 1991, 191 = NZA 1991, 644 = SAE 1992, 339; Däubler/Kittner/Klebe-*Däubler*, § 106 BetrVG Rdnr. 2; *Fitting*, § 106 BetrVG Rdnr. 4; GK-*Fabricius/Oetker*, § 106 BetrVG Rdnr. 3; *Richardi*, § 106 BetrVG Rdnr. 4; *Wiese*, FS Molitor, S. 365, 369.

476 BAG vom 31.10.1975, AP Nr. 2 zu § 106 BetrVG 1972 = RdA 1976, 143 = BB 1976, 271 = JR 1978, 322; Hess/Schlochauer/Glaubitz-*Hess*, § 106 BetrVG Rdnr. 3.

477 GK-*Fabricius/Oetker*, § 108 BetrVG Rdnr. 49.

478 Däubler/Kittner/Klebe-*Däubler*, § 106 BetrVG Rdnr. 5; *Fitting*, § 106 BetrVG Rdnr. 11.

479 So auch, allerdings ohne Begründung, *Becker/Wulfgramm*, Art. 1 § 14 AÜG Rdnr. 90.

480 Hess/Schlochauer/Glaubitz-*Hess*, § 111 BetrVG Rdnr. 1.

481 BetrVG-Reformgesetz vom 23.07.2001, BGBl. I, S. 1852.

wenn das gesamte Unternehmen regelmäßig mehr als zwanzig wahlberechtigte Arbeitnehmer hat. Die frühere Anbindung desselben Schwellenwertes an den einzelnen Betrieb ist entfallen. Damit hat der Gesetzgeber die bisherige Auslegung von § 111 Abs. 1 BetrVG durch die höchstrichterliche Rechtsprechung und den Großteil der Literatur nachvollzogen. Diese erkannten schon zuvor an, dass bei Betriebsänderungen von Kleinbetrieben in größeren Unternehmen entsprechend dem Schutzzweck, kleinere Unternehmen vor zu starker finanzieller Belastung durch Sozialpläne zu schützen, für die Berechnung des Schwellenwertes entgegen dem Wortlaut von § 111 Abs. 1 BetrVG auf die Zahl der Arbeitnehmer des Unternehmens abzustellen ist.[482] Denn jetzt kommt es nicht mehr darauf an, ob der betroffene Kleinbetrieb zu einem größeren Unternehmen gehört, sondern allein darauf, ob das Unternehmen mehr als zwanzig wahlberechtigte Arbeitnehmer beschäftigt. Sofern eine Betriebsänderung bei einem Unternehmen dieser Größenordnung geplant ist, kommt dem Betriebsrat gegenüber dem Unternehmer ein umfassendes Unterrichtungs- und Beratungsrecht zu. Weiterhin kann der Betriebsrat einen Interessenausgleich gemäß § 112 Abs. 1 S. 1 BetrVG anstreben und hierin verbindlich festschreiben, ob und wie die geplante Betriebsänderung durchgeführt werden soll,[483] erzwingen kann der Betriebsrat einen Interessenausgleich aber nicht.[484] Hingegen ist die Aufstellung eines Sozialplans als Einigung über den Ausgleich oder die Milderung der wirtschaftlichen Nachteile, die den Arbeitnehmern infolge der geplanten Betriebsänderung entstehen, nach § 112 Abs. 4 BetrVG erzwingbar.[485]

Während also der Interessenausgleich das Entstehen wirtschaftlicher Nachteile schon zu vermeiden versucht, bezweckt der Sozialplan die entstehenden wirtschaftlichen Nachteile auszugleichen oder abzumildern.[486] § 112 a Abs. 1 BetrVG stellt klar, dass unter einer Betriebseinschränkung i.S.v. § 111 Abs. 1 Nr. 1 BetrVG auch ein bloßer Personalabbau unter Beibehaltung der sächlichen Betriebsmittel fällt, wenn eine entsprechende Zahl von betriebsbedingten Kündigungen im Verhältnis zur Gesamtzahl der beschäftigten Arbeitnehmer erreicht wird.[487]

---

482 BT-Drucks. 14/5741, S. 51; zuvor schon BAG vom 08.06.1999, AP Nr. 47 zu § 111 BetrVG 1972 m. Anm. *Hess*; vgl. auch BVerfG vom 27.09.1998, E 97, 169 ff., wo in verfassungskonformer Auslegung die Schwelle der Arbeitnehmerzahl in einem anderen Fall ebenfalls auf das Unternehmen bezogen wurde.

483 BAG vom 27.10.1987, AP Nr. 41 zu § 112 BetrVG 1972 = BAGE 56, 270 = RdA 1988, 63 = NZA 1988, 203; BAG vom 17.09.1991, AP Nr. 59 zu § 112 BetrVG 1972 = RdA 1992, 62 = NZA 1992, 227 = SAE 1992, 202; *Fitting*, §§ 112, 112 a BetrVG Rdnr. 12 BetrVG; *Richardi*, § 112 BetrVG Rdnr. 18.

484 *Fitting*, § 112, 112 a BetrVG Rdnr. 24; *Richardi*, § 112 BetrVG Rdnr. 3

485 *Richardi*, § 112 BetrVG Rdnr. 50.

486 Däubler/Kittner/Klebe-*Däubler*, § 112, 112 a BetrVG Rdnr. 24; *Fitting*, § 112, 112 a BetrVG Rdnr. 77 ff.; GK-*Fabricius/Oetker*, § 112, 112 a BetrVG Rdnr. 5 ff.; *Richardi*, § 112 BetrVG Rdnr. 49.

487 Der zahlenmäßige Anteil betriebsbedingter Kündigungen an der Gesamtzahl der beschäftigten Arbeitnehmer nimmt hierbei offensichtlich Bezug zu den Zahlenwerten von § 17 KSchG, nach dem der Arbeitgeber Entlassungen dem zuständigen Landesarbeitsamt anzeigen muss.

Bei Betriebsänderungen in Verleiherunternehmen sind unechte Leiharbeitnehmer bei der Berechnung des Schwellenwertes von mehr als zwanzig wahlberechtigten Arbeitnehmern heranzuziehen, da sie nach § 14 Abs. 1 AÜG betriebsverfassungsrechtlich Arbeitnehmer des Verleiherbetriebs und folglich nach § 7 S. 1 BetrVG wahlberechtigt sind. Die Regelungen der §§ 111 ff. BetrVG, die an den Bestand eines Arbeitsverhältnisses anknüpfen,[488] sind überdies für unechte Leiharbeitnehmer von Bedeutung, da nach dem o.a. § 112 a Abs. 1 BetrVG und der Rechtsprechung des Bundesarbeitsgerichts auch der bloße Personalabbau eine Betriebseinschränkung i.S.v. § 111 S. 3 Nr. 1 BetrVG sein kann und in Verleiherunternehmen dies die unechten Leiharbeitnehmer in besonderem Maße treffen kann. Folglich ist ein zwischen Verleiherunternehmen und Verleiherbetriebsrat ausgehandelter präventiv wirkender Interessenausgleich oder ein die negativen Auswirkungen von Betriebsänderungen ausgleichender Sozialplan von großem Interesse gerade auch für unechte Leiharbeitnehmer.
Danach sind unechte Leiharbeitnehmer bei Maßnahmen infolge von Betriebsänderungen einzubeziehen,[489] dem Verleiherbetriebsrat stehen die Mitbestimmungs- und Mitwirkungsrechte bei Betriebsänderungen im Verleiherunternehmen gemäß §§ 111 ff. BetrVG uneingeschränkt auch für unechte Leiharbeitnehmer zu.

IV. Weitere Aufgaben des Betriebsrats, § 80 BetrVG

Neben der Mitbestimmung in sozialen, personellen und wirtschaftlichen Angelegenheiten hat der Betriebsrat gemäß § 80 Abs. 1 BetrVG ergänzend die dort niedergelegten weiteren Aufgaben wahrzunehmen. Durch die Enumeration weiterer Aufgaben und Rechte wird nicht nur der allgemeine Schutzauftrag des Betriebsrats, sondern auch die Interessenwahrnehmung über die Mitwirkungs- und Mitbestimmungserfordernisse in Einzelbereichen hinaus gesichert,[490] denn die Aufgaben und Rechte nach § 80 Abs. 1 BetrVG sind gerade nicht vom Vorliegen bestimmter Mitwirkungs- oder Mitbestimmungsvoraussetzungen abhängig.[491]

Aus der atypischen Struktur unechter Leiharbeitsverhältnisse, derzurfolge ein Arbeitsvertrag mit dem Verleiher besteht, die Arbeitsleistung tatsächlich aber bei einem Dritten erbracht wird, ergeben sich für die Wahrnehmung der Rechte und Pflichten des Betriebsrats nach § 80 BetrVG im Vergleich zu Arbeitsverhältnissen, bei denen das Arbeitsverhältnis und die Arbeitsleistung nicht auseinanderfallen, einige Abwei-

---

488 *Becker/Wulfgramm*, Art. 1 § 14 AÜG Rdnr. 121.

489 *Becker*, Leitfaden, S. 86; *Becker/Kreikebaum*, Zeitarbeit, S. 192; *Becker/Wulfgramm*, Art. 1 § 14 AÜG Rdnr. 121; *Erdlenbruch*, S. 213; *Schüren*, § 14 AÜG Rdnr. 324.

490 GK-*Kraft*, § 80 BetrVG Rdnr. 1.

491 BAG vom 27.06.1989, AP Nr. 37 zu § 80 BetrVG 1972 = RdA 1989, 381 = NZA 1989, 929 = SAE, 219; Däubler/Kittner/Klebe-*Buschmann*, § 80 BetrVG Rdnr. 1; GK-*Kraft*, § 80 BetrVG Rdnr. 1; Hess/Schlochauer/Glaubitz-*Hess*, § 80 BetrVG Rdnr. 4.

chungen, so dass im Folgenden auch der Katalog von § 80 Abs. 1 BetrVG bezogen auf unechte Leiharbeitnehmer im Einzelnen untersucht werden muss.

1. Die Überwachungsaufgabe, § 80 Abs. 1 Nr. 1 BetrVG

Die Überwachungspflicht des Betriebsrats über die Einhaltung der für die Arbeitnehmer geltenden Normen erstreckt sich nach § 80 Abs. 1 Nr. 1 BetrVG auf Gesetze, Verordnungen, Unfallverhütungsvorschriften, Tarifverträge und Betriebsvereinbarungen und dadurch auf alle Rechtsvorschriften, die sich zugunsten der Arbeitnehmer auswirken können.[492] Durch diese umfassende Überwachungspflicht soll gewährleistet werden, dass alle (Schutz-)Vorschriften zugunsten der Arbeitnehmer eingehalten werden.[493] Dabei stellt der Betriebsrat keine dem Arbeitgeber übergeordnete Kontrollinstanz dar;[494] im Rahmen von § 80 Abs. 1 Nr. 1 BetrVG kommen ihm nur Überwachungsbefugnisse zu, die eine Rechtskontrolle bezwecken.[495] Aus dieser Rechtskontrolle folgt aber kein gar in einem arbeitsgerichtlichem Beschlussverfahren durchsetzbarer eigener Anspruch des Betriebsrats gegenüber dem Arbeitgeber auf Einhaltung der ggf. verletzten Rechtsvorschriften,[496] vielmehr kann er bei Feststellung von Rechtsverstößen seitens des Arbeitgebers lediglich auf diese hinweisen und auf Abhilfe drängen.[497] Allerdings hat der Arbeitgeber den Betriebsrat anzuhören und mit ihm i.S.d. vertrauensvollen Zusammenarbeit (§ 2 Abs. 1 BetrVG) über Abhilfemaßnahmen zu verhandeln,[498] und schließlich bleibt bei Verletzung von Arbeitsschutzvorschriften oder sonstigen Verletzungen von Arbeitnehmerschutzgesetzen und Tarifverträgen als letztes Mittel, die Berufsgenossenschaft oder die Gewerbeaufsicht einzuschalten.[499]

Für den Verleiherbetriebsrat wird diese Aufgabe innerhalb der betrieblichen Sphäre des Verleiherbetriebs kaum in Betracht kommen, da sich die unechten Leiharbeit-

---

492 ErfK-*Hanau/Kania*, § 80 BetrVG Rdnr. 3; *Fitting*, § 80 BetrVG Rdnr. 6; Hess/Schlochauer/Glaubitz-*Hess*, § 80 BetrVG Rdnr. 9.

493 *Fitting*, § 80 BetrVG Rdnr. 5; allg. zum Umfang der zu überwachenden Gesetze nur ErfK-*Hanau/Kania*, § 80 BetrVG Rdnr 3.

494 BAG vom 11.07.1972, AP Nr. 1 zu § 80 BetrVG 1972 = BAGE 24, 349 = RdA 1972, 389 = SAE 1974, 97; Däubler/Kittner/Klebe-*Buschmann*, § 80 BetrVG Rdnr. 11; *Fitting*, § 80 BetrVG Rdnr. 13; *Richardi*, § 80 BetrVG Rdnr. 16; *Stege/Weinspach*, § 80 BetrVG Rdnr. 2 a.

495 Däubler/KittnerKlebe-*Buschmann*, § 80 BetrVG Rdnr. 17.

496 BAG vom 10.06.1986, AP Nr. 26 zu § 80 BetrVG 1972 = BAGE 52, 150 = RdA 1986, 404 = NZA 1987, 28; BAG vom 24.02.1987, AP Nr. 28 zu § 80 BetrVG 1972 = RdA 1987, 254 = NZA 1978, 674 = SAE 1987, 276; *Fitting*, § 80 BetrVG Rdnr. 14; Hess/Schlochauer/Glaubitz-*Hess*, § 80 BetrVG Rdnr. 8; *Richardi*, § 80 BetrVG Rdnr. 18; *Stege/Weinspach*, § 80 BetrVG Rdnr. 3 b.

497 GK-*Kraft*, § 80 BetrVG Rdnr. 27.

498 GK-*Kraft*, § 80 BetrVG Rdnr. 27.

499 Nur wenn die innerbetriebliche Bereinigung von Mißständen nicht gelungen ist; vgl. *Fitting*, § 80 BetrVG Rdnr. 16; Däubler/Kittner/Klebe-*Buschmann*, § 80 BetrVG Rdnr. 21.

nehmer im Betrieb des Entleihers befinden und die allermeisten Rechtsvorschriften sowie Verstöße dagegen an die tatsächliche Eingliederung des Arbeitnehmers in einen Betrieb (z.B. UVV, ASiG, ArbSchG) anknüpfen.
Eine bedeutende Ausnahme hiervon bildet neben den vom Verleiherbetriebsrat auf ihre Einhaltung zu überwachenden Betriebsvereinbarungen und etwaigen Tarifverträge[500] die Kontrolle der Einhaltung der Rechtsvorschriften des Arbeitnehmerüberlassungsgesetzes.[501] Die Einhaltung von Gesetzen und hierbei insbesondere der Vorschriften des Arbeitnehmerüberlassungsgesetzes hat für unechte Leiharbeitnehmer insofern einen hohen Stellenwert, als auf diese Weise die Gefahr der Ausgestaltung und Durchführung von Leiharbeitsverhältnissen als Arbeitsverhältnisse zweiter Klasse durch die Umgehung bestimmter Mindestanforderungen reduziert wird. Um dieser Überwachungsaufgabe nachkommen zu können, hat der Arbeitgeber gemäß § 80 Abs. 2 BetrVG als Konkretisierung des Gebots der vertrauensvollen Zusammenarbeit den Verleiherbetriebsrat rechtzeitig und umfassend zu informieren, denn nur hierdurch kann der Betriebsrat überprüfen, ob für ihn Aufgaben bestehen und ob er zu deren Wahrnehmung aktiv werden muss.[502] Spiegelbildlich zur Informationspflicht des Arbeitgebers hat der Betriebsrat einen Unterrichtungsanspruch nach § 80 Abs. 2 BetrVG, der den Betriebsrat dazu berechtigt, auch selbst die notwendigen Informationen zu beschaffen.[503] Bereits das Job-AQTIV-Gesetz[504] machte die Überwachung der Einhaltung der Vorschriften des Arbeitnehmerüberlassungsgesetzes bedeutsamer für unechte Leiharbeitnehmer und zugleich schwieriger für den Verleiherbetriebsrat: Gemäß § 10 Abs. 5 AÜG a.F. galten nach der Verlängerung der höchstzulässigen Überlassungsdauer auf 24 Monate ab dem 13. Überlassungsmonat die gleichen Arbeitsbedingungen wie für vergleichbare Arbeitnehmer des Entleiherbetriebs.[505] Danach musste zunächst festgestellt werden, welche Arbeitnehmer den unechten Leiharbeitnehmern vergleichbar sind und welche Bedingungen für sie gelten. Dies waren jedoch durchweg Tatsachen, die weder dem Verleiherbetriebsrat noch dem Verleiher, sondern nur dem Entleiher bekannt waren, denn einen Unterrichtungsanspruch des Verleiherbetriebsrats oder eine Informationspflicht des Entleihers sah das Gesetz nicht vor. Ein Unterrichtungs- und Informationsanspruch des Verleiherbetriebsrats nach § 80 Abs. 2 BetrVG analog gegen den Entleiher verbot sich aus systematischen Erwägungen, denn Betriebspartner des Verleiherbetriebsrats ist der Verleiher und nicht der Entleiher. Überdies lagen aber schon die Voraussetzungen einer Analogie nicht vor,[506] da der Verleiherbetriebsrat anderweitig den

---

500 Tarifverträge für die Branche der Zeitarbeit sind bislang unpopulär.

501 So schon *Becker/Wulfgramm*, Art. 1 § 14 AÜG Rdnr. 77.

502 *Fitting*, § 80 BetrVG Rdnr. 48.

503 BAG vom 08.02.1977, AP Nr. 10 zu § 80 BetrVG 1972 = RdA 1977, 195 = SAE 1978, 45 = EzA § 70 BetrVG 1972 Nr. 1; *Richardi*, § 80 BetrVG Rdnr. 60.

504 Gesetz zur Reform der arbeitsmarktpolitischen Instrumente vom 10.12.2001, BGBl. I, S. 3443.

505 S. *Gaul*, Aktuell AR 2001, Kap. A. 10. j).

506 *Larenz*, Methodenlehre, S. 381 ff; *Wank*, Auslegung, S. 100 ff.

Informations- und Unterrichtungsanspruch durchzusetzen vermochte: Der Verleiher als Arbeitgeber des Leiharbeitnehmers war Schuldner im Hinblick auf die Anwendung der vergleichbaren Arbeitsbedingungen nach § 10 Abs. 5 AÜG a.F., folglich hatte der Verleiher ein ab dem 13. Überlassungsmonat entsprechend angepasstes Entgelt an unechte Leiharbeitnehmer zu zahlen. Um die Höhe desselben und andere vergleichbare Arbeitsbedingungen gewähren zu können, war er auf Informationen des Entleihers angewiesen, so dass es sich zwar zunächst als problematisch darstellte, dass der Gesetzgeber mit § 10 Abs. 5 AÜG a.F. die Geltung von Arbeitsbedingungen vergleichbarer Arbeitnehmer des Entleihers angeordnet hatte, ohne zugleich dem Verleiher einen Unterrichtungsanspruch gegen den Entleiher oder eine Informationspflicht des Entleihers gegenüber dem Verleiher gesetzlich zu verankern. Doch konnte dieser Anspruch als eine Nebenpflicht des Überlassungsvertrages zwischen Verleiher und Entleiher betrachtet werden, ohne die eine gesetzeskonforme Durchführung der Arbeitnehmerüberlassung ansonsten nicht möglich gewesen wäre. Weigerte sich der Entleiher gleichwohl dem Verleiher die erforderlichen Informationen zu geben, hätte der Verleiher notfalls klageweise diesen Unterrichtungsanspruch geltend machen müssen. Jedenfalls erhielt i.E. der Verleiher die notwendigen Informationen über die Arbeitsbedingungen von mit den unechten Leiharbeitnehmern vergleichbaren Arbeitnehmern des Entleihers, so dass die Informationspflicht des Verleihers bzw. der Unterrichtungsanspruch des Verleiherbetriebsrats nach § 80 Abs. 2 BetrVG für die Überwachungsaufgabe nach § 80 Abs. 1 Nr. 1 BetrVG auch die Arbeitsbedingungen der mit unechten Leiharbeitnehmern vergleichbaren beim Entleiher tätigen Arbeitnehmern umfasste.

Mit dem Ersten Gesetz für moderne Dienstleistungen am Arbeitsmarkt[507] wurde § 10 Abs. 5 AÜG a.F. bereits wieder aufgehoben und stattdessen im Hinblick auf die Regelung des grds. „equal pay" in § 3 Abs. 1 Nr. 3 AÜG für unechte Leiharbeitnehmer ein eigener Auskunftsanspruch gegen den Entleiher über die in seinem Betrieb für einen vergleichbaren Arbeitnehmer geltenden wesentlichen Arbeitsbedingungen einschließlich des Arbeitsentgelts in § 13 AÜG normiert. Diesen Auskunftsanspruch haben aber nur unechte Leiharbeitnehmer, er gilt nicht etwa auch für den Verleiherbetriebsrat. Letzterer ist vielmehr weiterhin auf den Unterrichtungsanspruch nach § 80 Abs. 2 BetrVG gegenüber dem Verleiher beschränkt, der seinerseits über die Kenntnis der wesentlichen Arbeitsbedingungen für die mit einem unechten Leiharbeitnehmer vergleichbaren Arbeitnehmer beim Entleiher infolge der obligatorischen Angaben gemäß § 12 Abs. 1 AÜG im Überlassungsvertrag verfügt.

Folglich hat der Verleiherbetriebsrat die Aufgabe gemäß § 80 Abs. 1 Nr. 1 BetrVG hinsichtlich unechter Leiharbeitnehmer wahrzunehmen.

[507] Gesetz vom 23.12.2002, BGBl. I, S. 4607.

2. Das Beantragungsrecht, § 80 Abs. 1 Nr. 2 BetrVG

Gemäß § 80 Abs. 1 Nr. 2 BetrVG hat der Betriebsrat das Recht, beim Arbeitgeber Maßnahmen zu beantragen, die dem Betrieb und der Belegschaft dienen. Hierbei können sich die Anträge auf technische, organisatorische Änderungs- und Verbesserungsvorschläge beziehen, aber auch Anträge zu wirtschaftlichen und personellen Angelegenheiten sowie zur Errichtung von Sozialeinrichtungen und auch zur Regelung materieller Arbeitsbedingungen können Gegenstand des Antragsrechts sein.[508] Der Betriebsrat kann die Befolgung seiner Anträge nach § 80 Abs. 1 Nr. 2 BetrVG nicht erzwingen,[509] doch hat der Arbeitgeber sich mit den Anträgen und Vorschlägen des Betriebsrats ernsthaft zu beschäftigen.[510]

Hinsichtlich unechter Leiharbeitnehmer erscheinen entsprechende Anträge nur sehr eingeschränkt vorstellbar, denn regelmäßig werden Maßnahmen, die unechten Leiharbeitnehmern dienen, solche sein, die organisatorischer Natur sind und folglich von der Leistungserbringung abhängen, die aber gerade nicht im Verleiherbetrieb erbracht wird.
Denkbar sind folglich nur solche Anträge, die materielle Arbeitsbedingungen der unechten Leiharbeitnehmer betreffen, wie z.B. die Gewährung von Zusatzurlaub oder Sonderzulage i.S.v. Erschwerniszulagen,[511] so dass § 80 Abs. 1 Nr. 2 BetrVG für den Verleiherbetriebsrat hinsichtlich der unechten Leiharbeitnehmer nur geringe Bedeutung besitzt.

3. Die Gleichstellungsförderung, § 80 Abs. 1 Nr. 2 a BetrVG

Der Betriebsrat hat nach § 80 Abs. 1 Nr. 2 a BetrVG die Gleichstellung von Frauen und Männern im beruflichen Bereich zu fördern. Es handelt sich dabei um einen Förderauftrag,[512] da die Überwachung nach § 75 Abs. 1 BetrVG darüber, dass wegen des Geschlechts keine unterschiedliche Behandlung von Betriebsangehörigen erfolgen darf, sich nach Meinung des Gesetzgebers als nicht ausreichend erwiesen hat.[513] Dieser Förderpflicht kommt der Betriebsrat dadurch nach, dass er auf den Ar-

---

508 Däubler/Kittner/Klebe-*Buschmann*, § 80 BetrVG Rdnr. 23 f.; *Fitting*, § 80 BetrVG Rdnr. 17; GK-*Kraft*, § 80 BetrVG Rdnr. 31.

509 *Fitting*, § 80 BetrVG Rdnr. 20; anders aber in den gesetzlich ausdrücklich genannten Fällen (z.B. §§ 85 Abs. 2, 87 Abs. 2, 95 Abs. 2 BetrVG).

510 Däubler/Kittner/Klebe-*Buschmann*, § 80 BetrVG Rdnr. 25; GK-*Kraft*, § 80 BetrVG Rdnr. 31; *Richardi*, § 80 BetrVG Rdnr. 24; *Stege/Weinspach*, § 80 BetrVG Rdnr. 6.

511 Zu denkbaren Antragsangelegenheiten vgl. Däubler/Kittner/Klebe-*Buschmann*, § 80 BetrVG Rdnr. 23; *Fitting*, § 80 BetrVG Rdnr. 19 f.

512 *Richardi*, § 80 BetrVG Rdnr. 27; a.A. *Fitting*, § 80 BetrVG Rdnr. 34, der in § 80 Abs. 1 Nr. 2 a BetrVG lediglich eine Klarstellung sieht.

513 BT-Drucks. 12/5468, S. 42.

beitgeber mit Anregungen, Vorschlägen und Anträgen einzuwirken versucht, denn ein rechtliches Instrument zur Förderung der Gleichstellung hat er nicht.[514]

Für den Verleiherbetriebsrat hat die Förderpflicht nach § 80 Abs. 1 Nr. 2 a BetrVG zur Folge, dass er darauf hinwirken muss, Benachteiligungen der weiblichen gegenüber den männlichen unechten Leiharbeitnehmern zu vermeiden. Damit obliegt dem Verleiherbetriebsrat die Aufgabe, nicht nur die Leiharbeitsverträge von unechten Leiharbeitnehmerinnen und Leiharbeitnehmern und die Überlassungsverträge zwischen Verleiher und Entleiher auf ungerechtfertigte geschlechtsspezifische Ungleichbehandlungen hin zu untersuchen, sondern auch bei der beruflichen Bildung die Gleichstellung zu fördern, wenngleich letztere in der Überlassungsbranche untergeordnete Bedeutung besitzen dürfte.
Danach hat der Verleiherbetriebsrat die Aufgabe nach § 80 Abs. 1 Nr. 2 a BetrVG auch in Bezug auf unechte Leiharbeitnehmer.

4. Familie und Erwerbstätigkeit, § 80 Abs. 1 Nr. 2 b BetrVG

Mit dem neuen § 80 Abs. 1 Nr. 2 b BetrVG erhält der Betriebsrat nunmehr die weitere Aufgabe, die Vereinbarkeit von Familie und Erwerbstätigkeit zu fördern. Nach der Vorstellung des Gesetzgebers kommt hierbei insbesondere einer familienfreundlicheren Gestaltung der betrieblichen Arbeitszeit Bedeutung zu.[515]

Den Verleiherbetriebsräten wird diese Aufgabe wegen der atypischen Ausgestaltung der Leiharbeitsverhältnisse verschlossen bleiben, da es ganz überwiegend auch nach Aufhebung der zeitlichen Begrenzung der Überlassungsdauer (§ 3 Abs. 1 Nr. 6 AÜG a.F.) im Regelfall bei der durchschnittlichen Überlassungsdauer von drei bis vier Monaten bleiben wird[516] und eine Verstetigung für günstige betriebliche Arbeitszeiten von Einzelfällen abgesehen daher nicht erfolgen kann. Letztlich ist die Lage der betrieblichen Arbeitszeit durch die Bedürfnisse der unterschiedlichen Entleiherbetriebe bestimmt, so dass der Verleiherunternehmer als flexibler Personaldienstleister nur bestehen kann, wenn er immer wieder in der Lage ist, unechte Leiharbeitnehmer zu den gewünschten Zeiten zu überlassen.

5. Entgegennahme von Anregungen, § 80 Abs. 1 Nr. 3 BetrVG

Mit § 80 Abs. 1 Nr. 3 BetrVG wird die Aufgabe des Betriebsrats nach § 80 Abs. 1 Nr. 2 BetrVG ergänzt,[517] indem er die Anregungen von Arbeitnehmern sowie der Ju-

---

514 GK-*Kraft*, § 80 BetrVG Rdnr. 33; ähnlich *Richardi*, § 80 BetrVG Rdnr. 29.

515 BT-Drucks. 14/5741, S. 46.

516 Zur Dauer der durchschnittlichen Überlassung *Walwei*, EuroAS 2002, 149, 161.

517 *Fitting*, § 80 BetrVG Rdnr. 24, 26; GK-*Kraft*, § 80 BetrVG Rdnr. 35; i.E. auch Hess/Schlochauer/Glaubitz-*Hess*, § 80 BetrVG Rdnr. 21 f.

gend- und Auszubildendenvertretung entgegenzunehmen und ggf. in Verhandlungen mit dem Arbeitgeber auf eine Erledigung hinzuwirken hat. Als Anregungen kommen vor allem Vorschläge zur Gestaltung der Arbeitsbedingungen oder der Arbeitsorganisation in Betracht, aber auch Beschwerden, abgesehen von solchen nach §§ 84, 85 BetrVG, können Gegenstand der Anregung sein.[518]

Mangels tatsächlicher Erbringung der Arbeitsleistung im Verleiherbetrieb können sich Anregungen unechter Leiharbeitnehmer[519] nicht auf die tatsächliche Erbringung der Arbeitsleistung beziehen. Soweit aber die Durchführung der einzelnen Überlassung betroffen ist, hat der Verleiherbetriebsrat bei berechtigten Anregungen beim Verleiher nach § 80 Abs. 1 Nr. 3 BetrVG auf eine Erledigung hinzuwirken.

6. Eingliederung schutzbedürftiger Personen, § 80 Abs. 1 Nr. 4 BetrVG

Die Förderung der Eingliederung besonders schutzbedürftiger Personen nach § 80 Abs. 1 Nr. 4 BetrVG durch den Betriebrat betrifft überwiegend die Unterbringung von Schwerbehinderten nach den speziell für sie geltenden Vorschriften sowie die Überwachung von dessen ordnungsgemäßer Durchführung.[520]

Diese Förderpflicht durch den Betriebsrat kann in der Arbeitnehmerüberlassungsbranche keine Verwirklichung erfahren, weil zum Schutze dieser Arbeitnehmer eine Vielzahl von zusätzlich zu beachtenden Regelungen gelten, welche u.a. die Erbringung der Arbeitsleistung betreffen, so dass Entleiherbetrieben die Überlassung schwerbehinderter Arbeitnehmer wegen der damit verbundenen geringeren Flexibilität nur selten möglich sein wird und dieser Gesichtspunkt schon die „Einstellungspolitik“ der Verleiherunternehmen bestimmt. Selbst wenn in Verleiherbetrieben ausnahmsweise Schwerbehinderte als unechte Leiharbeitnehmer eingestellt werden sollten, kommt das Mitbestimmungsrecht für den Verleiherbetriebsrat nicht zum Tragen, da eine Eingliederung von unechten Leiharbeitnehmern mangels Tätigkeit im Verleiherbetrieb nicht möglich ist.[521]
Folglich besteht für den Verleiherbetriebsrat keine Aufgabe nach § 80 Abs. 1 Nr. 4 BetrVG für unechte Leiharbeitnehmer.

---

518 Vgl. zur Anregung iSd § 80 Abs. 1 Nr. 3 BetrVG als Oberbegriff von Vorschlag und Beschwerde Däubler/Kittner/Klebe-*Buschmann*, § 80 BetrVG Rdnr. 37; *Fitting*, § 80 BetrVG Rdnr. 24; *Richardi*, § 80 BetrVG Rdnr. 32.

519 Anregungen von Jugend- oder Auszubildendenvertretungen haben im Verleiherbetrieb keine Bedeutung, da diese in Überlassungsbetrieben typischerweise nicht existieren.

520 *Richardi*, § 80 BetrVG Rdnr. 37.

521 A.A. wohl *Schüren*, § 14 AÜG Rdnr. 287.

7. Wahl der Jugend- und Auszubildendenvertretungen, § 80 Abs. 1 Nr. 5 BetrVG

Nach § 80 Abs. 1 Nr. 5 BetrVG hat der Betriebsrat die Pflicht, die Wahlen zu Jugend- und Auszubildendenvertretungen vorzubereiten und durchzuführen.[522]

Für Betriebsräte von Verleiherbetrieben ist regelmäßig auch diese Aufgabe bedeutungslos, da bezüglich von Auszubildenden kein Entleiherinteresse besteht und Überlassungen entsprechend einem vom Entleiher vorgegeben Anforderungsprofil erfolgen. Darüber hinaus ist die Arbeitnehmerüberlassung von Auszubildenden wegen der Anforderungen des Ausbildungsverhältnisses (z.B. den Auszubildenden selbst auszubilden, § 6 Abs. 1 Nr. 2 BBiG) nicht möglich.[523] Nur soweit es sich um unechte Leiharbeitnehmer handelt, die das 18. Lebensjahr noch nicht vollendet haben und nicht zur Berufsbildung beschäftigt werden (z.B. Hilfsarbeiter), kommt dem Verleiherbetriebsrat die Aufgabe gemäß § 80 Abs. 1 Nr. 5 BetrVG zu, weil unter den weiteren Voraussetzungen der §§ 60 f. BetrVG die unechten Leiharbeitnehmer bei der Errichtung der Jugend- und Auszubildendenvertretung zu berücksichtigen sind.[524]

8. Beschäftigung älterer Arbeitnehmer, § 80 Abs. 1 Nr. 6 BetrVG

§ 80 Abs. 1 Nr. 6 BetrVG verlangt vom Betriebsrat die Förderung der Beschäftigung älterer Arbeitnehmer und ergänzt insofern § 75 Abs. 1 S. 1 BetrVG.[525] Danach hat der Betriebsrat allgemein darauf Obacht zu geben, dass Arbeitnehmer nicht wegen Erreichen bestimmter Alterstufen benachteiligt werden.[526]
Auch diese Aufgabe hängt von der geübten „Einstellungspolitik" des Verleiherbetriebs ab. Soweit im Verleiherunternehmen ältere Arbeitnehmer als unechte Leiharbeitnehmer eingestellt sind, hat der Verleiherbetriebsrat gemäß § 80 Abs. 1 Nr. 6 BetrVG darauf zu achten, dass diese nicht gegenüber jüngeren Kollegen hinsichtlich ihres Alters benachteiligt werden.

9. Eingliederung ausländischer Arbeitnehmer, § 80 Abs. 1 Nr. 7 BetrVG

Die Förderung der Eingliederung und damit die innerbetriebliche Integration ausländischer Arbeitnehmer ist hinsichtlich ihrer besonderen Probleme wie z.B. Sprachbar-

---

522 Vgl. zu den Anforderungen vgl. nur Däubler/Kittner/Klebe-*Buschmann*, § 80 BetrVG Rdnr. 46; *Fitting*, § 80 BetrVG Rdnr. 41; *Richardi*, § 80 BetrVG Rdnr. 41.

523 S. zu den einzelnen Pflichten des Arbeitgebers im Ausbildungsverhältnis §§ 6 f. BBiG.

524 I.E. auch *Boemke*, § 14 AÜG Rdnr. 27; *Schüren*, § 14 AÜG Rdnr. 286.

525 GK-*Kraft*, § 80 BetrVG Rdnr. 47.

526 *Fitting*, § 80 BetrVG Rdnr. 31; Hess/Schlochauer/Glaubitz-*Hess*, § 80 BetrVG Rdnr. 26; *Richardi*, § 80 BetrVG Rdnr. 42.

rieren, Einarbeitung und z.T. mangelnde Kenntnis ihrer Rechte als Arbeitnehmer eine wichtige Aufgabe des Betriebsrats nach § 80 Abs. 1 Nr. 7 BetrVG.[527] Der Betriebsrat hat ausländische Arbeitnehmer vor Benachteiligungen zu schützen und auf ein besseres Verständnis zwischen ausländischen und deutschen Arbeitnehmern hinzuwirken.[528] Neuerdings hat der Betriebsrat wegen der Zunahme fremdenfeindlicher Aktionen auch ein Antragsrecht zur Bekämpfung von Rassismus und Fremdenfeindlichkeit,[529] obwohl es sich hierbei eher um eine allgemeine politische Aufgabe handelt.

Für Verleiherbetriebsräte bedeutet § 80 Abs. 1 Nr. 7 BetrVG vor allem, darauf zu achten, dass ausländische Leiharbeitnehmer nicht durch illegale Beschäftigung in Form von illegaler Arbeitnehmerüberlassung benachteiligt werden.[530] Da aber eine unterschiedliche Behandlung und damit Benachteiligung wegen der Nationalität bereits durch § 75 Abs. 1 BetrVG verboten ist und diese Regelung keinesfalls nur ein unverbindlicher Programmsatz ist, sondern unmittelbare materielle Bedeutung besitzt,[531] hat § 80 Abs. 1 Nr. 7 BetrVG für unechte Leiharbeitnehmer im Verleiherbetrieb keine Bedeutung. Überdies bleiben die weiteren Aspekte der Eingliederung wegen der ausschließlichen Erbringung der Arbeitsleistung im Entleiherbetrieb für den Verleiherbetrieb ohne Relevanz. In Fällen von fremdenfeindlichen Aktionen im Entleiherbetrieb hat der Verleiherbetriebsrat nur die Möglichkeit, den Verleiher darauf hinzuweisen und ihn gegenüber dem Entleiher zu Abhilfemaßnahmen zu drängen, eine Zuständigkeit zur Integration im Entleiherbetrieb erwächst dem Verleiherbetriebsrat daraus jedoch nicht.

10. Beschäftigungsförderung und Beschäftigungssicherung, § 80 Abs. 1 Nr. 8 BetrVG

Gemäß § 80 Abs. 1 Nr. 8 BetrVG obliegt es dem Betriebsrat nunmehr auch, die Beschäftigung im Betrieb zu fördern und zu sichern. Danach hat er sich dafür zu verwenden, dass die Arbeitnehmer nicht ihre Arbeitsplätze und damit ihre Lebensgrundlage verlieren.[532]

Die Beschäftigungsförderung oder Beschäftigungssicherung kommt für Verleiherbetriebsräte bezüglich unechter Leiharbeitnehmer nicht in Frage, da insoweit keine Beschäftigung im Verleiherbetrieb erfolgt und der Umfang der Überlassungen allein von

---

527 Ähnlich Däubler/Kittner/Klebe-*Buschmann*, § 80 BetrVG Rdnr. 53; *Fitting*, § 80 BetrVG Rdnr. 32; Hess/Schlochauer/Glaubitz-*Hess*, § 80 BetrVG Rdnr. 27.

528 *Fitting*, § 80 BetrVG Rdnr. 32; GK-*Kraft*, § 80 BetrVG Rdnr. 48; *Richardi*, § 80 BetrVG Rdnr. 41; *Stege/Weinspach*, § 80 BetrVG Rdnr. 8.

529 BT-Drucks. 14/5741, S. 46.

530 *Fitting*, § 80 BetrVG Rdnr. 32.

531 *Fitting*, § 75 BetrVG Rdnr. 3.

532 BT-Drucks. 14/5741, S. 46.

der Nachfrage der Entleiherunternehmen abhängt. Darauf haben die Verleiherbetriebsräte aber keinen Einfluss, so dass die Aufgabe nach § 80 Abs. 1 Nr. 8 BetrVG in Bezug auf unechte Leiharbeitnehmer für sie nicht relevant wird.

11. Arbeitsschutz und betrieblicher Umweltschutz, § 80 Abs. 1 Nr. 9 BetrVG

Nach dem neuen § 80 Abs. 1 Nr. 9 BetrVG hat der Betriebsrat Maßnahmen des Arbeitsschutzes und des betrieblichen Umweltschutzes zu fördern, denn nach Auffassung des Gesetzgebers gewinnt der Umweltschutz in den Unternehmen immer mehr an Bedeutung, weshalb die Arbeitnehmer mit ihren Kenntnissen über ökologisch bedeutsame Vorgänge im Betrieb stärker einbezogen werden sollen.[533] Um sich für dieses Ziel einsetzen zu können, erhält der Betriebsrat jetzt ausdrücklich die Zuständigkeit für den betrieblichen Umweltschutz. Soweit § 80 Abs. 1 Nr. 9 BetrVG die Förderung von Maßnahmen zum Arbeitsschutz als allgemeine Aufgabe des Betriebsrats normiert, handelt es sich nur um eine Klarstellung, denn der Betriebsrat hat schon nach dem spezielleren § 87 Abs. 1 Nr. 7 BetrVG eine Mitregelungsbefugnis bei der betrieblichen Durchführung der Vorschriften des Arbeits- und Gesundheitsschutzes, soweit die einschlägigen Rechtsvorschriften dem Arbeitgeber überhaupt noch Gestaltungsspielraum belassen.[534]

Mangels tatsächlicher Beschäftigung unechter Leiharbeitnehmer im Verleiherbetrieb entfällt die Aufgabe des betrieblichen Umweltschutzes für Verleiherbetriebsräte in Bezug auf unechte Leiharbeitnehmer. Die Förderung des Arbeitsschutzes für unechte Leiharbeitnehmer folgt für den Verleiherbetriebsrat vielmehr aus § 87 Abs. 1 Nr. 7 BetrVG.[535] § 80 Abs. 1 Nr. 9 BetrVG eröffnet mithin keine neue Aufgabe des Verleiherbetriebsrats.

V. Die Behandlung von im Betrieb tätigen Personen, § 75 Abs. 1 S. 1 BetrVG

Mit § 75 Abs. 1 S. 1 BetrVG besteht im Betriebsverfassungsgesetz eine signifikante gesetzliche Auslegungsregel,[536] aus der sich Grenzen der betriebsverfassungsrechtlichen Mitbestimmung ergeben und Maßstäbe für Inhalt und Umfang der Ausgestaltung der Beteiligungsrechte des Betriebsrats gewonnen werden.[537] Die Pflicht, seitens des Betriebsrats darüber zu wachen, dass alle im Betrieb tätigen Personen nach Recht und Billigkeit behandelt werden, hat zur Folge, dass der Betriebsrat bei den gesetzlich geregelten Mitwirkungs- und Mitbestimmungstatbeständen in sozialen,

---

533 So die Begründung , BT-Drucks. 14/5741, S. 46.

534 Vgl. oben, § 6 B. I. g); *Fitting*, § 87 BetrVG Rdnr. 257.

535 Vgl. oben, § 6 B. I. g).

536 Vgl. statt vieler nur *Fitting*, § 75 BetrVG Rdnr. 3.

537 ErfK-*Hanau/Kania*, § 75 BetrVG Rdnr. 1; *Fitting*, § 75 BetrVG Rdnr. 3; *Richardi*, § 75 BetrVG Rdnr. 1.

personellen und wirtschaftlichen Angelegenheiten sowie bei den allgemeinen Aufgaben nach § 80 BetrVG und damit bei der gesamten betriebsverfassungsrechtlichen Ausgestaltung des „betrieblichen Lebens" diese Grundsätze zu beachten hat.[538]
Zwar legt die Gesetzesformulierung der „im Betrieb tätigen Personen" den Gedanken nahe, hiervon könnten unechte Leiharbeitnehmer im Verleiherbetrieb nicht erfasst sein, da diese gerade nur in den Entleiherbetrieben tätig werden, doch dient sie nur dazu, die über den Kreis der Betriebsangehörigen hinausgehend im Betrieb tätigen Personen mit in den Regelungsbereich einzubeziehen.[539]
Folglich hat der Verleiherbetriebsrat auch für die gemäß § 14 Abs. 1 S. 1 AÜG zum Verleiherbetrieb gehörenden unechten Leiharbeitnehmer eine an Recht und Billigkeit ausgerichtete Behandlung zu überwachen und darauf zu achten, dass eine nicht durch die atypische Struktur des Leiharbeitsverhältnisses bedingte Ungleichbehandlung von unechten Leiharbeitnehmern und den sonstigen Arbeitnehmern des Verleihers unterbleibt.[540]
Mithin bildet § 75 Abs. 1 S. 1 BetrVG auch den Maßstab für die Ausübung der betriebsverfassungsrechtlichen Mitbestimmungsrechte des Verleiherbetriebsrats hinsichtlich von unechten Leiharbeitnehmern.

---

538 Hess/Schlochauer/Glaubitz-*Hess*, § 75 BetrVG Rdnr. 2.

539 *Fitting*, § 75 BetrVG Rdnr. 11.

540 *Becker*, ArbuR 1982, 369, 374; *Becker/Wulfgramm*, Art. 1 § 14 AÜG Rdnr. 76; *Ulber*, § 14 AÜG Rdnr. 24; ähnlich *Schüren*, § 14 AÜG Rdnr. 284.

§ 7 Die Beteiligungsrechte des Betriebsrats des Entleiherbetriebs beim Einsatz von unechten Leiharbeitnehmern

A. Zur Notwendigkeit der Beteiligungsrechte von Betriebsräten in Entleiherbetrieben

Wie die bisherigen Ausführungen gezeigt haben, ist der Verleiherbetriebsrat in einer Vielzahl von Mitbestimmungstatbeständen für die nach § 14 Abs. 1 AÜG zum Betrieb des Verleihers zugehörigen unechten Leiharbeitnehmer zuständig, obwohl die Arbeitsleistung stets in einem Drittbetrieb erbracht wird. Die Zuständigkeit des Verleiherbetriebsrats kann aber immer nur so weit reichen, wie der Mitbestimmungstatbestand an das vertragliche Arbeitsverhältnis zwischen Verleiher und Leiharbeitnehmer anknüpft. Bei Mitbestimmungstatbeständen, die im Zusammenhang mit der Eingliederung in eine Betriebsorganisation oder die zum Ausgleich des bei der Leiharbeit auf den Entleiher übergegangenen Direktionsrechts bestehen, kann der Verleiherbetriebsrat regelmäßig nicht zugunsten von unechten Leiharbeitnehmern wirken. Gleichwohl sind in diesen Fällen unechte Leiharbeitnehmer nicht schutzlos gestellt, denn trotz der betriebsverfassungsrechtlichen Zugehörigkeit zum Verleiherbetrieb auch während der einzelnen Überlassungen besteht für sie eine teilweise Zuständigkeit des Entleiherbetriebsrats. Dies aber nicht deshalb, weil bezüglich unechter Leiharbeitnehmer eine doppelte betriebsverfassungsrechtliche Zugehörigkeit für die Überlassungszeiträume anzunehmen ist,[541] sondern weil § 14 Abs. 3 AÜG dem Entleiherbetriebsrat ausdrücklich betriebsverfassungsrechtliche Kompetenzen in Bezug auf die Einstellung von unechten Leiharbeitnehmern gewährt.

B. Zum Beteiligungsrecht des Entleiherbetriebsrats

Die mit § 14 Abs. 3 AÜG geregelte Mitbestimmung bei der Einstellung i.S.v. § 99 BetrVG und damit bei personellen Angelegenheiten stellt dabei keineswegs eine abschließende Regelung dar, vielmehr hat der Gesetzgeber bei der Einfügung dieser Regelung in das Arbeitnehmerüberlassungsgesetz bestimmt, dass die Geltung und Erweiterung von Beteiligungs- bzw. Mitbestimmungsrechten für unechte Leiharbeitnehmer der Rechtsprechung vorbehalten bleibt.[542] Wegen der ausschließlich betriebsverfassungsrechtlichen Zugehörigkeit zum Verleiherbetrieb handelt es sich aber nur um Hilfszuständigkeiten des Entleiherbetriebsrats, die immer dann bestehen, wenn der Verleiherbetriebsrat als für den unechten Leiharbeitnehmer primär zuständiges Organ im Hinblick auf die Erbringung der Arbeitsleistung im Entleiherbetrieb entsprechende Mitbestimmungsrechte oder Aufgaben nicht erfüllen kann, deren

---

541 A.A. *Boemke*, § 14 AÜG Rdnr. 53; *Schüren*, § 14 AÜG Rdnr. 23 ff., 30.

542 BT-Drucks. 9/847, S. 9; BAG vom 15.12.1992, AP Nr. 7 zu § 14 AÜG = RdA 1993, 128 = NZA 1993, 513 = EzA § 14 AÜG Nr. 3; *Becker/Wulfgramm*, Art. 1 § 14 AÜG Rdnr. 95; *Schüren*, § 14 AÜG Rdnr. 122.

Wahrnehmung aber dennoch zum Schutz der Leiharbeitnehmer im Entleiherbetrieb notwendig sind. Die Eröffnung derartiger Zuständigkeiten des Entleiherbetriebsrats bzw. von Mitbestimmungsrechten erfolgt wegen des „Ausfüllungs- und Erweiterungsauftrags des Gesetzgebers" im Wege der Analogie. Daneben können dem Entleiherbetriebsrat aber auch zum Schutz der Stammbelegschaft des Entleiherbetriebs vor Gefahren infolge der Leiharbeit originär betriebsverfassungsrechtliche Zuständigkeiten erwachsen. So kann der Entleiherbetriebsrat durch unmittelbaren Rückgriff auf das Gesetz und damit ohne Analogie seine Mitbestimmungsrechte wahrnehmen, wenn durch die Leiharbeit beispielsweise die Verteilungsgerechtigkeit im Entleiherbetrieb berührt ist und daher die dortigen Stammarbeitnehmer betroffen werden.
Aus diesem Grund können die betriebsverfassungsrechtlichen Zuständigkeiten im Hinblick auf die Leiharbeit für den Entleiherbetriebsrat im Wege direkter oder analoger Gesetzesanwendung begründet werden.

Durch die Zuständigkeit beider Betriebsräte für unechte Leiharbeitnehmer kann es z.T. dazu kommen, dass sich sowohl für den Verleiherbetriebsrat als auch für den Entleiherbetriebsrat die gleichen Zuständigkeiten in Form von Mitbestimmungsrechten in Bezug auf unechte Leiharbeitnehmer eröffnen und daher im Einzelfall eine Art „Doppelzuständigkeit" der Betriebsräte besteht. Diese Doppelzuständigkeiten führen nur scheinbar zu einer Zuständigkeitsüberschneidung von Ver- und Entleiherbetriebsrat, weil sich die Zuständigkeit des jeweiligen Betriebsrats nur auf einen Teilausschnitt des Mitbestimmungsrechts erstreckt und die Zuständigkeit des jeweils anderen Betriebsrats nicht betroffen wird. Dadurch werden Zuständigkeitskonflikte von vornherein vermieden.

Im Folgenden werden in der Reihenfolge der Bedeutung der Mitbestimmung für den Betriebsrat die Beteiligungsrechte des Betriebsrats im Entleiherbetrieb untersucht, bestehende Doppelzuständigkeiten aufgezeigt und deren konfliktfreie Überschneidung bei dem jeweiligen Beteiligungsrecht dargelegt.

I. Mitbestimmung in personellen Angelegenheiten, §§ 92 - 105 BetrVG

Die Mitbestimmung in personellen Angelegenheiten teilt sich durch § 14 Abs. 3 AÜG in solche Tatbestände, die durch § 14 Abs. 3 AÜG ausdrücklich hervorgehoben werden und solchen, die erst mittels des Gesetzeszwecks und der Schutzbedürftigkeit von unechten Leiharbeitnehmer und der Stammarbeitnehmer des Entleihers begründet werden. Die Reihenfolge der Prüfung der Mitbestimmung in personellen Angelegenheiten für den Entleiherbetriebsrat erfolgt entsprechend dieser Besonderheit.

1. Die Übernahme von unechten Leiharbeitnehmern, § 14 Abs. 3 AÜG i.V.m. § 99 BetrVG

Durch § 14 Abs. 3 AÜG wird dem Betriebsrat bei der Einstellung von unechten Leiharbeitnehmern als bedeutendste personelle Einzelmaßnahme hinsichtlich von Leiharbeit im Entleiherbetrieb das Mitbestimmungsrecht nach § 99 BetrVG gewährt und damit die vorherige Rechtsprechung[543] und überwiegende Literatur[544] nachvollzogen.

a) Umfang der Verweisung von § 14 Abs. 3 S. 1 AÜG

§ 14 Abs. 3 S. 1 AÜG verweist allgemein für die Übernahme von Leiharbeitnehmern auf § 99 BetrVG, ohne den Umfang des auf diese Weise eröffneten Mitbestimmungsrechts für den Entleiherbetriebsrat zu bestimmen, so dass der Umfang der Verweisung anhand ihres Zwecks zu ermitteln ist. Mit der Verweisung soll der Entleiherbetriebsrat in die Lage versetzt werden, in allen Angelegenheiten, die das Mitbestimmungsrecht nach § 99 BetrVG auslösen und deshalb vom Grundsatz her die Interessen der Stammbelegschaft berühren können, zum Schutze der Stammarbeitnehmer bei den personellen Einzelmaßnahme des Betriebsinhabers mitzuwirken.
Daraus folgt, dass nur nach der ratio legis Einschränkungen dieses Mitbestimmungstatbestandes vorzunehmen sind. Weiterhin folgt daraus, dass die Verweisung weder auf die Ein- noch auf die Umgruppierung i.S.v. § 99 Abs. 1 BetrVG anwendbar ist, da diese Entgeltfragen betreffenden Tatbestände im Verhältnis Entleiher und unechtem Leiharbeitnehmer keine Rolle spielen und ausschließlich das Leiharbeitsverhältnis betreffen. Im Übrigen wird die Versetzung unechter Leiharbeitnehmer innerhalb des Entleiherbetriebs nicht erfasst, weil nach der Verweisung von § 14 Abs. 3 S. 1 AÜG der Entleiherbetriebsrat bei der Übernahme unechter Leiharbeitnehmer zu beteiligen ist und eine Versetzung einer Übernahme zeitlich erst nachfolgen kann.
Die Überlassung von unechten Leiharbeitnehmern ist demgemäß als Einstellung nach § 99 Abs. 1 BetrVG aufzufassen und ist folglich durch die Verweisung von § 14 Abs. 3 S. 1 AÜG der zur Mitbestimmung im Entleiherbetrieb einzige direkte Anknüpfungstatbestand.

Inwieweit die konkreten Voraussetzungen des Mitbestimmungstatbestandes von § 99 BetrVG für die Beteiligung des Entleiherbetriebsrats vorliegen müssen, hängt davon ab, ob § 14 Abs. 3 S. 1 AÜG als Rechtsfolgen- oder als Rechtsgrundverweisung eingeordnet wird,[545] denn bei einer Einordnung als Rechtsfolgenverweisung kommt es

---

543 Vgl. nur BAG vom 14.05.1974, AP Nr. 2 zu § 99 BetrVG 1972 = BAGE 26, 149 = RdA 1974, 255 = NJW 1974, 1966; BAG vom 14.05.1974, AP Nr. 2 zu § 99 BetrVG 1972 = BAGE 26, 149 = RdA 1974, 255 = NJW 1974, 1966; BAG vom 06.06.1978, AP Nr. 6 zu § 99 BetrVG = RdA 1978, 400 = SAE 1979, 1.

544 *Becker*, NJW 1974, 1967; *Fitting*, § 99 BetrVG Rdnr. 53 (13. Aufl.); GK-*Kraft*, § 99 BetrVG Rdnr. 19 (2. Aufl.); *Ramm*, DB 1973, 1170, 1174; *Richardi*, § 99 BetrVG Rdnr. 49; *Schaub*, Arbeitsrecht, § 120 VI 3 (4. Aufl.).

545 Vgl. zum Streitstand nur *Schüren*, § 14 AÜG Rdnr. 125 m.w.N.

nur auf die tatbestandlichen Voraussetzungen der Verweisungsnorm an und die Rechtsfolge wird aus der verwiesenen Rechtsvorschrift entliehen, während bei einer Rechtsgrundverweisung der verwiesenen Norm erst dann die Rechtsfolge entnommen werden kann, wenn auch deren Tatbestandsvoraussetzungen vorliegen.
Diese Problematik besteht auch noch nach der Änderung von § 99 BetrVG,[546] durch welche es nunmehr auf eine Bezugnahme auf das gesamte Unternehmen und nicht mehr nur auf den konkreten Betrieb ankommt, denn hierdurch bleibt ungelöst, ob die Mitbestimmung nach § 99 BetrVG entweder in jedem Fall der Arbeitnehmerüberlassung oder erst durch Überlassungen in Entleihunternehmen mit entsprechender Beschäftigtenzahl ausgelöst wird.

Dem Wortlaut von § 14 Abs. 3 S. 1 AÜG ist für die Beantwortung dieser Frage keine Präferenz weder für eine Rechtsfolgen- noch für eine Rechtsgrundverweisung zu entnehmen. Verschiedentlich wird angenommen, dass der Gesetzgeber für eine Rechtsgrundverweisung eine entsprechende oder sinngemäße Anwendbarkeit von § 99 BetrVG hätte anordnen müssen.[547] Doch ist dieses Argument schon allein deshalb nicht überzeugend, weil der Gesetzgeber häufig in Verweisungen den identischen Wortlaut sowohl für eine Rechtsfolgenverweisung als auch für eine Rechtsgrundverweisung benutzt.[548] Auch führt die Untersuchung der Gesetzesgeschichte zu keinem eindeutigen Ergebnis, da der Gesetzgeber sich bei der Schaffung von § 14 Abs. 3 S. 1 AÜG an einer Entscheidung des BAG[549] zu einem Großbetrieb orientierte und daher die Betriebs- bzw. Unternehmensgröße irrelevant war.[550] Somit kommt es auf den Sinn und Zweck von § 14 Abs. 3 S. 1 AÜG i.V.m. § 99 BetrVG an und welches Verständnis von § 14 Abs. 3 S. 1 AÜG dieser Regelung am besten gerecht wird. Die nach dem Gesetz mit der Übernahme eines unechten Leiharbeitnehmers vergleichbare Einstellung eines Arbeitnehmers berührt die Interessen, insbesondere das Interesse an der Erhaltung des Arbeitsplatzes, der Arbeitnehmer des Entleiherunternehmens.[551] Das Erhaltungsinteresse des Stammarbeitnehmers ist unabhängig von der Unternehmensgröße bei jeder Einstellung betroffen und doch hat der Gesetzgeber mit der Voraussetzung von zwanzig wahlberechtigten Arbeitnehmern bewusst eine quantitative Grenze gezogen, an der er nach der Umstellung der Bezugsgröße vom Betrieb auf das gesamte Unternehmen festgehalten hat.[552]

546 Geändert durch BetrVG-Reformgesetz vom 23.07.2001, BGBl. I, S. 1852.

547 *Erdlenbruch*, S. 181; *Schüren*, § 14 AÜG Rdnr. 128.

548 Vgl. einerseits § 684 S. 1 BGB als Rechtsfolgenverweisung und andererseits § 951 Abs. 1 S. 1 BGB als Rechtsgrundverweisung; Palandt-*Sprau*, § 684 BGB Rdnr. 1 und Palandt-*Bassenge*, § 951 BGB Rdnr. 2.

549 BAG vom 14.05.1974, AP Nr. 2 zu § 99 BetrVG 1972 = BAGE 26, 149 = RdA 1974, 255 = SAE 1975, 145.

550 *Schüren*, § 14 AÜG Rdnr. 127.

551 Vgl. hierzu die Zustimmungsverweigerungsgründe nach § 99 Abs. 2 Nr. 3 und 4 BetrVG.

552 BT-Drucks. 14/5741, S. 50.

Folglich kann bei der Übernahme von unechten Leiharbeitnehmern von dieser Grenze nur dann abgesehen und die Verweisung von § 14 Abs. 3 S. 1 AÜG als eine Rechtsfolgenverweisung verstanden werden, wenn sich die Hereinnahme von unechten Leiharbeitnehmern schwerwiegender auf die Interessen der Stammbelegschaft im Entleiherunternehmen auswirkt, als die Einstellung von regulären Arbeitnehmern. Allerdings sind bei diesem Vergleich nicht einfach alle zur Einstellung vorgesehenen Arbeitnehmer den unechten Leiharbeitnehmern gegenüberzustellen, da bei der Leiharbeit ansonsten die Tatsache der regelmäßig nur vorübergehenden Tätigkeit im Drittunternehmen nicht hinreichend beachtet würde.[553] Mithin können nur zur Einstellung vorgesehene Arbeitnehmer mit einem befristeten Arbeitsverhältnis mit unechten Leiharbeitnehmern verglichen werden. Insoweit sind aber keine Umstände dafür erkennbar, dass die Beschäftigung unechter Leiharbeitnehmer die Interessen der Arbeitnehmer des Entleiherunternehmens stärker oder nachhaltiger berührt als die von Arbeitnehmern mit befristeten Arbeitsverträgen. Im Gegensatz zu unechten Leiharbeitnehmern sind befristet Beschäftigte stets in den Entgeltrahmen des Entleiherunternehmens einbezogen und wegen ihrer ausschließlichen Zugehörigkeit zum Entleiherunternehmen kommen für sie auch alle betrieblichen sozialen Einrichtungen und Leistungen in Betracht, die an das Vertragsverhältnis anknüpfen. Überdies verringert sich der betriebswirtschaftliche Kostenvorteil unechter Leiharbeitnehmer gegenüber Stammarbeitnehmern des Entleihers wegen des in § 3 Abs. 1 Nr. 3 AÜG niedergelegten „equal-pay"-Grundsatzes, so dass auch aus diesem Grund unechte Leiharbeitnehmer die Interessen von Stammarbeitnehmern des Entleihers nicht stärker betreffen als Arbeitnehmer mit einem befristeten Arbeitsverhältnis. Jedenfalls werden die Interessen der Stammarbeitnehmer durch Leiharbeit nicht stärker beeinträchtigt als durch jede andere Einstellung von Arbeitnehmern im Entleiherbetrieb.
Folglich erfordert auch nicht der Schutzzweck von § 14 Abs. 3 S. 1 i.V.m. § 99 BetrVG eine Ausweitung des Mitbestimmungsrechts über die ansonsten nach § 99 BetrVG geltende Grenze von mindestens zwanzig regelmäßigen Arbeitnehmern des Unternehmens, so dass nach teleologischen Gesichtspunkten keinerlei Anhaltspunkte für ein Verständnis von § 14 Abs. 3 S. 1 AÜG als Rechtsfolgenverweisung verbleiben.
Mithin hat der Entleiherbetriebsrat bei der Überlassung unechter Leiharbeitnehmer im Entleiherunternehmen dann das Mitbestimmungsrecht nach § 99 BetrVG, wenn im Entleiherunternehmen mehr als zwanzig wahlberechtigte Arbeitnehmer beschäftigt sind.[554]

---

553 So aber *Erdlenbruch*, S. 182; *Schüren*, § 14 AÜG Rdnr. 128 AÜG.

554 I. E. *Erdlenbruch*, S. 182; *Schüren*, § 14 AÜG Rdnr. 128 AÜG; a.A. *Becker/Wulfgramm*, Art. 1 § 14 AÜG Rdnr. 96; ErfK-*Wank*, § 14 AÜG Rdnr. 19 f.; *Sandmann/Marschall*, § 14 AÜG Rdnr. 16; *Ulber*, § 14 AÜG Rdnr. 134.

b) Die Voraussetzungen des Beteiligungsrechts nach § 14 Abs. 3 S. 1 AÜG i.V.m. § 99 BetrVG

Neben der Voraussetzung von mehr als zwanzig wahlberechtigten Arbeitnehmern im Entleiherbetrieb muss auch eine Übernahme eines unechten Leiharbeitnehmers zur Arbeitsleistung nach § 14 Abs. 3 AÜG vorliegen. Unter Einstellung i.S.v. § 99 Abs. 1 BetrVG, der die Übernahme gleichgestellt ist,[555] wurde zunächst verstanden, dass es sich hierbei sowohl um die Begründung eines Arbeitsverhältnisses als auch um die nicht notwendig zeitlich damit zusammentreffende tatsächliche Beschäftigungsaufnahme in einem bestimmten Betrieb handeln kann.[556] Maßgeblich ist der zeitlich erste Vorgang,[557] so dass der regelmäßig der Arbeitsaufnahme vorausgehende Vertragsabschluss das die Mitbestimmung des Betriebsrats auslösende Ereignis darstellt, wenngleich auch ausnahmsweise eine tatsächliche Beschäftigung vor Abschluss eines formellen Vertrages denkbar ist. Deshalb löst auch der vorhergehende Abschluss des Überlassungsvertrages zwischen Verleiher und Entleiher trotz fehlender tatsächlicher Arbeitsaufnahme des unechten Leiharbeitnehmers bereits zu diesem Zeitpunkt das Mitbestimmungsrecht des Entleiherbetriebsrats nach § 99 BetrVG aus,[558] denn ein Abstellen auf den Zeitpunkt der tatsächlichen Übernahme würde dem Zweck des § 99 BetrVG nicht gerecht, die Zustimmung des Betriebsrats zu der geplanten Maßnahme einzuholen.

Eine Einstellung muss aber auch dann bejaht werden, wenn nur eine weisungsabhängige tatsächliche Beschäftigung im Betrieb erfolgt,[559] der Abschluss des Arbeitsvertrages ist mithin entbehrlich. Nur mit dieser Deutung der Einstellung lassen sich die Interessen der Stammarbeitnehmer effektiv wahrnehmen, wenn Personen zur Arbeitsleistung in die Betriebssphäre eintreten, obwohl zwischen ihnen und dem Arbeitgeber kein Arbeitsvertrag besteht und seine Begründung nicht gewollt ist.

Danach stellt auch die bloße faktische Beschäftigung von unechten Leiharbeitnehmern eine Einstellung nach § 99 Abs. 1 BetrVG dar und löst das Mitbestimmungsrecht des Entleiherbetriebsrats aus.[560]

---

555 Vgl. nur HaKo-*Kreuder*, § 99 BetrVG Rdnr. 8 f.

556 BAG vom 14.05.1974, AP Nr. 2 zu § 99 BetrVG 1972 = BAGE 26, 149 = RdA 1974, 255 = SAE 1975, 145; BAG vom 02.07.1980, AP Nr. 5 zu § 101 BetrVG 1972 = RdA 1980, 348 = SAE 1982, 149 = ArbuR 1980, 378; *Fitting*, § 99 BetrVG Rdnr. 30; GK-*Kraft*, § 99 BetrVG Rdnr. 20; Hess/Schlochauer/Glaubitz-*Schlochauer*, § 99 BetrVG Rdnr. 15; *Stege/Weinspach*, §§ 99 – 101 BetrVG Rdnr. 12 ff.

557 BAG vom 28.04.1992, AP Nr. 98 zu § 99 BetrVG 1972; *Fitting*, § 99 BetrVG Rdnr. 32.

558 A.A. *Erdlenbruch*, S. 183; MünchArbR-*Marschall*, § 168 Rdnr. 103; *Schüren*, § 14 AÜG Rdnr. 131.

559 BAG vom 20.03.1990, AP Nr. 79 zu § 99 BetrVG 1972 = BAGE 64, 254 = RdA 1990, 255 = NZA 1990, 699; BAG vom 30.08.1994, AP zu § 99 BetrVG 1972 Einstellung Nr. 6 = RdA 1995, 182 = NZA 1995, 649 = SAE 1995, 293.

560 *Schaub*, Arbeitsrecht, § 241 II 1.

Aufgrund des erweiterten Verständnisses bzgl. des Begriffs der Einstellung hat die Verweisung von § 14 Abs. 3 S. 1 AÜG heute keine Rechtswirkung mehr, sollte aber, um Missverständnissen vorzubeugen, zu § 99 Abs. 1 BetrVG mitzitiert werden.[561] Wird § 14 Abs. 3 S. 1 AÜG hingegen als Rechtsfolgenverweisung eingestuft,[562] so besitzt diese Rechtsnorm nach wie vor Verweisungsfunktion.
Mithin wird schon allein durch die Übernahme als tatsächliche Erbringung der Arbeitsleistung ohne wirksame Vertragsgrundlage im Entleiherbetrieb dem Betriebsrat der Mitbestimmungstatbestand nach § 14 Abs. 3 S. 1 AÜG i.V.m. § 99 BetrVG eröffnet.

c) Die Unterrichtungspflicht des Entleihers, § 14 Abs. 3 AÜG i.V.m. § 99 Abs. 1 BetrVG

Die Unterrichtungspflicht des Entleihers und deren Reichweite gegenüber dem Entleiherbetriebsrat bestimmt sich nach § 99 Abs. 1 BetrVG, wobei insoweit Besonderheiten zu beachten sind, als im Hinblick auf den Abschluss des Arbeitsvertrages gewährte Unterrichtungspflichten nicht greifen können,[563] da kein Arbeitsvertrag zwischen dem unechten Leiharbeitnehmer und dem Entleiher abgeschlossen wird.
Hiernach hat der Entleiher den Entleiherbetriebsrat zunächst über die Übernahme eines Leiharbeitnehmers zu unterrichten und dabei Angaben über Anzahl, Qualifikation, Einsatztermin, vorgesehene Arbeitsplätze sowie die Auswirkungen auf den Betrieb zu machen.[564]

Zu den in diesem Zusammenhang vorzulegenden Unterlagen gehören keine Bewerbungsunterlagen, da unechte Leiharbeitnehmer sich nicht um einen Arbeitsplatz beim Entleiher bewerben. Das gleiche gilt für den Leiharbeitsvertrag zwischen Verleiher und unechtem Leiharbeitnehmer, auf den der Entleiher selbst schon keine Zugriffsmöglichkeit hat. Dagegen ist dem Entleiherbetriebsrat der Überlassungsvertrag vorzulegen,[565] um ihm auf diese Weise die erforderlichen Angaben zu verschaffen. Gegen die Vorlage des Überlassungsvertrages wird sich der Entleiher weiterhin deshalb nicht wehren können, da in dem Überlassungsvertrag regelmäßig die schriftliche Erklärung des Verleihers über das Bestehen einer Überlassungserlaubnis ge-

---

561 Damit hat § 14 Abs. 3 AÜG genauso wenig Bedeutung für die Anwendung von § 99 BetrVG wie § 440 BGB a.F. für § 325 BGB a.F.

562 *Ulber*, § 14 AÜG Rdnr. 134 m.w.N.

563 *Becker/Wulfgramm*, Art. 1 § 14 AÜG Rdnr. 97; *Fitting*, § 99 BetrVG Rdnr. 55; *Hunold*, BB 1976, 648, 650 f.; *Schüren*, § 14 AÜG Rdnr. 140; *Ulber*, § 14 AÜG Rdnr. 148 f.

564 LAG Köln vom 12.06.1987, DB 1987, 2106 = EzAÜG § 14 AÜG Betriebsverfassung Nr. 12; *Hunold*, BB 1976, 648, 651 f.; *Schüren*, § 14 AÜG Rdnr. 141 ff.; *Ulber*, § 14 AÜG Rdnr. 156 f.

565 BAG vom 06.06.1978, AP Nr. 6 zu § 99 BetrVG 1972 = EzA § 99 BetrVG 1972 Nr. 19 = RdA 1978, 400 = SAE 1979, 1; LAG Niedersachsen EzAÜG Nr. 349; *Becker*, ArbuR 1982, 369, 375; *Becker/Wulfgramm*, Art. 1 § 14 AÜG Rdnr. 97; *Erdlenbruch*, S. 186; *Frerichs/Möller/Ulber*, Leiharbeit, S. 70; *Löwisch/Kaiser*, § 99 BetrVG Rdnr. 35; MünchArbR-*Marschall*, § 168 Rdnr. 112; *Plander*, AiB 1990, 19, 23; *Ulber*, § 14 AÜG Rdnr. 149.

mäß § 12 Abs. 1 S. 2 AÜG enthalten ist und diese dem Entleiherbetriebsrat vom Entleiher nach § 14 Abs. 3 S. 2 AÜG vorzulegen ist. Ferner statuiert § 14 Abs. 3 S. 3 AÜG die Pflicht des Entleihers, den Entleiherbetriebsrat über Mitteilungen des Verleihers bezüglich des Wegfalls der Erlaubnis und des dadurch voraussichtlichen Endes der Abwicklung in Kenntnis zu setzen.

d) Die Zustimmungsverweigerung, § 99 Abs. 2 BetrVG

aa) Die Zustimmungsverweigerungsgründe, § 99 Abs. 2 Nr. 1- 6 BetrVG

§ 99 Abs. 2 Nr. 1 – 6 BetrVG enthält diejenigen Gründe, nach denen der Entleiherbetriebsrat seine Zustimmung zur Überlassung unechter Leiharbeitnehmer verweigern kann, da § 14 Abs. 3 S. 1 AÜG uneingeschränkt auf § 99 BetrVG verweist.

Nach § 99 Abs. 2 Nr. 1 BetrVG kann der Entleiherbetriebsrat seine Zustimmung zur Überlassung verweigern, wenn durch die Überlassung[566] gegen ein Gesetz, einen Tarifvertrag, eine Betriebsvereinbarung, eine Gerichtsentscheidung oder eine behördliche Anordnung verstoßen würde. Im Vordergrund stehen hier vor allem denkbare Verstöße gegen Vorschriften des Arbeitnehmerüberlassungsgesetzes wie z.B. durch die fehlende Erlaubnis zur Überlassung i.S.v. § 1 Abs. 1 S. 1 AÜG oder die Nichteinhaltung der Bedingungen der Überlassungserlaubnis nach § 3 Abs. 1 Nr. 1 - 3 AÜG.

Auch soweit die Überlassung von unechten Leiharbeitnehmern im Entleiherbetrieb gegen eine Auswahlrichtlinie nach § 95 BetrVG verstößt, kann der Entleiherbetriebsrat seine Zustimmung zu der entsprechenden Überlassung nach § 99 Abs. 2 Nr. 2 BetrVG verweigern. Auswahlrichtlinien hinsichtlich der Umgruppierungen und Kündigungen kommen jedoch nicht in Betracht, denn diese setzen ein Arbeitsvertrag zum Betriebsinhaber voraus und ein solches besteht zwischen unechten Leiharbeitnehmern und dem Entleiher gerade nicht. Stattdessen sind Richtlinien über die personelle Auswahl bei Einstellungen und bei Versetzungen denkbar. Sie dienen der Transparenz von personellen Angelegenheiten[567] und können auch die Hereinnahme von unechten Leiharbeitnehmern reglementieren, indem sie beispielsweise festlegen, unter welchen Voraussetzungen diese im Betrieb tätig werden können, um hierdurch die Interessen der Stammbelegschaft zu wahren.[568]

Ferner stellt die Benachteiligung von Stammarbeitnehmern des Entleihers infolge der Überlassung von unechten Leiharbeitnehmern einen der wichtigsten Zustimmungs-

---

566 Die Verletzung der Vorschriften muss durch die Überlassung als solche erfolgen, BAG vom 28.09.1988, AP Nr. 60 zu § 99 BetrVG 1972 = BAGE 59, 380 = RdA 1989, 129 = NZA 1989, 358 = JuS 1989, 677; BAG vom 14.11.1989, AP Nr. 77 zu § 99 BetrVG 1972 = BAGE 63, 226 = NZA 1990, 368 = SAE 1990, 192; *Fitting*, § 99 BetrVG Rdnr. 55; Hess/Schlochauer/Glaubitz-*Schlochauer*, § 99 BetrVG Rdnr. 109.

567 Vgl. *Fitting*, Vorbem. § 95 BetrVG Rdnr. 1.

568 Im Einzelnen *Bachner*, NZA 1994, 1063, 1069; *Ulber*, § 14 AÜG Rdnr. 168 a.

verweigerungsgründe für den Entleiherbetriebsrat nach § 99 Abs. 2 Nr. 3 BetrVG dar. Je stärker Leiharbeit nicht nur als ein Element der flexiblen Personalplanung in Fällen von Produktionsspitzen oder Fachkräfteknappheit, sondern als betriebswirtschaftlich vorteilhafte Möglichkeit in Form von geringeren Kosten verbunden mit einer Risikoverlagerung (z.B. Entgeltfortzahlungen ohne Arbeitsleistung) auf den Verleiher praktiziert wird und dadurch die Gefahr der Erosion der Stammbelegschaft besteht,[569] desto mehr gewinnt dieser Verweigerungsgrund an Bedeutung.[570] Selbst wenn sich die Hereinnahme von unechten Leiharbeitnehmern in den Betrieb als eine von der Mitbestimmung des Entleiherbetriebsrats nicht erfasste freie Unternehmerentscheidung darstellt,[571] so hat der Entleiherbetriebsrat aber dann, wenn Nachteile für die Stammbelegschaft infolge der Überlassung, wie z.B. der Kündigung von Stammarbeitnehmern, drohen, das Zustimmungsverweigerungsrecht nach § 99 Abs. 2 Nr. 3 BetrVG. Als zu weitgehend muss aber die Auffassung zurückgewiesen werden, die einen zur Zustimmungsverweigerung berechtigenden Umstand schon allein in der Hereinnahme von unechten Leiharbeitnehmern in den Betrieb und der dadurch eintretenden Teilung von im Betrieb Beschäftigten mit und ohne Betriebszugehörigkeit sehen will,[572] denn die Teilung in Betriebszugehörige und Betriebsfremde ist vom Gesetzgeber mit § 14 Abs. 1 AÜG vorgenommen worden und kann nicht für den Betriebsrat in jedem Fall der Übernahme von unechten Leiharbeitnehmern ein Zustimmungsverweigerungsrecht auslösen.

Den Zustimmungsverweigerungsgrund gemäß § 99 Abs. 2 Nr. 4 BetrVG kann der Entleiherbetriebsrat dann vorbringen, wenn unechte Leiharbeitnehmer im Entleiherbetrieb ohne betriebliche oder in ihrer Person liegende Gründe benachteiligt würden. Eine unterschiedliche Vergütung oder verschiedene Arbeitsbedingungen von unechten Leiharbeitnehmern und Stammarbeitnehmern ist aber nach der gesetzlichen Ausgestaltung der Leiharbeit[573] bis zur Dauer von sechs Wochen zugelassen, wenn der überlassene unechte Leiharbeitnehmer zuvor arbeitslos war und der Verleiher mindestens ein Nettoarbeitsentgelt in Höhe des Betrages zahlt,[574] das er zuletzt als Arbeitslosengeld erhalten hat, oder wenn ein für den Verleiher und den unechten Leiharbeitnehmer geltender Tarifvertrag abweichende Regelungen zulässt, so dass folglich nur solche Benachteiligungen von unechten Leiharbeitnehmern gegenüber

---

569 BT-Drucks. 14/5741, S. 1, 24.

570 Dies gilt trotz des „equal-pay"-Grundsatzes in § 3 Abs. 1 Nr. 3 AÜG wegen der gegebenen Ausnahmemöglichkeiten wie z.B. durch einen abweichenden Tarifvertrag.

571 BAG vom 05.03.1991, AP Nr. 90 zu § 99 BetrVG 1972 = RdA 1991, 318 = NZA 1991, 686 = SAE 1992, 226; BAG vom 05.05.1992, AP Nr. 97 zu § 99 BetrVG 1972 = RdA 1992, 288 = NZA 1992, 1044.

572 So *Ulber*, § 14 AÜG Rdnr. 169, der sich hierbei auf ArbG Wiesbaden vom 23.07.1997, NZA 1998, 165 beruft.

573 Vgl. § 3 Abs. 1 Nr. 3 AÜG.

574 Zum Verständnis des Nettoarbeitsentgelts vgl. *Wank*, NZA 2003, 14, 19.

Stammarbeitnehmern vorgebracht werden können, durch die, von den dargelegten Ausnahmen abgesehen, die Grundsätze von § 75 Abs. 1 BetrVG verletzt würden.[575]

Gemäß § 99 Abs. 2 Nr. 5 BetrVG besteht für den Entleiherbetriebsrat ein Zustimmungsverweigerungsrecht zur Überlassung von unechten Leiharbeitnehmern, wenn eine Ausschreibung i.S.v. § 93 BetrVG im Betrieb unterblieben ist. Nach § 93 BetrVG hat eine solche Ausschreibung nur auf Verlangen des Betriebsrats zu erfolgen, so dass dieses Zustimmungsverweigerungsrecht von vornherein nur gegeben ist, soweit der Betriebsrat die Ausschreibung des Arbeitsplatzes verlangt hat und der Arbeitgeber dies gleichwohl unterlassen hat.[576] Durch das Verlangen zur Ausschreibung des Arbeitsplatzes soll der innerbetriebliche Arbeitsmarkt aktiviert werden,[577] da auf diesem Wege viele Mitarbeiter erst Kenntnis von einem anderen Arbeitsplatz erhalten und so die Gelegenheit haben, sich hierauf zu bewerben.[578] Sofern die Aufgabe und damit der Arbeitsplatz durch einen Werkvertragsarbeitnehmer eines Drittunternehmens künftig besetzt wird, ist eine Ausschreibung nach § 93 BetrVG nicht erforderlich,[579] da dies eine freie Unternehmerentscheidung darstellt. Fraglich ist aber, ob der Arbeitgeber zur Ausschreibung von Arbeitsplätzen verpflichtet werden kann, die er ausschließlich mit unechten Leiharbeitnehmern und hierdurch ebenfalls nur mit Arbeitnehmern eines Dritten besetzen will. Zunächst ließe sich gegen eine Ausschreibungspflicht in diesen Fällen anführen, dass insoweit Übereinstimmung mit der Situation der Besetzung der Arbeitsplätze durch Werkvertragsarbeitnehmer eines Drittunternehmens besteht, als der Arbeitsplatz eben nicht durch Arbeitnehmer des Betriebsinhabers eingenommen werden können. Eine solche Betrachtung verkennt aber den Umstand, dass der Betriebsinhaber bei der Überlassung von unechten Leiharbeitnehmern und deren Einsatz in seinem Betrieb infolge des Überlassungsvertrages das Weisungsrecht gegenüber unechten Leiharbeitnehmern erhält und folglich die Personalhoheit anders als bei der Besetzung der Arbeitsplätze mit Werkvertragsarbeitnehmern von Drittunternehmen nicht beim Verleiher liegt. Ein weiteres Argument für die Pflicht zur Ausschreibung des Arbeitsplatzes in Fällen geplanter Leiharbeit liegt in dem Umstand begründet, dass die Überlassung als solche nach § 14 Abs. 3 S. 1 AÜG i.V.m. § 99 BetrVG mitbestimmungspflichtig ist. Immer dann, wenn es sich um Arbeitsplätze handelt, deren Besetzung die Mitbestimmung nach § 99 BetrVG zum Schutz der Stammbelegschaft auslöst, muss der Betriebsrat die Ausschreibung verlangen können, da die Ausschreibungspflicht wiederum selbst

575 Zur Verletzung derartiger Grundsätze vgl. *Schüren*, § 14 AÜG Rdnr. 179.

576 BAG vom 07.11.1977, AP Nr. 1 zu § 100 BetrVG 1972 = BAGE 29, 345 = RdA 1978, 128 = NJW 1978, 848.

577 BR-Drucksache 715/70, S. 32, 50.

578 BAG vom 23.02.1988, AP Nr. 2 zu § 93 BetrVG 1972 = NZA 1988, 551 =EzA § 93 BetrVG 1972 Nr. 3.

579 BAG vom 27.07.1993, AP Nr. 3 zu § 93 BetrVG 1972 = NZA 1994, 92 = EzA § 99 BetrVG 1972 Nr. 115.

nicht den Interessen Außenstehender, sondern allein den Interessen der vom Betriebsrat vertretenen Arbeitnehmerschaft dient. Danach hat der Arbeitgeber selbst bei beabsichtigter Nichtberücksichtigung von Arbeitnehmern seines Betriebs und der Besetzung des Arbeitsplatzes durch unechte Leiharbeitnehmer die Ausschreibung nach § 93 BetrVG vorzunehmen.[580]
Soweit der Entleiherbetriebsrat die Ausschreibung bei der Leiharbeit verlangen kann, hat er konsequenterweise das Zustimmungsverweigerungsrecht gemäß § 99 Abs. 2 Nr. 5 BetrVG, wenn diese Pflicht verletzt wird.[581]

Schließlich kann der Entleiherbetriebsrat die Zustimmung zur Überlassung unechter Leiharbeitnehmer verweigern, wenn dadurch eine Störung des Betriebsfriedens zu befürchten steht, § 99 Abs. 2 Nr. 6 BetrVG. Dieses Zustimmungsverweigerungsrecht hat keine Bedeutung, denn die Auswahl derjenigen Arbeitnehmer, die im Entleiherbetrieb zum Einsatz kommen, liegt beim Verleiher, der sich im Überlassungsvertrag nur zur Überlassung von entsprechend den Anforderungen des Entleihers qualifizierten Arbeitnehmern verpflichtet. Nur dann, wenn die Person des unechten Leiharbeitnehmers schon vor der Überlassung bekannt ist und bei diesem die begründete Besorgnis der Störung des Betriebsfriedens besteht, kann der Entleiherbetriebsrat sich auf § 99 Abs. 2 Nr. 6 BetrVG berufen.[582] Dass der Betriebsfrieden möglicherweise durch die Leiharbeit als solche gestört wird, ist hinsichtlich des konkreten Arbeitnehmerbezuges in § 99 Abs. 2 Nr. 6 BetrVG für das Zustimmungsverweigerungsrecht nicht ausreichend.[583]

bb) Rechtsfolgen der Mitbestimmung bei der Überlassung von unechten Leiharbeitnehmern nach § 14 Abs. 3 S. 1 AÜG i.V.m. § 99 BetrVG

Für den Entleiherbetriebsrat gibt es zwei Alternativen, auf die Unterrichtung des Entleihers nach § 99 Abs. 3 BetrVG zu reagieren:[584] Zum einen kann er der personellen Einzelmaßnahme des Arbeitgebers zustimmen, was bei der Leiharbeit zur betriebsverfassungsrechtlichen Rechtmäßigkeit der Überlassung von unechten Leiharbeitnehmern führt. Zum anderen kann der Entleiherbetriebsrat die Zustimmung zur Überlassung unechter Leiharbeitnehmer verweigern, soweit ein Verweigerungsgrund nach § 99 Abs. 2 Nr. 1 – 6 BetrVG vorliegt. Will der Arbeitgeber trotz der Zustimmungsverweigerung an der geplanten personellen Einzelmaßnahme festhalten, kann er gemäß § 99 Abs. 4 BetrVG beim Arbeitsgericht beantragen, die Zustimmung zu ersetzen. Schließlich sieht § 99 Abs. 3 S. 2 BetrVG eine Zustimmungsfiktion für den

580 BAG vom 14.05.1974, AP Nr. 2 zu § 99 BetrVG 1972 = BAGE 26, 149 = RdA 1974, 255 = NJW 1974, 1071; MünchArbR-*Marschall*, § 168 Rdnr. 124; *Schüren*, § 14 AÜG Rdnr. 180.

581 *Schüren*, § 14 AÜG Rdnr. 180; *Ulber*, § 14 AÜG Rdnr. 178.

582 Dies ist beispielsweise bei wiederholter Überlassung desselben Leiharbeitnehmers denkbar.

583 So auch *Schüren*, § 14 AÜG Rdnr. 182.

584 Vgl. zu den Einzelheiten Hess/Schlochauer/Glaubitz-*Schlochauer*, § 99 BetrVG Rdnr. 138 ff.; *Stege/Weinspach*, §§ 99 – 101 BetrVG Rdnr. 99 ff.

Fall vor, dass der Betriebsrat seine Zustimmung nicht innerhalb von einer Woche nach seiner Unterrichtung schriftlich mitteilt.

2. Besondere Unterrichtungspflichten, § 14 Abs. 3 S. 2 und 3 AÜG

§ 14 Abs. 3 S. 2 und 3 AÜG normieren für den Entleiher für die Überlassung von unechten Leiharbeitnehmern bestimmte besondere Informationspflichten gegenüber dem Entleiherbetriebsrat.[585] Insbesondere bezwecken sie, dem Entleiherbetriebsrat die Möglichkeit zur Beurteilung des Umfangs seiner Beteiligungsrechte zu ermitteln, da diese infolge der Fiktion von § 10 Abs. 1 S. 1 AÜG bei fehlender Erlaubnis zur Arbeitnehmerüberlassung weitreichender sind als bei der legalen Arbeitnehmerüberlassung.[586]

Mit der Pflicht zur Vorlage der schriftlichen Erklärung des Verleihers, dass dieser über die zur Arbeitnehmerüberlassung erforderliche Erlaubnis nach § 1 Abs. 1 S. 1 AÜG verfügt, erhält der Entleiherbetriebsrat überdies ein politisch motiviertes Kontrollrecht, denn nicht zuletzt dient die Vorlagepflicht der Verbesserung einer wirksamen Bekämpfung der illegalen Beschäftigung.[587] Die Entleiherbetriebsräte werden auf diese Weise zu einer Stütze der Kontrollbehörde, da illegale Arbeitnehmerüberlassung infolge der fehlenden Überlassungserlaubnis ohne Kenntnis des Entleiherbetriebsrats nicht möglich ist. Zur Vervollständigung dieser Aufgaben verpflichtet § 14 Abs. 3 S. 3 AÜG den Entleiher zur Bekanntgabe aller die Erlaubnis betreffenden Änderungen nach § 12 Abs. 2 AÜG gegenüber dem Entleiherbetriebsrat, die insbesondere dann zum Tragen kommt, wenn es sich um unzuverlässige und unseriöse Verleiher handelt, welche die Erlaubnis aus den Gründen nach § 3 Abs. 1 Nr. 1 – 3 AÜG verlieren.[588]

II. Die über § 14 Abs. 3 AÜG hinausgehenden Mitbestimmungsrechte des Entleiherbetriebsrats

Nach der hier vertretenen Auffassung gehören unechte Leiharbeitnehmer betriebsverfassungsrechtlich im Hinblick auf § 14 Abs. 1 AÜG ausschließlich zum Verleiherbetrieb.[589] Danach hat § 14 Abs. 3 AÜG für die Rechte des Entleiherbetriebsrats konstitutive Wirkung. Zwar sind die dort normierten Rechte in Form von Mitwirkungsrechten nach § 14 Abs. 3 S. 1 AÜG i.V.m. § 99 BetrVG und speziellen Unterrichtungsrechten gemäß § 14 Abs. 3 S. 2 und 3 AÜG die einzigen gesetzlichen „Ein-

---

585 Vgl. insoweit BAG vom 06.06.1978, AP Nr. 6 zu § 99 BetrVG 1972 = EzA § 99 BetrVG 1972 Nr. 19 = RdA 1978, 400 = SAE 1979, 1.

586 BT-Drucks. 9/800, S. 8.

587 BT-Drucks. 9/800, S. 7.

588 ErfK-*Wank*, § 12 AÜG Rdnr. 13 f.

589 So auch ErfK-*Wank*, § 14 AÜG Rdnr. 2 f.

bruchstellen" der Leiharbeit in das Betriebsverfassungsrecht; das ließe zunächst die Folgerung zu, dass über die ausdrücklich von § 14 Abs. 3 AÜG gewährten betriebsverfassungsrechtlichen Rechte hinaus für den Entleiherbetriebsrat keine weiteren betriebsverfassungsrechtlichen Mitwirkungsrechte bestehen. Allerdings ist zu beachten, dass unechte Leiharbeitnehmer nach Aufhebung der höchstmöglichen Überlassungsdauer von 24 Monaten (§ 3 Abs. 1 Nr. 6 AÜG a.F.) demselben Entleiher theoretisch für einen sehr langen Zeitraum überlassen werden können und während dieser Zeit in die betriebliche Organisation des Entleiherbetriebs eingegliedert sind und dem Weisungsrecht des Entleihers unterliegen. Das Betriebsverfassungsgesetz bezweckt aber gerade einen Ausgleich zum Direktions- und Weisungsrecht des Arbeitgebers, der bei einem abschließenden Verständnis von § 14 Abs. 3 AÜG und mangels Betriebszugehörigkeit unechter Leiharbeitnehmer zum Entleiherbetrieb nicht zur Entfaltung gelangen würde, obwohl bei ihnen infolge des Übergangs des Direktions- und Weisungsrechts vom Verleiher auf den Entleiher ein Schutzbedürfnis besteht, das mit dem der Stammbelegschaft vergleichbar ist. Ferner hat der Gesetzgeber bei der Einfügung von Abs. 3 in § 14 AÜG selbst die nicht abschließende Natur der Regelung betont und der Rechtsprechung die bedarfsorientierte Feststellung weiterer Beteiligungsrechte übertragen.[590] Daraus darf aber nicht die generelle Anwendbarkeit des Betriebsverfassungsgesetzes in Bezug auf unechte Leiharbeitnehmer im Entleiherbetriebsrat geschlossen werden, denn insofern ist die atypische Struktur des Leiharbeitsverhältnisses zu beachten, nach der Arbeitgeber des Leiharbeitnehmers auch bei längerfristigen Überlassungen stets der Verleiher bleibt.
Folglich sind dem Entleiherbetriebsrat hinsichtlich von unechten Leiharbeitnehmern immer nur insoweit Mitwirkungs- und Mitbestimmungsrechte nach dem Betriebsverfassungsgesetz eröffnet, als der jeweilige Tatbestand an die Eingliederung in die Betriebsphäre oder das dem Entleiher übertragene Direktions- und Weisungsrecht anknüpft. Dabei ist zu berücksichtigen, dass der Entleiherbetriebsrat mangels Betriebszugehörigkeit unechter Leiharbeitnehmer zum Entleiherbetrieb nicht durch die entsprechenden Regelungen des Betriebsverfassungsgesetzes direkt mitbestimmungsberechtigt wird, sondern vielmehr anhand des Gesetzeszwecks und der Schutzbedürftigkeit die vergleichbare Interessenlage mit Stammarbeitnehmern zu untersuchen ist, um ggf. eine analoge Anwendung der jeweiligen Vorschriften des Betriebsverfassungsgesetzes zu begründen.

1. Die weiteren personellen Beteiligungsrechte

Die Mitbestimmung des Betriebsrats in personellen Angelegenheiten betrifft vor allem mit den allgemeinen personellen Angelegenheiten nach §§ 92 – 95 BetrVG und den personellen Einzelmaßnahmen gemäß §§ 99 – 105 BetrVG die Zusammensetzung

590 BT-Drucks. 14/800, S. 8.

und Struktur der Arbeitnehmerschaft im Betrieb.[591] Die Personalplanung i.S.v. § 92 BetrVG und damit die Planung von Personal nach Anzahl und Qualifikation[592] stellt die Basis für personelle Einzelmaßnahmen dar und betrifft hierdurch die Interessen der Arbeitnehmer des Betriebs: Von der Personalplanung (und den darauf aufbauenden Maßnahmen gemäß §§ 93 ff. BetrVG) hängt u.a. ab, ob der Betriebsinhaber z.B. Mehrarbeit durch Überstunden, Neueinstellungen oder durch unechte Leiharbeit bewältigt. Durch die Hereinnahme von unechten Leiharbeitnehmern können aber nicht nur kurzfristige Personalengpässe überbrückt werden: Leiharbeit als ein flexibles Personalplanungselement bietet dem Entleiher die Möglichkeit, die Beschäftigungs- und Kostenrisiken z.T. auf den Verleiher zu verlagern[593] und stellt damit potentiell ein Beschäftigungsrisiko für die Stammarbeitnehmer im Entleiherbetrieb dar.[594] Leiharbeit berührt folglich in besonderer Weise die Interessen der Stammbelegschaft des Entleihers, daher ist die Beteiligung des Entleiherbetriebsrats im Bereich der personellen Angelegenheiten über § 99 BetrVG hinaus von großer Bedeutung.

a) Allgemeine personelle Angelegenheiten, §§ 92 – 95 BetrVG

Der Betriebsrat hat im Rahmen der allgemeinen personellen Angelegenheiten abgestufte Beteiligungsrechte, die von Unterrichtungs- und Anhörungsrechten über Beratungs- bis hin zu Vorschlagsrechten reichen.[595] Durch die Möglichkeit einer den personellen Einzelmaßnahmen zeitlich vorgelagerten Beteiligung soll einerseits größere Transparenz der betrieblichen Personalwirtschaft[596] erreicht und andererseits dem Betriebsrat die Möglichkeit der Wahrung der Interessen der Arbeitnehmer z.B. durch Alternativvorschläge eingeräumt werden.[597] Die Bedeutung des Schutzes der Interessen der Arbeitnehmer, insbesondere des Bestandsinteresses ihrer Arbeitsplätze, zeigt sich nicht zuletzt in dem neuen § 92 a BetrVG, nach dem der Betriebsrat ein umfassendes Vorschlagsrecht zur Beschäftigungssicherung eingeräumt erhält.[598] Diese Ziele des Gesetzgebers werden durch die Leiharbeit als ein flexibles Element der Personalplanung betroffen, so dass sich hier für den Entleiherbetriebsrat Beteiligungsrechte ergeben.

---

591 *Richardi*, Vorbem. § 92 BetrVG Rdnr. 1, 4.

592 So Däubler/Kittner/Klebe-*Klebe*, § 92 BetrVG Rdnr. 1.

593 Ähnlich *Ulber*, § 14 AÜG Rdnr. 73.

594 *Ulber*, § 14 AÜG Rdnr. 74 f.; zur Gefahr der Erosion von Normalarbeitsverhältnissen s. BT-Drucks. 14/5741, S. 24.

595 GK-*Kraft*, Vorbem. § 92 BetrVG Rdnr. 5 f.

596 BT-Drucks. 6/1786, S. 50.

597 BR-Drucks. 715/70, S. 32.

598 Vgl. BT-Drucks. 14/5741, S. 49.

aa) Personalplanung, § 92 BetrVG

Bei der Personalplanung nach § 92 BetrVG steht die Personalbedarfsplanung[599] im Vordergrund, die häufig in Maßnahmen der Personalbeschaffung oder des Personalabbaus mündet. Unbeschadet der Tatsache, dass es sich bei der Leiharbeit um Arbeitnehmer des Verleihers handelt, stellt diese eine Form der Personalbeschaffung dar, die eine Ursache für den Abbau der Stammbelegschaft sein kann.[600]
Hierdurch wird folglich das Schutz- bzw. Bestandsinteresse der Stammarbeitnehmer berührt. Deshalb werden dem Entleiherbetriebsrat die Beteiligungsrechte auf Unterrichtung und Unterbreitung von Vorschlägen gemäß § 92 Abs. 1 und 2 BetrVG soweit eingeräumt, wie unechte Leiharbeit Gegenstand der Personalplanung ist.[601]
Zwar sind dadurch sowohl der Betriebsrat des Verleiherbetriebs als auch der des Entleiherbetriebs nach § 92 BetrVG in Bezug auf Leiharbeitnehmer zuständig. Allerdings handelt es sich nur um eine Doppelzuständigkeit der Betriebsräte, bei welcher der jeweilige Betriebsrat nur insoweit zuständig ist, wie die Leiharbeit die Personalplanung des entsprechenden Betriebs berührt, so dass Kompetenzkonflikte nicht entstehen können.

bb) Beschäftigungssicherung, § 92 a BetrVG

Nach § 92 a Abs. 1 BetrVG hat der Betriebsrat ein umfassendes Vorschlagsrecht zur Förderung und Sicherung der Beschäftigung im Betrieb, was durch die nicht abschließende Aufzählung von Satz 2 verdeutlicht wird. Darin genannt ist auch ein Vorschlagsrecht für Alternativen zur Ausgliederung von Arbeit oder ihrer Vergabe an andere Unternehmen. Dies ist Beleg dafür, dass der Gesetzgeber gerade in Fällen der Arbeitsleistung durch Drittunternehmen eine Gefahr für die Beschäftigung der Stammbelegschaft im Betrieb gesehen hat, die neben dem Outsourcing ganzer Abteilungen oder Funktionen ebenso gut in der Hereinnahme von Leiharbeit bestehen kann.

Durch das Vorschlagsrecht hat der Entleiherbetriebsrat nunmehr für den Bereich der Unternehmensführung ein Instrument, den Meinungsbildungsprozess in Angelegenheiten der Sicherung und Förderung der Beschäftigung im Betrieb in Gang zu halten,[602] die insbesondere durch Leiharbeit betroffen werden kann.
Folglich hat der Entleiherbetriebsrat in Bezug auf Leiharbeit das Mitbestimmungsrecht gemäß § 92 a Abs. 1 BetrVG.

---

599 Vgl. zu diesem Begriff *Fitting*, § 92 BetrVG Rdnr. 11; GK-*Kraft*, § 92 Rdnr. 13; *Stege/Weinspach*, § 92 BetrVG Rdnr. 10.

600 BT-Drucks. 14/5741, S. 24; *Ulber*, Einl. C AÜG Rdnr. 20.

601 So auch *Becker*, ArbuR 1982, 369, 375; *Becker/Kreikebaum*, Zeitarbeit, S. 189; *Erdlenbruch*, S. 167; *Plander*, AiB 1990, 19, 21; *Schüren*, § 14 AÜG Rdnr. 239; a.A. *Hunold*, BB 1976, 648, 651.

602 BT-Drucks. 14/5741, S. 49.

Da auch der Verleiherbetriebsrat im Rahmen der Beschäftigungssicherung nach § 92 a BetrVG im Hinblick auf unechte Leiharbeitnehmer zuständig ist,[603] besteht eine weitere Doppelzuständigkeit der Betriebsräte. Zuständigkeitskonflikte sind gleichwohl ausgeschlossen, weil der Verleiherbetriebsrat die allgemeine Aufgabe der Beschäftigungssicherung im Verleiherbetrieb und damit für die unechten Leiharbeitnehmer wahrzunehmen hat, hingegen der Entleiherbetriebsrat allein auf den Entleiherbetrieb bezogen Vorschläge über das „Ob" von Leiharbeit machen kann.

cc) Arbeitsplatzausschreibung, § 93 BetrVG

Der Betriebsrat kann gemäß § 93 BetrVG die Ausschreibung von zu besetzenden Arbeitsplätzen verlangen.[604] Dadurch wird nicht nur ein innerbetrieblicher Arbeitsmarkt geschaffen, um dort gegebene Personalressourcen nutzen zu können,[605] auf diese Weise kann ferner Unverständnis der Arbeitnehmer über die Hereinnahme Außenstehender trotz eines möglicherweise im Betrieb vorhandenen qualifizierten Angebots vermieden werden.[606] Überdies trägt § 93 BetrVG der Überlegung Rechnung, dass es oftmals unter dem sozialen Aspekt der Beschäftigungssicherung, aber auch der Sicherung einer qualifizierten Belegschaft wegen vorteilhafter ist, bei der Besetzung innerbetrieblicher freier Stellen auf Arbeitnehmer des Betriebs zurückzugreifen, als Außenstehende anzuwerben oder sich der Leiharbeit zu bedienen.[607]
Der dahinter stehende Schutzgedanke im Hinblick auf die Stammbelegschaft gebietet mithin den Entleiherbetriebsrat als berechtigt anzusehen, vor Hereinnahme von unechten Leiharbeitnehmern in den Betrieb vom Arbeitgeber eine innerbetriebliche Ausschreibung des Arbeitsplatzes nach § 93 BetrVG zu verlangen.
Wegen der ebenfalls für den Verleiherbetriebsrat bestehenden Zuständigkeit in Bezug auf unechte Leiharbeitnehmer[608] liegt innerhalb von § 93 BetrVG wiederum eine Doppelzuständigkeit der Betriebsräte vor. Da der jeweilige Betriebsrat das Recht der Ausschreibung von Arbeitsplätzen nur gegenüber seinem Betriebspartner und damit nur für seinen Betrieb geltend machen kann, können keine Zuständigkeitskonflikte der Betriebsräte untereinander auftreten.

dd) Personalfragebogen, § 94 BetrVG

Die Personalfragebögen bedürfen nach § 94 Abs. 1 BetrVG der Zustimmung des Betriebsrats, da sie Aufschluss über die Person, Kenntnisse und Fertigkeiten des Befragten geben[609] und zum Schutze des informationellen Selbstbestimmungsrechts

---

603 Vgl. oben, § 6 B. II. 2.

604 Vgl. zu den Einzelheiten nur *Boemke*, § 93 BetrVG Rdnr. 2 ff.; GK-*Kraft*, § 93 BetrVG Rdnr. 2 ff.

605 *Fitting*, § 93 BetrVG Rdnr. 1; GK-*Kraft*, § 93 BetrVG Rdnr. 1.

606 BAG vom 27.07.1993, AP Nr. 3 zu § 93 BetrVG 1972.

607 Däubler/Kittner/Klebe-*Buschmann*, § 93 BetrVG Rdnr. 1; *Fitting*, § 92 BetrVG Rdnr. 18 f.; *Plander*, AiB 1990, 19, 21.

608 Vgl. oben, § 6 B. II. 2.

609 BAG vom 21.09.1993, AP Nr. 4 zu § 94 BetrVG 1972; ErfK-*Hanau/Kania*, § 94 BetrVG Rdnr. 2.

der Arbeitnehmer in ihrem Umfang auf diejenigen Gegenstände beschränkt bleiben müssen,[610] für welche ein berechtigtes Auskunftsinteresse des Arbeitgebers besteht.[611] Dieselben Überlegungen greifen Platz bei dem Mitbestimmungsrecht des § 94 Abs. 2 BetrVG bei persönlichen Angaben in schriftlichen Arbeitsverträgen und der Aufstellung allgemeiner Beurteilungsgrundsätze.[612] Der Personalfragebogen und insbesondere Angaben im Arbeitsvertrag betreffen das Arbeitsverhältnis zwischen Arbeitgeber und Arbeitnehmer. Bei der Leiharbeit existiert ein Arbeitsverhältnis in Form des Leiharbeitsverhältnisses nur zwischen Verleiher und unechtem Leiharbeitnehmer, so dass ein Personalfragebogen anlässlich einer Einstellung durch den Entleiher von vornherein nicht denkbar ist. Überdies stellt auch die Überlassung keinen geeigneten Tatbestand für die Erfassung von Informationen mittels eines Personalfragebogens dar, denn insoweit liegt die Auswahl der überlassenen Arbeitnehmer allein beim Verleiher. Schließlich besteht auch kein berechtigtes Interesse des Entleihers, über Kenntnisse und Fertigkeiten unechter Leiharbeitnehmer Informationen zu gewinnen, da der Verleiher durch den Überlassungsvertrag die Überlassung von Arbeitnehmern mit dem geforderten Anforderungsprofil schuldet. Insoweit liegt schon eine grundsätzlich andere Situation als bei der Einstellung von Arbeitnehmern vor. Danach kann auch kein Mitbestimmungsrecht des Entleiherbetriebsrats nach § 94 Abs. 1 BetrVG bestehen. Zwischen unechtem Leiharbeitnehmer und Verleiher besteht kein Arbeitsvertrag, mithin ist auch die Möglichkeit persönlicher Angaben im Arbeitsvertrag und damit ein Mitbestimmungsrecht des Entleiherbetriebsrats nach § 94 Abs. 2 BetrVG ausgeschlossen.

ee) Auswahlrichtlinien, § 95 BetrVG

Gemäß § 95 Abs. 1 BetrVG bedarf die Aufstellung von Richtlinien über die personelle Auswahl bei Einstellungen, Versetzungen, Umgruppierungen und Kündigungen der Zustimmung des Betriebsrats, um im Interesse des Betriebsfriedens und einer gerechten Behandlung der Arbeitnehmer personelle Entscheidungen transparenter zu machen.[613] Wegen der durch § 14 Abs. 3 AÜG i.V.m. § 99 BetrVG gesetzlich angeordneten Gleichstellung der Einstellung von Arbeitnehmern und der Übernahme von unechten Leiharbeitnehmern benötigt der Entleiher die Zustimmung des Entleiherbe-

---

610 BAG vom 09.07.1991, AP zu § 87 BetrVG 1972 Ordnung des Betriebes Nr. 19 = RdA 1991, 383 = NZA 1992, 126 = SAE 1992, 383; Hess/Schlochauer/Glaubitz-*Schlochauer*, § 94 BetrVG Rdnr. 1; *Richardi*, § 94 BetrVG Rdnr. 32; weitergehend Däubler/Kittner/Klebe-*Klebe*, § 94 BetrVG Rdnr. 1, die darin zugleich ein die Menschenwürde schützendes Mitbestimmungsrecht des Betriebsrats erblicken.

611 BT-Drucks. 6/1786, S. 50.

612 GK-*Kraft*, § 94 BetrVG Rdnr. 1, 9.

613 BR-Drucksache 715/70, S. 32, 50; Bericht des Arbeits- und Sozialausschusses, BT-Drucks. 6/2729, S. 5; GK-*Kraft*, § 95 BetrVG Rdnr. 1; Hess/Schlochauer/Glaubitz-*Schlochauer*, § 95 BetrVG Rdnr. 1; *Stege/Weinspach*, § 95 BetrVG Rdnr. 1.

triebsrats für die Aufstellung diesbezüglicher Richtlinien[614] als eine Art Annexmitbestimmungsrecht zu § 99 BetrVG.
Entsprechendes gilt für die Versetzung innerhalb des Entleiherunternehmens, die wegen der Aufhebung der höchstzulässigen Überlassungsdauer von 24 Monaten (§ 3 Abs. 1 Nr. 6 AÜG a.F.) theoretisch wahrscheinlicher geworden ist.
Hingegen besteht kein Mitbestimmungsrecht des Entleiherbetriebsrats bei Umgruppierungen und Kündigungen,[615] denn diese korrespondieren mit dem Arbeitsvertrag und nicht mit der tatsächlichen Erbringung der Arbeitsleistung.
Folglich hat der Entleiherbetriebsrat nur bei der Aufstellung von Richtlinien für die Überlassung von unechten Leiharbeitnehmern und deren Versetzung nach § 95 Abs. 1 und 3 BetrVG mitzubestimmen.
Damit besteht eine weitere Doppelzuständigkeit, denn auch bei der Aufstellung derartiger Richtlinien im Verleiherbetrieb für unechte Leiharbeitnehmer kommt es auf die Zustimmung des Verleiherbetriebsrats gemäß § 95 Abs. 1 BetrVG an.[616] Jedoch ist der Verleiherbetriebsrat für Richtlinien bei der Einstellung, Eingruppierung und Umgruppierung im Verleiherbetrieb zuständig, während für den Entleiherbetriebsrat nur Richtlinien zur Überlassung und Versetzung im Entleiherbetrieb relevant werden, so dass keine Zuständigkeitskonflikte der Betriebsräte entstehen.

b) Berufsbildung, §§ 96 – 98 BetrVG

Für den Bereich der Berufsbildung hat der Betriebsrat abgestufte Mitbestimmungsrechte in den §§ 96 – 98 BetrVG, die von einer allgemeinen Förderpflicht und einem Vorschlagsrecht nach § 96 Abs. 1 BetrVG über ein Beratungsrecht gemäß § 97 Abs. 1 BetrVG bis hin zur echten Mitbestimmung bei der Durchführung von Maßnahmen der betrieblichen Bildung nach § 98 BetrVG reichen. Schon wegen des weiten Verständnisses der Berufsbildung[617] als Berufsausbildung, berufliche Fortbildung und berufliche Umschulung[618] lässt sich deren große Bedeutung für die berufliche Tätigkeit von Arbeitnehmern ermessen. In einer sich durch technische Innovation zügig wandelnden Arbeitswelt hängt von den beruflichen Fähigkeiten und Qualifikationen, die während des Zeitraums der Erwerbstätigkeit beständig angepasst und erweitert werden müssen, vielfach ab, ob der Arbeitnehmer seinen Arbeitsplatz behält und

---

614 I.E. *Schüren*, § 14 AÜG Rdnr. 250.

615 *Schüren*, § 14 AÜG Rdnr. 249.

616 Vgl. oben, § 6 B. II. 2.

617 BAG vom 04.12.1990, AP Nr. 1 zu § 97 BetrVG 1972; = BAGE 66, 292 = NZA 1991, 388 = SAE 1991, 261; BAG vom 23.04.1991, AP Nr. 7 zu § 98 BetrVG 1972 = RdA 1991, 319 = NZA 1991, 817 = AuB 1992, 119; BAG vom 28.01.1992, AP Nr. 1 zu § 96 BetrVG 1972 = RdA 1992, 222 = Nza 1992, 707 = EzA § 96 BetrVG 1972 Nr. 1; *Fitting*, § 96 BetrVG Rdnr. 12 f.

618 BAG vom 05.11.1985, AP Nr. 2 zu § 98 BetrVG 1972 = BAGE 50, 85 = RdA 1986, 135 = EzA § 98 BetrVG 1972 Nr. 2; Däubler/Kittner/Klebe-*Buschmann*, § 96 BetrVG Rdnr. 5; *Kraft*, NZA 1990, 457, 459; *Richardi*, § 96 BetrVG Rdnr. 6.

inwieweit er an einem beruflichen Aufstieg partizipieren kann.[619] Daneben hat die Berufsbildung auch für den Arbeitgeber Bedeutung, denn er ist regelmäßig auf qualifizierte Arbeitnehmer angewiesen, die mit neuen Fertigungsmethoden und neuen Maschinen umzugehen verstehen, um sich mit entsprechenden Produktivitätssprüngen am Markt behaupten zu können.[620]

Das Interesse an qualifizierten Arbeitnehmern besteht bei Verleihern in ähnlicher Weise. Nur wenn unechte Leiharbeitnehmer ein bestimmtes Qualifikationsprofil aufweisen, kann der Verleiher sie bei Übereinstimmung mit dem Anforderungsprofil des Entleihers zur Arbeitsleistung überlassen. Danach ist die Berufsbildung in erster Linie zwar eine Angelegenheit zwischen dem Verleiher als Arbeitgeber und dem unechten Leiharbeitnehmer.[621] Sie aber auf das Leiharbeitsverhältnis zu beschränken,[622] stellt keine überzeugende Antwort auf das Berufsbildungsbedürfnis von unechten Leiharbeitnehmern dar. Nach Aufhebung der Begrenzung der Überlassungsdauer besteht die Möglichkeit von längerfristigen Überlassungen an Dritte. In dieser Überlassungszeit sind dann technisch-innovative Veränderungen der tatsächlichen Arbeitswelt im Entleiherbetrieb denkbar, die eine weiterqualifizierende Berufsbildung erforderlich macht.
Hiervon können Stammarbeitnehmer des Entleihers in gleicher Weise betroffen sein wie die überlassenen unechten Leiharbeitnehmer. Falls der Entleiher infolge dieser Änderungen Berufsbildungsmaßnahmen erwägt oder der Entleiherbetriebsrat einen solchen Bedarf ermittelt, können sich diese auf Stammarbeitnehmer wie auf unechte Leiharbeitnehmer erstrecken. Mithin hat der Entleiherbetriebsrat bezüglich unechter Leiharbeitnehmer gemäß §§ 96 – 98 BetrVG bei der Berufsbildung mitzubestimmen, soweit derartige Maßnahmen nicht im Überlassungsvertrag zwischen Verleiher und Entleiher ausgeschlossen wurden und der Entleiher in diesem Zusammenhang von seinem Direktionsrecht Gebrauch macht.[623]
Hierdurch besteht eine weitere Doppelzuständigkeit, denn auch der Verleiherbetriebsrat hat in Bezug auf unechte Leiharbeitnehmer die Beteiligungsrechte nach §§ 96 – 98 BetrVG.[624] Dennoch entstehen keine Zuständigkeitskonflikte, weil die Eröffnung der Zuständigkeit von Verleiher- oder Entleiherbetriebsrat davon abhängt, durch welchen Betriebsinhaber Berufsbildungsmaßnahmen für unechte Leiharbeitnehmer erfolgen: Handelt es sich um Berufsbildungsmaßnahmen des Verleihers, ist

---

619 Däubler/Kittner/Klebe-*Buschmann*, § 96 BetrVG Rdnr. 1; GK-*Raab*, § 96 BetrVG Rdnr. 1; Hess/Schlochauer/Glaubitz-*Glaubitz*, § 96 BetrVG Rdnr. 1.

620 Ähnlich *Fitting*, § 96 BetrVG Rdnr. 1.

621 *Becker/Wulfgramm*, Art. 1 § 14 AÜG Rdnr. 85; *Erdlenbruch*, S. 177; *Gick*, Gewerbsmäßige Arbeitnehmerüberlassung, S. 127; *Schüren*, § 14 AÜG Rdnr. 318.

622 So aber *Erdlenbruch*, S. 178; *Schüren*, § 14 AÜG Rdnr. 318.

623 A.A. *Erdlenbruch*, S. 178; *Schüren*, § 14 AÜG Rdnr. 318.

624 Vgl. oben, § 6 B. II. 3.

der Verleiherbetriebsrat als dessen Betriebspartner zuständig, dagegen hat der Entleiherbetriebsrat bei Berufsbildungsmaßnahmen des Entleihers mitzubestimmen.

c) Versetzung, § 99 BetrVG

Die in § 95 Abs. 3 BetrVG legaldefinierte Versetzung und damit die dauerhafte Zuweisung eines anderen Arbeitsbereichs kann auch für unechte Leiharbeitnehmer, insbesondere bei einer längeren Überlassungsdauer, im Entleiherbetrieb Bedeutung erlangen. Soweit der Verleiher die Möglichkeit der Versetzung nicht im Überlassungsvertrag ausgeschlossen hat, kann der Entleiher die unechten Leiharbeitnehmer infolge des auf ihn übergegangenen Direktions- und Weisungsrechts auf einen anderen Arbeitsplatz versetzen, wenn das Tätigkeitsprofil des neuen Arbeitsbereichs weitgehend mit dem ursprünglich an den Verleiher gestellten Anforderungsprofil übereinstimmt.[625] Andernfalls ist eine Versetzung allein mittels des Direktions- und Weisungsrechts nicht möglich und überdies auch nicht mit einer dazu erforderlichen Änderungskündigung zu erreichen,[626] weil zwischen Verleiher und unechten Leiharbeitnehmern gerade kein Arbeitsvertrag vorliegt.

Folglich hat der Entleiherbetriebsrat im Rahmen der Möglichkeit der Versetzung unechter Leiharbeitnehmer durch den Entleiher die Rechte nach § 99 Abs. 1 BetrVG und kann unter den Voraussetzungen von § 99 Abs. 2 BetrVG seine zur Versetzung erforderliche Zustimmung verweigern.

Da zugleich der Verleiherbetriebsrat bei Versetzungen unechter Leiharbeitnehmer die Rechte nach § 99 BetrVG geltend machen kann,[627] sind in diesem Bereich sowohl der Verleiher- als auch der Entleiherbetriebsrat zuständig. Allerdings handelt es sich um eine weitere konfliktfreie Doppelzuständigkeit, weil die Rechte nach § 99 BetrVG für den Verleiherbetriebsrat auf Versetzungen innerhalb des Verleiherbetriebs beschränkt und die Rechte für den Entleiherbetriebsrat auf Versetzungen im Entleiherbetrieb begrenzt sind.

d) Beendigung der Überlassung, §§ 102 – 104 BetrVG

Die Mitbestimmungsrechte des Betriebsrats in Fällen der (ordentlichen und außerordentlichen) Kündigung nach den §§ 102 und 103 BetrVG, insbesondere in Form der Anhörungspflicht nach § 102 Abs. 1 BetrVG und des Zustimmungserfordernisses nach § 103 Abs. 1 BetrVG, bestehen wegen der großen Bedeutung der Kündigung für den Arbeitnehmer.[628] Es soll gewährleistet sein, dass der Betriebsrat bei allen

---

[625] Ähnlich *Schüren*, § 14 AÜG Rdnr. 196; *Becker/Wulfgramm*, Art. 1 § 14 AÜG Rdnr. 116 differenzieren danach, ob der Einsatz auf einen Arbeitsplatz eines vorübergehend abwesenden Stammarbeitnehmers (dann keine Versetzung) oder auf freien Dauerarbeitsplätzen (dann Versetzung) erfolgt.

[626] Zu den individualarbeitsrechtlichen Voraussetzungen der Versetzung Däubler/Kittner/Klebe-*Kittner*, § 99 BetrVG Rdnr. 88; *Fitting*, § 99 BetrVG Rdnr. 97; *Wank*, Übungen, S. 165 f.

[627] Vgl. oben, § 6 B. II. 1. a).

[628] Vgl. hierzu den Bericht des Arbeits- und Sozialausschusses, BT-Drucks. 6/2729, S. 7.

Maßnahmen beteiligt wird, welche die Zusammensetzung der Belegschaft berühren,[629] was bei der Kündigung als einschneidendste personelle Einzelmaßnahme in besonderer Weise der Fall ist. Neben dieser kollektivrechtlichen Schutzfunktion hat die Mitbestimmung durch die Anhörung als Wirksamkeitsvoraussetzung für jede Kündigung auch individualrechtliche Bedeutung.[630] Nicht zuletzt soll der Betriebsrat hierdurch die Möglichkeit erhalten, beim Arbeitgeber Einfluss auf dessen Kündigungsabsicht nehmen zu können.[631]

Jedoch können diese Zwecke der Mitbestimmung bei der Leiharbeit nicht greifen, denn Vertragspartner und damit Arbeitgeber des unechten Leiharbeitnehmers ist allein der Verleiher. Der Entleiher hat hingegen keinen Einfluss auf die Beendigung des Leiharbeitsverhältnisses, denn die Überlassungsdauer in seinem Betrieb richtet sich nach dem Überlassungsvertrag und endet automatisch mit Ablauf der vereinbarten Überlassungszeit.
Selbst wenn der Entleiher den unechten Leiharbeitnehmer bei fehlender fachlicher Qualifikation zurückweist, stellt dies keinen einer Kündigung gleichzustellenden Tatbestand dar, es handelt sich lediglich um einen den Überlassungsvertrag, nicht aber um einen das Leiharbeitsverhältnis betreffenden Umstand. Sollte der unechte Leiharbeitnehmer mit dem Ende der Überlassung auch die Beendigung des Leiharbeitsverhältnisses zu gewärtigen haben, werden die o.a. Schutzfunktionen durch die Beteiligung des Verleiherbetriebsrats hinreichend gewahrt. Eine Mitbestimmung nach § 102 BetrVG erwächst dem Entleiherbetriebsrat hieraus nicht. Auch findet § 103 BetrVG bei der Leiharbeit keine Anwendung, da nach der rechtlichen Ausgestaltung der Leiharbeit die Besetzung der in der Regelung genannten Positionen im Entleiherbetrieb nicht möglich ist.
Folglich hat der Entleiherbetriebsrat bei der Beendigung der Überlassung kein Mitbestimmungsrecht nach §§ 102 und 103 BetrVG.
Wird der Betriebsfrieden wiederholt ernstlich gestört, hat der Betriebsrat gegenüber dem Arbeitgeber gemäß § 104 BetrVG das Recht, die Entlassung oder Versetzung des Störers zu verlangen. Der Betriebsfrieden kann sowohl von Stammarbeitnehmern als auch von unechten Leiharbeitnehmern gestört werden. Allerdings werden unmittelbar vom Wortlaut des Mitbestimmungstatbestandes von § 104 BetrVG nur Arbeitnehmer i.S.d. Betriebsverfassungsgesetzes erfasst,[632] wenngleich, wie gezeigt, ein darüber hinaus gehendes Bedürfnis gegeben ist.[633]

---

629 BAG vom 09.11.1977, RdA 1978, 129 = NJW 1978, 1124 = EzA § 102 BetrVG 1972 Nr. 31; *Bitter*, NZA 1991, Beil. 3, 16 ff.; Däubler/Kittner/Klebe-*Kittner*, § 102 BetrVG Rdnr. 3.

630 BAG vom 18.09.1975, AP Nr. 6 zu § 102 BetrVG 1972 = BAGE 27, 273 = RdA 1976, 141 = EzA § 102 BetrVG 1972 Nr. 17.

631 Däubler/Kittner/Klebe-*Kittner*, § 102 BetrVG Rdnr. 3.

632 *Fitting*, § 104 BetrVG Rdnr. 3; GK-*Raab*, § 104 BetrVG Rdnr. 4; a.A. *Richardi*, § 104 BetrVG Rdnr. 12.

633 Für die Einbeziehung von Leiharbeitnehmer jetzt auch GK-*Raab*, § 104 BetrVG Rdnr. 4.

Mithin besteht bei Betriebsstörungen durch unechte Leiharbeitnehmer die gleiche Interessenlage, so dass der Entleiherbetriebsrat jedenfalls unter den Voraussetzungen von § 104 BetrVG analog die Zurückweisung unechter Leiharbeitnehmer durch den Entleiher oder die Versetzung der Störer vom Entleiher verlangen kann.
Da im Rahmen von § 104 BetrVG auch der Verleiherbetriebsrat die Entlassung oder Versetzung des Leiharbeitnehmers verlangen kann, wenn dessen Verhalten im Entleiherbetrieb zugleich zu Betriebsfriedensstörungen im Verleiherbetrieb führt,[634] besteht eine weitere Doppelzuständigkeit. Soweit in diesen Fällen bei einem entsprechenden Fehlverhalten sowohl Verleiher- als auch Entleiherbetriebsrat zuständig sind, tritt ein Zuständigkeitskonflikt der Betriebsräte gleichwohl nicht ein, da jeder Betriebsrat sein Recht nur gegenüber seinem Betriebspartner geltend machen kann. Daher ist auch unerheblich, ob zeitlich vorausgehend bereits der andere Betriebsrat von seinem Recht Gebrauch gemacht hat.

2. Die Mitbestimmung des Entleiherbetriebsrats in sozialen Angelegenheiten, § 87 BetrVG

Die Mitbestimmung in sozialen Angelegenheiten nach § 87 BetrVG betrifft überwiegend die formellen Arbeitsbedingungen wie z.B. die Ordnung des Betriebs oder die Lage der betrieblichen Arbeitszeit. Aber auch materielle Arbeitsbedingungen wie die betriebliche Lohngestaltung sind Gegenstand der sozialen Mitbestimmung, soweit sie nicht durch einen Tarifvertrag geregelt sind.[635] Danach besteht eine umfassende funktionelle Zuständigkeit des Betriebsrats zur Mitbestimmung in allen sozialen Angelegenheiten.[636] Die nur mit Zustimmung des Betriebsrats wirksamen Mitbestimmungstatbestände nach § 87 Abs. 1 BetrVG dienen dem Schutz der Belegschaft: Die Arbeitnehmerinteressen sollen bei der Gestaltung der wichtigsten Arbeitsbedingungen durch den Betriebsrat vertreten werden und auf diese Weise die ansonsten nur nach Billigkeit begrenzte (§ 315 BGB) alleinige Regelungs- und Entscheidungsbefugnis des Arbeitgebers beschränken.[637]
Wieweit sich die Mitbestimmung des Entleiherbetriebsrats auf unechte Leiharbeitnehmer bezieht, obwohl sie gemäß § 14 Abs. 1 AÜG betriebsverfassungsrechtlich dem Verleiherbetrieb zugeordnet sind, bestimmt sich wiederum danach, ob es sich bei dem jeweiligen Mitbestimmungstatbestand um einen solchen handelt, der an den Leiharbeitsvertrag oder an die tatsächliche Arbeitsleistung und Eingliederung in den

---

634 Vgl. oben, § 6 B. II. 1. b).

635 Vgl. schon oben, § 6 B. I. 1.

636 BAG GS vom 07.11.1989, AP Nr. 46 zu § 77 BetrVG 1972 = BAGE 63, 211 = RdA 1990, 311 = NZA 1990, 816; BAG vom 01.12.1992, AP zu § 87 BetrVG 1972 Ordnung des Betriebes Nr. 20 = RdA 1993, 126 = NZA 1993, 711 = EzA § 87 BetrVG 1972 Betriebliche Ordnung Nr. 20; Däubler/Kittner/Klebe-*Däubler*, § 88 BetrVG Rdnr. 1; *Löwisch/Kaiser*, § 87 BetrVG Rdnr. 13, § 88 BetrVG Rdnr. 1; *Richardi*, Vorbem. § 87 BetrVG Rdnr. 9.

637 *Fitting*, § 87 BetrVG Rdnr. 3; Hess/Schlochauer/Glaubitz-*Glaubitz*, § 87 BetrVG Rdnr. 7; *Richardi*, § 87 BetrVG Rdnr. 7 ff.

Entleiherbetrieb bzw. dem auf den Entleiher übergegangenen Direktions- und Weisungsrecht anknüpft.[638]

a) Fragen der Ordnung des Betriebs und des Verhaltens der Arbeitnehmer im Betrieb, § 87 Abs. 1 Nr. 1 BetrVG

Nach § 87 Abs. 1 Nr. 1 BetrVG hat der Betriebsrat bei Fragen der Ordnung des Betriebs und des Verhaltens der Arbeitnehmer im Betrieb mitzubestimmen. Die Regelung umfasst mithin die gesamte Gestaltung des Zusammenlebens der Arbeitnehmer im Betrieb.[639] Sie berücksichtigt, dass Arbeitnehmer nach Weisungen eines Dritten in einer fremden Umgebung die Arbeitsleistung erbringen und schafft mit dem Zustimmungserfordernis in diesem Bereich die Möglichkeit zur gleichberechtigten Teilhabe an der Ausgestaltung der Arbeitsbedingungen.[640] Hierbei handelt es sich folglich um einen Mitbestimmungstatbestand, der die Eingliederung des Arbeitnehmers in einen Betrieb und die Rahmenbedingungen, innerhalb welcher die Arbeitsleistung zu erbringen ist, betrifft.

Regelungen zur betrieblichen Ordnung sowie zum Verhalten der Arbeitnehmer sind wegen ihrer Bezugnahme auf faktische Bedingungen für Stammarbeitnehmer wie für unechte Leiharbeitnehmer gleichermaßen relevant.
Mithin kann der Entleiherbetriebsrat für unechte Leiharbeitnehmer das Mitbestimmungsrecht im Entleiherbetrieb nach § 87 Abs. 1 Nr. 1 BetrVG analog wahrnehmen. Zwar kann in seltenen Fällen auch der Verleiherbetriebsrat gemäß § 87 Abs. 1 Nr. 1 BetrVG für Fragen der betrieblichen Ordnung und des Verhaltens in Bezug auf unechte Leiharbeitnehmer zuständig sein[641] und auf diese Weise eine Doppelzuständigkeit begründet werden, doch können Konflikte im Hinblick auf die Zuständigkeit der Betriebsräte nicht eintreten, weil das Mitbestimmungsrecht stets nur die Ordnung des einzelnen Betriebs erfasst.

b) Lage der Arbeitszeit, § 87 Abs. 1 Nr. 2 BetrVG

Innerhalb gesetzlich oder tarifvertraglich vorgegebener Vorschriften über die Arbeitszeit kann der Betriebsrat gemäß § 87 Abs. 1 Nr. 2 BetrVG über Beginn und Ende bzw. die Lage der täglichen Arbeitszeit einschließlich der Pausen und der Verteilung der wöchentlichen Arbeitszeit auf einzelne Wochentage mitbestimmen,[642] um einerseits zu verhindern, dass der Arbeitgeber das Wirtschaftsrisiko auf die Arbeitnehmer verlagert[643] und um andererseits die Interessen der Arbeitnehmer an der Lage der

---

638 So auch Däubler/Kittner/Klebe-*Klebe*, § 87 BetrVG Rdnr. 6.

639 BAG vom 24.03.1981, AP zu § 87 BetrVG 1972 Arbeitssicherheit Nr. 2 = BAGE 35, 150 = RdA 1982, 403 = SAE 1982, 203.

640 GK-*Wiese*, § 87 BetrVG Rdnr. 170; *Fitting*, § 87 BetrVG Rdnr. 63.

641 Vgl. oben, § 6 B. I. 1. a).

642 Vgl. zum Umfang GK-*Wiese*, § 87 BetrVG Rdnr. 275.

643 *Richardi*, § 87 BetrVG Rdnr. 255.

Arbeitszeit und damit zugleich der Freizeit für die Gestaltung ihres Privatlebens zur Geltung zu bringen.[644] Die Interessen der Arbeitnehmer müssen mit dem Bedürfnis des Betriebsinhabers nach Betriebsarbeitszeiten für einen optimalen Betriebsablauf abgewogen werden.

Hieraus wird deutlich, dass die Lage der Arbeitszeit betrieblichen Zwängen unterworfen ist und folglich in jedem Betrieb unterschiedliche Umstände und Notwendigkeiten beachtet werden müssen. Diese Betriebsbezogenheit führt dazu, dass sich die Lage der Arbeitszeit auch bei der Leiharbeit an den betrieblichen Erfordernissen des Entleiherbetriebs orientiert und eine Konkretisierung des aus dem Überlassungsvertrag geschuldeten Arbeitsvolumens im Wege des Direktions- und Weisungsrechts des Entleihers darstellt. Eine detaillierte Regelung der Lage der Arbeitszeit im Überlassungsvertrag wäre hinsichtlich der Möglichkeit längerfristiger Überlassungen zu unflexibel, um Änderungen der betrieblichen Arbeitszeit im Entleiherbetrieb Rechnung tragen zu können. Weiterhin besteht bei den Stammarbeitnehmern wie bei den unechten Leiharbeitnehmern das gleiche Interesse an der Sicherung der Freizeit.
Folglich hat der Entleiherbetriebsrat auch bei der Lage der Arbeitszeit von unechten Leiharbeitnehmern im Entleiherbetriebsrat gemäß § 87 Abs. 1 Nr. 2 BetrVG analog insoweit mitzubestimmen, wie der Entleiher berechtigt ist, diese festzulegen.[645] Das gilt auch dann, wenn der Auffassung gefolgt wird, dass mit der Überlassung der unechten Leiharbeitnehmer keine Konkretisierung der Leistungspflicht eintritt und der Verleiher weiterhin zum Austausch der Überlassenen während der Überlassungsdauer berechtigt ist, denn die Bestimmung von Beginn und Ende der täglichen Arbeitszeit sowie der Pausen und die Verteilung der Arbeitszeit auf die einzelnen Wochentage ist unabdingbar für eine Eingliederung der überlassenen Leiharbeitnehmer in die Arbeitsorganisation des Entleiherbetriebs.[646] Überdies wird hierdurch nicht die Dauer bzw. das Volumen der Arbeitsleistung und damit das Leiharbeitsverhältnis berührt, denn die Lage der Arbeitszeit regelt nur dessen Verteilung.

c) Dauer der Arbeitszeit, § 87 Abs. 1 Nr. 3 BetrVG

Nach § 87 Abs. 1 Nr. 3 BetrVG hat der Betriebsrat bei der vorübergehenden Verkürzung oder Verlängerung der betrieblichen Arbeitszeit mitzubestimmen. Der Arbeitgeber wird dadurch in die Lage versetzt, kurzfristig auf Schwankungen der Betriebsauslastung zu reagieren, ohne dass diese sogleich zu Änderungen im Personalbestand führen muss. Hierbei soll der Betriebsrat mitbestimmen, um Lohneinbußen infolge verkürzter Arbeitszeit und Sonderbelastungen durch die Gefährdung der Freizeit bei

---

644 BAG vom 21.12.1982, AP zu § 87 BetrVG 1972 Arbeitszeit Nr. 9 = BAGE 41, 200 = RdA 1983, 198 = NJW 1983, 1135; BAG vom 15.12.1992, AP Nr. 7 zu § 14 AÜG = RdA 1993, 128 = NZA 1993, 513 = BB 1993, 648.

645 *Becker/Wulfgramm*, Art. 1 § 14 AÜG Rdnr. 109; *Boemke*, § 14 AÜG Rdnr. 113; *Erdlenbruch*, S. 129 f.; MünchArbR-*Marschall*, § 168 Rdnr. 131.

646 I.E. *Schüren*, § 14 AÜG Rdnr. 220.

verlängerter Arbeitszeit auf das notwendige Maß zu beschränken und eine gerechte Verteilung der Verdienstchancen und der Sonderbelastungen zu bewirken.[647]

Wird nun die betriebsübliche Arbeitszeit im Entleiherbetrieb während des Überlassungszeitraums vorübergehend geändert, ist problematisch, ob hiervon auch die betriebsübliche Arbeitszeit der unechten Leiharbeitnehmer erfasst wird, denn die Verkürzung in Form von Kurzarbeit und die Verlängerung in Form von Überstunden wirken auf das Überlassungsverhältnis ein und gäben dem Entleiher die Möglichkeit, einseitig den Überlassungsvertrag zu ändern. Zwar kann bei längeren Überlassungszeiträumen ein praktisches Bedürfnis für entsprechende Änderungen der Dauer der Arbeitszeit unechter Leiharbeitnehmer gegeben sein, doch kann allein hieraus keine Änderungsbefugnis des tariflich oder leiharbeitsvertraglich geschuldeten Umfangs der Arbeitsleistung zugunsten des Entleihers begründet werden.[648] Sofern der Überlassungsvertrag zur Änderung der betriebsüblichen Arbeitszeit keine Regelung getroffen hat, kann auch keine Anpassung des Vertrages über die Grundsätze über den Wegfall der Geschäftsgrundlage erfolgen, da ansonsten das Beschäftigungsrisiko unechter Leiharbeitnehmer unbillig auf den Verleiher abgewälzt würde. Es bleibt dem Entleiher schließlich unbelassen, von Anfang an das Beschäftigungsrisiko unechter Leiharbeitnehmer in seinem Betrieb durch die Vereinbarung eines kürzeren Überlassungszeitraumes zu verringern. Der Entleiher hat sich verpflichtet, eine bestimmte Stundenzahl von Leiharbeit innerhalb eines festgelegten Zeitraums abzunehmen, daran muss er sich festhalten lassen. Hat er für unechte Leiharbeitnehmer vorübergehend infolge von Kurzarbeit keine vollständige Einsatzmöglichkeit, bleibt es ihm unbenommen, sie in dieser Zeit von der Arbeitsleistung freizustellen, ohne dass sich hierdurch die Zahlungspflicht aus dem Überlassungsvertrag vermindert. Daran ist auch trotz des neuen § 3 Abs. 1 Nr. 3 AÜG festzuhalten, denn dieser stellt eine Regelung zugunsten unechter Leiharbeitnehmer dar[649] und kann daher nicht zu deren Nachteil gereichen, ohne dass zugleich die Voraussetzungen der Ausnahmetatbestände vorliegen. Benötigt der Entleiher hingegen vorübergehend in größerem Umfang die Unterstützung durch weitere unechte Leiharbeitnehmer, kann er mit dem Verleiher einen weiteren Überlassungsvertrag zur Deckung dieses Bedarfs abschließen. Etwas anderes ergibt sich auch dann nicht, wenn man den vorliegenden Mitbestimmungstatbestand als Sonderfall von § 87 Abs. 1 Nr. 2 BetrVG auffasst,[650] bei welchem der Entleiherbetriebsrat der Lage der Arbeitszeit unechter Leiharbeitnehmer zustimmen muss. Zwar betreffen § 87 Abs. 1 Nr. 2 und Nr. 3 BetrVG beide die betriebliche Arbeitszeit, doch regelt § 87 Abs. 1 Nr. 2 BetrVG lediglich die Verteilung,

---

[647] BAG vom 23.07.1996, AP zu § 87 BetrVG 1972 Ordnung des Betriebes Nr. 26 = AiB 1997, 351 = NZA 1997, 216 = EzA § 87 BetrVG 1972 Arbeitszeit Nr. 55; ErfK-*Hanau/Kania*, § 87 BetrVG Rdnr. 31; MünchArbR-*Matthes*, § 327 Rdnr. 3; *Richardi*, § 87 BetrVG Rdnr. 335.

[648] So aber *Erdlenbruch*, S. 133.

[649] BT-Drucks. 15/25, S. 38.

[650] *Fitting*, § 87 BetrVG Rdnr. 130.

hingegen § 87 Abs. 1 Nr. 3 BetrVG das Volumen der Arbeitsleistung, das bei der Leiharbeit vertraglich festgelegt ist.
Mithin hat die vorübergehende Verlängerung oder Verkürzung der entleiherbetriebsüblichen Arbeitszeit keine Auswirkungen auf die Leiharbeit, folglich besteht schon aus diesem Grund für den Entleiherbetriebsrat kein Mitbestimmungsrecht nach § 87 Abs. 1 Nr. 3 BetrVG analog.[651]

d) Auszahlung der Arbeitsentgelte, § 87 Abs. 1 Nr. 4 BetrVG

Gemäß § 87 Abs. 1 Nr. 4 BetrVG hat der Betriebsrat über Zeit, Ort und Art der Auszahlung der Arbeitsentgelte und damit allein über die Umstände der Auszahlung mitzubestimmen,[652] denn unter Zeit der Auszahlung ist nur die Festlegung des Auszahlungstags und der dazwischen liegenden Auszahlungszeiträume, [653] unter Ort der Auszahlung das „Wo" der Auszahlung[654] und unter Art der Auszahlung die Regelung als Barzahlung, Zahlung durch Scheck oder die bargeldlose Kontoüberweisung zu verstehen.[655] Nicht mitbestimmungspflichtig bleibt der Umfang der Arbeitsentgelte, die sowohl in Form von Lohn, Gehalt, Leistungs-, Erschwernis- und Gewinnzulagen, Urlaubsentgelt und Urlaubsgeld als auch in Sachleistungen bestehen können.[656]

Dabei hängen die Modalitäten der Auszahlung der Arbeitsentgelte eng mit der Pflicht zur Entgeltzahlung zusammen. Diese ist die Hauptleistungspflicht des Verleihers aus dem Leiharbeitsvertrag,[657] der Entleiher ist ausschließlich Vertragspartner des Verleihers, so dass nur der Verleiher die Art und Weise der Entgeltauszahlungen regelt und folglich nur der Verleiherbetriebsrat nach § 87 Abs. 1 Nr. 4 BetrVG mitzubestimmen hat. Auch mit Blick auf die Neuregelung durch § 3 Abs. 1 Nr. 3 AÜG ändert sich an diesem Ergebnis nichts. Zwar müssen u.U. dem unechten Leiharbeitnehmer die wesentlichen Arbeitsbedingungen und hierbei vor allem das Arbeitsentgelt eines mit ihm vergleichbaren Arbeitnehmer des Entleihers gewährt werden, doch der infolge dieser Regelung modifizierte Erfüllungsanspruch besteht nur gegenüber dem Verleiher als Schuldner der Hauptleistungspflicht aus dem (Leih-)arbeitsvertrag.
Mithin hat der Entleiherbetriebsrat kein Mitbestimmungsrecht nach § 87 Abs. 1 Nr. 4 BetrVG analog.

---

651 I.E. auch *Fitting*, § 87 BetrVG Rdnr. 137; *Richardi*, § 87 BetrVG Rdnr. 342; a.A. *Erdlenbruch*, S. 133.

652 *Fitting*, § 87 BetrVG Rdnr. 179; *Richardi*, § 87 BetrVG Rdnr. 413.

653 Däubler/Kittner/Klebe-*Klebe*, § 87 BetrVG Rdnr. 106; GK-*Wiese*, § 87 BetrVG Rdnr. 427; Hess/Schlochauer/Glaubitz-*Glaubitz*, § 87 BetrVG Rdnr. 245; *Richardi*, § 87 BetrVG Rdnr. 414.

654 *Fitting*, § 87 BetrVG Rdnr. 184; Hess/Schlochauer/Glaubitz-*Glaubitz*, § 87 BetrVG Rdnr. 247.

655 *Richardi*, § 87 BetrVG Rdnr. 420 f.; *Stege/Weinspach*, § 87 BetrVG Rdnr. 90.

656 GK-*Wiese*, § 87 BetrVG Rdnr. 447.

657 Vgl. oben, § 2 B. I. 2. b) bb).

e) Urlaubsfragen, § 87 Abs. 1 Nr. 5 BetrVG

Das Zustimmungserfordernis des Betriebsrats bei der Aufstellung allgemeiner Urlaubsgrundsätze und des Urlaubsplans sowie ggf. die Festsetzung des Urlaubs für einzelne Arbeitnehmer nach § 87 Abs. 1 Nr. 5 BetrVG bezweckt, bei der Erteilung von Urlaub die Interessen von Arbeitnehmern mit betrieblichen Erfordernissen in Einklang zu bringen.[658] Die Beurteilung darüber, wie der Urlaubsanspruch rechtlich zu qualifizieren ist, ist sehr unterschiedlich gewesen. Während zunächst vertreten wurde, hierbei handele es sich um eine Form des Entgelts für bis dahin erbrachte Arbeitsleistungen, wurde später die Auffassung vertreten, der Urlaubsanspruch stelle einen Doppelanspruch auf Entgelt und Freizeit dar.[659] Mittlerweile wird der Urlaubsanspruch als ein solcher des Arbeitnehmers gegen den Arbeitgeber begriffen, der auf eine zeitlich befristete Beseitigung der aus dem Arbeitsvertrag geschuldeten Arbeitspflicht gerichtet ist.[660] Seit jeher ist der Urlaubsanspruch aber stets ein solcher, der aus dem Arbeitsvertrag resultiert und vom Arbeitnehmer gegenüber dem Arbeitgeber geltend zu machen ist.[661]

Für die Leiharbeit bedeutet dies: Schuldner des Urlaubsanspruchs des unechten Leiharbeitnehmers ist der Verleiher,[662] eine mitbestimmungspflichtige Planung der Urlaubsgewährung durch den Entleiher erfolgt daher nicht. Soweit der Einsatz von unechten Leiharbeitnehmern im Rahmen der Urlaubsplanung von Stammarbeitnehmern im Entleiherbetrieb als eine (mittelbar) die Mitbestimmung des Entleiherbetriebsrats nach § 87 Abs. 1 Nr. 5 BetrVG auslösende Tatsache angesehen wird,[663] verkennt diese Auffassung, dass in derartigen Fällen personeller Einzelmaßnahmen der Entleiherbetriebsrat schon nach § 14 Abs. 3 S. 1 AÜG i.V.m. § 99 BetrVG zu beteiligen ist.[664]
Mithin besteht in Urlaubsfragen für unechte Leiharbeitnehmer gemäß § 87 Abs. 1 Nr. 5 BetrVG analog kein Mitbestimmungsrecht für den Entleiherbetriebsrat.

f) Technische Überwachungseinrichtungen, § 87 Abs. 1 Nr. 6 BetrVG

Nach § 87 Abs. 1 Nr. 6 BetrVG bedarf die Einführung und Anwendung technischer Einrichtungen zum Zwecke der Überwachung von Verhalten oder Leistung der Arbeitnehmer der Zustimmung des Betriebsrats. Ob die technische Überwachung op-

---

658 BAG vom 18.06.1974, AP zu § 87 BetrVG 1972 Urlaub Nr. 1 = BAGE 26, 193 = RdA 1974, 390 = SAE 1976, 9; GK-*Wiese*, § 87 BetrVG Rdnr. 443; *Richardi*, § 87 BetrVG Rdnr. 440.

659 Zur Entwicklung s. *Schaub*, Arbeitsrecht, § 102 A I 1 a).

660 BAG vom 28.01.1982, AP Nr. zu § 3 BUrlG Rechtsmißbrauch Nr. 11 = BAGE 37, 382 = RdA 1982, 262 = NJW 1982, 1548; *Leinemann*, NZA 1985, 137, 139.

661 GK-*Wiese*, § 87 BetrVG Rdnr. 445.

662 Auch *Schüren*, § 14 AÜG Rdnr. 223.

663 Dafür *Ulber*, § 14 AÜG Rdnr. 118.

664 Da es in § 87 Abs. 1 Nr. 5 BetrVG lediglich um die Verteilung und die Lage des Urlaubs nicht aber um die Höhe desselben geht, führt § 3 Abs. 1 Nr. 3 AÜG zu keinem anderen Ergebnis.

tisch, akustisch, automatisch oder manuell und damit generell in welcher Art und Weise erfolgt, ist unerheblich.[665] Entscheidend ist nur, dass durch die technische Einrichtung Informationen mit dem Ziel erhoben und ggf. aufgezeichnet werden, sie der menschlichen Wahrnehmung zugänglich zu machen.[666] Durch derartige technische Überwachungseinrichtungen wird stark in den persönlichen Bereich der Arbeitnehmer eingegriffen, zumal diese Form der Überwachung für die Betroffenen regelmäßig nicht erkennbar und folglich auch nicht vermeidbar ist.[667] Mit dem Zustimmungserfordernis soll der Betriebsrat zugunsten der potentiell Betroffenen eine präventive Schutzfunktion wahrnehmen[668] und hierdurch den Persönlichkeitsschutz der Arbeitnehmer gegen anonyme Kontrolleinrichtung wahren helfen.[669] Dabei wird dem Arbeitgeber mittels § 87 Abs. 1 Nr. 6 BetrVG nicht generell versagt, sich technischer Überwachungseinrichtungen zu bedienen. Allerdings muss der Betriebsrat wegen der gesteigerten Kontrolldichte durch stete Verfügbarkeit der Informationen, die nicht vergessen werden können und der erhöhten Gefahren infolge der Informationsverarbeitung gegenüber der Überwachung durch Vorgesetzte, die Arbeitnehmer vor ungerechtfertigten Eingriffen in ihre persönliche Sphäre durch sein Mitwirkungserfordernis schützen können.[670]

Dieser Schutzzweck besteht für Stammarbeitnehmer wie für unechte Leiharbeitnehmer im Entleiherbetrieb,[671] denn dem Entleiher wird es nur in den seltensten Fällen gelingen, die Überwachung durch technische Einrichtungen auf die Arbeitnehmer seines Betriebs zu begrenzen. Daneben kann dem Entleiher auch ein mindestens gleich ausgeprägtes Interesse an Informationen über das Verhalten der unechten Leiharbeitnehmer unterstellt werden, da er bei der Auswahl der überlassenen Arbeitnehmer durch den Verleiher nicht beteiligt ist und durch deren Überwachung in seinem Betrieb Indizien über deren Leistungsfähigkeit gewinnen kann.[672]

---

665 *Fitting*, § 87 BetrVG Rdnr. 244; GK-*Wiese*, § 87 BetrVG Rdnr. 500; Hess/Schlochauer/Glaubitz-*Glaubitz*, § 87 BetrVG Rdnr. 290.

666 BAG vom 02.08.1983, AP zu § 87 BetrVG 1972 Überwachung Nr. 7 = BAGE 43, 222 = RdA 1984, 62 = NJW 1984, 1781; BAG vom 23.04.1985, AP zu § 87 BetrVG 1972 Überwachung Nr. 12 = RdA 1985, 318 = NJW 1986, 152 = NZA 1985, 971; GK-*Wiese*, § 87 BetrVG Rdnr. 498.

667 BAG vom 14.09.1984, AP zu § 87 BetrVG 1972 Überwachung Nr. 9 = BAGE 46, 367 = RdA 1985, 62 = NZA 1985, 28; *Richardi*, § 87 BetrVG Rdnr. 484.

668 *Fitting*, § 87 BetrVG Rdnr. 216; Däubler/Kittner/Klebe-*Klebe*, § 87 BetrVG Rdnr. 135.

669 BT-Drucks. 6/1786, S. 48 f.

670 Vgl. *Fitting*, § 75 BetrVG Rdnr. 74 ff.; GK-*Wiese*, § 87 BetrVG Rdnr. 484 ff.; Hess/Schlochauer/Glaubitz-*Glaubitz*, § 87 BetrVG Rdnr. 283 ff.; MünchArbR-*Zmarzlik*, § 330 Rdnr. 2; *Löwisch/Kaiser*, § 87 BetrVG Rdnr. 99; *Richardi*, § 87 BetrVG Rdnr. 520.

671 *Boemke*, § 14 AÜG Rdnr. 117.

672 *Erdlenbruch*, S. 140; *Müllner*, Aufgespaltene Arbeitgeberstellung, S. 83.

Folglich hat der Entleiherbetriebsrat bei der Einführung und Anwendung von technischen Überwachungseinrichtungen, soweit sie unechte Leiharbeitnehmer betreffen, nach § 87 Abs. 1 Nr. 6 BetrVG analog mitzubestimmen.[673]
In den seltenen Fällen der technischen Überwachung unechter Leiharbeitnehmer während der Aufenthalte im Verleiherbetrieb hat auch der Verleiherbetriebsrat das Mitbestimmungsrecht nach § 87 Abs. 1 Nr. 6 BetrVG, wodurch eine weitere Doppelzuständigkeit von Ver- und Entleiherbetriebsrat eintritt. Die Zuständigkeit des jeweiligen Betriebsrats beschränkt sich allerdings auf die technische Überwachung in seinem Betrieb, so dass Zuständigkeitskonflikte aus diesem Mitbestimmungsrecht nicht erwachsen können.

g) Arbeits- und Gesundheitsschutz, § 87 Abs. 1 Nr. 7 BetrVG

Der Betriebsrat soll gemäß § 87 Abs. 1 Nr. 7 BetrVG betrieblichen Regelungen zum Arbeits- und Gesundheitsschutz zustimmen müssen, um durch seine gleichberechtigte Teilhabe eine möglichst hohe Effizienz des betrieblichen Arbeits- und Gesundheitsschutzes zu erreichen.[674] Von dieser Mitbestimmung werden aber nur die gesetzlichen Vorschriften über den Arbeitsschutz oder die Unfallverhütungsvorschriften erfasst, die als Rahmenvorschriften ausfüllungsbedürftig sind.[675]
Den Unfall- und Gesundheitsgefahren eines Betriebes sind alle dort befindlichen Personen ausgesetzt, sie hängen nicht von deren Rechtsverhältnis zum Betriebsinhaber ab. Sie ergeben sich für alle im Betrieb Beschäftigten aufgrund der Erbringung der Arbeitsleistung und damit infolge tatsächlicher Eingliederung in eine von ihnen kaum beeinflussbare Betriebssphäre, wobei den unechten Leiharbeitnehmern regelmäßig die betrieblichen Gegebenheiten und Gefahrenpotentiale des Entleiherbetriebs weniger bekannt sein werden als den Stammarbeitnehmern. Nicht zuletzt deshalb hat der Gesetzgeber die Mitverantwortlichkeit des Entleihers für den Arbeitsschutz bezüglich unechter Leiharbeitnehmer während der Überlassung in § 11 Abs. 6 AÜG klargestellt und überdies dem Entleiher gegenüber den unechten Leiharbeitnehmern spezielle Unterrichtungspflichten vor Beginn der Beschäftigung auferlegt.[676]
Folglich verfängt der Schutzzweck der Effektuierung des betrieblichen Arbeits- und Gesundheitsschutzes durch die Beteiligung des Betriebsrats bei Stamm- wie bei unechten Leiharbeitnehmern. Soweit der Entleiher durch betriebliche Regelungen ausfüllungsbedürftige Arbeits- und Gesundheitsschutzregelungen konkretisiert, hat der Entleiherbetriebsrat mithin nach § 87 Abs. 1 Nr. 7 BetrVG analog mitzubestimmen.

---

673 I.E. auch *Becker*, ArbuR 1982, 369, 376; *Becker/Wulfgramm*, Art. 1 § 14 AÜG Rdnr. 109; *Gick*, Gewerbsmäßige Arbeitnehmerüberlassung, S. 136 f.; *Kraft*, FS Pleyer, S. 383, 394; *Herbst*, AiB 1987, 275, 276.

674 *Fitting*, § 87 BetrVG Rdnr. 257.

675 BAG vom 06.12.1983, AP zu § 87 BetrVG 1972 Überwachung Nr. 7 = BAGE 44, 285 = RdA 1984, 194 = NJW 1984, 1475.

676 ErfK-*Wank*, § 11 AÜG Rdnr. 30.

Die hierdurch eintretende Doppelzuständigkeit von Ver- und Entleiherbetriebsrat löst keine Zuständigkeitskonflikte aus, weil sich die Mitbestimmung der Betriebsräte auf verschiedene Aspekte des Arbeits- und Gesundheitsschutzes bezieht: Während der Entleiherbetriebsrat wegen der tatsächlichen Erbringung der Arbeitsleistung im Entleiherbetrieb und dem daran anknüpfenden Arbeits- und Gesundheitsschutz für die unechten Leiharbeitnehmer zuständig ist, kommt das Mitbestimmungsrecht gemäß § 87 Abs. 1 Nr. 7 BetrVG für den Verleiherbetriebsrat nur insoweit in Betracht, wie es um ausfüllungsbedürftige Rahmenvorschriften für allgemeine, dem Vertragsarbeitgeber obliegende, arbeitsmedizinische Vorsorgeuntersuchungen geht.

h) Sozialeinrichtungen, § 87 Abs. 1 Nr. 8 BetrVG

Die Mitbestimmung des Betriebsrats bei Form, Ausgestaltung und Verwaltung von Sozialeinrichtungen nach § 87 Abs. 1 Nr. 8 BetrVG betrifft alle Einrichtungen, die sozialen Zwecken dienen, indem sie neben dem Arbeitsentgelt weitere Vergünstigungen bewirken.[677] Da es sich um Einrichtungen handelt, die verwaltet werden können, wird hierunter ein zweckgebundenes Sondervermögen mit abgrenzbarer, auf Dauer gerichteter besonderer Organisation verstanden, das eine rechtliche und tatsächliche Verwaltung erfordert.[678] Das Beteiligungsrecht des Betriebsrats bezweckt die Gewährleistung der innerbetrieblichen Verteilungsgerechtigkeit, hingegen kann er nicht erzwingen, dass der Arbeitgeber weitere soziale Leistungen erbringt.[679] Auch bei der Festlegung des Kreises der Begünstigten als eines Teils der Zweckbestimmung der Sozialeinrichtung[680] ist der Arbeitgeber frei, denn zu der mitbestimmungsfreien Unternehmerentscheidung der Errichtung einer Sozialeinrichtung gehört untrennbar die Entscheidung, zu welchem Zweck und für welchen Personenkreis sie bestimmt ist.[681]

Eine Grenze für die Bestimmung des begünstigten Personenkreises stellen nur § 75 Abs. 1 BetrVG und der Umstand dar, dass Sozialeinrichtungen betriebsbezogen sind und folglich keinem unbegrenzten Personenkreis zur Verfügung stehen können.[682] Folglich müssen unechte Leiharbeitnehmer in Sozialeinrichtungen des Entleiherbetriebs nur dann einbezogen werden, wenn deren Ausschluss eine ungerechtfertigte Benachteiligung gegenüber den Stammarbeitnehmern des Entleiherbetriebs darstellen würde. Da mit dem weiten Begriff Sozialeinrichtungen Erholungsräume, Kantinen, Parkplätze, aber auch Pensions- und Unterstützungskassen beschrieben sind, muss

677 *Fitting*, § 87 BetrVG Rdnr. 335.

678 BAG vom 15.09.1987, AP zu § 87 BetrVG 1972 Sozialeinrichtung Nr. 9 = RdA 1988, 59 = NZA 1988, 104 = SAE 1988, 271; LAG Düsseldorf vom, DB 1979, 115; *Löwisch/Kaiser*, § 87 BetrVG Rdnr. 124; Hess/Schlochauer/Glaubitz-*Glaubitz*, § 87 BetrVG Rdnr. 390, 392; *Richardi*, § 87 BetrVG Rdnr. 603; a.A. *Zöllner/Loritz*, ArbeitsR, § 47 II 8, 10.

679 *Fitting*, § 87 BetrVG Rdnr. 336; *Richardi*, § 87 BetrVG Rdnr. 626 f.

680 *Fitting*, § 87 BetrVG Rdnr. 352; Hess/Schlochauer/Glaubitz-*Glaubitz*, § 87 BetrVG Rdnr. 415 f.; MünchArbR-*Matthes*, § 331, Rdnr. 23.

681 *Richardi*, § 87 BetrVG Rdnr. 629.

682 *Fitting*, § 87 BetrVG Rdnr. 342; GK-*Wiese*, § 87 BetrVG Rdnr. 700.

aber bei jeder einzelnen Sozialeinrichtung in einem ersten Schritt danach differenziert werden, ob es sich um eine solche handelt, bei der die Einbeziehung von regelmäßig zeitlich nur sehr kurz im Betrieb Tätigen grundsätzlich möglich ist. Soweit dies zu bejahen ist, muss in einem zweiten Schritt geprüft werden, ob der Ausschluss der unechten Leiharbeitnehmer von der Sozialeinrichtung nicht gegen § 75 Abs. 1 BetrVG verstößt. Insoweit hat der Entleiherbetriebsrat die Überwachungsaufgabe[683] gemäß § 75 Abs. 1 BetrVG zugunsten der überlassenen Leiharbeitnehmer auszuüben.[684]

Sofern der Entleiher von vornherein beabsichtigt, auch unechte Leiharbeitnehmer über die Untergrenze von § 75 Abs. 1 BetrVG hinaus in den Genuss von Sozialeinrichtungen in seinem Betrieb kommen zu lassen, könnte der Entleiherbetriebsrat im Hinblick auf die gewünschte gerechte Verteilung der Vergünstigungen unter Einbeziehung unechter Leiharbeitnehmer nach § 87 Abs. 1 Nr. 8 BetrVG analog bei Form, Ausgestaltung und Verwaltung von Sozialeinrichtungen mitzubestimmen haben.[685] Dies ist aber deshalb ungerechtfertigt, weil der Mitbestimmungstatbestand von § 87 Abs. 1 Nr. 8 BetrVG ein Unterfall von § 87 Abs. 1 Nr. 10 BetrVG ist,[686] und von der entleiherbetrieblichen Lohngestaltung unechte Leiharbeitnehmer nicht erfasst werden.[687] Zwar entfällt das Mitbestimmungsrecht des Betriebsrats nicht bei freiwilligen Leistungen des Arbeitgebers,[688] doch zählen nur solche Leistungen zur betrieblichen Lohngestaltung, die Entgeltcharakter haben[689] und mit Rücksicht auf das Arbeitsverhältnis sowie wegen der fortdauernden Zugehörigkeit zum Betrieb gewährt werden.[690] Freiwillige Leistungen des Entleihers an unechte Leiharbeitnehmer können aber keinen Entgeltcharakter besitzen, da der Entleiher nicht Schuldner des Entgelts ist. Sollen unechte Leiharbeitnehmer gleichwohl entleiherbetriebliche Sozialeinrichtungen in Anspruch nehmen dürfen, stellt dies eine mitbestimmungsfreie Entscheidung über die Festlegung des berechtigten Personenkreises dar;[691] die Mitbestimmung des Entleiherbetriebsrats in Bezug auf unechte Leiharbeitnehmer nach § 87 Abs. 1 Nr. 8 BetrVG analog ist mangels Vergleichbarkeit jedoch ausgeschlossen.[692]

---

683 Zu den Einzelheiten vgl. GK-*Kreutz*, § 75 BetrVG Rdnr. 18 ff.

684 I.E *Erdlenbruch*, S. 146.

685 *Boemke*, § 14 AÜG Rdnr. 120; *Schüren*, § 14 AÜG Rdnr. 227.

686 GK-*Wiese*, § 87 BetrVG Rdnr. 676, 807.

687 *Schüren*, § 14 AÜG Rdnr. 229.

688 BAG vom 26.01.1988, AP Nr. 31 zu § 80 BetrVG 1972 = RdA 1988, 190 = NZA 1988, 620 = SAE 1988, 328; BAG vom 09.02.1989, AP Nr. 40 zu § 77 BetrVG 1972 = BAGE 62, 87 = NZA 1989, 765, BB 1989, 1982; Däubler/Kittner/Klebe-*Klebe*, § 87 BetrVG Rdnr. 243.

689 *Fitting*, § 87 BetrVG Rdnr. 412 f.

690 Däubler/Kittner/Klebe-*Klebe*, § 87 BetrVG Rdnr. 243; *Fitting*, § 87 BetrVG Rdnr. 412.

691 Dies gilt nur, soweit unechte Leiharbeitnehmer nicht schon gemäß § 3 Abs. 1 Nr. 3 AÜG einbezogen werden müssen.

692 A.A. *Erdlenbruch*, S. 146 f.; *Ulber*, § 14 AÜG Rdnr. 122, der darin ein Recht auf Teilhabe sieht.

Im Übrigen werden unechte Leiharbeitnehmer hierdurch keinesfalls gegenüber der Stammbelegschaft benachteiligt, denn eine gerechte Verteilung der Leistungen sozialer Einrichtungen wird durch die Mitbestimmung bei Form, Ausgestaltung und Verwaltung schon mittels § 75 Abs. 1 BetrVG erzielt. Im Übrigen lässt sich auch nicht infolge von § 3 Abs. 1 Nr. 3 AÜG ein anderes Ergebnis vertreten; hier gelten die Ausführungen zur Mitbestimmung des Entleiherbetriebsrats bei der Auszahlung der Arbeitsentgelte gemäß § 87 Abs. 1 Nr. 4 BetrVG entsprechend, wonach der Verleiher und nicht der Entleiher Schuldner dieses Anspruchs ist und ein vom Verleiher etwaig zu gewährender Geldwert für die vom unechten Leiharbeitnehmer beim Entleiher nicht wahrnehmbare Sozialleistung vom konkreten Einzelfall abhängt und mithin keiner kollektiven Regelung zugänglich ist.

I) Werkmietwohnungen, § 87 Abs. 1 Nr. 9 BetrVG

Das Mitbestimmungsrecht des Betriebsrats bei der Zuweisung und Kündigung von Werkmietwohnungen ist eine Spezialfall von § 87 Abs. 1 Nr. 8 BetrVG,[693] der ebenfalls eine gerechte Verteilung der Leistungen des Arbeitgebers sicherstellen soll.[694] Voraussetzung für den Mitbestimmungstatbestand ist jedoch, dass mit Arbeits- und Mietvertrag zwei Vertragsverhältnisse vorliegen und dadurch ein innerer Zusammenhang gegeben ist, denn der Arbeitsvertrag muss Anlass für den Abschluss des Mietvertrages sein.[695]

Da zwischen dem unechten Leiharbeitnehmer und dem Entleiher kein Arbeitsvertrag besteht, könnte zunächst angenommen werden, dass die Zuweisung von Werkswohnungen i.S.v. § 87 Abs. 1 Nr. 9 BetrVG und damit das Mitbestimmungsrecht des Entleiherbetriebsrats für unechte Leiharbeitnehmer nicht in Frage kommt. Hierfür spricht auch die Tatsache, dass § 87 Abs. 1 Nr. 9 BetrVG ein Sonderfall von § 87 Abs. 1 Nr. 8 BetrVG ist, bei welchem dem Entleiherbetriebsrat hinsichtlich von unechten Leiharbeitnehmern ebenfalls kein Mitbestimmungsrecht zusteht. Jedoch besteht zu § 87 Abs. 1 Nr. 8 BetrVG insoweit ein Unterschied, als eine Festlegung des Begünstigtenkreises eine von § 87 Abs. 1 Nr. 8 BetrVG nicht erfasste freie Unternehmerentscheidung ist, hingegen die Zuweisung von Wohnraum und folglich der Umfang des Begünstigtenkreises bei § 87 Abs. 1 Nr. 9 BetrVG ausdrücklich der Mitbestimmung unterliegt. Außerdem werden durch die Zuweisung von Wohnraum an unechte Leiharbeitnehmer stets zugleich die Interessen der Stammbelegschaft des Entleiherbetriebs betroffen, so dass bei der Zuweisung von Wohnraum an betriebsfremde Personen das Mitbestimmungsrecht des Entleiherbetriebsrats schon zum

693 So auch *Fitting*, § 87 BetrVG Rdnr. 379.

694 ErfK-*Hanau/Kania*, § 87 BetrVG Rdnr. 83.

695 Däubler/Kittner/Klebe-*Klebe*, § 87 BetrVG Rdnr. 231; GK-*Wiese*, § 87 BetrVG Rdnr. 762; *Richardi*, § 87 BetrVG Rdnr. 687.

Schutze der Stammarbeitnehmer und der Verteilungsgerechtigkeit nicht ausgeschlossen werden kann.[696]
Folglich hat der Entleiherbetriebsrat nach § 87 Abs. 1 Nr. 9 BetrVG mitzubestimmen, wenn Wohnraum des Entleiherbetriebs unechten Leiharbeitnehmern zugewiesen wird.[697]
Da auch dem Verleiherbetriebsrat das Mitbestimmungsrecht gemäß § 87 Abs. 1 Nr. 9 BetrVG für unechte Leiharbeitnehmer eingeräumt ist,[698] liegt eine weitere Doppelzuständigkeit vor. Zuständigkeitskonflikte treten gleichwohl nicht ein, denn das Mitbestimmungsrecht des Betriebsrats ist auf seinen Betrieb begrenzt und schließt mithin die Mitbestimmung bezüglich der Werkmietwohnungen des anderen Betriebs aus.

j) Betriebliche Lohngestaltung, § 87 Abs. 1 Nr. 10 BetrVG

Nach § 87 Abs. 1 Nr. 10 BetrVG unterliegen Fragen der betrieblichen Lohngestaltung der Mitbestimmung des Betriebsrats. Hierunter ist die Festlegung kollektiver abstrakter Regelungen für die Entlohnung zu verstehen, wie beispielsweise die Schaffung von Lohn- und Gehaltsgruppen.[699] Unter Lohn fällt nicht nur das Arbeitsentgelt, sondern fallen alle Leistungen des Arbeitgebers, die Entgeltcharakter haben und mit Rücksicht auf das Arbeitsverhältnis gewährt werden.[700] Durch das Mitbestimmungsrecht sollen die Arbeitnehmer vor einer einseitig an den Interessen des Unternehmens orientierten oder willkürlichen Lohngestaltung geschützt werden; auf diese Weise soll die Transparenz des innerbetrieblichen Lohngefüges und die Wahrung der innerbetrieblichen Lohngerechtigkeit gesichert werden.[701]

Wegen der atypischen Struktur der Leiharbeit, bei der einzig der Verleiher Schuldner des Entgelts aus dem Leiharbeitsvertrag ist, kommt eine betriebliche Lohngestaltung im Entleiherbetrieb für unechte Leiharbeitnehmer von vornherein nicht in Betracht. Erhalten unechte Leiharbeitnehmer gleichwohl im Entleiherbetrieb ausnahmsweise freiwillige Sozialleistungen, so sind diese keine Gegenleistung zur Arbeitspflicht, denn die Arbeitspflicht besteht nur gegenüber dem Verleiher. Die Entscheidung darüber, ob der Arbeitgeber derartige freiwillige Sozialleistungen erbringen will, zu de-

---

696 BAG vom 28.07.1992, AP zu § 87 BetrVG 1972 Werkmietwohnungen Nr. 7 = ArbuR 1993, 62 = NZA 1993, 272 = EzA § 87 BetrVG Werkmietwohnung Nr. 8; *Löwisch/Kaiser*, § 87 BetrVG Rdnr. 149; MünchArbR-*Matthes*, § 332 Rdnr. 22; *Richardi*, § 87 BetrVG Rdnr. 695.

697 I.E. *Erdlenbruch*, S. 151; *Schüren*, § 14 AÜG Rdnr. 228; a.A. *Becker*, ArbuR 1982, 369, 376; *Becker/Wulfgramm*, Art. 1 § 14 AÜG Rdnr. 109; *Ulber*, § 14 AÜG Rdnr. 39.

698 Vgl. oben, § 6 B. I. 1. i).

699 Däubler/Kittner/Klebe-*Klebe*, § 87 BetrVG Rdnr. 242.

700 Däubler/Kittner/Klebe-*Klebe*, § 87 BetrVG Rdnr. 243.

701 BAG GS vom 03.12.1991, AP zu § 87 BetrVG 1972 Lohngestaltung Nr. 51 = RdA 1992, 282 = NZA 1992, 1418 = SAE 1993, 97; BAG vom 19.09.1995, AP zu § 87 BetrVG 1972 Lohngestaltung Nr. 81 = NZA 1996, 484 = RdA 1996, 194 = EzA § 87 BetrVG 1972 Betriebliche Lohngestaltung Nr. 53; *Fitting*, § 87 BetrVG Rdnr. 408; GK-*Wiese*, § 87 BetrVG Rdnr. 805.

nen er weder durch Gesetz, Tarifvertrag oder sonstiger Kollektivvereinbarung verpflichtet ist, bleibt als freie Unternehmerentscheidung mitbestimmungsfrei.[702] Zentraler Aspekt einer solchen freiwilligen Sozialleistung ist deren Zweckbestimmung; daher ist es nur konsequent, die Zweckbestimmung als mitbestimmungsfrei anzusehen.[703] Verbunden mit der Zwecksetzung ist aber auch die Festlegung des begünstigten Personenkreises, die folglich ebenfalls nicht von der Mitbestimmung des Betriebsrats erfasst werden kann.[704] Für eine gerechte Ausgestaltung der zusätzlichen Leistungen bedarf es keiner Analogie zu § 87 Abs. 1 Nr. 10 BetrVG, denn im Hinblick auf § 75 Abs. 1 BetrVG ist bereits sichergestellt, dass die Verteilung nach den Grundsätzen von Recht und Billigkeit erfolgt. Folglich liegt keine eine Analogie begründende Regelungslücke vor. Nichts anderes ergibt sich aus der Anwendung von § 3 Abs. 1 Nr. 3 AÜG, denn die Gewährung wesentlicher Arbeitsbedingungen, zu denen auch das Arbeitsentgelt gehört, folgt aus dem Gesetz und ist nicht erst Folge einer Festlegung kollektiv abstrakter Regelungen zur Entlohnung.
Mithin hat der Entleiherbetriebsrat für unechte Leiharbeitnehmer kein Mitbestimmungsrecht gemäß § 87 Abs. 1 Nr. 10 BetrVG analog.[705]

k) Leistungslohn, § 87 Abs. 1 Nr. 11 BetrVG

§ 87 Abs. 1 Nr. 11 BetrVG räumt dem Betriebsrat ein Mitbestimmungsrecht bei der Festsetzung der Akkord- und Prämiensätze sowie vergleichbarer leistungsbezogener Entgelte, einschließlich der Geldfaktoren ein, um den Gefahren leistungsbezogener Entgelte[706] in Form von Benachteiligungen oder Überforderungen zu begegnen, die infolge des Beurteilungsspielraumes bei der Bewertung der Leistung entstehen können.[707] Durch dieses Mitbestimmungsrecht als Sonderregelung zu § 87 Abs. 1 Nr. 10 BetrVG soll ebenfalls das Interesse der Arbeitnehmer an der innerbetrieblichen Lohngerechtigkeit gewahrt werden.[708]

Eine Mitbestimmung des Entleiherbetriebsrats nach § 87 Abs. 1 Nr. 11 BetrVG hinsichtlich von unechten Leiharbeitnehmern als Sonderregelung zu § 87 Abs. 1 Nr. 10 BetrVG ist unter Bezugnahme auf die dortigen Ausführungen abzulehnen, denn auch

---

702 BAG vom 09.12.1980, AP zu § 87 BetrVG 1972 Lohngestaltung Nr. 5 = BAGE 34, 297 = RdA 1981, 197 = SAE 1981, 192; GK-*Wiese*, § 87 BetrVG Rdnr. 837.

703 BAG vom 10.06.1986, AP zu § 87 BetrVG 1972 Lohngestaltung Nr. 22 = BAGE 52, 171 = RdA 1986, 340 = NZA 1987, 30; Däubler/Kittner/Klebe-*Klebe*, § 87 BetrVG Rdnr. 257; GK-*Wiese*, § 87 BetrVG Rdnr. 839; Hess/Schlochauer/Glaubitz-*Glaubitz*, § 87 BetrVG Rdnr. 512, 518.

704 Vgl. oben,§ 7 I. 3. b) gg); Däubler/Kittner/Klebe-*Klebe*, § 87 BetrVG Rdnr. 257; *Fitting*, § 87 BetrVG Rdnr. 450.

705 A.A. *Erdlenbruch*, S. 154; *Schüren*, § 14 AÜG Rdnr. 229; unklar *Ulber*, § 14 AÜG Rdnr. 125.

706 BAG vom 13.09.1983, AP zu § 87 BetrVG 1972 Prämie Nr. 3 = BAGE 43, 278 = RdA 1984, 55 = SAE 1988, 253.

707 GK-*Wiese*, § 87 BetrVG Rdnr. 962.

708 Däubler/Kittner/Klebe-*Klebe*, § 87 BetrVG Rdnr. 269; *Fitting*, § 87 BetrVG Rdnr. 500; Hess/Schlochauer/Glaubitz-Glaubitz, § 87 BetrVG Rdnr. 532.

Leistungslöhne sind Entgelte, die ggf. der Verleiher nicht aber der Entleiher schuldet. Zwar ist eine Mitbestimmung des Entleiherbetriebsrats denkbar, wenn beispielsweise der Entleiher für alle im Betrieb Tätigen ohne Rücksicht auf ihr Vertragsverhältnis zum Betriebsinhaber eine Prämie verspricht und hierdurch Stammarbeitnehmer wie unechte Leiharbeitnehmer gleichermaßen schutzbedürftig sind.[709] Doch würde hierbei übersehen, dass das Mitbestimmungsrecht nach § 87 Abs. 1 Nr. 11 BetrVG dem Entleiherbetriebsrat schon für die Stammarbeitnehmer zusteht und eine an der innerbetrieblichen Lohngerechtigkeit orientierte Einbeziehung von unechten Leiharbeitnehmern durch § 75 Abs. 1 BetrVG erfolgen muss, soweit alle im Betrieb tätigen Personen erfasst werden sollen.[710] Mithin liegt in den Ausnahmefällen, in denen der Entleiher auch unechten Leiharbeitnehmern Sonderzuwendungen gewährt, keine ausfüllungsbedürftige Regelungslücke vor.
Einer Mitbestimmung des Entleiherbetriebsrats nach § 87 Abs. 1 Nr. 11 BetrVG analog bedarf es demnach zum Schutz der unechten Leiharbeitnehmer gerade nicht.[711]

l) Betriebliches Vorschlagswesen, § 87 Abs. 1 Nr. 12 BetrVG

Das Mitbestimmungsrecht des Betriebsrats bei den Grundsätzen über das betriebliche Vorschlagswesen gemäß § 87 Abs. 1 Nr. 12 BetrVG dient dem Schutz und der freien Entfaltung der Persönlichkeit der Arbeitnehmer.[712] Sofern die Arbeitnehmer durch Verbesserungsvorschläge ihre Teilnahme an der Gestaltung der Arbeit und der Entwicklung des Betriebes zeigen, muss die Berücksichtigung der Initiative und der Einordnung der Leistung für den Arbeitnehmer durchschaubar sein und eine gerechte Bewertung des Vorschlags sichergestellt werden.[713]

Dieses Schutzbedürfnis als Folge der Erbringung der Arbeitsleistung in der Betriebssphäre des Unternehmers besteht bei allen im Betrieb Tätigen unabhängig von der arbeitsvertraglichen Bindung. Soweit im Entleiherbetrieb Grundsätze für das betriebliche Vorschlagswesen aufgestellt werden, lässt sich der Ausschluss von unechten Leiharbeitnehmern nicht begründen, denn gerade durch sie sind Verbesserungsvorschläge denkbar, die sich auf eine Optimierung der im Betrieb praktizierten Leiharbeit richten. Auch eine etwaige Prämie für Verbesserungsvorschläge führt zu keiner an-

---

[709] So *Schüren*, § 14 AÜG Rdnr. 230.

[710] Dies gilt vor allem dann, wenn eine Gleichstellung nicht bereits über § 3 Abs. 1 Nr. 3 AÜG erfolgt.

[711] I.E. *Becker/Wulfgramm*, Art. 1 § 14 AÜG Rdnr. 109; *Gick*, S. 136 f.; *Müllner*, Aufgespaltene Arbeitgeberstellung, S. 83 ff.; a.A. *Schüren*, § 14 AÜG Rdnr. 230.

[712] BAG vom 16.03.1982, AP zu § 87 BetrVG 1972 Vorschlagswesen Nr. 2 = BAGE 38, 148 = RdA 1982, 327 = SAE 1982, 287; Däubler/Kittner/Klebe-*Klebe*, § 87 BetrVG Rdnr. 289.

[713] BAG vom 16.03.1982, AP zu § 87 BetrVG 1972 Vorschlagswesen Nr. 2 = BAGE 38, 148 = RdA 1982, 327 = SAE 1982, 287; *Fitting*, § 87 BetrVG Rdnr. 536; GK-*Wiese*, § 87 BetrVG Rdnr. 1017; Hess/Schlochauer/Glaubitz-*Glaubitz*, § 87 BetrVG Rdnr. 586.

deren Bewertung, da eine solche Prämie mangels Konnexität zur Pflicht der Arbeitsleistung kein Entgelt darstellt.[714]
Die Mitbestimmung des Entleiherbetriebsrats nach § 87 Abs. 1 Nr. 12 BetrVG analog für unechte Leiharbeitnehmer ist schließlich mit Blick auf § 11 Abs. 7 AÜG konsequent, der auch für die über § 87 Abs. 1 Nr. 12 BetrVG hinausgehenden Verbesserungsvorschläge den Entleiher als Arbeitgeber und damit Schuldner des Vergütungsanspruchs bestimmt.[715]
Dies hat wegen des ebenfalls für den Verleiherbetriebsrat gemäß § 87 Abs. 1 Nr. 12 BetrVG bestehenden Mitbestimmungsrechts für unechte Leiharbeitnehmer die Zuständigkeit von Ver- und Entleiherbetriebsrat zur Folge, doch liegt damit eine zuständigkeitskonfliktfreie Doppelzuständigkeit vor, da die Mitbestimmung des jeweiligen Betriebsrats auf solche Verbesserungsvorschläge begrenzt ist, die seinem Betrieb dienen.

m) Gruppenarbeit, § 87 Abs. 1 Nr. 13 BetrVG

Nach § 87 Abs. 1 Nr. 13 BetrVG hat der Betriebrat über die Grundsätze der Durchführung von Gruppenarbeit mitzubestimmen, um mit dem Arbeitgeber gemeinsam Regelungen zu Fragen wie der Wahl eines Gruppensprechers, dessen Stellung und Aufgaben, die Zusammenarbeit in der Gruppe sowie die Berücksichtigung von leistungsschwächeren Arbeitnehmern und Konfliktlösungsmechanismen in der Gruppe dem durch Gruppenarbeit eröffneten Handlungs- und Entscheidungsspielraum zum Schutz des einzelnen Arbeitnehmers vor dem Gruppendruck auszugestalten.[716]

Unechte Leiharbeitnehmer können entsprechend dem Direktions- und Weisungsrecht des Entleihers dazu verpflichtet sein, ihre Arbeitsleistung im Drittbetrieb innerhalb einer Gruppe zu erbringen. Besteht die Gruppe zum Teil auch aus Stammarbeitnehmern, werden diese bestrebt sein, sich durch ein hohes Leistungsvermögen gegenüber dem Arbeitgeber zu profilieren und auf diese Weise die Besetzung ihres Arbeitsplatzes durch unechte Leiharbeitnehmer als unnötig erscheinen zu lassen. Aber auch wenn eine Gruppe nur aus unechten Leiharbeitnehmern besteht, werden andere Gruppen (Stammarbeitnehmergruppen) sich zur Abhebung von der Leiharbeitnehmergruppe bezogen auf die Leistungsfähigkeit herausgefordert fühlen. Danach führt Gruppenarbeit unter Beteiligung von unechten Leiharbeitnehmern im Entleiherbetrieb zumindest zu gleich großen Gefahren der „Selbstausbeutung" und Überforderung von Arbeitnehmern infolge der Leistungsverdichtung, so dass zum Schutz der Stammarbeitnehmer der Entleiherbetriebsrat nach § 87 Abs. 1 Nr. 13 BetrVG bei der Durchführung von Gruppenarbeit unter Beteiligung von unechten Leiharbeitnehmern mitzubestimmen hat.

---

[714] Vgl. zur Anerkennungsprämie Däubler/Kittner/Klebe-*Klebe*, § 87 BetrVG Rdnr. 299; *Ulber*, § 14 AÜG Rdnr. 127 a.

[715] Vgl. zu § 11 Abs. 7 AÜG ErfK-*Wank*, § 11 AÜG Rdnr. 31 ff.

[716] BT-Drucks. 14/5741, S. 47.

Im Hinblick auf die ebenfalls für den Verleiherbetriebsrat bestehende Mitbestimmung bei der Gruppenarbeit von unechten Leiharbeitnehmern sind sowohl der Verleiher- als auch der Entleiherbetriebrat gemäß § 87 Abs. 1 Nr. 13 BetrVG zuständig.[717] Ein Zuständigkeitskonflikt von Ver- und Entleiherbetriesrat ist dann zweckmäßiger Weise danach zu lösen, ob der Verleiher oder der Entleiher die Gruppenarbeit anordnet: Verpflichtet sich der Entleiher schon im Überlassungsvertrag zur gruppenweise Überlassung von unechten Leiharbeitnehmern, so ist der Verleiherbetriebsrat im Rahmen von § 87 Abs. 1 Nr. 13 BetrVG zuständig, ordnet erst der Entleiher die Gruppenarbeit, fällt dem Entleiherbetriebsrat das Mitbestimmungsrecht zu.

3. Freiwillige Betriebsvereinbarungen, § 88 BetrVG

§ 88 BetrVG begründet eine umfassende funktionelle Zuständigkeit des Betriebsrats zur Regelung über die dort genannten Regelungstatbestände hinaus in allen sozialen Angelegenheiten durch Betriebsvereinbarungen,[718] um den Betriebspartnern neben der notwendigen Mitbestimmung nach § 87 BetrVG eine ansonsten nicht bestehende Rechtsetzungskompetenz zu eröffnen.[719] Diese weitgehende Regelungskompetenz der Betriebspartner kann für die Arbeitnehmer von großer Bedeutung sein, denn auch freiwillige Betriebsvereinbarungen wirken normativ auf deren individuelle Rechte ein.[720]

Inwieweit freiwillige Betriebsvereinbarungen des Entleiherbetriebs auch für dort tätige unechte Leiharbeitnehmer Geltung haben, lässt sich nicht einheitlich beantworten. Wenn freiwillige Betriebsvereinbarungen ausdrücklich unechte Leiharbeitnehmer erfassen, so ist eine Regelungskompetenz des Entleiherbetriebsrats schon deshalb zu bejahen, weil allein die Einbeziehung von unechten Leiharbeitnehmer in den Begünstigtenkreis einer Betriebsvereinbarung die Interessen der Stammarbeitnehmer berührt. Hieran hat auch der neue, in § 3 Abs. 1 Nr. 3 AÜG verankerte, Grundsatz des „equal pay" und „equal treatment" nichts geändert, da diese gesetzliche Regelungen und keine freiwilligen Betriebsvereinbarungen darstellen und überdies vom Verleiher zu gewähren sind. Gibt eine freiwillige Betriebsvereinbarung hingegen keinen Aufschluss über ihren personellen Anwendungsbereich, hängt die Einbeziehung von unechten Leiharbeitnehmern vom Inhalt der freiwilligen Betriebsvereinbarung ab:[721] Setzt der Inhalt der freiwilligen Betriebsvereinbarung einen Arbeitsvertrag zum Betriebsinhaber voraus, wie z.B. Maßnahmen zur Förderung der Vermögensbildung

---

717 Zum Mitbestimmungsrecht des Verleiherbetriebsrats nach § 87 Abs. 1 Nr. 13 BetrVG oben, § 6 B. I. 1. m).

718 Däubler/Kittner/Klebe-*Däubler*, § 88 BetrVG Rdnr. 1.

719 GK-*Wiese*, § 88 BetrVG Rdnr. 3.

720 *Stege/Weinspach*, § 88 BetrVG Rdnr. 3.

721 *Erdlenbruch*, S. 159; *Schüren*, § 14 AÜG Rdnr. 233.

gemäß § 88 Nr. 3 BetrVG,[722] die im Zusammenhang mit der arbeitsvertraglichen Entgeltpflicht des Arbeitgebers stehen, so kann sich die Betriebsvereinbarung nicht auf unechte Leiharbeitnehmer erstrecken. Allerdings ist immer dann eine Einbeziehung möglich, wenn die Betriebsvereinbarung auf die tatsächliche Eingliederung in den Betrieb als Folge des Direktions- und Weisungsrechts Bezug nimmt.[723] Soweit eine Einbeziehung danach grundsätzlich möglich ist oder ausdrücklich erfolgt,[724] hat der Entleiherbetriebsrat gemäß § 88 BetrVG analog die Kompetenz, freiwillige Betriebsvereinbarungen mit Wirkung für unechte Leiharbeitnehmer zu schließen.

In den Fällen, in denen freiwillige Betriebsvereinbarungen über denselben Regelungsgegenstand (z.B. Integration ausländischer Arbeitnehmer) sowohl im Verleiherbetrieb als auch im Entleiherbetrieb möglich sind, liegt eine weitere Doppelzuständigkeit vor. Ein Zuständigkeitskonflikt von Ver- und Entleiherbetriebsrat tritt dennoch nicht ein, denn die Einbeziehung unechter Leiharbeitnehmer in freiwillige Betriebsvereinbarungen des Verleiherbetriebs löst nur die Zuständigkeit des Verleiherbetriebsrats aus, bei freiwilligen Betriebsvereinbarungen des Entleiherbetriebs ist nur der Entleiherbetriebsrat zuständig. Mithin werden Zuständigkeitsüberschneidungen infolge der Beschränkung auf die jeweilige betriebliche Sphäre vermieden.

4. Arbeitsschutz, § 89 BetrVG

§ 89 BetrVG statuiert für den Betriebsrat die Pflicht, sich für die Einhaltung und Durchführung der Vorschriften über den Arbeitsschutz, die Unfallverhütung und nunmehr auch über den betrieblichen Umweltschutz einzusetzen. Diese Durchführungsbeteiligung des Betriebsrats stellt eine signifikante Aufgabe dar, da sie u.a. unmittelbar der Erhaltung von Leben und Gesundheit der im Betrieb Tätigen dient und mittelbar durch die Vermeidung von Arbeitsunfällen den Betrieb vor Unfallkosten und Betriebsstörungen bewahrt.[725] Dabei gewährt § 89 BetrVG keine eigene Regelungskompetenz, vielmehr werden hierdurch betriebsverfassungsrechtliche Regelungen zu Fragen des Arbeits- und Gesundheitsschutzes sowie des betrieblichen Umweltschut-

---

722 I.E. *Ulber*, § 14 AÜG Rdnr. 132.

723 *Schüren*, § 14 AÜG Rdnr. 233; *Ulber*, § 14 AÜG Rdnr. 132.

724 Als möglicher Regelungsbereich werden z.B. zusätzliche Maßnahmen zur Verhütung von Arbeitsunfällen und Gesundheitsschädigungen (§ 88 Nr. 1 BetrVG) genannt: Vgl. *Becker*, Leitfaden, S. 88 f.; *Becker/Kreikebaum*, Zeitarbeit, S. 189; *Becker/Wulfgramm*, Art. 1 § 14 AÜG Rdnr. 110; *Erdlenbruch*, S. 159; *Gick*, Gewerbsmäßige Arbeitnehmerüberlassung, S. 138.

725 Däubler/Kittner/Klebe/Schneider, § 89 BetrVG Rdnr. 2; *Fitting*, § 89 BetrVG Rdnr. 1.

zes ergänzt,[726] indem die Vorschrift auf die Sicherstellung der betrieblichen Durchführung der hierzu geltenden Regelungen zielt.[727]

Der Einhaltung bzw. Durchführung von Bestimmungen zum Arbeits- und Gesundheitsschutz sowie des betrieblichen Umweltschutzes betrifft die im Entleiherbetrieb tätigen unechten Leiharbeitnehmer in gleicher Weise wie die Stammarbeitnehmer, denn betriebliche Gefahren für Leib, Leben und Gesundheit bedingen keinen Arbeitsvertrag zum Entleiher, sondern sind ausschließlich Folge der Eingliederung und tatsächlichen Erbringung der Arbeitspflicht im Entleiherbetrieb. Auch der Gesetzgeber hat die aus der Betriebssphäre des Entleihers für unechte Leiharbeitnehmer resultierenden Gefahren gesehen und mit § 11 Abs. 6 AÜG eine kumulative Verantwortlichkeit von Verleiher und Entleiher für die Einhaltung der öffentlich-rechtlichen Vorschriften des Arbeitsschutzes normiert, wenngleich regelmäßig nur der Entleiher, in dessen Betriebssphäre sie sich befinden, zur Durchführung der Arbeitsschutzmaßnahmen verpflichtet sein kann.[728] Danach besteht im Entleiherbetrieb ein vergleichbares Interesse daran, dass der Entleiherbetriebsrat sich für die Durchführung des betrieblichen Arbeits- , Gesundheits- und Umweltschutz einsetzt.
Mithin hat der Entleiherbetriebsrat zum Schutz der unechten Leiharbeitnehmer die Durchführungsbeteiligung gemäß § 89 BetrVG analog.[729]

5. Mitbestimmung bei der Gestaltung von Arbeitsplatz, Arbeitsablauf und Arbeitsumgebung, §§ 90 und 91 BetrVG

Der Betriebsrat erhält mit §§ 90 und 91 BetrVG Beteiligungsrechte bei der Gestaltung von Arbeitsumgebung, Arbeitsablauf und Arbeitsplatz, um gleichsam im Vorfeld des Arbeitsschutzes die Belange der Arbeitnehmer bezüglich der Folgen der technischen oder organisatorischen Veränderungen zu schützen.[730] Das Unterrichtungs- und Beratungsrecht gemäß § 90 BetrVG wäre für sich genommen aber nicht ausreichend, um die erstrebte Einflussnahme des Betriebsrats sicherzustellen. Deshalb besteht mit § 91 BetrVG eine Art „korrigierendes“ Mitbestimmungsrecht,[731] um bei besonders

---

726 S. die Vorschriften § 80 Abs. 1 Nr. 1, 2; § 81 Abs. 1; § 87 Abs. 1 Nr. 7; § 88 Nr. 1; §§ 90, 91; § 115 Abs. 1 Nr. 7 BetrVG.

727 Däubler/Kittner/Klebe-*Buschmann*, § 89 BetrVG Rdnr. 3; GK-*Wiese*, § 89 BetrVG Rdnr. 5; *Fitting*, § 89 BetrVG Rdnr. 1.

728 Vgl. auch ErfK-*Wank*, § 11 AÜG Rdnr. 30.

729 I.E. auch BAG vom 14.05.1974, AP Nr. 2 zu § 99 BetrVG 1972 = BAGE 26, 149 = RdA 1974, 255 = SAE 1975, 145; hierzu Anm. *Becker*, NJW 1974, 1966, 1968; *Becker/Wulfgramm*, Art. 1 § 14 AÜG Rdnr. 110; *Boemke*, § 14 AÜG Rdnr. 124; *Erdlenbruch*, S. 160; *Halbach*, DB 1980, 2389, 2390; *Plander*, AiB 1990, 19, 27; *Schüren*, § 14 AÜG Rdnr. 234.

730 Däubler/Kittner/Klebe-*Klebe*, § 90 BetrVG Rdnr. 1; *Fitting*, § 90 BetrVG Rdnr. 1 f.; ähnlich auch Hess/Schlochauer/Glaubitz-*Schlochauer*, § 90 BetrVG Rdnr. 1.

731 Zu diesem Begriff Däubler/Kittner/Klebe-*Klebe*, § 90 BetrVG Rdnr. 31; GK-*Wiese*, § 91 BetrVG Rdnr. 1, § 90 BetrVG Rdnr. 5; Hess/Schlochauer/Glaubitz-*Schlochauer*, § 90 BetrVG Rdnr. 1 a; *Richardi*, § 91 BetrVG Rdnr. 1; *Stege/Weinspach*, § 91 BetrVG Rdnr. 1.

nachteilhaften Änderungen und Belastungen der dadurch betroffenen Arbeitnehmern angemessene Maßnahmen zur Abwendung, Milderung oder einen Ausgleich durchsetzen zu können.[732]

Von Baumaßnahmen, Änderungen der Arbeitsumgebung, des Arbeitsablaufs und des Arbeitsplatzes können grundsätzlich auch unechte Leiharbeitnehmer im Entleiherbetrieb betroffen sein, insbesondere dann, wenn sie längerfristig in den Entleiherbetrieb überlassen werden. Diese können im Wesentlichen durch Um- oder Neubau von Betriebsgebäuden, den Einsatz technischer Hilfsmittel, die Substitution von Handarbeit durch Maschinenarbeit oder durch die Beschaffenheit der Arbeitsflächen sowie durch Klima-, Lärm- und Beleuchtungsänderungen erfolgen. Modifikationen in diesem Bereich sind folglich Beeinflussungen der tatsächlichen Arbeitserbringung in der Entleiherbetriebssphäre, so dass dadurch alle in dem von der Veränderung erfassten Bereich Tätigen ohne Rücksicht auf ihr rechtliches Verhältnis zum Betriebsinhaber berührt werden.[733]
Mithin hat der Entleiherbetriebsrat seine Beteiligungsrechte gemäß §§ 90 und 91 BetrVG analog auch in Bezug auf unechte Leiharbeitnehmer wahrzunehmen.[734]

6. Wirtschaftliche Angelegenheiten, §§ 106 – 113 BetrVG

a) Der Wirtschaftsausschuss im Entleiherunternehmen, §§ 106 ff. BetrVG

Gemäß § 106 BetrVG ist in allen Unternehmen mit mehr als 100 ständig beschäftigten Arbeitnehmern ein Wirtschaftssausschuss zu bilden, der mit dem Unternehmer wirtschaftliche Angelegenheiten[735] zu beraten und den Betriebsrat zu unterrichten hat. Der Wirtschaftsausschuss wird durch den Betriebsrat gebildet (§ 107 Abs. 2 S. 1 BetrVG), der auch Träger der Mitbestimmungsrechte in wirtschaftlichen Angelegenheiten (§§ 111, 112 und 112 a BetrVG) bleibt.[736] Danach stellt der Wirtschaftsausschuss lediglich ein Hilfsorgan des Betriebsrats dar[737] und hat allgemein die Aufgabe, die Kooperation und Information zwischen Unternehmer und Betriebsrat bezüglich wirtschaftlicher Angelegenheiten zu fördern.[738]

---

732 *Fitting*, § 91 BetrVG Rdnr. 1.

733 Ähnlich *Boemke*, § 14 AÜG Rdnr. 125; *Schüren*, § 14 AÜG Rdnr. 235.

734 *Erdlenbruch*, S. 163; I.E: auch *Becker/Wulfgramm*, Art. 1 § 14 AÜG Rdnr. 111; *Gick*, Gewerbsmäßige Arbeitnehmerüberlassung, S. 138.

735 Vgl. hierzu GK-*Fabricius/Oetker*, § 106 BetrVG Rdnr. 50 ff.

736 *Fitting*, § 106 BetrVG Rdnr. 4.

737 So auch *Fitting*, § 106 BetrVG Rdnr. 4; Däubler/Kittner/Klebe-*Däubler*, § 106 BetrVG Rdnr. 2; GK-*Fabricius/Oetker*, § 106 BetrVG Rdnr. 3; Hess/Schlochauer/Glaubitz-*Hess*, § 106 BetrVG Rdnr. 21; *Richardi*, § 106 BetrVG Rdnr. 4.

738 *Fitting*, § 106 BetrVG Rdnr. 17.

Ob die unechten Leiharbeitnehmer bei der Ermittlung des Schwellenwertes von 100 ständig beschäftigten Arbeitnehmern im Entleiherbetrieb zu berücksichtigen sind, erscheint problematisch. Ständig beschäftigte Arbeitnehmer sind solche, die nicht nur vorübergehend eingestellt, sondern auf Dauer ausgerichtet beschäftigt sind, so dass schon aus diesem Grund befristet beschäftigte Arbeitnehmer und unechte Leiharbeitnehmer nicht erfasst werden können,[739] denn auch nach der Aufhebung der Begrenzung der Überlassungsdauer wird regelmäßig die Überlassungsdauer aus den o.a. Gründen[740] zeitlich limitiert bleiben. Hiergegen wird vorgebracht, dass das begriffliche Gegensatzpaar von ständig oder vorübergehend beschäftigten Personen zu eng sei, statt dessen der Begriff „ständig" auf die zu erfüllende Arbeitsaufgabe zu beziehen sei und die temporäre Ausgestaltung des Arbeitsverhältnisses daher keine Relevanz besitze.[741] Sofern die Arbeitsaufgabe bzw. der Arbeitsplatz auf Dauer bestehe, sollen hiernach auch mit kurzer Laufzeit befristet eingestellte Arbeitnehmer oder unechte Leiharbeitnehmer als ständig beschäftigt mitgezählt werden.[742] Indes ist diese Meinung in sich widersprüchlich und inkonsequent, denn das Abstellen auf den Arbeitsplatz führt dazu, dass zwei oder drei Teilzeitarbeitnehmer, die sich einen Arbeitsplatz teilen, nicht nach ihrer tatsächlichen Personenzahl berücksichtigt werden könnten, sofern sie zusammen nur einen Arbeitsplatz ausfüllen. Gleichwohl soll aber jeder einzelne Teilzeitarbeitnehmer als ständig beschäftigt angesehen werden, da sich eine Umrechnung der Teilzeitbeschäftigtenzahl in eine hypothetische Zahl von Vollzeitbeschäftigten verbietet.[743] Außerdem verwischt ein solches Verständnis von „ständig beschäftigten Arbeitnehmern" die Tatsache, dass es sich bei den unechten Leiharbeitnehmern im Gegensatz zu Teilzeitarbeitnehmern oder befristet beschäftigten Arbeitnehmern nicht um Arbeitnehmer des Entleiherbetriebs i.S.d. Betriebsverfassungsgesetzes handelt,[744] da sie keinen Arbeitsvertrag zum Entleiher haben.
Folglich erfüllt ein unechter Leiharbeitnehmer im Entleiherbetrieb weder die Voraussetzung der ständigen Beschäftigung, noch kann er als Arbeitnehmer des Entleihers angesehen werden; eine Berücksichtigung von unechten Leiharbeitnehmern bei der Ermittlung des Schwellenwertes von § 106 Abs. 1 S. 1 BetrVG ist nicht möglich.[745]

---

[739] GK-*Fabricius/Oetker*, § 106 BetrVG Rdnr. 21, 23; Hess/Schlochauer/Glaubitz-*Hess*, § 106 BetrVG Rdnr. 14 f.

[740] Vgl. oben, § 5 B. II.

[741] Däubler/Kittner/Klebe-*Däubler*, § 106 BetrVG Rdnr. 11.

[742] LAG Berlin vom 06.12.1989, DB 1990, 538, 539; Däubler/Kittner/Klebe-*Däubler*, § 106 BetrVG Rdnr. 12, soweit unechte Leiharbeitnehmer die Voraussetzungen von § 7 S. 2 BetrVG erfüllen und damit wahlberechtigt sind.

[743] Däubler/Kittner/Klebe-*Däubler*, § 106 BetrVG Rdnr. 13.

[744] Vgl. oben, § 5 II.

[745] I.E. *Becker*, ArbuR 1982, 369, 376; *Becker/Wulfgramm*, Art. 1 § 14 AÜG Rdnr. 122; *Boemke*, § 14 AÜG Rdnr. 138; *Erdlenbruch*, S. 210; *Gick*, Gewerbsmäßige Arbeitnehmerüberlassung, S. 140; vgl. hierzu auch GK-*Fabricius/Oetker*, § 106 BetrVG Rdnr. 21; a.A. Däubler/Kittner/Klebe-*Däubler*, § 106 BetrVG Rdnr. 12; *Schüren*, § 14 AÜG Rdnr. 263 und (allerdings ohne Begründung) *Ulber*, § 14 AÜG Rdnr. 87.

b) Betriebsänderungen im Entleiherunternehmen, §§ 111 – 113 BetrVG

Bei geplanten Betriebsänderungen i.S.v. § 111 S. 3 BetrVG hat der Unternehmer den Betriebsrat in Unternehmen zu unterrichten und diese mit ihm zu beraten, § 111 S. 1 BetrVG.[746]

Da dieses Beteiligungsrecht einen Schwellenwert von „in der Regel mehr als zwanzig wahlberechtigten Arbeitnehmern" besitzt, können auch hier unechte Leiharbeitnehmer im Entleiherbetrieb nicht mitgerechnet werden:[747] Selbst wenn man das Kriterium „in der Regel" trotz ihres regelmäßig vorübergehenden Einsatzes als gegeben betrachten wollte[748] und diese nunmehr unter den Voraussetzungen von § 7 S. 2 BetrVG „Wahlberechtigte" sind, werden sie hierdurch mangels Betriebszugehörigkeit zum Entleiherbetrieb[749] nicht zu „wahlberechtigten Arbeitnehmern."[750]

Soweit der Schwellenwert schon durch die Stammbelegschaft des Entleiherunternehmens erreicht wird, ist fraglich, ob ein beabsichtigter Einsatz von unechten Leiharbeitnehmern im Entleiherbetrieb eine das Beteiligungsrecht des Entleiherbetriebsrats auslösende geplante Betriebsänderung darstellt.[751] In dem abschließenden Katalog[752] von § 111 S. 3 BetrVG wird der Einsatz von unechten Leiharbeitnehmern nicht ausdrücklich genannt. Allenfalls könnte die Leiharbeit unter einer grundlegenden Änderung der Betriebsorganisation (Nr. 3) oder unter der Einführung grundlegend neuer Arbeitsmethoden (Nr. 4) subsumiert werden. Dadurch würde aber verkannt, dass eine Mitwirkung des Betriebsrats zum Schutze der Arbeitnehmer des Entleiherbetriebs schon durch die spezielleren und weitergehenden Beteiligungsrechte nach den §§ 92, 92 a und 99 BetrVG erfolgt und überdies für eine klare Aufgaben- und Mitbestimmungsabgrenzung in Fällen der Leiharbeit hinderlich wäre.

Folglich besteht kein Unterrichtungs- und Beratungsrecht des Entleiherbetriebsrats nach § 111 BetrVG infolge eines geplanten Einsatzes von Leiharbeit.[753]

Grundsätzlich denkbar ist dagegen eine Einbeziehung von unechten Leiharbeitnehmern in einen Sozialplan oder einen Nachteilsausgleich im Entleiherbetrieb.[754] Jedoch bezwecken der Sozialplan gemäß § 112 BetrVG bzw. § 112 a BetrVG und der Nachteilsausgleich nach § 113 BetrVG einen Ausgleich oder eine Abmilderung we-

---

746 Zu den Einzelheiten s. *Fitting*, § 111 BetrVG Rdnr. 102 ff.; *Stege/Weinspach*, § 111 BetrVG Rdnr. 17 ff.

747 *Schüren*, § 14 AÜG Rdnr. 262; a.A. *Ulber*, § 14 AÜG Rdnr. 89.

748 Däubler/Kittner/Klebe-*Klebe*, § 111 BetrVG Rdnr. 24 i.V.m. Däubler/Kittner/Klebe-*Kittner*, § 99 BetrVG Rdnr. 7, 13.

749 *Hennige*, RWS-Forum 2001, S. 59, 68.

750 Dazu schon oben, § 5 II. 1. c).

751 Zu dieser Frage auch *Erdlenbruch*, S. 214 f.; *Schüren*, § 14 AÜG Rdnr. 266.

752 *Bauer*, DB 1994, 217, 218; ausführlich hierzu GK-*Fabricius/Oetker*, § 111 BetrVG Rdnr. 35 ff.; Hess/Schlochauer/Glaubitz-*Hess*, § 111 BetrVG Rdnr. 16; *Hunhold*, BB 1975, 1439, 1440; MünchArbR-*Matthes*, § 351 Rdnr. 13; *Richardi*, § 111 BetrVG Rdnr. 40; *Stege/Weinspach*, § 111 BetrVG Rdnr. 27; A.A. *Fitting*, § 111 BetrVG Rdnr. 44.

753 *Schüren*, § 14 AÜG Rdnr. 266; uneinheitlich *Ulber*, § 14 AÜG Rdnr. 90.

754 Differenzierend *Erdlenbruch*, S. 215 f.

sentlicher Nachteile für die Belegschaft oder Teile der Belegschaft.[755] Zur Belegschaft des Entleiherbetriebs gehören wegen fehlender Betriebszugehörigkeit unechte Leiharbeitnehmer gerade nicht. Ferner sind sie von Betriebsänderungen im Entleiherbetrieb nicht wie Stammarbeitnehmer betroffen, denn ihr Arbeitsvertrag bleibt unabhängig von derartigen Betriebsänderungen zum Verleiher in seinem Bestand unberührt; nachteilhafte Veränderungen während der Überlassung sind durch Anpassungen des Überlassungsvertrages und ggf. des Leiharbeitsvertrages zu kompensieren.[756]
Danach gilt für den Entleiherbetriebsrat keine Mitbestimmung in wirtschaftlichen Angelegenheiten nach § 106 - § 113 BetrVG analog für unechte Leiharbeitnehmer.

7. Weitere Aufgaben des Betriebsrats, § 80 BetrVG

Ebenso wie für den Verleiherbetriebsrat begründet § 80 BetrVG für den Entleiherbetriebsrat weitere, allgemeine Aufgaben und ergänzt dadurch die betriebliche Mitbestimmung in sozialen, personellen und wirtschaftlichen Angelegenheiten.[757] Dabei kann der Entleiherbetriebsrat nicht alle dort niedergelegten Aufgaben für unechte Leiharbeitnehmer wahrnehmen, denn auch im Rahmen von § 80 Abs. 1 BetrVG muss sich die atypische Struktur der Leiharbeit spiegeln, so dass der Entleiherbetriebsrat nur im Hinblick auf Aufgaben, die an der tatsächlichen Erbringung der Arbeitsleistung anknüpfen, oder soweit dies zum Schutz der Stammbelegschaft des Entleiherbetriebs erforderlich ist, mit Wirkung für unechte Leiharbeitnehmer tätig werden kann.

a) Die Überwachungsaufgabe, § 80 Abs. 1 Nr. 1 BetrVG

Gemäß § 80 Abs. 1 Nr. 1 BetrVG hat der Betriebsrat darüber zu wachen, dass die zugunsten der Arbeitnehmer geltenden Vorschriften durchgeführt werden, um sicherzustellen, dass alle zugunsten der Arbeitnehmer geltenden Schutzvorschriften auch tatsächlich beachtet und eingehalten werden.[758]

Sofern es sich hierbei um Schutzvorschriften handelt, welche die tatsächliche Leistungserbringung im Entleiherbetrieb betreffen wie z.B. alle Unfallverhütungs- oder Arbeitsschutzvorschriften, sind unechte Leiharbeitnehmer und die Stammbelegschaft des Entleihers vergleichbar schutzbedürftig. Daneben hat der Entleiherbetriebsrat die

---

755 GK-*Fabricius/Oetker*, §§ 112, 112 a BetrVG Rdnr. 10, § 113 BetrVG Rdnr. 1; *Richardi*, § 111 BetrVG Rdnr. 2.

756 *Becker*, ArbuR 1982, 369, 376; *Müllner*, Aufgespaltene Arbeitgeberstellung, S. 100; *Schüren*, § 14 AÜG Rdnr. 268, 269; *Ulber*, § 14 AÜG Rdnr. 94 a; a.A. *Erdlenbruch*, S. 216.

757 Vgl. zu diesem Grundsatz BAG vom 31.01.1989, AP Nr. 33 zu § 80 BetrVG 1972 = AiB 1989, 256 = DB 1989, 982; *Becker/Wulfgramm*, Art. 1 § 14 AÜG Rdnr. 108; *Schüren*, § 14 AÜG Rdnr. 202; *Ulber*, § 14 AÜG Rdnr. 63.

758 Däubler/Kittner/Klebe-*Buschmann*, § 80 BetrVG Rdnr. 6; *Fitting*, § 80 BetrVG Rdnr. 5.

Einhaltung der speziellen, ausschließlich für unechte Leiharbeitnehmer geltenden, Schutzvorschriften von § 1 Abs. 1 S. 1 i.V.m. § 12 Abs. 1 S. 2, § 3, § 11 Abs. 5 - 7 AÜG zu überwachen.[759]

Danach hat der Entleiherbetriebsrat gemäß § 80 Abs. 1 Nr. 1 BetrVG analog die Überwachungsfunktion für unechte Leiharbeitnehmer wahrzunehmen.[760]

Wegen der ebenfalls für den Verleiherbetriebsrat in Bezug auf unechte Leiharbeitnehmer bestehenden Aufgabe nach § 80 Abs. 1 Nr. 1 BetrVG[761] sind sowohl der Verleiher- als auch der Entleiherbetriebsrat für die Einhaltung und Durchführung der Vorschriften des Arbeitnehmerüberlassungsgesetzes zuständig. Zwar besteht hierdurch eine weitere Doppelzuständigkeit der Betriebsräte, doch treten Zuständigkeitskonflikte deshalb nicht ein, weil ein jeder Betriebsrat nur gegenüber seinem Betriebspartner bzw. Betriebsinhaber auf die Einhaltung und die Durchführung der Vorschriften drängen kann.

b) Das Beantragungsrecht, § 80 Abs. 1 Nr. 2 BetrVG

Das Initiativrecht nach § 80 Abs. 1 Nr. 2 BetrVG gibt dem Betriebsrat die Möglichkeit, alle dem Betrieb und der Belegschaft dienenden Maßnahmen zu beantragen, um auf diese Weise den Arbeitgeber zur Beratung und Lösungssuche mit dem Betriebsrat zu verpflichten.[762] Der Betriebsrat soll nicht Initiativen des Arbeitgebers abzuwarten verpflichtet sein, sondern von sich aus tätig werden dürfen.[763]

Da sich das Initiativrecht generell auf soziale, personelle und wirtschaftliche Angelegenheiten bezieht,[764] für die der Entleiherbetriebsrat wie gezeigt z.T. auch mit Wirkung für unechte Leiharbeitnehmer zuständig ist, sind Initiativen des Entleiherbetriebsrats im Hinblick auf unechte Leiharbeitnehmer nicht a priori ausgeschlossen. Zwar gehören die unechten Leiharbeitnehmer mangels Entleiherbetriebszugehörigkeit nicht zur Belegschaft i.S.v. § 80 Abs. 1 Nr. 2 BetrVG, doch sind beispielsweise integrationsfördernde Maßnahmen zugunsten von unechten Leiharbeitnehmern dem Entleiherbetrieb dienlich.[765] Im Übrigen sind derartige Maßnahmen auch für die Stammbelegschaft dienlich, da durch sie ein geordneter, störungsarmer Betriebsablauf unterstützt wird.

---

759 *Becker/Kreikebaum*, Zeitarbeit, S. 190 f.; *Becker/Wulfgramm*, Art. 1 § 14 AÜG Rdnr. 108; *Erdlenbruch*, S. 114, 116; MünchArbR-*Marschall*, § 168 Rdnr. 129; *Schüren*, § 14 AÜG Rdnr. 203.

760 Schon *Erdlenbruch*, S. 118 f.; i.E. auch *Becker/Wulfgramm*, Art. 1 § 14 AÜG Rdnr. 108; *Schüren*, § 14 AÜG Rdnr. 203.

761 Vgl. oben, § 6 B. IV. 1.

762 GK-*Kraft*, § 80 BetrVG Rdnr. 30.

763 Hess/Schlochauer/Glaubitz-*Hess*, § 80 BetrVG Rdnr. 20.

764 *Fitting*, § 80 BetrVG Rdnr. 20.

765 *Schüren*, § 14 AÜG Rdnr. 204.

Folglich bedarf es für das Initiativrecht des Entleiherbetriebsrats nach § 80 Abs. 1 Nr. 2 BetrVG keiner Analogie, um darin unechte Leiharbeitnehmer mit einzubeziehen.[766]
Das Initiativrecht gemäß § 80 Abs. 1 Nr. 2 BetrVG besteht zugleich für den Verleiherbetriebsrat,[767] so dass eine weitere Doppelzuständigkeit von Ver- und Entleiherbetriebsrat vorliegt. Diese stellt im Hinblick darauf, dass sich das Initiativrecht nur auf Maßnahmen bezieht, die u.a. dem Betrieb dienen, eine zuständigkeitskonfliktfreie Doppelzuständigkeit dar, weil das Initiativrecht nur demjenigen Betriebsrat eröffnet ist, dessen Betrieb die Maßnahme dienlich ist. Auch soweit es um Maßnahmen geht, die dem Entleiher- und dem Verleiherbetrieb sowie beiden Belegschaften dienen, treten keine Zuständigkeitskonflikte der Betriebsräte auf, da ein jeder Betriebsrat gegenüber seinem Betriebspartner initiativberechtigt ist und nicht zu erkennen ist, dass dieses Recht wegen der zugleich bestehenden Initiativberechtigung eines anderen Betriebsrats gegenüber einem anderen Betriebspartner beschnitten wird.

c) Die Gleichstellungsförderung, § 80 Abs. 1 Nr. 2 a BetrVG

Die Förderung der Durchsetzung der tatsächlichen Gleichstellung von Frauen und Männern gemäß § 80 Abs. 1 Nr. 2 a BetrVG durch den Betriebsrat bezweckt den Abbau von Benachteiligungen im Berufsleben,[768] an dem der Betriebsrat aktiv mitwirken soll.[769]

Für unechte Leiharbeitnehmerinnen kann diese Förderpflicht im Entleiherbetrieb keine Bedeutung entfalten, da Benachteiligungen, wie sich schon aus den gesetzlichen Beispielen ergibt, ganz überwiegend nicht aus der tatsächlichen Erbringung der Arbeitsleistung resultieren. Der Entleiher hat keinen Einfluss auf die Einstellung, Aus-, Fort- und Weiterbildung, den beruflichen Aufstieg und den Leiharbeitsvertrag als solchen. Und auch hinsichtlich der Beschäftigung von Frauen hat er keine Einwirkungsmöglichkeiten, denn die Auswahl der überlassenen Leiharbeitnehmer obliegt als Gattungsschuld dem Verleiher.[770] In den Fällen, in denen der Entleiher durch Ausübung seines den unechten Leiharbeitnehmern gegenüber bestehenden Direktions- und Weisungsrechts Benachteiligungen für unechte Leiharbeitnehmerinnen herbeiführt, hat der Entleiherbetriebsrat schon nach § 75 Abs. 1 BetrVG mitzubestimmen, eines Rückgriffs auf § 80 Abs. 1 Nr. 2 a BetrVG bedarf es nicht.
Mithin hat der Entleiherbetriebsrat bezüglich der unechten Leiharbeitnehmerinnen keine Förderpflicht nach § 80 Abs. 1 Nr. 2 a BetrVG.

---

766 A.A. *Erdlenbruch*, S. 120, der dieses Ergebnis nur unter einer Analogie von § 80 Abs. 1 Nr. 2 BetrVG bejaht.

767 Vgl. oben, § 6 B. IV. 2.

768 *Fitting*, § 80 BetrVG Rdnr. 34.

769 *Richardi*, § 80 BetrVG Rdnr. 28.

770 *Stefener*, Haftung, S. 27 ff., vgl. auch oben, § 2 B. I. 2. b) aa).

d) Familie und Erwerbstätigkeit, § 80 Abs. 1 Nr. 2 b BetrVG

§ 80 Abs. 1 Nr. 2 b BetrVG verpflichtet den Betriebsrat, die Vereinbarkeit von Familie und Erwerbstätigkeit zu fördern, um Arbeitnehmern mit Familienpflichten die Ausübung der Berufstätigkeit zu erleichtern.[771] Hierzu soll insbesondere eine familienfreundliche Gestaltung der betrieblichen Arbeitszeit beitragen können.[772]
Die betriebliche Arbeitszeit ist aber von der Arbeitsorganisation des Entleihers abhängig und wird bei unechten Leiharbeitnehmern durch den rechtstatsächlich mehrmaligen Wechsel des Entleiherbetriebs innerhalb eines Jahres auch nach der Aufhebung der Begrenzung der Überlassungsdauer (§ 3 Abs. 1 Nr. 6 AÜG a.F.) häufig variieren, so dass dem Verleiher eine Festlegung der betrieblichen Arbeitszeit unter familienfreundlichen Aspekten nicht möglich sein wird. Hingegen ist der Entleiher zur Regelung der betrieblichen Arbeitszeit für unechte Leiharbeitnehmer nur insoweit befugt, als die Festlegung von Beginn und Ende der täglichen Arbeitszeit sowie der Pausen aus Gründen der Integration in die Arbeitsorganisation erforderlich ist. Eine darüber hinaus gehende Organisationsbefugnis, welche Person an welchem Tag und zu welcher Zeit überlassen wird, hat er nicht.[773] Weitere Maßnahmen, wie die Gewährung von Sonderurlaub oder die befristete Umwandlung einer Vollzeit in eine Teilzeitstelle, betreffen ebenfalls nur das Vertrags- und damit das Leiharbeitsverhältnis. Ein Initiativrecht des Entleiherbetriebsrat für Maßnahmen, die der Entleiher nicht zu regeln befugt ist, besteht nicht.
Folglich kann der Entleiherbetriebsrat die Vereinbarkeit von Erwerbstätigkeit und Familie von unechten Leiharbeitnehmern nicht gemäß § 80 Abs. 1 Nr. 2 b analog BetrVG fördern.

e) Entgegennahme von Anregungen, § 80 Abs. 1 Nr. 3 BetrVG

Nach § 80 Abs. 1 Nr. 3 BetrVG hat der Betriebsrat Anregungen von Arbeitnehmern entgegenzunehmen und durch Verhandlungen mit dem Arbeitgeber auf deren Erledigung hinzuwirken, um hierdurch das Recht auf Kommunikation zwischen Betriebsrat und im Betrieb Tätigen zu sichern.[774] Weil unter Anregungen Vorschläge und Beschwerden fallen,[775] deren Anlass zumeist betriebsorganisatorischer Natur (z.B. Gefahrenpotentiale im Entleiherbetrieb) und damit auf die tatsächliche Leistungserbringung bezogen sind und folglich unechte Leiharbeitnehmer wie Stammarbeitnehmer ein Interesse an der Möglichkeit für Anregungen gegenüber dem Entleiherbetriebsrat haben, ist der Entleiherbetriebsrat nach § 80 Abs. 1 Nr. 3 BetrVG analog zur Entge-

---

771 BT-Drucks. 14/5741, S. 46.

772 BT-Drucks. 14/5741, S. 46.

773 Vgl. hierzu auch Ausführungen unter § 7 B. I. 3. b) bb).

774 GK-*Kraft*, § 80 BetrVG Rdnr. 35.

775 *Fitting*, § 80 BetrVG Rdnr. 24; GK-*Kraft*, § 80 BetrVG Rdnr. 36; *Richardi*, § 80 BetrVG Rdnr. 32.

gennahme und Verhandlung von Anregungen der unechten Leiharbeitnehmer verpflichtet.[776]

Soweit die Durchführung der Überlassung betroffen ist, hat daneben der Verleiherbetriebsrat für unechte Leiharbeitnehmer die Aufgabe gemäß § 80 Abs. 1 Nr. 3 BetrVG wahrzunehmen,[777] so dass eine weitere Doppelzuständigkeit der Betriebsräte gegeben ist. Zuständigkeitskonflikte der Betriebsräte werden hierbei vermieden, weil es sich um betriebsorganisatorische Vorschläge und Beschwerden im Entleiherbetrieb handelt, oder aber um Anregungen, die allgemein die Durchführung der Überlassung durch den Verleiherbetrieb betreffen. Ersterenfalls ist nur der Entleiherbetriebsrat zuständig, letzterenfalls hat die Anregung gegenüber dem Verleiherbetriebsrat zu erfolgen.

f) Eingliederung schutzbedürftiger Personen, § 80 Abs. 1 Nr. 4 BetrVG

Die Förderpflicht zur Eingliederung besonders schutzbedürftiger Personen seitens des Betriebsrats gemäß § 80 Abs. 1 Nr. 4 BetrVG soll dazu anhalten, solche Maßnahmen anzustoßen, die spezifische Eingliederungsbarrieren der jeweiligen Gruppe abbauen helfen.[778] Als schutzbedürftig sind jedenfalls neben den ausdrücklich genannten Schwerbehinderten auch Behinderte, die nicht in den Anwendungsbereich des SGB IX fallen, Drogenabhängige und Langzeitarbeitslose anzusehen.[779]

Selbst wenn der Kreis besonders schutzbedürftiger Personen letztlich nicht abschließend bestimmbar ist, gehören die unechten Leiharbeitnehmer im Entleiherbetrieb nicht dazu, denn die Aufgabe des Entleiherbetriebsrats, eine Unterbringung im Betrieb sowie die Zuweisung einer ihren Kräften und Fertigkeiten entsprechenden Arbeit zu erwirken,[780] stellt sich dem Entleiherbetriebsrat in Bezug auf diese Personengruppe nicht. Es ist der Verleiher, der darüber entscheidet, wer von seinen Arbeitnehmern in den Entleiherbetrieb entsandt wird, der Entleiher hat diesbezüglich kein über die Vereinbarung eines allgemeinen Anforderungsprofils im Überlassungsvertrag hinausreichendes Mitentscheidungsrecht.[781]

Daraus folgt, dass der Entleiherbetriebsrat unechte Leiharbeitnehmer nicht i.S.v. § 80 Abs. 1 Nr. 4 BetrVG fördern kann.

g) Wahl der Jugend- und Auszubildendenvertretungen, § 80 Abs. 1 Nr. 5 BetrVG

Das Vorbereitungs-, Durchführungs- und Fördergebot des § 80 Abs. 1 Nr. 5 BetrVG obliegt dem Betriebsrat, da die Jugend- und Auszubildendenvertretungen keine ei-

---

776 I.E. *Becker/Wulfgramm*, Art. 1 § 14 AÜG Rdnr. 108; *Erdlenbruch*, S. 121; *Gick*, Gewerbsmäßige Arbeitnehmerüberlassung; *Schüren*, § 14 AÜG Rdnr. 205.

777 Vgl. oben, § 6 B. IV. 5.

778 Däubler/Kittner/Klebe-*Buschmann*, § 80 BetrVG Rdnr. 41.

779 Däubler/Kittner-*Buschmann*, § 80 BetrVG Rdnr. 44; *Fitting*, § 80 BetrVG Rdnr. 30.

780 *Fitting*, § 80 BetrVG Rdnr. 28.

781 Auch *Schüren*, § 14 AÜG Rdnr. 207.

genständigen betriebsverfassungsrechtlichen Organe sind[782] und zur Wahrnehmung der Interessen der Jugendlichen und der Auszubildenden der Unterstützung des Betriebsrats bedürfen.[783]

Nach der Änderung von § 14 Abs. 2 AÜG und der Einfügung von § 7 S. 2 BetrVG kann diese Aufgabe in Bezug auf unechte Leiharbeitnehmer nicht mehr mit der Begründung, sie seien im Entleiherbetrieb nicht wahlberechtigt, ausgeschlossen werden.[784] Zwar werden unechte Leiharbeitnehmer gemäß § 61 Abs. 1 BetrVG nach wie vor nicht ausdrücklich als zu den Jugend- und Auszubildendenvertretungen wahlberechtigt erklärt, doch muss § 7 S. 2 BetrVG auch im Rahmen von § 61 Abs. 1 BetrVG Geltung beanspruchen, denn es erscheint unter systematischen Gesichtspunkten nicht vertretbar, unechte Leiharbeitnehmer unter den Voraussetzungen von § 7 S. 2 BetrVG an den Wahlen zum Entleiherbetriebsrat teilnehmen zu lassen, hingegen aber bei den Wahlen zu den Jugend- und Auszubildendenvertretungen, deren Bedeutung nicht weiter reichen als die des Betriebsrats, ein aktives Wahlrecht auszuschließen. Das aktive Wahlrecht zu den Jugend- und Auszubildendenvertretungen ist als Minus im aktiven Wahlrecht zum Entleiherbetriebsrat nach § 7 S. 2 BetrVG enthalten, soweit die weiteren Voraussetzungen von § 60 Abs. 1 BetrVG gegeben sind.[785] Daraus folgt, das aktive Wahlrecht zur den Jugend- und Auszubildendenvertretungen besteht dann, wenn unechte Leiharbeitnehmer neben den Voraussetzungen der §§ 60 f BetrVG zugleich die Voraussetzungen von § 7 S. 2 BetrVG erfüllen. Mithin erwächst dem Entleiherbetriebsrat in diesen Fällen die Förderpflicht nach § 80 Abs. 1 Nr. 5 BetrVG analog für unechte Leiharbeitnehmer.
Infolge der Förderpflicht von Verleiher- und Entleiherbetriebsrat nach § 80 Abs. 1 Nr. 5 BetrVG besteht eine weitere Doppelzuständigkeit der Betriebsräte. Zuständigkeitskonflikte in diesem Bereich sind aber dadurch ausgeschlossen, dass sich die Zuständigkeit und damit die Förderpflicht des jeweiligen Betriebsrats auf die Wahl zur Jugend- und Auszubildendenvertretung seines Betriebs beschränkt.

h) Pflicht zur Beschäftigung älterer Arbeitnehmer, § 80 Abs. 1 Nr. 6 BetrVG

Die Förderpflicht[786] zur Beschäftigung älterer Arbeitnehmer durch den Betriebsrat gemäß § 80 Abs. 1 Nr. 6 BetrVG scheidet für den Entleiherbetriebsrat hinsichtlich der

---

782 GK-*Kraft*, § 80 BetrVG Rdnr. 43.

783 GK-*Kraft*, § 80 BetrVG Rdnr. 44.

784 So zur früheren Rechtslage *Schüren*, § 14 AÜG Rdnr. 207.

785 Bei der fehlenden Einräumung des aktiven Wahlrechts für unechte Leiharbeitnehmer bei diesen Wahlen scheint es sich um ein gesetzgeberisches Redaktionsversehen zu handeln, das mit der geringen Bedeutung in der Praxis erklärt werden kann, denn regelmäßig sind unechte Leiharbeitnehmer älter als 18 Jahre und wegen der Verpflichtungen nach §§ 1 Abs. 2, 6 ff. BBiG können innerhalb eines Ausbildungsverhältnisses Auszubildende von vornherein nicht als unechte Leiharbeitnehmer tätig werden.

786 Zu den Einzelheiten vgl. GK-*Kraft*, § 87 BetrVG Rdnr. 47; *Richardi*, § 80 BetrVG Rdnr. 43.

unechten Leiharbeitnehmer aus, da diese Förderpflicht davon abhängt, dass die entsprechenden Arbeitnehmer in einem Arbeitsverhältnis zum Entleiher stehen.

i) Eingliederung ausländischer Arbeitnehmer, § 80 Abs. 1 Nr. 7 BetrVG

Soweit dem Entleiherbetrieb ausländische unechte Leiharbeitnehmer überlassen werden, können sich diese den gleichen Konflikten und Vorurteilen ausgesetzt sehen, wie ausländische Stammarbeitnehmer, bei denen sich der Betriebsrat nach § 80 Abs. 1 Nr. 7 BetrVG für deren Integration in den Betrieb zu verwenden hat. Danach hat der Entleiherbetriebsrat nach § 80 Abs. 1 Nr. 7 BetrVG analog die Integration ausländischer unechter Leiharbeitnehmer im Entleiherbetrieb zu fördern.[787]

j) Beschäftigungsförderung und Beschäftigungssicherung, § 80 Abs. 1 Nr. 8 BetrVG

Die Aufgabe des Betriebsrats gemäß § 80 Abs. 1 Nr. 8 BetrVG, die Beschäftigung im Betrieb zu fördern und zu sichern, hat für den Entleiherbetriebsrat in Bezug auf die unechten Leiharbeitnehmer keine Bedeutung, da deren Einsatz regelmäßig vorübergehender Natur ist und es auch mangels Betriebszugehörigkeit zum Entleiherbetrieb nicht Aufgabe dessen Betriebsrats ist, sich für die Beibehaltung oder gar Förderung von Leiharbeit als eine mögliche Personalkonkurrenz für die Stammarbeitnehmer einzusetzen. Im Übrigen hat der Entleiherbetriebsrat zur Wahrung der Interessen der Stammarbeitnehmer bei der Überlassung von unechten Leiharbeitnehmern nach § 14 Abs. 3 S. 1 AÜG i.V.m. § 99 BetrVG mitzubestimmen, so dass mit Blick auf den Gesetzeszweck eine Pflicht des Entleiherbetriebsrats zur Beschäftigungsförderung und Beschäftigungssicherung von unechten Leiharbeitnehmern nicht konstruiert werden kann, ohne die Rechte und Pflichten des Entleiherbetriebsrats in Widerspruch zu bringen.

k) Arbeitsschutz und betrieblicher Umweltschutz, § 80 Abs. 1 Nr. 9 BetrVG

Damit sich der Betriebsrat nachhaltig für den Arbeits- und betrieblichen Umweltschutz einsetzen kann, gibt ihm § 80 Abs. 1 Nr. 9 BetrVG diesbezüglich eine allgemeine Förderpflicht auf.[788] Ganz überwiegend hängen der Arbeitsschutz und der betriebliche Umweltschutz z.B. durch den Umgang mit Gefahrenstoffen oder Immissionen/Emissionen zusammen. Für den Arbeitsschutz hat aber, soweit nicht schon andere als betriebliche Vorschriften gelten, der Betriebsrat gemäß § 87 Abs. 1 Nr. 7 BetrVG mitzubestimmen und das Recht diesbezüglich initiativ zu werden, so dass nicht ersichtlich ist, welche darüber hinausgehenden Befugnisse der Betriebsrat erhalten soll.

---

[787] Auch *Becker/Wulfgramm*, Art. 1 § 14 AÜG Rdnr. 108; *Erdlenbruch*, S. 121; *Schüren*, § 14 AÜG Rdnr. 206.

[788] BT-Drucks. 14/5741, S. 46.

Mithin folgt für den Entleiherbetriebsrat aus § 80 Abs. 1 Nr. 9 BetrVG auch keine Aufgabe in Bezug auf unechte Leiharbeitnehmer, soweit schon keine weitere Aufgabe für den Entleiherbetriebsrat in Bezug auf die Stammarbeitnehmer besteht.

8. Die Behandlung von im Betrieb tätigen Personen, § 75 Abs. 1 S. 1 BetrVG

§ 75 BetrVG weist Arbeitgeber und Betriebsrat die Aufgabe zu, die Behandlung aller im Betrieb tätigen Personen nach den Grundsätzen von Recht und Billigkeit zu überwachen. Diese Bestimmung hat keinesfalls bloße programmatische Bedeutung, sondern besitzt eine materiell-rechtliche Funktion:[789] Die Betriebspartner sind verpflichtet, sich an diesem Grundsatz bei ihren Maßnahmen und Entscheidungen zu orientieren, um auf diese Weise eine betriebliche Einzelfallgerechtigkeit zu verwirklichen.[790] Ein daran ausgerichtetes Verhalten verlangt nicht nur, dass die im Betrieb Tätigen ihr Recht erhalten bzw. dass ihre Ansprüche erfüllt werden, vielmehr geht der Grundsatz darüber hinaus und bedingt schon bei der Gestaltung des betrieblichen Lebens, dass die Regelung von Arbeitsbedingungen und der Betriebsorganisation gerecht und billig erfolgt.[791]

Diese Pflicht besteht für alle im Betrieb tätigen Personen, auf ein vertragliches Band zum Betriebsinhaber kommt es folglich nicht an.[792] Damit wird erreicht, dass dieser Grundsatz allen in einer Betriebssphäre tätigen und daher vergleichbar schutzbedürftigen Personen zugute kommt.[793] Im Ergebnis führt das dazu, dass Personen, die mangels ihrer Arbeitnehmereigenschaft (§ 5 Abs. 2 und 3 BetrVG) bzw. unechte Leiharbeitnehmer wegen fehlender Betriebszugehörigkeit zum Entleiherbetrieb (§ 14 Abs. 1 AÜG) im Entleiherbetrieb nicht schutzlos gestellt sind und für sie betriebsverfassungsrechtlich grundsätzlich die gleichen Rechte und Pflichten gelten, soweit deren Ausschluss hiervon nicht durch einen sachlichen Grund gerechtfertigt ist.[794]
Folglich haben Entleiher und Entleiherbetriebsrat § 75 Abs. 1 BetrVG auch für unechte Leiharbeitnehmer zu beachten,[795] insbesondere sind grundlose, nicht in der Ar-

---

789 *Fitting*, § 75 BetrVG Rdnr. 3; GK-*Kreutz*, § 75 BetrVG Rdnr. 3.

790 ErfK-*Hanau/Kania*, § 75 BetrVG Rdnr. 5; GK-*Kreutz*, § 75 BetrVG Rdnr. 32.

791 *Richardi*, § 75 BetrVG Rdnr. 11.

792 Däubler/Kittner/Klebe-*Berg*, § 75 BetrVG Rdnr. 5 ff.; *Fitting*, § 75 BetrVG Rdnr. 10 f.; Hess/Schlochauer/Glaubitz-*Hess*, § 75 BetrVG Rdnr. 2; *Richardi*, § 75 BetrVG Rdnr. 6 ff.

793 *Fitting*, § 75 BetrVG Rdnr. 11; allg. zum Kreis der erfassten Personen: Däubler/Kittner/Klebe-*Berg*, § 75 BetrVG Rdnr. 5 ff.; *Richardi*, § 75 BetrVG Rdnr. 6 ff.

794 Ähnlich auch BAG vom 14.05.1974, AP Nr. 2 zu § 99 BetrVG 1972 m. Anm. *Kraft*; *Boemke*, § 14 AÜG Rdnr. 80; Däubler/Kittner/Klebe-*Berg*, § 75 BetrVG Rdnr. 5, 6.

795 BAG vom 14.05.1974, AP Nr. 2 zu § 99 BetrVG 1972 = BAGE 26, 149 = RdA 1974, 255 = NJW 1974, 1966; *Becker/Kreikebaum*, Zeitarbeit, S. 189; *Becker/Wulfgramm*, Art. 1 § 14 AÜG Rdnr. 108; *Fitting*, § 75 BetrVG Rdnr. 10; HaKo-*Lorenz*, § 75 BetrVG Rdnr. 1; *Kadel/Koppert*, BB 1990, 2331, 2332; *Löwisch/Kaiser*, § 75 BetrVG Rdnr. 4; *Richardi*, § 75 BetrVG Rdnr. 6; a.A. und differenzierend GK-*Kreutz*, § 75 BetrVG Rdnr. 16.

beitnehmerüberlassung liegende, Diskriminierungen gegenüber Stammarbeitnehmern im Entleiherbetrieb zu vermeiden.[796]
Wegen der zugleich für den Verleiherbetriebsrat in Bezug auf die unechten Leiharbeitnehmer bestehenden Zuständigkeit gemäß § 75 Abs. 1 BetrVG[797] liegt eine weitere Doppelzuständigkeit der Betriebsräte vor. Allerdings sind Zuständigkeitskonflikte von Ver- und Entleiherbetriebsrat ausgeschlossen, weil der Verleiherbetriebsrat zuständig ist, soweit eine unterschiedliche Behandlung von unechten Leiharbeitnehmern und Stammarbeitnehmern des Verleiherbetriebs in Frage steht, hingegen der Entleiherbetrieb dann zuständig ist, wenn eine unterschiedliche Behandlung von unechten Leiharbeitnehmern gegenüber Stammarbeitnehmern des Entleiherbetriebs in Frage steht.

---

796 *Becker/Wulfgramm*, Art. 1 § 14 AÜG Rdnr. 108; *Erdlenbruch*, S. 221; *Schüren*, § 14 AÜG Rdnr. 201; *Ulber*, § 14 AÜG Rdnr. 62.

797 S. zur Zuständigkeit des Verleiherbetriebsrats nach § 75 Abs. 1 BetrVG oben, § 6 B. V.

§ 8 Die Rechte der unechten Leiharbeitnehmer in der Betriebsverfassung

In der Betriebsverfassung bestehen neben Rechten des Betriebsrats auch Rechte des einzelnen Arbeitnehmers. U.a. um durch die kollektive Interessenvertretung seitens des Betriebsrats bei den Arbeitnehmern nicht das Gefühl einer bloßen Objektstellung auszulösen, erhalten sie zu den Mitwirkungsrechten im Zusammenhang mit der „Einrichtung und Nutzung der Betriebsverfassungsorgane" ein unmittelbares Mitspracherecht „rund um ihren Arbeitsplatz" durch die §§ 81 ff. BetrVG.[798] Die in diesen zwingenden Vorschriften enthaltenen (mitbestimmungsfreien) Verpflichtungen des Arbeitgebers ergeben sich schon großenteils aus dessen Treue- und Fürsorgepflicht als Bestandteil des Arbeitsvertragsrechts,[799] weshalb sie ebenfalls in nicht betriebsratsfähigen oder betriebsratslosen Betrieben Anwendung finden[800] und die Einordnung der Informations-, Anhörungs- und Erörterungsrechte in das kollektive Arbeitsrecht als systematisch verfehlt erscheinen lassen.[801]
Im Folgenden werden entsprechend dem vorstehenden Aufbau die Individualrechte der unechten Leiharbeitnehmer im Verleiher- und im Entleiherbetrieb getrennt untersucht.

A. Rechte der unechten Leiharbeitnehmer im Verleiherbetrieb

I. Die Mitwirkungs- und Beschwerderechte, §§ 81 ff. BetrVG

Gemäß § 14 Abs. 1 AÜG bleiben unechte Leiharbeitnehmer auch während der jeweiligen Überlassung Angehörige des Verleihers. Hierdurch wird die betriebsverfassungsrechtliche Übereinstimmung zu der individualrechtlichen Situation erzielt, nach welcher unechte Leiharbeitnehmer Arbeitnehmer des Verleihers sind.[802] Da die Mitwirkungs- und Beschwerderechte der §§ 81 ff. BetrVG in der Treue- und Fürsorgepflicht des Arbeitgebers und damit im arbeitsvertraglichen Verhältnis wurzeln, stehen ihnen diese Rechte vollumfänglich im Verleiherbetrieb zu.[803] Sie sind gemäß § 81 Abs. 1 und 2 BetrVG vor Beginn der Beschäftigung bzw. bei Veränderungen ihres

---

798 BT-Drucks. 6/1786, S. 47; *Fitting*, § 81 BetrVG Rdnr. 1; GK-*Wiese*, Vorbem. § 80 BetrVG Rdnr. 1; *Weiss*, ZfA 1996, 439, 474.

799 *Fitting*, § 81 BetrVG Rdnr. 2; Däubler/Kittner/Klebe-*Buschmann*, § 81 BetrVG Rdnr. 1; Hess/Schlochauer/Glaubitz-*Hess*, Vorbem. § 81 BetrVG Rdnr. 2; MünchArbR-*v. Hoyningen-Huene*, § 295 Rdnr. 2; *Richardi*, Vorbem. § 81 BetrVG Rdnr. 5.

800 *Fitting*, § 81 BetrVG Rdnr. 2; Hess/Schlochauer/Glaubitz-*Hess*, § 81 BetrVG Rdnr. 3; differenzierend GK-*Wiese*, Vorbem. § 81 BetrVG Rdnr. 21.

801 Schon *Galperin*, BB 1971, 137, 138; *Hanau*, BB 1971, 485, 488; *Mertz*, RdA 1971, 203, 205; kritisch auch *Richardi*, Vorbem. § 81 BetrVG Rdnr. 2.

802 *Hromadka/Maschmann*, ArbeitsR I, § 6 Rdnr. 5; *Ulber*, § 1 AÜG Rdnr. 20 f.; *Zöllner/Loritz*, ArbeitsR, § 27 III 1.

803 Vgl. hierzu *Becker/Wulfgramm*, Art. 1 § 14 AÜG Rdnr. 43 ff.; *Schüren*, § 14 AÜG Rdnr. 110 ff.; *Ulber*, § 14 AÜG Rdnr. 19 ff.

Arbeitsbereichs über die Unfall- und Gesundheitsgefahren zu belehren, der Verleiher hat sie diesbezüglich nach § 81 Abs. 3 BetrVG anzuhören und über technische Änderungen gemäß § 81 Abs. 4 BetrVG zu unterrichten. Ebenso besteht ein Anhörungsrecht nach § 82 Abs. 1 BetrVG in den sie betreffenden betrieblichen Angelegenheiten und eine Erörterungspflicht des Verleihers hinsichtlich der Berechnung und Zusammensetzung des Arbeitsentgelts. Ferner können sie gemäß § 83 BetrVG Einsicht in über sie geführte Personalakten nehmen und sich nach § 84 Abs. 1 BetrVG beschweren, falls sie sich vom Verleiher oder anderen Arbeitnehmern benachteiligt oder ungerecht behandelt fühlen. Schließlich können unechte Leiharbeitnehmer unter den Voraussetzungen des neuen § 86 a BetrVG dem Verleiherbetriebsrat Beratungsthemen vorschlagen.[804]

Aber auch hier sind Modifizierungen insoweit bedingt, als dies die atypische Struktur der Leiharbeit erfordert. So kann sich beispielsweise die Unterrichtungspflicht des Verleihers über Unfall- und Gesundheitsgefahren nach § 81 Abs. 1 und 2 BetrVG grundsätzlich nur auf den Verleiherbetrieb beziehen, denn über derartige Gefahrenquellen im Entleiherbetrieb hat der Verleiher regelmäßig keine Erkenntnisse.[805] Außer der als Nebenpflicht aus dem Überlassungsvertrag zu charakterisierenden Pflicht des Entleihers, dem Verleiher Informationen über allgemeine Gefahrenpotentiale und Veränderungen des Arbeitsbereichs für die unechten Leiharbeitnehmer in seinem Betrieb in Kenntnis zu setzen, die der Verleiher gemäß seiner Unterrichtungspflicht an die Betroffenen weitergeben muss, kann keine umfassende Erkundigungspflicht des Verleihers über die in Aussicht genommenen Arbeitsplätze und Arbeitsumgebung beim Entleiher postuliert werden.[806] Eine solche Verpflichtung ist abgesehen von ihrer Untauglichkeit und Unverhältnismäßigkeit auch nicht erforderlich, denn der Gesetzgeber hat den Entleiher zum Schutz der unechten Leiharbeitnehmer vor derartigen Gefahren schon spezialgesetzlich mit § 11 Abs. 6 AÜG zu entsprechenden Unterrichtungen verpflichtet.

Andererseits bestehen auch Erweiterungen der Rechte nach §§ 81 ff. BetrVG, wie z.B. die Ausweitung des Beschwerderechts nach § 84 Abs. 1 BetrVG, das für Beeinträchtigungen aus dem Verleiher- und dem Entleiherbetrieb gilt, um eine möglichst effektive Abhilfe zu gewährleisten.[807] Zwar kann der Verleiherbetriebsrat nicht den Entleiher zur Abhilfe drängen, da er ansonsten seine Kompetenzen überschreitet, jedoch kann er den Verleiher zur abhelfenden Einwirkung auf den Entleiher auffordern.

---

804 Nach der Gesetzesbegründung in der BT-Drucks. 14/5741, S. 47 soll dieses individuelle Vorschlagsrecht Anreiz dazu bieten, dass sich die Arbeitnehmer entsprechend ihrem Selbstverständnis in betrieblichen Angelegenheiten verstärkt einschalten und ihre Ideen und Sichtweise gegenüber ihrer Interessenvertretung kundtun.

805 A.A. *Becker/Wulfgramm*, Art. 1 § 14 AÜG Rdnr. 46; *Erdlenbruch*, S. 100; einschränkend *Schüren*, § 14 AÜG Rdnr. 111.

806 So aber *Becker/Wulfgramm*, Art. 1 § 14 AÜG Rdnr. 46; *Erdlenbruch*, S. 100; *Ulber*, § 14 AÜG Rdnr. 19.

807 *Ulber*, § 14 AÜG Rdnr. 19 a.

II. Rechte in Bezug auf den Verleiherbetriebsrat

Neben den Mitwirkungs- und Beschwerderechten der §§ 81 ff. BetrVG haben unechte Leiharbeitnehmer im Verleiherbetrieb noch die weiteren Rechte der §§ 7, 8; §§ 39, 69 und §§ 42 ff., 71 BetrVG, die im Zusammenhang mit der Bildung und der Arbeit des Betriebsrats bzw. der Jugend- und Auszubildendenvertretung stehen.

So sind sie im Verleiherbetrieb für den dortigen Betriebsrat nach § 7 S. 1 BetrVG (unter Ergänzung von § 14 Abs. 1 AÜG) wahlberechtigt, wenn sie das 18. Lebensjahr vollendet haben und besitzen dadurch wie jeder andere Arbeitnehmer Einfluss auf die Zusammensetzung des Verleiherbetriebsrats.[808] Soweit sie sechs Monate dem Verleiherbetrieb angehören, sind sie gemäß § 8 BetrVG zum Betriebsrat wählbar.[809] Die hierzu erforderliche betriebsverfassungsrechtliche Zugehörigkeit zum Verleiherbetrieb[810] ist für die unechten Leiharbeitnehmer durch § 14 Abs. 1 S. 1 AÜG normiert.[811]

Nach § 39 BetrVG hat der Betriebsrat die Möglichkeit, Sprechstunden während der Arbeitszeit einzurichten. Dadurch soll erreicht werden, dass der einzelne Arbeitnehmer sich mit seinen Beschwerden und Anregungen während seiner Arbeitszeit in einem geordneten Verfahren an den Betriebsrat wenden kann.[812] Bei unechten Leiharbeitnehmern bestehen insofern Besonderheiten, als sie die Sprechstunden im Verleiherbetrieb regelmäßig nur aufsuchen können, wenn sie die Arbeit beim Entleiher unterbrechen. Die einengende Auffassung, derzufolge in den Sprechstunden des Verleiherbetriebsrats nur solche Gesuche vorgebracht werden dürfen, die in den „Kompetenzbereich" des Verleiherbetriebsrats fallen,[813] verkennt, dass vielfach eine derartige Trennung der die unechten Leiharbeitnehmer berührenden Fragen nicht möglich[814] und überdies zur Abmilderung der Folgen für den Entleiher nicht nötig ist; zwar hat der Entleiher ihnen den Besuch derartiger Sprechstunden zu ermöglichen, doch trägt der Verleiher als Arbeitgeber gemäß § 39 Abs. 3 BetrVG die daraus ent-

---

808 I.E. auch *Becker/Wulfgramm*, Art. 1 § 14 AÜG Rdnr. 29; *Erdlenbruch*, S. 76; *Schüren*, § 14 AÜG Rdnr. 101; *Ulber*, § 14 AÜG Rdnr. 14.

809 BT-Drucks. 9/847, S. 8; *Becker/Wulfgramm*, Art. 1 § 14 AÜG Rdnr. 29; Däubler/Kittner/Klebe-*Schneider*, § 8 BetrVG Rdnr. 20; *Schüren*, § 14 AÜG Rdnr. 101; *Ulber*, § 14 AÜG Rdnr. 14.

810 Vgl. GK-*Kreutz*, § 8 BetrVG Rdnr. 17; *Richardi*, § 8 BetrVG Rdnr. 8.

811 Schon vor Erlass von § 14 Abs. 1 AÜG für das Wahlrecht und die Wählbarkeit von Leiharbeitnehmern im Verleiherbetrieb: BAG vom 14.05.1974, AP Nr. 2 zu § 99 BetrVG 1972 BAGE 26, 149 = RdA 1974, 255 = NJW 1974, 1966; *Becker/Wulfgramm*, Art. 1 § 11 AÜG Rdnr. 39 b (2. Aufl.); Fitting, (13. Aufl.), § 5 BetrVG Rdnr. 7 b; i.E. auch *Heinze*, ZfA 1976, 183, 211; *Müllner*, Aufgespaltene Arbeitgeberstellung, S. 70.

812 *Fitting*, § 39 BetrVG Rdnr. 1; Hess/Schlochauer/Glaubitz-*Glaubitz*, § 39 BetrVG Rdnr. 4; *Richardi*, § 39 BetrVG Rdnr. 2.

813 *Erdlenbruch*, S. 93.

814 Ähnlich *Schüren*, § 14 AÜG Rdnr. 105.

stehenden (Lohn-)Kosten und der Entleiher schuldet für diese Zeit dem Verleiher keine Überlassungsvergütung,[815] soweit der Verleiher keinen „Ersatzleiharbeitnehmer" stellt.

Folglich sind unechte Leiharbeitnehmer berechtigt, die Sprechstunden des Verleiherbetriebsrats i.S.v. § 39 BetrVG aufzusuchen, soweit sie Beschwerden oder Anregungen hinsichtlich ihrer Tätigkeit als unechte Leiharbeitnehmer haben.[816]

Gemäß § 42 BetrVG sind Arbeitnehmer zur Teilnahme an einer Betriebsversammlung berechtigt. Die Betriebsversammlung als Organ der Betriebsverfassung[817] dient dem Zweck, die Kommunikation zwischen Betriebsrat und Arbeitnehmern zu fördern[818] und dem Betriebsrat ein Forum zur Unterrichtung und Aussprache mit den Arbeitnehmern zu geben.[819] Da für unechte Leiharbeitnehmer als Arbeitnehmer des Verleiherbetriebs der Gesetzeszweck gleichermaßen gilt und überdies für sie keine gesetzlichen Einschränkungen vorgenommen wurden, sind sie zur Teilnahme an Betriebsversammlungen im Verleiherbetrieb berechtigt.[820] Soweit die Betriebsversammlung während der Arbeits- bzw. der Überlassungszeit stattfindet, hat der Verleiher ihnen die hierdurch ausfallende Arbeitszeit und ihre Wegekosten nach § 44 Abs. 1 S. 2 BetrVG zu vergüten.[821] Hinsichtlich der Überlassungsvergütung gelten die Ausführungen zu den Sprechstunden des Verleiherbetriebsrats entsprechend.

B. Rechte der unechten Leiharbeitnehmer im Entleiherbetrieb

I. Rechte der unechten Leiharbeitnehmer nach § 14 Abs. 2 AÜG

Gemäß § 14 Abs. 2 S. 2 AÜG haben unechte Leiharbeitnehmer das Recht, Sprechstunden der Arbeitnehmervertretungen und damit solche des Entleiherbetriebsrats

---

815 *Becker/Wulfgramm*, Art. 1 § 14 AÜG Rdnr. 44; *Sandmann/Marschall*, § 14 AÜG Rdnr. 5; *Ulber*, § 14 AÜG Rdnr. 15; a.A. *Schüren*, § 14 AÜG Rdnr. 106.

816 Entsprechendes gilt für den Besuch der Sprechstunden der Jugend- und Auszubildendenvertretung nach § 69 BetrVG, so auch GK-*Oetker*, § 69 BetrVG Rdnr. 27.

817 BAG vom 05.05.1987, AP Nr. 4 zu § 44 BetrVG 1972 = BAGE 54, 314 = RdA 1987, 317 = NZA 1987, 853; GK-*Fabricius/Weber*, § 42 BetrVG Rdnr. 8; Däubler/Kittner/Klebe-*Berg*, § 42 BetrVG Rdnr. 1; *Löwisch/Kaiser*, § 42 BetrVG Rdnr. 1; *Stege/Weinspach*, § 42 BetrVG Rdnr. 1.

818 Däubler/Kittner/Klebe-*Berg*, § 42 BetrVG Rdnr. 1.

819 *Fitting*, § 42 BetrVG Rdnr. 7; Hess/Schlochauer/Glaubitz-*Glaubitz*, § 42 BetrVG Rdnr. 4.

820 Hess/Schlochauer/Glaubitz-*Glaubitz*, § 42 BetrVG Rdnr. 14; insbesondere dürfen nach *Ulber*, § 14 AÜG Rdnr. 15 Leiharbeitnehmer nicht auf Teilversammlungen verwiesen werden, da ansonsten eine Funktion der Betriebsversammlung, nämlich das Zusammengehörigkeitsgefühl der Belegschaft zu stärken, nicht erzielt werden könne.

821 BAG vom 05.05.1987, AP Nr. 4 zu § 44 BetrVG 1972 = BAGE 54, 314 = RdA 1987, 317 = NZA 1987, 853; *Richardi*, § 44 BetrVG Rdnr. 29 ff.; speziell bei der Leiharbeit *Becker/Wulfgramm*, Art. 1 § 14 AÜG Rdnr. 45; *Erdlenbruch*, S. 96 ff.; *Sandmann/Marschall*, § 14 AÜG Rdnr. 11; *Schüren*, § 14 AÜG Rdnr. 70.

oder der Entleiherjugend- und Auszubildendenvertretung aufzusuchen.[822] Nehmen sie die Sprechstunden während der Arbeitszeit wahr, so hat der Verleiher auch für die ausgefallene Arbeitszeit die vereinbarte Vergütung zu zahlen,[823] denn dieser bleibt als Arbeitgeber nach § 39 Abs. 3 BetrVG hierzu verpflichtet. Aber anders als beim Besuch der Sprechstunden im Verleiherbetrieb kann der Entleiher beim Besuch der Sprechstunden in seinem Betrieb grundsätzlich[824] nicht die Überlassungsvergütung kürzen, da es sich hierbei um betriebsverfassungsrechtliche Einrichtungen handelt, die in seiner Sphäre liegen.[825] Ferner sind unechte Leiharbeitnehmer nach § 14 Abs. 2 S. 2 AÜG zur Teilnahme an den Betriebs- bzw. Jugendversammlungen im Entleiherbetrieb berechtigt, denn die Versammlungen stellen ein Kommunikationsforum zwischen den betriebsverfassungsrechtlichen Arbeitnehmervertretungen und den Arbeitnehmern dar und berühren aufgrund der tatsächlichen Eingliederung der unechten Leiharbeitnehmer in den Entleiherbetrieb auch deren Interessen, so dass ein Ausschluss von der Teilnahme nicht zu rechtfertigen ist. Bezüglich der Vergütungspflichten aus dem Leiharbeitsvertrag und aus dem Überlassungsvertrag gelten die Ausführungen zu den Kosten beim Besuch der Sprechstunden entsprechend, da auch bei den Versammlungen der Gedanke der Entleihersphäre zum Tragen kommt.[826]

Nach § 14 Abs. 2 S. 3 AÜG gelten die §§ 81, 82 Abs. 1 und §§ 84 bis 86 BetrVG für unechte Leiharbeitnehmer im Entleiherbetrieb. Die mit § 81 BetrVG statuierten Informations- und Unterrichtungspflichten des Arbeitgebers haben durch § 14 Abs. 2 S. 3 AÜG für den Entleiher zur Folge, dass dieser sie über die in seinem Betrieb bestehenden Unfall- und Gesundheitsgefahren vor Beginn und während der Beschäftigung zu unterrichten und ggf. diesbezüglich anzuhören hat.[827] Insofern stellt § 14 Abs. 2 S. 3 AÜG i.V.m. § 81 BetrVG eine sinnvolle Ergänzung und Konkretisierung der sich aus § 11 Abs. 6 AÜG ergebenden Mitverantwortlichkeit des Entleihers für den Arbeitsschutz von unechten Leiharbeitnehmern dar. Hingegen kann der zeitlich erst nach § 14 Abs. 2 AÜG ins Gesetz eingefügte § 81 Abs. 4 BetrVG keine Geltung zwischen Entleiher und unechten Leiharbeitnehmern beanspruchen, selbst wenn § 14

---

822 Zu den Einzelheiten *Becker/Wulfgramm*, Art. 1 § 14 AÜG Rdnr. 58; *Schüren*, § 14 AÜG Rdnr. 59 ff.

823 *Becker/Wulfgramm*, Art. 1 § 14 AÜG Rdnr. 58; Däubler/Kittner/Klebe-*Berg*, § 39 BetrVG Rdnr. 6; *Fitting*, § 39 BetrVG Rdnr. 27; *Richardi*, § 39 BetrVG Rdnr. 27; *Sandmann/Marschall*, § 14 AÜG Rdnr. 11; *Schüren*, § 14 AÜG Rdnr. 63; *Ulber*, § 14 AÜG Rdnr. 52.

824 Anders nur soweit der Überlassungsvertrag hierzu abweichende Vereinbarungen enthält: *Erdlenbruch*, S. 94; *Schüren*, § 14 AÜG Rdnr. 64.

825 *Becker*, ArbuR 1982, 369, 373; *Becker/Wulfgramm*, Art. 1 § 14 AÜG Rdnr. 58; *Erdlenbruch*, S. 94; *Sandmann/Marschall*, § 14 AÜG Rdnr. 11; *Schüren*, § 14 AÜG Rdnr. 64; *Ulber*, § 14 AÜG Rdnr. 52.

826 I.E. auch *Becker/Wulfgramm*, Art. 1 § 14 AÜG Rdnr. 59; *Schüren*, § 14 AÜG Rdnr. 70; *Ulber*, § 14 AÜG Rdnr. 53 b.

827 *Becker/Wulfgramm*, Art. 1 § 14 AÜG Rdnr. 60; *Ulber*, § 14 AÜG Rdnr. 57.

Abs. 2 S. 3 AÜG als dynamische Verweisung eingeordnet wird, denn auch dann muss berücksichtigt werden, dass der Verleiher dem Entleiher die Überlassung von Arbeitnehmern schuldet, die einem zuvor vereinbarten Qualifikationsprofil entsprechen müssen. Erfüllen diese im Verlauf der Überlassungszeit beispielsweise infolge technischer Innovationen dieses Qualifikationsprofil nicht mehr, so hat der Verleiher andere, den Anforderungen entsprechende Arbeitnehmer, zu überlassen, sofern der Entleiher dies fordert.

In den die Person des unechten Leiharbeitnehmers betreffenden entleiherbetrieblichen Angelegenheiten und bei Vorschlägen für die Gestaltung des Arbeitsplatzes und des Arbeitsablaufs sind sie nach § 14 Abs. 2 S. 3 AÜG i.V.m. § 82 Abs. 1 BetrVG wegen ihrer Eingliederung in den Entleiherbetrieb anzuhören. Konsequenterweise ist die Erläuterungspflicht über die Berechnung und die Zusammensetzung des Arbeitsentgelts nach § 82 Abs. 2 BetrVG von der Verweisung ausgenommen, denn Schuldner desselben ist der Verleiher. Daran hat auch die Neuregelung des § 3 Abs. 1 Nr. 3 AÜG nichts geändert, denn Schuldner des ggf. modifizierten Anspruchs ist der Verleiher. Im Übrigen besteht mit § 13 AÜG ein gegenüber § 82 Abs. 2 BetrVG spezieller Auskunftsanspruch des unechten Leiharbeitnehmers gegen den Entleiher.
Genauso folgerichtig wird in § 14 Abs. 2 S. 3 AÜG nicht auf das Einsichtsrecht in die Personalakten gemäß § 83 BetrVG verwiesen,[828] denn das mit der Führung von Personalakten zusammenhängende Einsichtsrecht resultiert aus der Fürsorgepflicht und dem Achtungsanspruch des Arbeitsvertrages[829] und gilt deshalb nicht im Entleiherbetrieb.[830] Daneben verbietet sich eine analoge Anwendung von § 83 BetrVG auch schon deshalb, weil bei der präzisen Verweisung des § 14 Abs. 2 S. 3 AÜG nicht von einer unbewussten Regelungslücke ausgegangen werden kann.

Schließlich haben unechte Leiharbeitnehmer nach § 14 Abs. 2 S. 3 AÜG i.V.m. §§ 84 – 86 BetrVG das Recht, bei den zuständigen Stellen des Entleiherbetriebs oder beim Entleiherbetriebsrat Beschwerden vorzubringen, wenn sie sich vom Entleiher oder von Stammarbeitnehmern des Betriebs benachteiligt, ungerecht behandelt oder in sonstiger Weise beeinträchtigt fühlen.[831] Bei Beschwerden von unechten Leiharbeitnehmern im Entleiherbetrieb gilt allerdings insoweit eine Einschränkung, als dass diese nur Beschwerden vorbringen können, die einen Bezug zum Entleiherbetrieb haben,[832] denn Beeinträchtigungen durch den Verleiherbetrieb kann der Entleiher nicht abhelfen. Soll hierbei ein Mitglied des Betriebsrats zur Unterstützung oder Ver-

---

[828] *Sandmann/Marschall*, § 14 AÜG Rdnr. 14; *Schüren*, § 14 AÜG Rdnr. 85; a.A. *Becker/Wulfgramm*, Art. 1 § 14 AÜG Rdnr. 63; *Ulber*, § 14 AÜG Rdnr. 56.

[829] *Fitting*, § 83 BetrVG Rdnr. 2; *Richardi*, § 83 BetrVG Rdnr. 2.

[830] *Richardi*, § 83 BetrVG Rdnr. 2; a.A. *Erdlenbruch*, S. 109.

[831] Zu den Einzelheiten des Beschwerderechts vgl. *Ulber*, § 14 AÜG Rdnr. 60 ff.

[832] Vgl. hierzu *Schüren*, § 14 AÜG Rdnr. 86; *Kraft*, FS Pleyer, S. 383, 387.

mittlung nach § 84 Abs. 1 S. 2 BetrVG hinzugezogen werden, so kann es sich nur um ein Mitglied des Entleiherbetriebsrats handeln; der Verleiherbetriebsrat ist nicht Betriebspartner des Entleihers und kann mithin nicht im Entleiherbetrieb tätig werden.[833]

II. Rechte der unechten Leiharbeitnehmer nach dem Betriebsverfassungsgesetz

Die in § 14 Abs. 2 S. 2 und 3 AÜG normierten Rechte sind wie die Beteiligungsrechte des Entleiherbetriebsrats nach § 14 Abs. 3 AÜG nicht abschließend. Sie stellen vielmehr eine beispielhafte Aufzählung dar,[834] deren Ergänzung der Rechtsprechung vorbehalten ist.[835] Daneben bleibt selbstverständlich der Gesetzgeber befugt, betriebsverfassungsrechtliche Regelungen in Bezug auf unechte Leiharbeitnehmer zu treffen, indem er entweder die spezialgesetzliche Betriebsverfassungsvorschrift des § 14 Abs. 2 AÜG erweitert oder im Betriebsverfassungsgesetz selbst (Sonder)Regelungen schafft, die trotz mangelnder Betriebszugehörigkeit zum Entleiherbetrieb unmittelbare Geltung für unechte Leiharbeitnehmer haben. Für Letzteres hat sich der Gesetzgeber mit dem Gesetz zur Reform der Betriebsverfassung[836] entschieden und durch den neuen § 7 S. 2 BetrVG Arbeitnehmern eines anderen Arbeitgebers, die zur Arbeitsleistung überlassen werden, das aktive Wahlrecht zum Betriebsrat des Einsatzbetriebs eingeräumt, wenn sie länger als drei Monate dort eingesetzt werden.[837] Nur das passive Wahlrecht nach § 14 Abs. 2 S. 1 AÜG bleibt ausgeschlossen. Damit wird die bis dahin geltende Rechtslage, nach der durch § 14 Abs. 2 S. 1 AÜG das passive und aktive Wahlrecht von unechten Leiharbeitnehmern zu Arbeitnehmervertretungen im Entleiherbetrieb ausdrücklich ausgeschlossen war, großenteils in ihr Gegenteil verkehrt.[838] Zwar war der frühere Ausschluss des aktiven Wahlrechts unechter Leiharbeitnehmer im Entleiherbetrieb trotz der insoweit eindeutigen Regelung von § 14 Abs. 2 S. 1 AÜG umstritten,[839] doch wurde stets ganz überwiegend ein aktives Wahlrecht unechter Leiharbeitnehmer im Entleiherbetrieb wegen der atypischen Struktur der Leiharbeit als ausgeschlossen angesehen.[840] Darüber hat sich der Gesetzgeber mit der Begründung hinweggesetzt, dass die par-

---

833 I.E. *Becker/Wulfgramm*, Art. 1 § 14 AÜG Rdnr. 64; *Sandmann/Marschall*, § 14 AÜG Rdnr. 14; *Schüren*, § 14 AÜG Rdnr. 91.

834 BT-Drucks. 9/847, S. 9.

835 Vgl. nur BAG vom 15.12.1992, AP Nr. 7 zu § 14 AÜG = RdA 1993, 128 = NZA 1993, 513 = EzA § 14 AÜG Nr. 3.

836 BetrVG-Reformgesetz vom 23.07.2001, BGBl. I, S. 1852.

837 Vgl. hierzu GK-*Kreutz*, § 7 BetrVG Rdnr. 63 ff.; HaKo-*Brors*, § 7 BetrVG Rdnr. 11 ff.; *Löwisch/Kaiser*, § 7 BetrVG Rdnr. 6; *Richardi*, § 7 BetrVG Rdnr. 10.

838 Zur früheren Rechtslage *Becker/Wulfgramm*, Art. 1 § 14 AÜG Rdnr. 29 ff.; *Erdlenbruch*, S. 79 f.; *Schüren*, § 14 AÜG Rdnr. 46 ff.; *Ulber*, § 14 AÜG Rdnr. 47 ff. (1. Auflage).

839 Zum Streitstand *Schüren*, § 14 AÜG Rdnr. 47 m.w.N.

840 Vgl. hierzu nur *Ulber*, § 14 AÜG Rdnr. 47 ff.

tielle Ersetzung der Stammbelegschaften, insbesondere durch Leiharbeit, eine bedeutende Ursache für die Erosion der betrieblichen Mitbestimmung darstelle.[841] Durch das aktive Wahlrecht unechter Leiharbeitnehmer im Entleiherbetrieb sollen sie „aus der Fremdbelegschaft an die Stammbelegschaft herangeführt werden", ohne dass sie als Arbeitnehmer des Entleiherbetriebs einzustufen seien.[842]

Danach können unechte Leiharbeitnehmer jetzt zusätzlich neben dem aktiven und passiven Wahlrecht im Verleiherbetrieb auch in Form des aktiven Wahlrechts im Entleiherbetrieb auf die Zusammensetzung des Entleiherbetriebsrats Einfluss nehmen, wenn sie nur für mindestens drei Monate überlassen werden, obwohl der Betriebsrat eine Amtszeit[843] von vier Jahren hat.

---

841 BT-Drucks. 14/5741, S. 1.

842 BT-Drucks. 14/5741, S. 28, 36.

843 Siehe §§ 7 S. 2, 13 BetrVG.

§ 9 Die Verfassungsmäßigkeit und die Zweckmäßigkeit der betriebsverfassungsrechtlichen Rechte von unechten Leiharbeitnehmern

A. Einführung

Wenngleich der Verfassung hinsichtlich von Art. 74 Abs. 1 Nr. 12 GG das Betriebsverfassungsrecht ausdrücklich bekannt ist, steht das Betriebsverfassungsgesetz als umfassende gesetzliche Regelung der betrieblichen Mitbestimmung in einem Spannungsverhältnis zu den Grundrechten des Grundgesetzes: Die betriebliche Mitbestimmung durch den Betriebsrat verbunden mit der Möglichkeit von verbindlichen Entscheidungen der Einigungsstelle beschränkt den Betriebsinhaber in seiner „Unternehmerfreiheit".

Auf den ersten Blick könnten sich verfassungsrechtliche Bedenken aus der Garantie des Eigentums gemäß Art. 14 Abs. 1 GG ergeben, allerdings ist allgemein anerkannt, dass die betriebliche Mitbestimmung nach dem Betriebsverfassungsgesetz eine verfassungsrechtlich zulässige Sozialbindung in Form einer Inhalts- und Schrankenbestimmung darstellt.[844] Insbesondere die bindende Entscheidung der Einigungsstelle über die Aufstellung von Sozialplänen verletzt die Eigentumsgarantie soweit nicht, als hierdurch die Substanz des Unternehmens nicht beeinträchtigt wird.[845]

Auch verstößt das Betriebsverfassungsgesetz nicht gegen die Berufsfreiheit des Betriebsinhabers nach Art. 12 Abs. 1 GG, da durch die Regelungen des Gesetzes nicht die freie Berufswahl, sondern die Berufsausübung betroffen wird und diese zum Schutze der Arbeitnehmer, die ebenfalls Träger dieses Grundrechts sind, verhältnismäßig eingeschränkt wird.[846]

Und schließlich ist wegen ausreichenden Freiraums der Entfaltung der Unternehmerinitiative auch die Handlungsfreiheit auf wirtschaftlichem Gebiet[847] i.S.d. Art. 2 Abs. 1 GG gewahrt.[848] Die Vereinbarkeit des Betriebsverfassungsgesetzes mit den Grundrechten des Arbeitgebers ist seit langem anerkannt und bedarf daher an dieser Stelle keiner weiteren Darstellung.

---

844 Vgl. hierzu nur GK-*Wiese*, Einl. BetrVG Rdnr. 52 f.; Hess/Schlochauer/Glaubitz-*Glaubitz*, § 87 BetrVG Rdnr. 14; *Richardi*, Einl. BetrVG Rdnr. 48.

845 BVerfG vom 20.07.1954, E 4, 7, 17; BVerfG vom 15.07.1969, E 26, 327, 338; BVerfG vom 15.01.1970, E 27, 326, 343; BAG vom 13.03.1973, AP zu § 87 BetrVG 1972 Werkmietwohnungen Nr. 1 = BAGE 25, 93 = RdA 1973, 278.

846 Hierzu BVerfG vom 01.03.1979, E 50, 290, 364 f. = AP Nr. 1 zu § 87 MitbestG; *Richardi*, Einl. BetrVG Rdnr. 49.

847 BVerfG vom 01.03.1979, E 50, 290, 366.

848 Hess/Schlochauer/Glaubitz-*Glaubitz*, § 87 BetrVG Rdnr. 14; *Richardi*, Einl. BetrVG Rdnr. 49.

Doch können daneben auch die Arbeitnehmer durch das Betriebsverfassungsgesetz in ihren Grundrechten betroffen sein. Zwar besteht das Gesetz zu deren Schutz[849] und sie erhalten durch die Einräumung verschiedener Rechte[850] eine erweiterte Rechtsposition, so dass unter diesem Blickwinkel eine Grundrechts- bzw. Verfassungswidrigkeit nur schwer vorstellbar erscheint. Allerdings wird beispielsweise infolge der Regelungskompetenz des Betriebsrats durch Betriebsvereinbarungen, die gemäß § 77 Abs. 4 S. 1 BetrVG unmittelbare und zwingende Geltung beanspruchen, in die durch Art. 2 Abs. 1 GG gewährleistete Privatautonomie der Arbeitnehmer eingegriffen, so dass Grundrechtsverletzungen nicht a priori ausgeschlossen sind.[851]

Im Hinblick auf die hier vorliegende Untersuchung der unechten Leiharbeitnehmer in der Betriebsverfassung soll im Folgenden die Verfassungsmäßigkeit der spezifisch für diese Personengruppe geltenden betriebsverfassungsrechtlichen Rechte, insbesondere nach der Neuregelung von § 14 Abs. 2 AÜG und der Einfügung von § 7 S. 2 BetrVG, untersucht werden und darüber hinaus deren Zweckmäßigkeit einer kritischen Würdigung unterzogen werden.

B. Die Verfassungsmäßigkeit und die Zweckmäßigkeit von § 14 Abs. 1 AÜG

I. Die Verfassungsmäßigkeit von § 14 Abs. 1 AÜG

Ursprünglich enthielt das Arbeitnehmerüberlassungsgesetz keine Regelung zur betriebsverfassungsrechtlichen Zuordnung von unechten Leiharbeitnehmern, da von einem Gleichlauf von individualrechtlicher und betriebsverfassungsrechtlicher Zuordnung ausgegangen wurde.[852] Doch war diese Frage zwischen Rechtsprechung und Literatur alsbald heftig umstritten,[853] so dass sich der Gesetzgeber nachträglich zur Regelung dieses Problems veranlasst sah.[854] Nach § 14 Abs. 1 AÜG bleiben unechte Leiharbeitnehmer auch während der Überlassung an den Entleiher betriebsverfassungsrechtlich dem Verleiherbetrieb zugeordnet.[855] Durch § 14 Abs. 1 AÜG wird mithin die betriebsverfassungsrechtliche Stellung unechter Leiharbeitnehmer im Verleiherbetrieb dahingehend gewährleistet, dass grundsätzlich die Rechte des Verleiherbetriebsrats in Bezug auch auf unechte Leiharbeitnehmer und deren betriebsverfassungsrechtlichen Rechte nicht durch die Überlassung an Drittbetriebe aufgehoben werden. Etwas anderes gilt nur dann, wenn der Verleiherbetriebsrat infolge

---

849 GK-*Wiese*, Einl. BetrVG Rdnr. 70 ff.

850 S. §§ 81 ff. BetrVG.

851 Vgl. GK-*Wiese*, Einl. BetrVG Rdnr. 61 ff.

852 Bericht *Jaschke* zu BT-Drucks. 6/3505, S. 4 zu § 11 Abs. 6 AÜG.

853 *Becker/Wulfgramm*, Art. 1 § 14 AÜG Rdnr. 5 m.w.N.

854 BillBG vom 15.12.1981, BGBl. I, S. 1390.

855 *Schüren*, § 14 AÜG Rdnr. 7, 14 ff. bezweifelt die ausschließliche betriebsverfassungsrechtliche Zuordnung von Leiharbeitnehmern zum Verleiherbetrieb durch § 14 Abs. 1 AÜG.

der tatsächlichen Erbringung der Arbeitsleistung der unechten Leiharbeitnehmer im Entleiherbetrieb im Einzelfall an der Wahrnehmung seiner Rechte gehindert ist.[856]

Durch die ausschließliche Zuordnung zum Verleiherbetrieb nach § 14 Abs. 1 AÜG könnten aber die unechten Leiharbeitnehmer in ihrer gemäß Art. 12 Abs. 1 GG geschützten Berufsfreiheit verletzt sein.
Die Tätigkeit von unechten Leiharbeitnehmern stellt nach der gemeinhin verwendeten Definition des Berufs[857] als jede auf eine gewisse Dauer angelegte, der Schaffung und Erhaltung einer Lebensgrundlage dienende, Tätigkeit ein unter den Schutzbereich des Art. 12 Abs. 1 GG fallendes Verhalten dar.

Ein Eingriff in das einheitliche Grundrecht der Berufsfreiheit[858] könnte unter dem Aspekt der Berufsausübung in Betracht kommen, indem das Gesetz unechte Leiharbeitnehmer ausschließlich dem Verleiher zuordnet und ihnen keine doppelte Betriebszugehörigkeit oder jedenfalls ein Wahlrecht über die Betriebszugehörigkeit einräumt, obwohl bei der Leiharbeit das Weisungsrecht des Arbeitgebers auf den Entleiher übergeht und die überlassenen Arbeitnehmer in dessen Betriebsorganisation eingegliedert sind. Hierdurch ist es für sie im Vergleich mit den Stammarbeitnehmern des Entleihers grundsätzlich schwieriger, sich des Schutzes des Betriebsverfassungsrechts zu bemächtigen, um das Weisungsrecht des Betriebsinhabers zu begrenzen.

Soweit dies als ein Eingriff mit berufsregelnder Tendenz[859] und nicht als ein bloßer Rechtsreflex auf die Zuordnung zum Verleiherbetrieb verstanden wird, könnte der Eingriff jedoch verfassungsrechtlich gerechtfertigt sein.
An der formellen Verfassungsmäßigkeit von § 14 Abs. 1 AÜG bestehen keine Bedenken, insbesondere ist das Gesetz durch den Bundesgesetzgeber kompetenzgerecht[860] zustande gekommen.

---

856 Vgl. hierzu oben, § 5 A. II. 2.

857 Vgl. BVerfG vom 11.06.1958, E 7, 377, 397; BVerfG vom 01.03.1979, E 50, 290, 362; BVerfG vom 18.06.1980, E 54, 301, 313; BVerwG vom 10.03.1954, E 1, 92, 93; BVerwG vom 04.1.1965, E 22, 286, 287; *Hesselberger*, Art. 12 GG Rdnr. 4; *Jarass/Pieroth*, Art. 12 GG Rdnr. 4; *Leibholz/Rinck/Hesselberger*, Art. 12 GG Rdnr. 46 ff.; Maunz/Dürig-*Scholz*, Art. 12 GG Rdnr. 18; v. Münch-*Gubelt*, Art. 12 GG Rdnr. 8; *Sachs*, Art. 12 GG Rdnr. 29; *Schmidt-Bleibtreu/Klein*, Art. 12 GG Rdnr. 5 a ff.

858 BVerfG vom 16.06.1959 E 9, 338, 344 f.; BVerfG vom 04.03.1964, E 17, 269, 276; BVerfG vom 15.10.1998, E 97, 193, 214; BVerwG vom 16.04.1970, E 35, 146, 148; *Hesselberger*, Art. 12 GG Rdnr. 2 ; Maunz/Dürig-*Scholz*, Art. 12 GG Rdnr. 14, 295; v. Münch-*Gubelt*, Art. 12 GG Rdnr. 40; *Sachs*, Art. 12 GG Rdnr. 8; a.A. *Hufen*, NJW 1994, 2913, 2917.

859 Zu diesem Begriff BVerfG vom 30.10.1961, E 13, 181, 186; BVerfG vom 19.06.1985, E 70, 191, 214; BVerfG vom 12.06.1990, E 82, 209, 223; BVerfG vom 08.04.1997, E 95, 267, 302; Dreier-*Wieland*, Art. 12 GG Rdnr. 79; *Jarass/Pieroth*, Art. 12 GG Rdnr. 11; *Leibholz/Rinck/Hesselberger*, Art. 12 GG Rdnr. 246, 248; v. Münch-*Gubelt*, Art. 12 GG Rdnr. 42; *Sachs*, Art. 12 GG Rdnr. 71 f.

Doch müsste das Gesetz auch materiell verfassungsgemäß sein. Das setzt, neben dem Bestimmtheitsgebot und dem Wesentlichkeitsprinzip, an deren Beachtung keine Bedenken bestehen, vor allem voraus, dass es verhältnismäßig ist.
Danach müsste für § 14 Abs. 1 AÜG zunächst ein legitimer Zweck gegeben sein. Als ein solcher kommt ausweislich der Gesetzesbegründung der mit der Zuordnung zum Verleiherbetrieb erzielte Gleichlauf der arbeitsvertraglichen und der betriebsverfassungsrechtlichen Rechtsbeziehungen in Frage.[861] Mithin besteht für § 14 Abs. 1 AÜG ein legitimer Gesetzeszweck in der individualarbeitsrechtlichen und der betriebsverfassungsrechtlichen weitgehenden Synchronisation der Rechtsbeziehungen der Beteiligten.
Weiterhin müsste § 14 Abs. 1 AÜG zur Erreichung dieses Zwecks geeignet sein. Unechte Leiharbeitnehmer bleiben stets und damit auch während des Einsatzes im Drittbetrieb Arbeitnehmer des Verleihers. Die Zuordnung zum Verleiherbetrieb gemäß § 14 Abs. 1 AÜG schafft hierzu die entsprechende Kongruenz für das Betriebsverfassungsrecht. Folglich wird mit dem Gleichlauf von Individualarbeitsrecht und Betriebsverfassungsrecht der bezweckte Erfolg erreicht; die Regelung ist auch geeignet.
Über dies dürfte es kein gleichgeeignetes aber milderes Mittel für den Gleichlauf der arbeitsvertraglichen und betriebsverfassungsrechtlichen Rechtsbeziehungen geben. Ein solches ist nicht ersichtlich, da insbesondere ein denkbares Wahlrecht der unechten Leiharbeitnehmer für die Betriebszugehörigkeit nur bei der Wahl der Zugehörigkeit zum Verleiherbetrieb zu dem gleichen Ergebnis gelangt. Auch die gesetzliche Anordnung einer doppelten betriebsverfassungsrechtlichen Zuordnung stellt kein milderes Mittel dar, denn hierdurch würde noch stärker in die Berufsfreiheit der Leiharbeitnehmer eingegriffen, da auf diese Weise zwei Betriebsräte vollumfänglich befugt wären, für sie unmittelbar und zwingendes Recht in Form von Betriebsvereinbarungen zu setzen. Im Übrigen steht die Zuordnungsregelung des § 14 Abs. 1 AÜG als Berufsausübungsregelung bereits auf der niedrigsten Stufe der Schranken der Berufsfreiheit.[862] Es sind keine weiteren, gleichgeeigneten und zugleich milderen Mittel erkennbar.
Für eine solche Regelung der Berufsausübung genügt es, wenn „vernünftige Erwägungen des Allgemeinwohls sie zweckmäßig erscheinen lassen".[863] Dies muss angesichts des Umstandes bejaht werden, dass bis zum Erlass von § 14 Abs. 1 AÜG in Lehre und Rechtsprechung umstritten war, wie unechte Leiharbeitnehmer betriebs-

---

860 S. Art. 74 Abs. 1 Nr. 12 GG als Gegenstand der konkurrierenden Gesetzgebung.

861 BT-Drucks. 9/800, S. 7.

862 Vgl. zur „Drei-Stufen-Theorie" BVerfG vom 11.06.1958, E 7, 377, 378 (s. auch Leitsatz Nr. 6 a-d); Dreier-*Wieland*, Art. 12 GG Rdnr. 101 ff.; *Hesselberger*, Art. 12 GG Rdnr. 3; *Jarass/Pieroth*, Art. 12 GG Rdnr. 24 ff.; *Leibholz/Rinck/Hesselberger*, Art. 12 GG Rdnr. 281 ff.; Maunz/Dürig-*Scholz*, Art. 12 GG Rdnr. 15 ff.; v. Münch-*Gubelt*, Art. 12 GG Rdnr. 44 ff.; *Schmidt-Bleibtreu/Klein*, Art. 12 GG Rdnr. 11 f.

863 Dreier-*Wieland*, Art. 12 GG Rdnr. 102; *Hesselberger*, Art. 12 GG Rdnr. 12; v. Münch-*Gubelt*, Art. 12 GG Rdnr. 45.

verfassungsrechtlich zuzuordnen sind, daher lange Zeit Rechtsunsicherheit bestand und der Gesetzgeber mittels einer einheitlichen Handhabung dieses Problem einer Regelung zugeführt hat.
Folglich ist die Vorschrift auch materiell verfassungsgemäß und verletzt unechte Leiharbeitnehmer nicht in ihrer nach Art. 12 Abs. 1 GG geschützten Berufsfreiheit.[864] Eingriffe in andere, die unechten Leiharbeitnehmer betreffende, Grundrechte sind nicht ersichtlich.
Eine Verfassungswidrigkeit von § 14 Abs. 1 AÜG lässt sich mithin nicht feststellen.

II. Die Zweckmäßigkeit von § 14 Abs. 1 AÜG

Der Gesetzgeber bezweckt ausweislich der Begründung zu § 14 Abs. 1 AÜG[865] zum Schutz der unechten Leiharbeitnehmer eine einheitliche betriebsverfassungsrechtliche Zuordnung. Hierdurch bleibt für die Dauer des Arbeitsverhältnisses kontinuierlich die betriebsverfassungsrechtliche Stellung unechter Leiharbeitnehmer im Verleiherbetrieb und die Zuständigkeit des dortigen Verleiherbetriebsrats aufrechterhalten,[866] so dass das Betriebsverfassungsgesetz seine Schutzwirkung vollumfänglich im Verleiherbetrieb entfalten kann.
Zwar lässt sich gegen die ausschließlich verleiherbetriebliche Zuordnung einwenden, dass unechte Leiharbeitnehmer ihre Arbeitsleistung in Drittbetrieben erbringen, dabei dem Weisungs- und Direktionsrecht des dortigen Betriebsinhabers unterworfen sowie in dessen Betriebsorganisation eingegliedert sind und deshalb zu ihrem Schutz (auch) einer betriebsverfassungsrechtlichen Zuordnung zum Entleiherbetrieb bedürfen.[867] Jedoch spricht dieses Schutzbedürfnis im Entleiherbetrieb nicht gegen die von § 14 Abs. 1 AÜG getroffene ausschließliche Zuordnung zum Verleiherbetrieb, denn der Gesetzgeber hat dieses Schutzbedürfnis erkannt und ihm dadurch Rechnung getragen, dass die unechten Leiharbeitnehmer im Entleiherbetrieb betriebsverfassungsrechtliche Individualrechte gemäß § 14 Abs. 2 AÜG i.V.m. §§ 81, 82 Abs. 1 und §§ 84 bis 86 BetrVG haben sowie zur Teilnahme an Versammlungen der Betriebsorgane und den Sprechstunden der betrieblichen Interessenvertretungen berechtigt sind und überdies dem Entleiherbetriebsrat infolge der vom Gesetzgeber ausdrücklich als nicht abschließend bedeuteten Regelung des § 14 Abs. 3 AÜG[868] Beteiligungsrechte auch zum Schutz von unechten Leiharbeitnehmern zukommen.

---

864 Ein Rückgriff auf die durch Art. 2 Abs. 1GG geschützte allgemeine Handlungsfreiheit ist wegen der Einschlägigkeit des Schutzbereichs des spezielleren Art. 12 Abs. 1 GG versperrt; dazu Dreier-*Dreier*, Vorbem. GG, Rdnr. 97; *Jarass/Pieroth*, Art. 2 GG Rdnr. 2; Maunz/Dürig-*Di Fabio*, Art. 2 GG Rdnr. 47; *Schmidt-Bleibtreu/Klein*, Art. 2 GG Rdnr. 10 f.

865 BT-Drucks. 9/800, S. 7.

866 *Sandmann/Marschall*, § 14 AÜG Rdnr. 4; *Ulber*, § 14 AÜG Rdnr. 9.

867 So *Schüren*, § 14 AÜG Rdnr. 28 ff.

868 BT-Drucks. 9/800, S. 8.

I.E. wird durch die betriebsverfassungsrechtliche Zuordnung zum Verleiherbetrieb zum einen eine für die in der Praxis Betroffenen und die Rechtsanwender begrüßenswerte Klarheit erzielt, und zum anderen werden „Schutzlücken" im Entleiherbetrieb durch das entsprechende Verständnis von § 14 Abs. 3 AÜG vermieden, ohne hierdurch zu systematischen Unwägbarkeiten zu gelangen, wie sie ansonsten infolge einer vollen doppelten oder auch nur partiellen Betriebszugehörigkeit auch zum Entleiherbetrieb entstehen müssen.[869]
Folglich stellt die Regelung von § 14 Abs. 1 AÜG im Hinblick auf ihre Ergänzungen durch § 14 Abs. 2 und 3 AÜG eine an den Schutzbedürfnissen der unechten Leiharbeitnehmer sinnvoll ausgerichtete Zuordnung dar. § 14 Abs. 1 AÜG ist unter allen genannten Gesichtspunkten zweckmäßig.

C. Die Verfassungsmäßigkeit und die Zweckmäßigkeit von § 14 Abs. 2 AÜG

I. Die Verfassungsmäßigkeit und die Zweckmäßigkeit von § 14 Abs. 2 S. 1 AÜG

1. Die Verfassungsmäßigkeit von § 14 Abs. 2 S. 1 AÜG

Gemäß § 14 Abs. 2 S. 1 AÜG[870] sind unechte Leiharbeitnehmer nicht zu den betriebsverfassungsrechtlichen Arbeitnehmervertretungen im Entleiherbetrieb wählbar. Insoweit handelt es sich nur um eine klarstellende, an § 14 Abs. 1 AÜG anknüpfende Regelung, da unechte Leiharbeitnehmer mangels Betriebszughörigkeit zum Entleiherbetrieb de lege lata schon nach § 8 Abs. 1 S. 1 BetrVG nicht wählbar sind und für diese Frage auch keine betriebsverfassungsrechtliche Sonderregelung besteht. Dadurch könnte aber § 14 Abs. 2 S. 1 AÜG die durch Art. 12 Abs. 1 GG gewährleistete Berufsfreiheit der unechten Leiharbeitnehmer verletzen.

Ebenso wie § 14 Abs. 1 AÜG handelt es sich um eine Regelung, welche die Berufsausübung betrifft. Selbst wenn in der nichtbestehenden Wählbarkeit ein Eingriff mit berufsregelnder Tendenz erblickt werden sollte, ist § 14 Abs. 2 S. 1 AÜG zumindest verfassungsrechtlich gerechtfertigt; die Ausführungen zur formellen und materiellen Verfassungsmäßigkeit von § 14 Abs. 1 AÜG gelten hier entsprechend, da § 14 Abs. 2 S. 1 AÜG lediglich dessen „Folgeregelung" darstellt und mithin auch hier keine Verletzung der Berufsfreiheit der unechten Leiharbeitnehmer festgestellt werden kann.

---

869 Vgl. hierzu oben, § 5 A. II. 1. b).

870 Geändert durch BetrVG-Reformgesetz vom 23.07.2001, BGBl. I, S. 1853.

Ferner stellt der Ausschluss des passiven Wahlrechts keine gegen Art. 3 Abs. 1 GG verstoßende ungerechtfertigte Ungleichbehandlung von unechten Leiharbeitnehmern des Verleihers und den Stammarbeitnehmern des Entleiherbetriebs dar, da eine Vergleichbarkeit infolge der fehlenden Betriebszugehörigkeit der unechten Leiharbeitnehmer zum Entleiherbetrieb mit den entleiherbetriebszugehörigen Arbeitnehmern schon nicht gegeben ist.
Damit verletzt der Ausschluss des passiven Wahlrechts auch nicht Art. 3 Abs. 1 GG. Folglich handelt es sich bei § 14 Abs. 2 S. 1 AÜG um eine verfassungskonforme Rechtsvorschrift.

2. Die Zweckmäßigkeit von § 14 Abs. 2 S. 1 AÜG

Der Ausschluss des passiven Wahlrechts nach § 14 Abs. 2 S. 1 AÜG für unechte Leiharbeitnehmer im Entleiherbetrieb stellt hinsichtlich der fehlenden Betriebszugehörigkeit eine konsequente Regelung dar, denn nur Betriebszugehörige können in den entsprechenden Betriebsrat gewählt werden.[871] Selbst wenn auf dieses Erfordernis bei § 8 BetrVG verzichtet würde, so müssten unechte Leiharbeitnehmer zumindest sechs Monate im Entleiherbetrieb eingegliedert sein, bis deren Wählbarkeit eintritt. Die Überlassungsdauer beträgt in der Praxis ganz überwiegend aber nur Zeiträume von bis zu drei Monaten,[872] so dass auch rechtstatsächlich regelmäßig das passive Wahlrecht für unechte Leiharbeitnehmer scheitert. Überdies ist es selbst in Fällen von längerfristigen Überlassungen nicht gerechtfertigt, unechten Leiharbeitnehmern das passive Wahlrecht zuzuerkennen, da es für die vielfältigen Aufgaben und damit eine sachgerechte und effiziente Arbeit des Betriebsrats einer gewissen personellen Kontinuität bedarf, die bei der nach § 8 Abs. 1 S. 1 BetrVG erforderlichen mindestens sechsmonatigen Eingliederung in den Entleiherbetrieb schon absehbar nicht mehr gegeben ist, da die überlassenen Arbeitnehmer ab diesem Zeitpunkt nur noch für wenige Wochen oder Monate in dem Drittbetrieb tätig sind und von vornherein auf vier Jahre oder länger befristete Überlassungen kaum vorkommen werden. Aber auch dann, wenn die Überlassungsdauer nicht befristet sein sollte und generell eine längere Überlassungsdauer beabsichtigt ist, wäre das passive Wahlrecht unechter Leiharbeitnehmer zum Entleiherbetriebsrat unzweckmäßig, weil infolge des Fehlens einer Überlassungsbefristung eine sachgerechte und effiziente Arbeit des Betriebsrats mangels der Unabsehbarkeit der personellen Kontinuität nicht planbar wä-

---

[871] GK-*Kreutz*, § 8 BetrVG Rdnr. 17; *Richardi*, § 8 BetrVG Rdnr. 8.

[872] Zwar erfasst die BA nicht die Dauer der Überlassungsfälle, jedoch kann von den Zahlen über die Dauer der Leiharbeitsverhältnisse bis zu einem gewissen Grad auf die Dauer der Überlassungsverträge rückgeschlossen werden. Die Dauer der Beschäftigung eines Leiharbeitnehmers bei einem Verleiher ist vergleichsweise kurz, so dauerten beispielsweise mehr als zwei Drittel der Leiharbeitsverhältnisse in 1999 weniger als 3 Monate; vgl hierzu den neunten Bericht der Bundesregierung über Erfahrungen bei der Anwendung des AÜG sowie über die Auswirkungen des Gesetzes zur Bekämpfung der illegalen Beschäftigung in BT-Drucks. 14/4220, S. 10 f.; *Walwei*,EuroAS 2002, 149, 161.

re. Entsprechende Erwägungen gelten hinsichtlich eines passiven Wahlrechts für unechte Leiharbeitnehmer bei den Jugend- und Auszubildendenvertretungen.
Vor diesem Hintergrund stellt der klarstellende Ausschluss des passiven Wahlrechts von unechten Leiharbeitnehmern im Entleiherbetrieb eine sachgerechte bzw. zweckmäßige Regelung dar.

II. Die Verfassungsmäßigkeit und die Zweckmäßigkeit von § 14 Abs. 2 S. 2 und 3 AÜG

1. Die Verfassungsmäßigkeit von § 14 Abs. 2 S. 2 und 3 AÜG

Nach § 14 Abs. 2 S. 2 und 3 AÜG sind unechte Leiharbeitnehmer berechtigt, Sprechstunden der entleiherbetrieblichen Arbeitnehmervertretungen zu besuchen, an Betriebs- und Jugendversammlungen im Entleiherbetrieb teilzunehmen und die betriebverfassungsrechtlichen Individualrechte der §§ 82, 82 Abs. 1, 84 – 86 BetrVG auszuüben. Hiermit will das Gesetz die atypische Struktur der Leiharbeit berücksichtigen, welche unechte Leiharbeitnehmer dem Verleiherbetrieb individual- und betriebsverfassungsrechtlich zuordnet, während die tatsächliche Erbringung der Arbeitsleistung jedoch stets in einem Drittbetrieb stattfindet.[873]
Folge dieser Rechtsvorschrift ist, dass unechte Leiharbeitnehmer gegenüber dem Entleiher Rechte wie z.B. Unterrichtungs-, Erörterungs- und Akteneinsichtsrechte erhalten, die sie, anders als die Stammarbeitnehmer,[874] mangels eines Arbeitsvertrages zum Entleiher nicht schon individualrechtlich besitzen. Verpflichteter dieser Rechte ist der Entleiher, der hierdurch in seiner Berufsfreiheit verletzt angesehen werden könnte. Allerdings verfängt dieser Einwand genauso wenig wie bei der Frage der Verfassungswidrigkeit des Betriebsverfassungsgesetzes im Allgemeinen,[875] denn die betriebsverfassungsrechtlichen Rechte der unechten Leiharbeitnehmer gegenüber dem Entleiher stellen nichts anderes dar, als einen Teilausschnitt des Betriebsverfassungsrechts, das als Inhalts- und Schrankenbestimmung weder die Garantie des Eigentums nach Art. 14 Abs. 1 GG, noch als verhältnismäßige Berufsausübungsregelung die Berufsfreiheit des Art. 12 Abs. 1 GG oder gar die freie Entfaltung der Unternehmerinitiative i.S.d. Art. 2 Abs. 1 GG des Entleihers verletzt.[876]
Mithin bestehen hinsichtlich der Verfassungsmäßigkeit von § 14 Abs. 2 S. 2 und 3 AÜG keine Bedenken.

---

[873] So auch *Schüren*, § 14 AÜG Rdnr. 56.
[874] Vgl. insoweit oben, § 8.
[875] S. § 9 A.
[876] GK-*Wiese*, Einl. BetrVG Rdnr. 52 ff.; *Richardi*, Einl. BetrVG Rdnr. 49.

2. Die Zweckmäßigkeit von § 14 Abs. 2 S. 2 und 3 AÜG

Die mittels § 14 Abs. 2 S. 2 und 3 AÜG gegenüber dem Entleiher geltend zu machenden Rechte bestehen zum Ausgleich für die tatsächliche Eingliederung in dessen Betriebssphäre. Die aufgrund ihres Arbeitsverhältnisses zum Verleiher bestehenden betriebsverfassungsrechtlichen Individualrechte der §§ 81 ff. BetrVG und die Zuständigkeit des Verleiherbetriebsrats infolge ihrer nach § 14 Abs. 1 AÜG erklärten Verleiherbetriebszugehörigkeit reichen aber zum Schutz der unechten Leiharbeitnehmer nicht aus, da einerseits das Direktions- und Weisungsrecht des Verleihers auf den Entleiher übergeht und sie andererseits den Gefahren der Drittbetriebssphäre ausgesetzt sind, denen sie ohne die Unterrichtungs-, Erörterungs-, Akteneinsichts- und Beschwerderechte der §§ 81 ff. BetrVG nicht entgegentreten könnten. Weiterhin verwirklicht § 14 Abs. 2 S. 2 und 3 AÜG für unechte Leiharbeitnehmer im Entleiherbetriebsrat den u.a. mit dem Betriebsverfassungsgesetz verfolgten Zweck, die Achtung des Arbeitnehmers als Persönlichkeit, seiner Würde und Persönlichkeitsentfaltung im Arbeitsleben zu gewährleisten[877] und den einzelnen Arbeitnehmer nicht als Objekt, sondern als Subjekt bei der Gestaltung arbeitsrechtlicher Beziehungen anzusehen.[878]
Unter Zugrundelegung dieser Ziele handelt es sich auch bei § 14 Abs. 2 S. 2 und 3 AÜG um eine zweckmäßige Regelung.

D. Die Verfassungsmäßigkeit und die Zweckmäßigkeit von § 7 S. 2 BetrVG

I. Die Verfassungsmäßigkeit von § 7 S. 2 BetrVG

Gemäß § 7 S. 2 BetrVG haben unechte Leiharbeitnehmer das aktive Wahlrecht zum Entleiherbetriebsrat, wenn sie für mindestens drei Monate dem Entleiherbetrieb überlassen werden. Hierdurch können sie die Zusammensetzung des Betriebsrats in gleicher Weise wie die Arbeitnehmer des Entleiherbetriebs mitbestimmen, obwohl unechte Leiharbeitnehmer auch nach der Einfügung von § 7 S. 2 BetrVG nicht als Arbeitnehmer des Entleihers aufzufassen sind.[879]
Zwar ist der Gesetzgeber der Meinung, § 7 S. 2 BetrVG erkenne jedenfalls für bestimmte Fälle die Betriebszugehörigkeit unechter Leiharbeitnehmer zum Entleiherbetrieb an.[880] Doch steht dieser Befund im Widerspruch zu § 14 Abs.1 AÜG, nach dem

---

877 BAG vom 18.04.1989, AP zu § 87 BetrVG 1972 Tarifvorrang Nr. 18 = BAGE 61, 296 = RdA 1989, 311 = NZA 1989, 887; Däubler/Kittner/Klebe-*Kustode/Däubler*, Einl. BetrVG Rdnr. 66; *Fitting*, § 1 BetrVG Rdnr. 1 ff.; GK-*Wiese*, Einl. BetrVG Rdnr. 61; *Richardi*, § 87 BetrVG Rdnr. 8; *Schaub*, Arbeitsrecht, § 210 2; *Wiese*, ZfA 1989, 645, 655 ff.

878 Däubler/Kittner/Klebe-*Kustode/Däubler*, Einl. BetrVG Rdnr. 91; GK-*Wiese*, Einl. BetrVG Rdnr. 62.

879 BT-Drucks. 14/5741, S. 28; *Gaul*, AktuellAR 2001, Kap. A. 1. c).

880 BT-Drucks. 14/5741, S. 36.

unechte Leiharbeitnehmer auch während der Überlassung betriebsverfassungsrechtlich zum Verleiherbetrieb gehören. Hieran vermag auch das aktive Wahlrecht nach § 7 S. 2 BetrVG nichts zu ändern: Zwar gewährt diese Vorschrift unechten Leiharbeitnehmern das aktive Wahlrecht, eine (partielle) Betriebszugehörigkeit zum Entleiherbetrieb folgt daraus aber nicht, denn die Sonderregelung des § 7 S. 2 BetrVG ist gerade deshalb zur Begründung des aktiven Wahlrechts erforderlich, weil unechte Leiharbeitnehmer keine Arbeitnehmer i.S.d. § 5 Abs. 1 S. 1 BetrVG sind und wegen § 14 Abs. 1 AÜG betriebsverfassungsrechtlich zum Verleiher gehören.[881] Im Übrigen soll die Neufassung von § 7 S. 1 BetrVG klarstellen, dass grundsätzlich nur Betriebszugehörige zum Betriebsrat wahlberechtigt sind;[882] § 7 S. 2 BetrVG stellt somit die Ausnahmeregelung zu S. 1 dar. Die Vorschrift des § 7 S. 2 BetrVG schafft mithin erst für unechte Leiharbeitnehmer ein mangels Entleiherbetriebszugehörigkeit ansonsten nicht bestehendes betriebsverfassungsrechtliches Recht und erkennt damit gerade die Tatsache an, dass sie dem Verleiherbetrieb zugeordnet sind.
Eine aus § 7 S. 2 BetrVG ableitbare (partielle) Zugehörigkeit zum Entleiherbetrieb ist folglich ausgeschlossen.

Folge dieser Regelung ist, dass bei der Wahl zum Entleiherbetriebsrat Arbeitnehmer des Entleihers und unechte Leiharbeitnehmer gleichermaßen aktiv wahlberechtigt sind, oder deutlicher formuliert, einerseits nach § 7 S. 1 BetrVG Betriebszugehörige und andererseits nach § 7 S. 2 BetrVG Betriebsfremde den Betriebsrat wählen können.
Mithin wird in diesen Fällen der Betriebsrat, der die Belegschaft des jeweiligen Betriebes repräsentiert, zumindest teilweise fremdbestimmt.
Dadurch könnte aber Art. 3 Abs. 1 GG verletzt sein,[883] denn die Arbeitnehmer des Entleihers als Betriebsangehörige werden mit unechten Leiharbeitnehmern und damit Betriebsfremden, die für länger als drei Monate überlassen werden, hinsichtlich des aktiven Wahlrechts zum Entleiherbetriebsrat gleich behandelt. Daher ist im Folgenden die verfassungsmäßige Vereinbarkeit von § 7 S. 2 BetrVG mit Art. 3 Abs. 1 GG in dem - für den Gleichheitssatz spezifischen - Zweischritt[884] von Schutzbereich und verfassungsrechtlicher Rechtfertigung zu prüfen.

---

881 Vgl. zur Betriebszugehörigkeit oben, § 5 A. II.

882 BT-Drucks. 14/5741, S. 36; HaKo-*Brors*, § 7 BetrVG Rdnr. 2 f.

883 Diese Frage wirft auch *Hanau*, ZIP 2001, 1981, 1982 auf.

884 *Bryde/Kleindiek*, Jura 1999, 36, 37 ff.; v. Münch-*Gubelt*, Art. 3 GG Rdnr. 11.

1. Der Schutzbereich von Art. 3 Abs. 1 GG

Gemäß Art. 3 Abs. 1 GG sind alle Menschen vor dem Gesetz gleich. Damit wird der allgemeine Gleichheitssatz im Grundgesetz als positives Recht, welches nach Art. 1 Abs. 3 GG unmittelbare Geltung besitzt, verankert[885] und gilt deshalb als allgemeines rechtsstaatliches Prinzip in allen Rechtsbereichen.[886] Zwar könnte aus der Formulierung des Art. 3 Abs. 1 GG „vor dem Gesetz" gefolgert werden, dass der Gleichheitssatz ausschließlich bei der Anwendung von Gesetzen durch Exekutive und Judikative zu beachten ist,[887] wegen Art. 1 Abs. 3 GG i.V.m. Art. 20 Abs. 3 GG wird aber gerade auch die Legislative daran gebunden.[888] Insofern zwingt Art. 3 Abs. 1 GG den Gesetzgeber zu einer am allgemeinen Gleichheitssatz orientierten Ausgestaltung des Rechts.

Der materielle Gehalt des Gleichheitssatzes wird in der Rechtsprechung des Bundesverfassungsgerichts im Wesentlichen darin gesehen, dass Art. 3 Abs. 1 GG die allgemeine Weisung an den Gesetzgeber enthalte, nach der „bei steter Orientierung am Gerechtigkeitsgedanken, Gleiches gleich, Ungleiches seiner Eigenart entsprechend verschieden zu behandeln" ist.[889] Eine Verletzung des Gerechtigkeitsgedankens und damit auch des Gleichheitssatzes liegt danach immer dann vor, „wenn sich für sie keine vernünftigen Erwägungen finden lassen, die sich aus der Natur der Sache ergeben oder sonst wie einleuchtend sind",[890] die Maßnahme mithin als willkürlich aufgefasst werden muss,[891] wobei es freilich stets auf den entsprechenden

---

885 Dreier-*Heun*, Art. 3 GG Rdnr. 13, 15; *Jarass/Pieroth*, Art. 3 GG Rdnr.1; *Leibholz/Rinck/Hesselberger*, Art. 3 GG Rdnr. 3.

886 BVerfG vom 23.01.1957, E 6, 84, 91; BVerfG vom 31.05.1968, E 23, 353, 373; BVerfG vom 10.06.1969, E 26, 172 185; BVerfG vom 08.11.1972, E 34, 139, 146; BVerfG vom 16.12.1975, E 41, 1, 13; Isensee/Kirchhof-*Kirchhof*, § 124 Rdnr. 25 f.; *Jarass/Pieroth*, Art. 3 GG Rdnr. 1; v. Mangoldt/Klein-*Starck*, Art. 3 GG Rdnr. 224 ff.; *Sachs*, Art. 3 GG Rdnr. 65.

887 Schon *Anschütz*, Verfassung, Art. 109 WRV Rdnr. 1, 2, 522 ff.; Maunz/Dürig-*Dürig*, Art. 3 GG Rdnr. 7 ff.; Maunz/Dürig-*Herzog*, Art. 3 GG Rdnr. 19 (Anh.).

888 BVerfG vom 23.10.1981, E 1, 14, 52; *Benda/Maihofer/Vogel*, Handb. des VerfR, § 5 Rdnr. 13 ff.; *Hesselberger*, Art. 3 GG Rdnr. 1, 3; Maunz/Dürig-*Dürig*, Art. 3 GG Rdnr. 292 ff.; v. Münch-*Gubelt*, Art. 3 GG Rdnr. 8; *Schmidt-Bleibtreu/Klein*, Art. 3 GG Rdnr. 1 f.; *Stern*, StaatsR. III/1, § 73 I 3, II; a.A. *Eyermann*, FS Verfassung und Verfassungsrechtsprechung, S. 45 ff.; *Schweiger*, FS Verfassung und Verfassungsrechtsprechung, S. 55 ff.

889 BVerfG vom 17.12.1953, E 3, 58, 135 f.; BVerfG vom 27.05.1967, E 18, 38, 46; BVerfG vom 15.07.1998, E 98, 365, 385; BVerwG vom 30.01.1997, DVBl. 1997, 1062, 1063; BSG vom 26.10.1956, E 4, 75, 83; BSG vom 20.12.1957, E 6, 213, 229; BFH vom 28.08.1959, NJW 1960, 71.

890 BVerfG vom 15.12.1959, E 10, 234, 246; BVerfG vom 09.03.1994, E 90, 145, 196.

891 BVerfG vom 23.10.1951, E 1, 14, 52; BVerfG vom 15.01.1969, E 25, 101, 105; BVerfG vom 28.06.1994, E 91, 118, 123; vgl. zum Verbot willkürlicher Normsetzung Isensee/Kirchhof-*Kirchhof*, § 124 Rdnr. 86 ff.; auch Dreier-*Heun*, Art. 3 GG Rdnr. 42 ff.; *Leibholz/Rinck/Hesselberger*, Art. 3 GG Rdnr. 34 ff.; v. Münch-*Gubelt*, Art. 3 GG Rdnr. 12 ff.

Sachbereich und dessen Eigenart ankommt.[892] Durch evidente Unsachlichkeit der Differenzierung wird das Willkürverbot verletzt,[893] so dass gemäß Art. 3 Abs. 1 GG dergestalt verfahren werden muss, dass „weder wesentlich Gleiches willkürlich ungleich, noch wesentlich Ungleiches willkürlich gleich" behandelt wird.[894] Mithin kommt es darauf an, ob eine gesetzliche Regelung evident unsachlich gleich oder ungleich behandelt.[895] Dadurch, dass der gesetzgeberische Spielraum soweit beschränkt wird, wie die Ungleichbehandlung nicht mehr „mit einer am Gerechtigkeitsgedanken orientierten Betrachtungsweise"[896] zu vereinbaren ist bzw. „die fundierten allgemeinen Gerechtigkeitsvorstellungen der Gemeinschaft"[897] verlässt, ist die evidente Unsachlichkeit als evidente Ungerechtigkeit zu interpretieren.[898] Zwar ist der Gesetzgeber nicht gezwungen, die zweckmäßigste, vernünftigste oder gar gerechteste rechtliche Regelung vorzunehmen,[899] es reicht schon aus, wenn sich irgendein sachlich vertretbarer zureichender Grund anführen lässt.[900] Dieser grundsätzlich weiten Gestaltungsfreiheit des Gesetzgebers[901] stehen aber neben der „am Gerechtigkeitsgedanken orientierten Betrachtungsweise"[902] weitere Grenzen gegenüber. Die Regelung muss jedenfalls sachbezogen und vertretbar erscheinen, was sich nach Natur und Eigenart des in Frage stehenden Sachverhältnisses und unter Einbeziehung von Sinn und Zweck der betreffenden gesetzlichen Regelung beurteilt.[903]

---

892 BVerfG vom 30.09.1987, E 76, 256, 329; BVerfG vom 13.11.1990, NJW 1991, 743, 745.

893 BVerfG vom 07.10.1980, E 55, 72, 90; BVerfG vom 26.01.1993, E 88, 87, 96.

894 BVerfG vom 16.03.1955, E 4, 144, 155; BVerfG vom 21.01.1970, E 27, 364, 371 f.; BVerfG vom 26.04.1988, E 78, 104, 121; BVerfG vom 12.05.1992, E 86, 81, 87.

895 BVerfG vom 09.05.1961, E 12, 326, 333; BVerfG vom 19.06.1962, E 14, 142, 150; BVerfG vom 13.07.1965, E 19, 101, 115; BVerfG vom 06.03.1968, E 23, 135, 143; BVerfG vom 16.10.1979, E 52, 277, 281; BVerfG vom 07.10.1980, E 55, 72, 90; BVerfG vom 05.10.1993, E 89, 132, 142; Maunz/Dürig-*Di Fabio*, Art. 3 GG Rdnr. 22 ff.; v. Münch-*Gubelt*, Art. 3 GG Rdnr. 11; *Sachs*, Art. 3 GG Rdnr. 9.

896 BVerfG vom 30.04.1952, E 1, 264, 275 f.; BVerfG vom 17.12.1953, E 3, 58, 135; BVerfG vom 12.05.1992, E 86, 81, 87.

897 Z.B. BVerfG vom 24.03.1976, E 42, 64, 72.

898 *Sachs*, Art. 3 GG Rdnr. 9; ähnlich v. Münch-*Gubelt*, Art. 3 GG Rdnr. 11.

899 BVerfG vom 16.03.1955, E 4, 144, 155; BVErfG vom 10.12.1985, E 71, 255, 271; BVerfG vom 29.11.1989, E 81, 108, 118; BVerfG vom 19.02.1991, E 83, 395, 401; BGH vom 30.07.1990, Z 112, 163, 173; BFH vom 19.02.1983, E 170, 410, 416; Dreier-*Heun*, Art. 3 GG Rdnr. 43; *Hesselberger*, Art. 3 GG Rdnr. 1; *Sachs*, Art. 3 GG Rdnr. 95; *Schmidt-Bleibtreu/Klein*, Art. 3 GG Rdnr. 3.

900 BVerfG vom 12.04.1972, E 33, 44, 51; BVerfG vom 08.04.1987, E 75, 108, 157; BVerfG vom 17.10.1990, E 83, 1, 23; BSG vom 11.02.1988, NJW 1989, 125, 126; *Jarass/Pieroth*, Art. 3 GG Rdnr. 15; zum Kriterium der Sachgerechtigkeit s. Isensee/Kirchhof-*Kirchhof*, § 124 Rdnr. 205 ff.

901 Vgl. hierzu BVerfG vom 14.04.1964, E 17, 319, 330; BVerfG vom 13.06.1979, E 51, 295, 300; BVerfG vom 10.02.1987, E 74, 182, 200; BVerfG vom 01.06.1989, E 80, 109, 118; v. Münch-*Gubelt*, Art. 3 GG Rdnr. 11.

902 v. Mangoldt/Klein-*Starck*, Art. 3 GG Rdnr. 10; *Schmidt-Bleibtreu/Klein*, Art. 3 GG Rdnr. 13 a.

903 BVerfG vom 15.10.1985, E 71, 39, 58.

Das darin zum Ausdruck kommende Willkürverbot wird mittlerweile durch die sogenannte neue Formel[904] des Bundesverfassungsgerichts modifiziert,[905] nach welcher der Gleichheitsgrundsatz „vor allem dann verletzt ist, wenn eine Gruppe von Normadressaten im Vergleich zu anderen Normadressaten anders behandelt wird, obwohl zwischen beiden Gruppen keine Unterschiede von solcher Art und solchem Gewicht bestehen, dass sie die ungleiche Behandlung rechtfertigen könnten".[906] Folge der Ergänzung des Willkürverbots durch diese Formel ist eine Erhöhung der Kontrolldichte bei Art. 3 Abs. 1 GG, indem nunmehr das Verhältnismäßigkeitsprinzip anzuwenden ist und das Vorliegen irgendeines sachlichen Grundes als Rechtfertigung für eine Ungleichbehandlung nicht mehr ausreicht.[907]

Spiegelbildlich zum Verbot der Ungleichbehandlung birgt Art. 3 Abs. 1 GG zugleich aber auch das Gebot zur Ungleichbehandlung, gegen welches der Gesetzgeber dann verstößt, wenn Ungleichheiten der zu ordnenden Lebensverhältnisse unberücksichtigt bleiben und eine gleichförmige Behandlung erfahren.[908] Die fehlende Berücksichtigung wesentlicher Ungleichheiten kann gleichermaßen wie die gleichheitswidrige Ungleichbehandlung Art. 3 Abs. 1 GG verletzen.[909] Das setzt jedoch stets voraus, dass die „tatsächlichen Ungleichheiten in dem jeweils in Betracht kommenden Zusammenhang so bedeutsam sind, dass ihre Gleichbehandlung mit einer am Gerechtigkeitsgedanken orientierten Betrachtungsweise unverträglich erscheinen würde".[910] Geht es also um die Gleichbehandlung, ist entscheidend, ob die Regelung für einen Teil der Betroffenen „Unterschiede von solcher Art und solchem Gewicht zur Folge hätte, dass ihr gegenüber die gleichartige Behandlung nicht mehr zu rechtfertigen wäre".[911]

---

904 Zu diesem Begriff nur Dreier-*Heun*, Art. 3 GG Rdnr. 19 f.; v. Mangoldt/Klein-*Starck*, Art. 3 GG Rdnr. 11; v. Münch-*Gubelt*, Art. 3 GG Rdnr. 14 m.w.N.

905 Vgl. zum Verhältnis von Willkürverbot und neuer Formel *Jarass/Pieroth*, Art. 3 GG Rdnr. 17 ff.; *Sachs*, Art. 3 GG Rdnr. 25; kritisch zur neuen Formel des BVerfG v. Mangoldt/Klein-*Starck*, Art. 3 GG Rdnr. 11 f.

906 BVerfG vom 07.10.1980, E 55, 72, 88; BVerfG vom 30.05.1990, E 82, 126, 146; BVerfG vom 24.04.1991, E 84, 133, 157; BVerfG vom 11.06.1991, E 84, 197, 199; BVerfG vom 08.10.1991, E 84, 348, 359; BVerfG vom 28.01.1992, E 85, 191, 210; BVerfG vom 11.02.1993 , E 85, 238, 244; BVerfG vom 10.03.1992, E 85, 360, 383; BVerfG vom 07.07.1992, E 87, 1, 36; BVerfG vom 17.11.1992, E 87, 234, 255; BVerfG vom 02.12.1992, E 88, 5, 12; BVerfG vom 08.10.1996, E 95, 39, 45.

907 Dreier-*Heun*, Art. 3 GG Rdnr. 19; v. Mangoldt/Klein-*Starck*, Art. 3 GG Rdnr. 11; v. Münch-*Gubelt*, Art. 3 GG Rdnr. 14; *Sachs*, GG, Art. 3 Rdnr. 14 ff.

908 *Stern*, FS Dürig, S. 207, 212; ähnlich Isensee/Kirchhof-*Kirchhof*, § 124 Rdnr. 90; *Sachs*, Art. 3 GG Rdnr. 83.

909 *Jarass/Pieroth*, Art. 3 GG Rdnr. 5; *Stern*, FS Dürig, S. 207, 212.

910 BVerfG vom 19.03.1974, E 37, 38, 46; BVerfG vom 16.10.1979, E 52, 256, 263; BVerfG vom 15.05.1984, E 67, 70, 85 f.; BVerfG vom 10.02.1987, E 74, 182, 200.

911 BVerfG vom 13.05.1986, E 72, 141, 150; BVerfG vom 26.01.1993, E 88, 87, 97; BVerfG vom 20.06.1995,E 93, 99, 111; *Jarass/Pieroth*, Art. 3 Rdnr. 14.

Dem Gesetzgeber ist hierdurch verwehrt, künstliche Gleichheiten zu schaffen und er ist zugleich verpflichtet, gegebene Ungleichheiten u.a. auf dem Gebiet des sozialen Lebens zu beachten.[912] Da das Gebot zur Ungleichbehandlung von Ungleichem ebenso wie das Verbot der Ungleichbehandlung von Gleichem vom Schutzbereich des Art. 3 Abs. 1 GG erfasst ist, beansprucht die neue Formel in dem einen wie dem anderen Falle Geltung. Allerdings bedarf es für das Gebot der Ungleichbehandlung der Umformung, nach welcher der Gleichheitssatz dann verletzt ist, wenn eine Gruppe von Normadressaten im Vergleich zu anderen Normadressaten gleich behandelt wird, obwohl zwischen beiden Gruppen derartige Unterschiede von solcher Art und solchem Gewicht bestehen, dass sie eine Gleichbehandlung verbieten.

Durch § 7 S. 2 BetrVG werden die Arbeitnehmer des Entleihers und die vorübergehend in diesen Betrieb überlassenen unechten Leiharbeitnehmer des Verleihers im Hinblick auf das aktive Wahlrecht zum Entleiherbetriebsrat gleich behandelt, wenn bezüglich des jeweiligen unechten Leiharbeitnehmers ein längerer Einsatz als drei Monate beabsichtigt ist. Damit erfolgt eine Gleichbehandlung hinsichtlich des aktiven Wahlrechts bei Betriebsratswahlen, obwohl es sich einerseits um Betriebsangehörige und andererseits um Betriebsfremde handelt.
Mithin ist hier der Schutzbereich des Art. 3 Abs. 1 GG infolge der Gleichbehandlung von Ungleichem eröffnet.

2. Die verfassungsrechtliche Rechtfertigung

Die Gleichbehandlung des aktiven Wahlrechts zum Entleiherbetriebsrat von Stammarbeitnehmern und unechten Leiharbeitnehmern müsste verfassungsrechtlich gerechtfertigt sein.

Das setzt zunächst voraus, dass die Regelung des § 7 S. 2 BetrVG formell verfassungsgemäß ist. Bedenken bezüglich der formellen Verfassungsmäßigkeit, insbesondere hinsichtlich eines ordnungsgemäßen Verfahrens und der Bundeskompetenz nach Art. 74 Abs. 1 Nr. 12 GG, bestehen nicht.
Folglich ist die Regelung formell verfassungsmäßig.

Ferner müsste § 7 S. 2 BetrVG auch materiell verfassungsgemäß sein. Wie dargelegt,[913] reicht die Prüfung der Verfassungsmäßigkeit einer Rechtsvorschrift vom bloßen Willkürverbot bis zur strengen Bindung an die Verhältnismäßigkeitsanforderungen. Eine Beschränkung der Prüfung auf das Willkürverbot, wie sie bei Gleich- bzw. Ungleichbehandlungen von Sachverhalten erfolgt, ist vorliegend nicht möglich, denn infolge von § 7 S. 2 BetrVG werden Betriebsfremde und Betriebsangehörige und

---

912 v. Mangoldt/Klein-*Gubelt*, Art. 3 GG Rdnr. 7 ff.

913 Vgl. oben,§ 9 D. I. 1.

damit verschiedene Personengruppen in ihrem aktiven Wahlrecht zum Entleiherbetriebsrat gleich behandelt; soweit es um die Gleich- oder Ungleichbehandlung von Personengruppen geht, ist die neue Formel des Bundesverfassungsgerichts zugrunde zu legen.[914]
Mithin bedarf es hier einer strengen Prüfung entsprechend der neuen Formel.

Diese setzt zunächst für die Gleichbehandlung das Bestehen eines legitimen Zweckes voraus. Einen solchen legitimen Zweck sieht der Gesetzgeber ausweislich der Gesetzesbegründung zu § 7 S. 2 BetrVG in der betriebsverfassungsrechtlichen Heranführung der unechten Leiharbeitnehmer als Fremdbelegschaft an die Stammbelegschaft im Entleiherbetrieb,[915] um auf diese Weise einer Erosion der Stammbelegschaft durch den Einsatz von Arbeitnehmern anderer Arbeitgeber entgegenzuwirken.[916] Dies stellt einen legitimen Zweck der Regelung dar.

Weiterhin müsste die Regelung des § 7 S. 2 BetrVG zur Erreichung dieses Zwecks auch geeignet sein. Indem § 7 S. 2 BetrVG für unechte Leiharbeitnehmer das aktive Wahlrecht zum Entleiherbetriebsrat konstituiert, werden unechte Leiharbeitnehmer zwar hinsichtlich dieses aktiven Wahlrechts an die Stellung der Stammarbeitnehmer herangeführt. Hingegen wird dadurch aber nicht der Erosion der Stammbelegschaft entgegengewirkt, da das Wahlrecht keinerlei Auswirkungen auf die vertraglichen Rechtsbeziehungen bei der Leiharbeit hat; die unechten Leiharbeitnehmer bleiben stets Arbeitnehmer des Verleihers. Folglich lässt sich der Trend zur Fremdfirmenarbeit und damit der Erosion der Stammbelegschaft nicht durch die bloße Gewährung des aktiven Wahlrechts im Entleiherbetrieb steuern, denn der Leiharbeit bleiben entscheidende Vorteile auf individualarbeitsrechtlicher und betriebswirtschaftlicher Ebene erhalten, da sich der Entleiher mit Ausnahme des Entgelts aus dem Überlassungsvertrag gegenüber unechten Leiharbeitnehmern keinen Ansprüchen (z.B. Lohnfortzahlung bei Krankheit oder Urlaub) ausgesetzt sieht. Dies gilt auch unter Berücksichtigung des neuen § 3 Abs. 1 Nr. 3 AÜG, nach dem er einem unechten Leiharbeitnehmer die wesentlichen Arbeitsbedingungen eines mit ihm vergleichbaren Arbeitnehmer des Entleihers gewähren muss, jedenfalls in den Fällen, in denen der Verleiher nicht kurzfristig einen unechten Leiharbeitnehmer überlässt, der zuvor arbeitslos war, oder ein für den Verleiherbetrieb geltender Tarifvertrag vom „equal-pay"-Grundsatz abweichende Regelungen zulässt. Für den Umfang der betriebswirtschaftlichen Vorteilhaftigkeit der Leiharbeit wird mithin entscheidend sein, zu welchen tariflichen Regelungen sich die Gewerkschaften werden durchringen. Unabhängig davon bleiben aber jedenfalls die individualarbeitsrechtlichen Vorteile von Leiharbeit erhalten, denn Risiken wie z.B. die Lohnfortzahlung im Krankheitsfall oder Urlaubs-

914 S. *Sachs*, Art. 3 GG Rdnr. 15.

915 BT-Drucks. 14/5741, S. 28.

916 BT-Drucks. 14/5741, S. 36 i.V.m. S. 27 f.

ansprüche und die Beachtung von restriktiven Regelungen wie denen des Kündigungsschutzgesetzes sieht sich nur der Verleiher ausgesetzt, so dass nach wie vor der Entleiher mit unechten Leiharbeitnehmern über ein Arbeitskräftepotential verfügt, dessen Kosten er genau kalkulieren und dessen Bestand bedarfsgerecht verringert oder aufgestockt werden kann. Durch das betriebsverfassungsrechtliche Wahlrecht unechter Leiharbeitnehmer im Entleiherbetrieb ändert sich an dieser Vorteilhaftigkeit der Leiharbeit gegenüber der Einstellung von Stammarbeitnehmern nichts. Mithin werden unechte Leiharbeitnehmer ausschließlich in Bezug auf das aktive Wahlrecht zum Entleiherbetriebsrat an die Stammbelegschaft herangeführt, zum Entgegenwirken des vom Gesetzgeber als Erosion der Stammbelegschaft bezeichneten Trends zur Zeitarbeit kann die Regelung des § 7 S. 2 BetrVG keinen Beitrag leisten.
Damit ist § 7 S. 2 BetrVG zur Erreichung dieses Zweckes schon nicht geeignet.

Im Rahmen der Erforderlichkeit wären als Alternativen zum aktiven Wahlrecht und der bezweckten Heranführung an die Stammarbeitnehmer und deren Schutz vor Erosion entweder eine volle doppelte betriebsverfassungsrechtliche Zugehörigkeit zum Verleiher- und zum Entleiherbetrieb oder aber ein Totalverbot der Leiharbeit denkbar. Durch ein Totalverbot würde jedoch allein dem Schutz der Stammarbeitnehmer und damit nur teilweise dem Gesetzeszweck entsprochen werden und außerdem ein Eingriff in die Berufsfreiheit der unechten Leiharbeitnehmer erfolgen, so dass es schon deshalb nicht gleichgeeignet wäre. Auch die doppelte Betriebszugehörigkeit wäre kein milderes und zugleich gleichgeeignetes Mittel, denn in diesem Fall müssten unechte Leiharbeitnehmer z.B. bei der Ermittlung von Schwellenwerten (vgl. §§ 9, 38 Abs. 1 BetrVG) berücksichtigt werden. Dies führte nicht zu der bezweckten Heranführung, sondern zu einer vollen betriebsverfassungsrechtlichen Gleichstellung von Stamm- und unechten Leiharbeitnehmern, die infolge einer dann auch eintretenden doppelten Zuständigkeit des Verleiher- und Entleiherbetriebsrats und der daraus resultierenden Kompetenzkonflikte keinesfalls gleich geeignet wäre. Sollen aber unechte Leiharbeitnehmer an die Stammarbeitnehmer des Entleiherbetriebs herangeführt werden, ohne die zuvor geschilderten Kompetenzprobleme aufzuwerfen, so könnte eine Alternative zu § 7 S. 2 BetrVG in der Bildung einer speziellen Leiharbeitnehmervertretung im Entleiherbetrieb bestehen. In Entsprechung der Schwerbehindertenvertretung i.S.v. § 94 SGB IX könnte in Entleiherbetrieben, in denen wenigstens fünf unechte Leiharbeitnehmer ständig beschäftigt werden, eine Vertrauensperson und ggf. einen Stellvertreter gewählt werden, der sich dann neben dem Entleiherbetriebsrat als Ansprechpartner und insbesondere als Interessenvertreter im Entleiherbetrieb einsetzen könnte. Dies hätte u.a. den Vorteil, dass Interessenkollisionen im Entleiherbetriebsrat wie bei der gegenwärtigen Regelung, nach welcher der Betriebsrat sowohl von unechten Leiharbeitnehmern als auch von Stammarbeitnehmern gewählt wird, deren Interessen hinsichtlich der Beschäftigungssicherung aber oftmals gegenläufig sind, vermeidbar wären. Der Vertrauensmann könnte mit der Kenntnis um die spezifischen Leiharbeitnehmerprobleme die Eingliederung in den

Entleiherbetrieb fördern, unechten Leiharbeitnehmern beratend und helfend zur Seite stehen und die zugunsten von unechten Leiharbeitnehmern geltenden Rechtssätze auf ihre Einhaltung überprüfen. Eines aktiven Wahlrechts zum Entleiherbetriebsrat bedarf es dann für die betriebsverfassungsrechtliche Heranführung der unechten Leiharbeitnehmer an die Stammbelegschaft nicht. Auch hätte eine solche Konstellation den Vorteil, dass Stammarbeitnehmer nicht durch einen von ihnen nur noch zum Teil gewählten Betriebsrat betriebsverfassungsrechtlich fremdbestimmt werden, so dass dieses Mittel gegenüber der Regelung von § 7 S. 2 BetrVG auch milder wäre. Mithin gibt es mit der Wahl einer Vertrauensperson für unechte Leiharbeitnehmer ein gleichgeeignetes und zugleich milderes Mittel zur Erreichung des Gesetzeszwecks. Aus diesem Grund ist § 7 S. 2 BetrVG auch nicht erforderlich.

Ferner ist fraglich, ob das aktive Wahlrecht zum Entleiherbetriebsrat auch angemessen i.e.S. ist. Danach muss zwischen der Heranführung der unechten Leiharbeitnehmer an die Stammbelegschaft und Verhinderung der Erosion derselben auf der einen und der Wahrung des aktiven Wahlrechts zum Betriebsrat durch ausschließlich Betriebszugehörige auf der anderen Seite abgewogen werden.
Eine betriebsverfassungsrechtliche Heranführung unechter Leiharbeitnehmer an die Stammarbeitnehmer erfolgt durch § 7 S. 2 BetrVG aber gerade nicht, denn durch diese Neuregelung ändert sich an ihrer betriebsverfassungsrechtlichen Stellung nichts: Nach wie vor bleibt der Umfang ihres Schutzes von den insoweit unveränderten Regelungen des Arbeitnehmerüberlassungsgesetzes und einer nach dem Sinn und Zweck orientierten Betrachtung der einzelnen Regelungen des Betriebsverfassungsgesetzes abhängig. Dass sie nunmehr den Entleiherbetriebsrat wählen dürfen, hat also ausschließlich eine formale betriebsverfassungsrechtliche Heranführung zu den Stammarbeitnehmern zur Folge, materiellrechtlich tritt dadurch keine Änderung ein und bedeutet für unechte Leiharbeitnehmer keinen Fortschritt hinsichtlich des durch das Betriebsverfassungsgesetz gewährten Schutzes im Entleiherbetrieb.[917]
Hingegen wird durch das aktive Wahlrecht massiv das zwischen Stammbelegschaft und Betriebsrat erforderliche Vertrauen beeinträchtigt, wenn der Betriebsrat neuerdings nicht nur die Interessen unechter Leiharbeitnehmer gegenüber dem Entleiher vertritt, sondern auch von deren Stimmen direkt abhängt. Der Betriebsrat sieht sich im Hinblick auf seine (Wieder-)Wahl dadurch noch größeren Interessenkollisionen ausgesetzt, die das Vertrauensverhältnis zur Stammbelegschaft nicht stärken. Im Übrigen kann auf diese Weise ein Betriebsrat für eine vierjährige Amtszeit gewählt werden, der aber nur Spiegelbild einer personellen Momentaufnahme am Tag der Betriebsratswahl ist, obwohl zu diesem Zeitpunkt schon absehbar ist, dass ein entsprechender Teil der Wahlberechtigten für den überwiegenden Zeitraum der Legislaturperiode des Betriebsrats nicht mehr im Betrieb tätig sein wird.[918] Infolge von § 7

---

917 Ähnlich *Brors*, NZA 2002, 123, 124.

918 Kritisch dazu auch *Däubler*, ArbuR 2001, 1, 4; *Wank*, EuroAS 2002, 167, 173.

S. 2 BetrVG wird das Vertrauensverhältnis zwischen Betriebsrat und Stammbelegschaft gestört und einer permanenten Belastung ausgesetzt, ohne dass – vom bloßen Wahlakt abgesehen – irgendeine betriebsverfassungsrechtliche Verbesserung und Heranführung unechter Leiharbeitnehmer an die Stammarbeitnehmer eintritt oder etwa der vom Gesetzgeber befürchteten Erosion der Stammbelegschaft entgegengewirkt würde.
Folglich wiegen hier die Interessen der Stammarbeitnehmer schwerer als die Interessen unechter Leiharbeitnehmer, wodurch § 7 S. 2 BetrVG auch nicht angemessen ist.

3. Ergebnis zur Verfassungsmäßigkeit von § 7 S. 2 BetrVG

Danach ist § 7 S. 2 BetrVG weder geeignet, noch erforderlich oder angemessen und damit unverhältnismäßig. Infolge der Unvereinbarkeit mit dem Verhältnismäßigkeitsprinzip ist die Regelung verfassungsrechtlich ungerechtfertigt und verstößt gegen das Gleichheitsgebot des Art. 3 Abs. 1 GG. Damit ist § 7 S. 2 BetrVG verfassungswidrig.

II. Die Zweckmäßigkeit von § 7 S. 2 BetrVG

Unabhängig von der Untersuchung der Verfassungsmäßigkeit des § 7 S. 2 BetrVG soll im Folgenden die Zweckmäßigkeit der Neuregelung auch unter Praktikabilitätsgesichtspunkten einer kritischen Würdigung unterzogen werden. Insbesondere steht dabei die Frage im Vordergrund, inwieweit ein aktives Wahlrecht im Entleiherbetrieb im Hinblick auf die demokratische Legitimation des Entleiherbetriebsrats überhaupt erforderlich ist.

1. Parallelkonstellationen bei politischen Wahlen

Durch § 7 S. 2 BetrVG sind unechte Leiharbeitnehmer nunmehr ab dem ersten Tag ihrer Überlassung im Entleiherbetrieb bei der Wahl zum dortigen Betriebsrat aktiv wahlberechtigt,[919] wenn nur vorgesehen ist, dass die Überlassungsdauer länger als drei Monate währt. Soweit unechte Leiharbeitnehmer zur Zeit der Betriebsratswahlen überlassen werden, haben sie im Ergebnis ein zweifaches aktives Wahlrecht, denn das Wahlrecht im Verleiherbetrieb bleibt hiervon unberührt. Vor allem hat diese Neuregelung zur Folge, dass obwohl eine volle betriebsverfassungsrechtliche Integration im Verleiherbetrieb und damit zum Betrieb ihres Arbeitgebers besteht, welche wegen § 14 Abs. 1 AÜG während der Überlassung nicht beeinträchtigt wird und folglich auch das aktive Wahlrecht zum Verleiherbetrieb nicht berührt, ein volles zweites

[919] *Boemke*, § 14 AÜR Rdnr. 63; *Fitting*, § 7 BetrVG Rdnr. 60 ; HaKo-*Brors*, § 7 BetrVG Rdnr. 12; *Ulber*, § 14 AÜG Rdnr. 47.

Wahlrecht zu einem anderen Betriebsrat entsteht, obwohl die entsprechende Überlassung und Eingliederung in den Entleiherbetrieb ggf. nur äußerst kurzzeitig erfolgt und die Bindung zum Verleiher individualarbeitsrechtlich vollständig[920] und betriebsverfassungsrechtlich jedenfalls überwiegend bestehen bleibt.

Vergleichen lässt sich diese Konstellation im Hinblick auf den Wahlaspekt u.a. mit dem Wahlrecht zu politischen Repräsentationsorganen in Gebietskörperschaften, zu denen der Bürger zwar eine gewisse Bindung und Zugehörigkeit besitzt, während er zu einer anderen Gebietskörperschaft eine ungleich größere Bindung hat: Beispielsweise hat ein Bürger seinen Hauptwohnsitz in Stuttgart und seinen Zweitwohnsitz in Düsseldorf. Unter den Voraussetzungen des Landeswahlgesetzes ist er dann zum Landtag des Landes Baden-Württemberg aktiv wahlberechtigt, eine aktives Wahlrecht zum Landtag des Landes Nordrhein-Westfalen scheidet mangels dortiger Hauptwohnung gemäß § 1 Ziff. 3 LWahlG NW aber aus,[921] obwohl er als Bürger mit der Zweitwohnung zumindest teilweise der Hoheitsgewalt des nordrhein-westfälischen Landesgesetzgebers unterworfen ist.
Eine insoweit voraussetzungsgleiche Vorschrift zum aktiven Wahlrecht bei Kommunalwahlen findet sich beispielsweise in § 7 KWahlG NW[922], derzufolge der Bürger seine Hauptwohnung im entsprechenden Wahlgebiet (§ 1 KWahlG) und damit im Gebiet der jeweiligen Körperschaft, deren Vertretung gewählt wird, haben muss. Auch in diesem Fall könnte ein Bürger mit Hauptwohnsitz in Münster und einem Zweitwohnsitz in Dortmund bei einer Kommunalwahl nur in Münster sein aktives Wahlrecht ausüben.

Hingegen kann der im Entleiherbetrieb ohne Verlust seiner Zugehörigkeit zum Verleiherbetrieb beschäftigte unechte Leiharbeitnehmer den Entleiherbetriebsrat (mit-) wählen, obwohl er, vergleichbar mit dem Zweitwohnungssitzinhaber, nur kurzzeitig in den Entleiherbetrieb eingegliedert ist. Insoweit ist die Situation von Inhabern mit einem Zweitwohnsitz in einer Gebietskörperschaft mit der von unechten Leiharbeitnehmern im Entleiherbetrieb vergleichbar. Im Falle der Gebietskörperschaften hat der Gesetzgeber offensichtlich bewusst von einem doppelten bzw. mehrfachen aktiven Wahlrecht abgesehen. Diese Regelung ist auch insofern sinnvoll, als dadurch vermieden wird, dass Inhaber eines Zweitwohnungssitzes mit Inhabern eines Erstwohnungssitzes gleichgesetzt werden, da letztere der Gebietskörperschaft regelmäßig näher stehen und mit dieser stärker verwurzelt und vertraut sind.

---

920 Mit Ausnahme des Direktions- und Weisungsrechts.

921 S. entsprechende Parallelregelungen in den Landeswahlgesetzen der anderen deutschen Bundesländer.

922 S. ebenso entsprechende Parallelregelungen in den Kommunalwahlgesetzen der anderen deutschen Bundesländer.

Ein Grund dafür, dass diese Überlegung bei Wahlen zum Entleiherbetriebsrat weniger als bei politischen Wahlen bei Gebietskörperschaften zum Tragen kommen können soll, ist nicht ersichtlich, insbesondere deshalb nicht, weil beiden, den Betriebsratswahlen und den politischen Wahlen der Gedanke der Repräsentation der jeweiligen Wähler zugrunde liegt.[923]
Schon dieses Beispiel zeigt, § 7 S. 2 BetrVG stellt keine zweckmäßige Regelung dar.

2. Verschärfung von Interessenkonflikten im Entleiherbetrieb

Überdies führt § 7 S. 2 BetrVG dazu, dass diejenigen Stammarbeitnehmer, die zum Entleiherbetriebsrat gewählt werden wollen, sich ggf. im Vorfeld der Wahl grundsätzlich positiv zu Leiharbeit äußern müssen, sofern sie die Unterstützung bzw. Stimme seitens der Leiharbeitnehmerschaft erhalten wollen. Dass die Interessen von Stammarbeitnehmern und von unechten Leiharbeitnehmern tendenziell gegenläufig sind (z.B. im Hinblick auf die Personalpolitik des Entleiherbetriebs) und insofern ein Konkurrenzverhältnis besteht, wird es den Kandidaten zur Wahl des Betriebsrats nicht erleichtern, gegenüber der Leiharbeit eine aufgeschlossene Grundhaltung einzunehmen. Solange die Zahl der unechten Leiharbeitnehmer in einem Betrieb relativ gering ist, wird sich folglich regelmäßig kein Betriebsrat(-kandidat) erlauben können, sich als Lobby für diese einzusetzen, ohne Gefahr zu laufen, bei der nächsten Betriebsratswahl nicht wieder- oder erst gar nicht gewählt zu werden.
Zwar hat der Entleiherbetriebsrat schon bisher zum Schutz unechter Leiharbeitnehmer gemäß § 14 Abs. 2 AÜG und einer an Sinn und Zweck orientierten Auslegung[924] der einzelnen Betriebsverfassungsregelungen für diese Gruppe verschiedene Zuständigkeiten gehabt, doch macht es für die Arbeit und Vertrauensstellung der einzelnen Betriebsräte einen Unterschied, ob er für unechte Leiharbeitnehmer durch Gesetz nur eine bloße Zuständigkeit erhält, oder ob er zusätzlich von deren Votum abhängt.

Mangels einer Einschränkung des aktiven Wahlrechts unechter Leiharbeitnehmer für Betriebe, in denen ständig ein hinreichend großer prozentualer Anteil der Beschäftigten auf die Leiharbeit entfällt, kann es in bestimmten Fällen dazu kommen, dass im Entleiherbetrieb ein Betriebsrat gewählt wird, der aufgrund der zahlenmäßigen Mehrheit von unechten Leiharbeitnehmern am Wahltag eine ganz andere Zusammensetzung erfährt, als er ansonsten infolge der Wahl durch die Stammarbeitnehmer hätte: Diese sicherlich nicht beabsichtigte aber dennoch mögliche Folge von § 7 S. 2 BetrVG besteht insbesondere bei Saisonbetrieben, bei denen zur Bewältigung von

[923] *Benda/Maihofer/Vogel*, Handb. des VerfR, § 5 Rdnr. 81 ff.; *Hesselberger*, Art. 38 GG Rdnr. 12 f.; v. Mangoldt/Klein-*Starck*, Art. 38 GG Rdnr. 27 ff.; v. Münch-*Trute*, Art. 38 GG Rdnr. 73 ff.; *Sachs*, Art. 38 GG Rdnr. 6 ff.; *Schmidt-Bleibtreu/Klein*, Art. 38 GG Rdnr. 22; für die Betriebsratswahlen *Blanke/Rose*, RdA 2001, 92, 93 ff.

[924] Zur teleologischen Auslegung und ihren Unterkriterien *Wank*, Auslegung, S. 79 ff.

saisonalen Auftragsspitzen eine größere Zahl von unechten Leiharbeitnehmern für einige Monate eingesetzt wird und innerhalb dieser Überlassungszeit Betriebsratswahlen abgehalten werden. Dadurch wird in dem Saisonbetrieb unter Mitwirkung der Leiharbeitnehmer ein Betriebsrat gewählt, dessen Legitimation außerhalb der Saison zumindest als fraglich bezeichnet werden muss.
Soll hingegen der Einfluss der unechten Leiharbeitnehmer bei der Betriebsratswahl im Entleiherbetrieb gering gehalten werden, bestehen nur die Möglichkeiten, unechte Leiharbeitnehmer überhaupt nur für höchstens drei Monate einzusetzen, die Anzahl der entliehenen Arbeitnehmer zur Zeit der Betriebsratswahlen zu verringern bzw. unechte Leiharbeitnehmer erst nach der Betriebsratswahl einzustellen.[925] Das zeigt aber, dass es zur Begrenzung der Einflussnahme von unechten Leiharbeitnehmern auf die Zusammensetzung des Betriebsrats keine praktikablen Lösungen gibt, von denen der Betriebsablauf des Entleiherbetrieb nicht beeinträchtigt würde.
Mithin wird durch die Neuregelung die ohnehin bestehende Problematik des Interessenkonflikts im Hinblick auf die Leiharbeit im Betriebsrat verschärft. Auch unter diesem Gesichtspunkt lässt sich an der Zweckmäßigkeit der Neuregelung zweifeln.

3. Leiharbeitnehmer und befristet Beschäftigte

Unechte Leiharbeitnehmer sind mit befristet Beschäftigten insoweit vergleichbar, als ihnen gemeinsam ist, dass sie von vornherein regelmäßig eine gegenüber von sonstigen Stammarbeitnehmern kürzere Verweildauer und damit Eingliederung in den jeweiligen Betrieb haben: Nach Aufhebung der höchstmöglichen Überlassungsdauer von bis zu 24 Monaten (§ 3 Abs. 1 Nr. 6 AÜG a.F.) wird mit Blick auf die schon bisher vereinbarten Überlassungsbefristungen von wenigen Wochen oder Monaten auch in Zukunft nicht mit längeren Überlassungsdauern zu rechnen sein, da sich ohne entsprechende Befristungen sowohl der Verleiher als auch der Entleiher die Möglichkeit zu raschen Anpassungen des Überlassungsvertrages nehmen und das Beschäftigungsrisiko für den Entleiher zu groß wird. Die Höchstgrenze bei befristet Beschäftigten beträgt gemäß § 14 Abs. 2 S. 1 TzBfG im Regelfall der sachgrundlosen Befristung 24 Monate. Für befristet Beschäftigte ist das aktive Wahlrecht zum Betriebsrat allgemein anerkannt,[926] obwohl auch sie nach der gesetzlichen Ausgestaltung dieser Beschäftigungsform schon vom ersten Tag ihrer Beschäftigung im Betrieb absehbar nicht die gesamte, sondern allerhöchstens die Hälfte einer Legislaturperiode des Betriebsrats im Betrieb tätig sind.

Da beide Beschäftigtengruppen voraussehbar nur vorübergehend im Betrieb tätig sind, für befristet Beschäftigte das aktive Wahlrecht besteht, scheint die Neuregelung des § 7 S. 2 BetrVG und damit das aktive Wahlrecht auch für unechte Leiharbeit-

---

925 Zu den Vermeidestrategien *Hennige*, RWS-Forum 2001, S. 59, 71.

926 Hierzu nur *Richardi*, § 7 BetrVG Rdnr. 31 m.w.N.

nehmer auf den ersten Blick konsequent. Jedoch lässt diese Betrachtung einen ganz signifikanten Unterschied zwischen befristet Beschäftigten und überlassenen Arbeitnehmern außer Acht, denn selbst wenn die Befristung des Arbeitsvertrages nur kurz bemessen sein sollte, so sind befristete beschäftigte Arbeitnehmer in jedem Fall Arbeitnehmer des Betriebsinhabers und sind deshalb, anders als unechte Leiharbeitnehmer, Betriebszugehörige.[927] Die Betriebszugehörigkeit ist wiederum nach § 7 S. 1 BetrVG Voraussetzung für die Wahlberechtigung zum Betriebsrat.[928] Die Dauer der Betriebszugehörigkeit spielt hingegen für das aktive Wahlrecht keine Rolle, weshalb es nicht darauf ankommt, ob der Arbeitnehmer dauerhaft oder nur temporär begrenzt eingestellt ist.[929]

Über diesen bedeutenden Unterschied kann auch nicht hinweg gegangen werden, da der Schutzzweck des Betriebsverfassungsgesetzes vor allem darin besteht, der durch Begründung eines Arbeitsverhältnisses spezifischen Situation der Arbeitnehmer Rechnung zu tragen: Die Arbeitnehmer sind in einem nach Zweck, Organisation, Arbeitsablauf und personeller Zusammensetzung vorgegebenen Arbeits- und Lebensbereich eingeordnet und geben hierdurch ihre Selbstständigkeit auf.[930] Die dadurch unausweichlich eintretende rechtliche und vor allem soziale Abhängigkeit der Arbeitnehmer zu begrenzen,[931] ist die vornehmliche Aufgabe des Betriebsverfassungsgesetzes. Zwar unterstehen auch unechte Leiharbeitnehmer dem Direktions- und Weisungsrecht des Entleihers, das an diesen infolge der Überlassung vom Verleiher an den Entleiher abgetreten wird, allerdings stehen sie gerade nicht in einer sozialen Abhängigkeit zum Entleiher, denn Schuldner ihrer arbeitsvertraglichen Ansprüche bleibt stets der Verleiher.[932] Insofern differiert in sozialer Hinsicht das Schutzbedürfnis zwischen betriebsfremden unechten Leiharbeitnehmern und betriebszugehörigen befristet beschäftigten Stammarbeitnehmern des Entleihers erheblich und erfordert eine unterschiedliche Behandlung dieser Arbeitnehmergruppen bezüglich des aktiven Wahlrechts zum Betriebsrat.

Folglich ist die z.T. in der Literatur[933] geforderte und durch § 7 S. 2 BetrVG erfolgte wahlberechtigte Gleichsetzung von unechten Leiharbeitnehmern und befristet Beschäftigten unberechtigt.

---

927 Dies verkennen *Däubler*, AiB 2001, 685, 687 f.; *Konzen*, RdA 2001, 76, 83, die eine Gleichsetzung von befristet Beschäftigten mit Leiharbeitnehmern hinsichtlich des aktiven Wahlrechts befürworten.

928 Dies folgt schon aus dem Wortlaut der Regelung „Arbeitnehmer des Betriebs"; HaKo-*Brors*, § 7 BetrVG Rdnr. 2 f.

929 *Richardi*, § 7 BetrVG Rdnr. 31.

930 GK-*Wiese*, Einl. BetrVG Rdnr. 52 ff.

931 GK-*Wiese*, Einl. BetrVG Rdnr. 70 f.; *Richardi*, Einl. BetrVG Rdnr. 82.

932 Infolge des „equal-pay"-Grundsatzes gemäß § 3 Abs. 1 Nr. 3 AÜG treten Verbesserungen zugunsten unechter Leiharbeitnehmer ein, die allein der Verleiher zu gewähren hat.

933 Vgl. nur *Ulber*, § 14 AÜG Rdnr. 47 (1. Auflage); kritisch zum Ausschluss des aktiven Wahlrechts auch *Becker/Wulfgramm*, Art. 1 § 14 AÜG Rdnr. 32; *Becker*, ArbuR 1982, 373; *Mayer*, ArbuR 1986, 353; *Plander*, AiB 1990, 29; *Schüren*, § 14 AÜG Rdnr. 47.

4. Die demokratische Legitimation des Entleiherbetriebsrats

Vor Einführung von § 7 S. 2 BetrVG wurde ferner für ein aktives Wahlrecht unechter Leiharbeitnehmer zum Entleiherbetriebsrat vorgebracht, dass der Betriebsrat für unechte Leiharbeitnehmer in weiten Teilen zuständig ist und auch mit Wirkung für diese seine Mitbestimmungsrechte im Entleiherbetrieb ausübt, obgleich sie keine Möglichkeit der Einflussnahme bei der Bildung des Betriebsrats hatten. Diesbezüglich wurde die demokratische Legitimation des Entleiherbetriebsrats in Frage gestellt,[934] insbesondere nachdem die höchstmögliche Überlassungsdauer ausgeweitet worden war.

Allein eine bestimmte Verweildauer in einem Betrieb kann aber für das aktive Wahlrecht nicht ausschlaggebend sein, denn ansonsten müssten beispielsweise sehr kurzzeitig befristet Beschäftigte oder kurz vor dem Ruhestand stehende Arbeitnehmer vom Wahlrecht ausgeschlossen werden.[935] Ob eine demokratische Legitimation des Betriebsrats durch ein aktives Wahlrecht unechter Leiharbeitnehmer erforderlich ist, hängt vielmehr von der Rechtsstellung des Betriebsrats zur Belegschaft ab und inwieweit unechte Leiharbeitnehmer hierin einbezogen werden können, denn ausschließlich in der Rechtsstellung des Betriebsrats gegenüber dem einzelnen Arbeitnehmer spiegelt sich das Bedürfnis nach demokratischer Legitimation.

a) Die Rechtsstellung des Betriebsrats gegenüber der Belegschaft

Die Rechtsstellung des Betriebsrats gegenüber der Belegschaft kann unterschiedlich beantwortet werden. Gemeinsam ist allen denkbaren Ansätzen, dass der Betriebsrat als Kollegium von Arbeitnehmern aufzufassen ist, welches Aufgaben der Belegschaft wahrnimmt.[936] Wie juristisch die Form der Aufgabenwahrnehmung durch den Betriebsrat zu qualifizieren ist, kann jedoch unterschiedlich betrachtet werden.

aa) Der Betriebsrat als Vertreter

Der Betriebsrat könnte zunächst als eine vom Gesetz geschaffene Vertretung angesehen werden.[937] Da der Betriebsrat von Gesetzes wegen einzurichten ist, handelt es sich dann um eine notwendige Vertretung.[938] Der Betriebsrat agiert demnach für die zur Belegschaft verbundenen einzelnen Arbeitnehmer des Betriebs; durch ihn erfolgt die Abgabe und Entgegennahme der erforderlichen Willenserklärungen mit Wirkung für die Belegschaft.[939]

---

934 *Feuerborn/Hamann*, BB 1994, 1346, 1348; *Ulber*, § 14 AÜG Rdnr. 47 (1. Auflage).

935 Kritisch zur Ausweitung des aktiven Wahlrechts über den Personenkreis der Entleiherbelegschaft hinaus im Hinblick auf die demokratische Legitimation GK-*Kreutz*, § 7 BetrVG Rdnr. 63.

936 Hess/Schlochauer/Glaubitz-*Hess*, Vorbem. § 1 BetrVG Rdnr. 16.

937 So schon *Jacobi*, Grundlagen, S. 292 ff.

938 *Sinzheimer*, Grundzüge des Arbeitsrechts, S. 219 ff.

939 *Gross*, ArbuR 1953, 71, 73; *Kaskel/Dersch*, ArbeitsR, S. 329 f.

Dieser Ansatz vermag nicht zu überzeugen, denn der Betriebsrat übt die ihm übertragenen betriebsverfassungsrechtlichen Aufgaben und Befugnisse zwar zugunsten der Belegschaft aber dennoch im eigenen Namen aus und auch die betriebsverfassungsrechtlichen Pflichten treffen den Betriebsrat;[940] Träger der Mitbestimmungsrechte ist nicht die Belegschaft, sondern der Betriebsrat selbst.[941] Im Übrigen ist er im Rahmen der Mitbestimmung rechtlich vom Willen der Belegschaft und des einzelnen Arbeitnehmers unabhängig. Damit fehlt es schon an einem „Vertretenen" i.S.d. §§ 164 ff. BGB,[942] so dass der Betriebsrat gegenüber der Belegschaft nicht als deren Vertreter eingeordnet werden kann.

bb) Der Betriebsrat als Organ

Eng verbunden mit dem Ansatz, den Betriebsrat als Vertreter der Belegschaft zu begreifen, ist eine weitere Ansicht, nach welcher der Betriebsrat als Organ der Belegschaft verstanden werden kann.[943] Prämisse dieser Organstellung des Betriebsrats ist aber, dass die Belegschaft eines Betriebes eine juristische Person darstellt, denn nur juristische Personen handeln durch ihre Organe.[944] Die Belegschaft eines Betriebes kann aber nicht als juristische Person - oder verschleiernd als zu einer Rechtsgemeinschaft[945] verschmolzene gemeinschaftsverbundene Personenvielheit[946]- bezeichnet werden, da einerseits die Belegschaft keinerlei korporale Struktur aufweist,[947] und andererseits die Mitbestimmungsrechte des Betriebsrats Kollektivrechte sind, die dem einzelnen Arbeitnehmer als Teil der Belegschaft, wie auch der Belegschaft selbst keine eigene Teilnahme oder Mitwirkung bei der betriebsverfassungsrechtlichen Mitbestimmung eröffnen.[948] Demnach kann die Belegschaft eines Betriebs nur als bloße tatsächliche Gemeinschaft qualifiziert werden,[949] womit die zentrale Voraussetzung für die Organstellung des Betriebsrats zur Belegschaft entfällt. Folglich kann der Betriebsrat auch nicht als Organ der Belegschaft qualifiziert werden.

---

940 GK-*Kraft*, § 1 BetrVG Rdnr. 48.

941 *Frey*, RdA 1960, 89, 94; *v. Hoyningen-Huene*, BetriebsverfassungsR, S. 47; *Richardi*, Einl. BetrVG Rdnr. 107.

942 Vgl. hierzu auch Hess/Schlochauer/Glaubitz-*Hess*, Vorbem. § 1 BetrVG Rdnr. 19 m.w.N.

943 Schon BAG vom 06.07.1955, AP zu § 20 BetrVG 1952 Jugendvertreter Nr. 1 = BAGE 2, 50 = NJW 1955, 1414 = SAE 1955, 244; BAG vom 03.04.1957, AP Nr. 46 zu § 2 ArbGG 1953 = BAGE 4, 46 = RdA 1958, 438 = NJW 1957, 1006; *Fey*, RdA 1960, 89, 94.; *Fitting*, § 1 BetrVG Rdnr. 197; *Galperin*, RdA 1959, 321, 322; Hess/Schlochauer/Glaubitz-*Hess*, Vorbem. § 1 BetrVG Rdnr. 23.

944 Sehr deutlich Hess/Schlochauer/Glaubitz-*Hess*, Vorbem. § 1 BetrVG Rdnr. 23.

945 *Weitnauer*, FS Duden 1977, S. 705 f., 715.

946 *Jacobi*, Grundlagen, S. 296.

947 Hess/Schlochauer/Glaubitz-*Hess*, Vorbem. § 1 BetrVG Rdnr. 23; i.E. auch *Rosset*, Rechtssubjektivität, S. 36.

948 *Richardi*, Einl. BetrVG Rdnr. 87 ff.

949 *Hueck/Nipperdey*, Arbeitsrecht II/2, S. 1085; *Richardi*, Einl. BetrVG Rdnr. 93.

cc) Der Betriebsrat als Amtswalter

Da die Wahrnehmung der betriebsverfassungsrechtlichen Rechte dem Einzelnen entzogen und auf den Betriebsrat gesetzlich übertragen ist und er diese unabhängig und eigenverantwortlich ausübt, könnte die Tätigkeit des Betriebsrats für die Belegschaft mit der Tätigkeit eines Amtswalters verglichen werden.[950] Das Handeln des Betriebsrats ähnelt insoweit dem Handeln von Testamentsvollstreckern-, Insolvenz-, Nachlass- und Zwangsverwaltern, denn ihnen ist mit dem Betriebsrat gemein, fremde Interessen wahrzunehmen.[951]

Dennoch besteht zwischen den vorgenannten Amtswaltern und dem Betriebsrat insofern ein erheblicher Unterschied, als der Betriebsrat keine vermögensrechtlichen Interessen zu vertreten, sondern Mitbestimmungsrechte wahrzunehmen hat.[952] Ferner ist die Tätigkeit herkömmlicher Amtswalter zweckgerichtet und vorübergehender Natur, während der Betriebsrat dauerhaft mitzubestimmen hat.[953] Daneben würde die Tätigkeit des Betriebsrats als Amtswalter bedingen, dass er innerhalb seines Zuständigkeitsbereichs nur oder wenigstens überwiegend vorrangig für die Belegschaft des Betriebes handelt.[954] Der Betriebsrat handelt für die Belegschaft durch Ausübung der Mitbestimmungsrechte (§§ 87 ff. BetrVG); zugleich handelt er aber für sich selbst durch Sicherstellung und Organisation seiner Arbeit (§§ 26 ff. BetrVG) und letztlich ist dem Betriebsrat auch die Wahrnehmung von Interessen einzelner Arbeitnehmer überantwortet (§§ 84 f. BetrVG).[955]
Mithin kann auch diese Einordnung der Tätigkeit des Betriebsrats und damit das Verhältnis zur Belegschaft als Amtswalter nicht überzeugen.

dd) Der Betriebsrat als Repräsentant

Wegen der Wahl des Betriebsrats als dessen konstitutiver Akt könnte der Betriebsrat als Repräsentant[956] der Belegschaft bezeichnet werden.[957] Denn der Betriebsrat erhält durch seine Wahl ein betriebspolitisches Mandat, welches ihn zur Wahrnehmung

---

950 *Belling*, Haftung, S. 120 ff., 170 ff.; *Hueck/Nipperdey*, Arbeitsrecht II/2, S. 1093; *Neumann-Duesberg*, Betriebsverfassungsrecht, S. 234; unter Einschränkungen *Nikisch*, ArbeitsR III, S. 19.

951 *Belling*, Haftung, S. 173; *Hueck/Nipperdey*, Arbeitsrecht II/2, S. 1093.

952 Vgl. Hess/Schlochauer/Glaubitz-*Hess*, Vorbem. § 1 BetrVG Rdnr. 21; *Hueck/Nipperdey*, Arbeitsrecht II/2, S. 1093.

953 *Nikisch*, ArbeitsRIII, S. 19.

954 Hess/Schlochauer/Glaubitz-*Hess*, Vorbem. § 1 BetrVG Rdnr. 21.

955 So schon Hess/Schlochauer/Glaubitz-*Hess*, Vorbem. § 1 BetrVG Rdnr. 21.

956 Zum Formprinzip der Repräsentation schon *Schmitt*, Verfassungslehre, S. 204 ff.; *Leibholz*, Repräsentation, S. 25 ff.; *Benda/Maihofer/Vogel*, Handb. des VerfR, § 12 Rdnr. 81 ff.; *Scholz*, Koalitionsfreiheit, S. 170 ff.

957 *Fitting*, § 1 BetrVG Rdnr. 195; *Gester*, Stellung, S. 127 ff.; GK-*Kraft*, § 1 BetrVG Rdnr. 52 f.; *Hromadka/Maschmann*, ArbeitsR II, § 15 Rdnr. 1 f.; MünchArbR-*v. Hoyningen-Huene*, § 291 Rdnr. 13, S. 779; *Richardi*, RdA 1972, 8, 10; *Richardi*, Einl. BetrVG Rdnr. 99.

der betriebsverfassungsrechtlichen Mitbestimmung demokratisch legitimiert.[958] Dass der Begriff der Repräsentation seine Wurzeln im Staatsrecht hat, steht seiner Verwendung im Arbeitsrecht nicht entgegen, da er ein über das Staatsrecht hinausreichendes allgemeines Strukturprinzip bezeichnet.[959]

Die Einstufung des Verhältnisses von Betriebsrat und Belegschaft als Repräsentation ist gegenüber den vorstehenden Ansätzen nicht nur deshalb vorzugswürdig, weil jene schon mangels einzelner Voraussetzungen keine tragfähige Grundlage bilden, sondern weil nur auf diese Weise das Handeln des Betriebsrats mit Wirkung für und gegen die Belegschaft erklärt werden kann, ohne dass es für die Belegschaft eine Vertretung im juristischen Sinne darstellt und zugleich den Umstand der Wahl des Betriebsrats zur Bildung dieses Gremiums hinreichend berücksichtigt: Die dem Betriebsrat durch das Betriebsverfassungsgesetz übertragenen Aufgaben und Rechte nimmt der Betriebsrat in eigenem Namen wahr, er berücksichtigt dabei weisungsunabhängig die Interessen der Belegschaft. Hierbei ist der Betriebsrat an Aufträge oder Weisungen einzelner Arbeitnehmer oder der Belegschaft nicht gebunden, er leitet seine Legitimation hierzu allein durch seine Wahl ab.
Daher lässt sich die Stellung des Betriebsrats gegenüber der Belegschaft am ehesten als ein Repräsentationsverhältnis charakterisieren.

b) Die Rechtsstellung des Entleiherbetriebsrats gegenüber den unechten Leiharbeitnehmern

Wegen der vermeintlichen Zugehörigkeit von unechten Leiharbeitnehmern zur Belegschaft des Entleiherbetriebs[960] ist denkbar, unechte Leiharbeitnehmer für die Zeit ihrer Überlassung an den Entleiher als von dem dortigen Entleiherbetriebsrat (teil-) repräsentiert anzusehen. Da jedoch die Rechtsstellung des Betriebsrats gegenüber der Belegschaft als deren Repräsentant zu begreifen ist, kann eine Repräsentation von unechten Leiharbeitnehmern im Entleiherbetrieb durch den Entleiherbetriebsrat nur erfolgen und sich ebenfalls als Repräsentationsverhältnis mit dem Bedürfnis nach demokratischer Legitimation darstellen, wenn unechte Leiharbeitnehmer tatsächlich zur Belegschaft des Entleiherbetriebs gezählt werden können.

Zwar kann die Belegschaft zunächst unbefangen als Arbeitnehmerschaft eines Betriebs[961] oder als Gesamtheit der im Betrieb tätigen Arbeitnehmer definiert werden,[962] wodurch alle in einem Betrieb tätigen Arbeitnehmer erfasst wären, ohne dass es darauf ankäme, in welchem rechtlichen Verhältnis sie zum Arbeitgeber bzw. Betriebsin-

---

958 *Hanau/Adomeit*, ArbeitsR, Rdnr. 346; MünchArbR-*v. Hoyningen-Huene*, § 291 Rdnr. 18.

959 *Gester*, RdA 1960, 406, 412; GK-*Kraft*, § 1 BetrVG Rdnr.52; *Müller*, FS v. Carolsfeld, S. 392 f.; a.A. Hess/Schlochauer/Glaubitz-*Hess*, Vorbem. § 1 BetrVG Rdnr. 22.

960 *Boemke*, § 14 AÜG Rdnr. 53; *Schüren*, § 14 AÜG Rdnr. 23 ff., 30 ff.

961 Däubler/Kittner/Klebe-*Kustode/Däubler*, Einl. BetrVG Rdnr. 92.

962 GK-*Wiese*, Einl. BetrVG Rdnr. 108.

haber stünden. Als Folge wären nicht nur die Arbeitnehmer i.S.d. § 5 Abs. 1 BetrVG, sondern auch beispielsweise Personen nach § 5 Abs. 2 Nr. 3, 4 und 5 BetrVG, leitende Angestellte nach § 5 Abs. 3 BetrVG sowie Werkvertragsarbeitnehmer von Fremdfirmen und unechte Leiharbeitnehmer als Teil der Belegschaft anzusehen. Schon dadurch wird die Untauglichkeit eines derartig weit gefassten Belegschaftsbegriffs deutlich, denn die vorgenannten Personengruppen können nicht als Belegschaft eines Betriebes aufgefasst werden, nur weil sie Arbeitnehmer und in dem Betrieb beschäftigt sind. Vielmehr muss auf den eigenen betriebsverfassungsrechtlichen Arbeitnehmerbegriff zurückgegriffen werden, da ansonsten gesetzgeberische Wertungen, wie z.B. Ausschlusstatbestände nach § 5 Abs. 2 und 3 BetrVG, nicht hinreichend beachtet würden.

Nach den zuvor schon entwickelten Voraussetzungen des betriebsverfassungsrechtlichen Arbeitnehmerbegriffs[963] ist u.a. die Betriebszugehörigkeit erforderlich, um dem Zweck des Betriebsverfassungsgesetzes als Schutzgesetz für die Arbeitnehmer, die persönlich und wirtschaftlich vom Arbeitgeber abhängig sind,[964] gerecht zu werden. Dabei setzt die Betriebszugehörigkeit nach hier vertretener Auffassung voraus,[965] dass zum einen ein Arbeitsverhältnis zum Betriebsinhaber und zudem eine tatsächliche Eingliederung des Arbeitnehmers besteht.[966] Ein Arbeitsverhältnis besteht bei der Leiharbeit aber nur zum Verleiher und nicht zum Entleiher, so dass unechte Leiharbeitnehmer nicht von dem betriebsverfassungsrechtlichen Arbeitnehmerbegriff umfasst und folglich nicht als Arbeitnehmer i.S.d. Betriebsverfassungsgesetzes angesehen werden können. Eine betriebsverfassungsrechtlich eindeutige Zuordnung unechter Leiharbeitnehmer nimmt dagegen ausdrücklich § 14 Abs. 1 AÜG vor, nach der unechte Leiharbeitnehmer zum Verleiherbetrieb gehören.[967] Will man daneben eine fragwürdige (partielle) doppelte Betriebszugehörigkeit auch zum Entleiherbetrieb bilden,[968] so bedarf es hierzu einer weiteren gesetzlichen Grundlage, die aber mit § 5 Abs. 1 S. 1 BetrVG mangels der Voraussetzung der Betriebszugehörigkeit gerade nicht vorliegt. Danach sind unechte Leiharbeitnehmer im Hinblick auf den Entleiherbetrieb keine Arbeitnehmer i.S.d. Betriebsverfassungsgesetzes und können mithin nicht zur Belegschaft des Entleihers gerechnet werden.[969] Im Übrigen ist der Gesetzgeber bei der Novellierung des Betriebsverfassungsgesetzes selbst davon ausgegangen, dass unechte Leiharbeitnehmer keine Arbeitnehmer des Entleiherbetriebs

---

963 Vgl oben, § 5 A. II. 1.

964 *Fitting*, § 1 BetrVG Rdnr. 1.

965 S. oben, § 5 A. II 1 b).

966 Zum Meinungsspektrum in dieser Frage nur Däubler/Kittner/Klebe-Trümner, § 5 BetrVG Rdnr. 15.

967 Dafür auch *Löwisch*, ArbeitsR, Rdnr. 1476.

968 *Becker/Wulfgramm*, Art. 1 § 14 Rdnr. 19; *Schüren*, § 14 AÜG Rdnr. 30; *Ulber*, § 14 AÜG Rdnr. 10.

969 A.A. *Ulber*, § 14 AÜG Rdnr. 10.

sind und hat hieran auch durch die Einführung des aktiven Wahlrechts zum Betriebsrat des Entleiherbetriebsrat für unechte Leiharbeitnehmer gemäß § 7 S. 2 BetrVG nichts ändern wollen.[970] Darüber kann nicht hinwegtäuschen, dass das Verhältnis unechter Leiharbeitnehmer zu Arbeitnehmern des Entleiherbetriebs gelegentlich als das von „Rand- und Stammbelegschaft" bezeichnet wird, denn dabei handelt es sich weniger um einen präzisen Fachbegriff als um eine ähnlich irreführende Bezeichnung einer tatsächlichen Konstellation, wie es auch bei der Abgrenzung von echter und unechter Leiharbeit der Fall ist.

Folglich gehören unechte Leiharbeitnehmer im Entleiherbetrieb nicht zur Belegschaft des Entleihers. Eine Repräsentation durch den Entleiherbetriebsrat erfolgt nur hinsichtlich der Belegschaft, so dass unechte Leiharbeitnehmer nicht vom Verleiherbetriebsrat repräsentiert werden. Daraus folgt, dass das für ein aktives Wahlrecht unechter Leiharbeitnehmer zum Entleiherbetriebsrat vorgebrachte Argument - wegen der betriebsverfassungsrechtlichen Repräsentation unechter Leiharbeitnehmer durch den Entleiherbetriebsrat müssten sie diesen wählen können, da ansonsten dessen demokratische Legitimation nicht gegeben sei - nicht verfängt. Vielmehr ist es so, dass nach der gegenwärtigen Gesetzeslage der Entleiherbetriebsrat nicht Repräsentant der unechten Leiharbeitnehmer sein kann, sondern lediglich durch § 14 Abs. 3 AÜG sowie dessen unter Schutzgesichtspunkten erweiterten Auslegung für sie verschiedene Mitbestimmungsrechte wahrnimmt. Der Aspekt der demokratischen Legitimation des Entleiherbetriebsrats erfordert hiernach geradezu den Ausschluss unechter Leiharbeitnehmer vom aktiven Wahlrecht zum Entleiherbetriebsrat.
Daher ist das aktive Wahlrecht für unechte Leiharbeitnehmer gemäß § 7 S. 2 BetrVG unter keinem Gesichtspunkt zweckmäßig.
Mithin ist das aktive Wahlrecht nicht nur wegen seiner Verfassungswidrigkeit, sondern zugleich wegen seiner Unzweckmäßigkeit abzulehnen.

970 BT-Drucks. 14/5741, S. 28.

§ 10 Alternativen der betriebsverfassungsrechtlichen Integration von unechten Leiharbeitnehmern

A. Vorbemerkung

Als bisher gesicherte Erkenntnis dieser Untersuchung kann allgemein festgehalten werden, dass unechte Leiharbeitnehmer durch den Entleiherbetriebsrat hinsichtlich des Entleiherbetriebs betriebsverfassungsrechtlich insoweit vertreten werden, als es von ihrem Schutzbedürfnis her geboten und zugleich durch deren temporäre betriebliche Integration erforderlich ist. Diesbezüglich hat auch die Einführung des aktiven Wahlrechts für unechte Leiharbeitnehmer gemäß § 7 S. 2 BetrVG keine Veränderung gebracht, da sich nach wie vor die Reichweite der Wahrnehmung betriebsverfassungsrechtlicher Mitbestimmungsrechte im Entleiherbetrieb nach der Regelung des § 14 AÜG sowie dessen unter Zweckgesichtspunkten durch die Rechtsprechung vorgenommenen erweiterten Auslegung bestimmt. Wenn der Gesetzgeber tatsächlich eine weitergehende betriebsverfassungsrechtliche Integration im Entleiherbetrieb hat vornehmen wollen, wäre ihm nur die Möglichkeit geblieben, unechte Leiharbeitnehmer durch gesetzliche Anordnung als Arbeitnehmer i.S.d. Betriebsverfassungsgesetzes zu bestimmen und auf diese Weise eine Gleichstellung zu den Stammarbeitnehmern des Entleiherbetriebs zu erreichen. Die Folge wäre eine doppelte betriebsverfassungsrechtliche Zuordnung sowohl zum Verleiher- als auch zum Entleiherbetrieb, die wegen zahlreicher Kompetenzüberschneidung von Entleiher- und Verleiherbetriebsrat abzulehnen ist.[971] Dies hat der Gesetzgeber aber unterlassen, wohl weil er erkannt hat, dass eine weitere materiellrechtliche betriebsverfassungsrechtliche Integration unechter Leiharbeitnehmer im Entleiherbetrieb nicht möglich ist.

B. Alternativvorschlag zu § 7 S. 2 BetrVG

Sofern die Regelung von § 7 S. 2 BetrVG damit begründet wird, dadurch der Erosion der Stammbelegschaft in den Entleiherbetrieben entgegenwirken zu können,[972] muss entweder die Gesetzesbegründung als fehlerhaft bezeichnet oder aber die nunmehr vorgenommene Regelung im Hinblick auf den Gesetzeszweck als untauglich angesehen werden. Zwar können danach unechte Leiharbeitnehmer den Entleiherbetriebsrat mitwählen und somit Einfluss auf dessen Zusammensetzung ausüben, doch können sie nach wie vor nicht zur Belegschaft des Entleiherbetriebs gezählt werden.[973] Mit der Kurzformel „unechte Leiharbeitnehmer wählen aber zählen nicht“ lässt

[971] Vgl. oben, § 5 A.II. 2.

[972] So die Gesetzesbegründung in BT-Drucks. 14/5741, S. 24.

[973] I.E. auch BT-Drucks. 14 / 5741, S. 28, 36.

sich folglich die Neuregelung zusammenfassen.[974] Auch wie aufgrund des reinen Wahlaktes der Erosion der Stammbelegschaft entgegengewirkt werden können soll, ist nicht zu erkennen. Leiharbeit stellt in der modernen Wirtschaftswelt eine flexible Personalmaßnahme dar, die wegen ihrer Vorzüge in Konkurrenz zur Stammbelegschaft steht. Das aktive Wahlrecht zum Entleiherbetriebsrat ändert an dieser Konkurrenzsituation nichts, sondern belastet nur das Vertrauensverhältnis von Stammbelegschaft und Betriebsrat. Wird Leiharbeit als eine Erwerbsform anerkannt und gesetzlich geregelt,[975] müssen letztlich die aus dieser Erwerbsform resultierenden strukturellen Unterschiede und Besonderheiten akzeptiert werden. Ansonsten wäre es nur konsequent, Leiharbeit von Gesetzes wegen zu verbieten.

Fraglich ist, welche Alternativen zum Wahlrecht des Entleiherbetriebsrats zwecks verbesserter betriebsverfassungsrechtlicher Integration unechter Leiharbeitnehmer denkbar sind. Unter Berücksichtigung der Tatsache, dass gemäß § 14 Abs. 1 AÜG unechte Leiharbeitnehmer auch während der Zeit ihrer Arbeitsleistung bei einem Entleiher Angehörige des entsendenden Betriebes bleiben, käme zunächst in Betracht, den Verleiherbetriebsrat für alle Fragen der betriebsverfassungsrechtlichen Integration im Entleiherbetrieb für zuständig zu erklären. Dem steht jedoch die räumliche Zuständigkeit von Betriebsräten entgegen, nach welcher sich die betriebsverfassungsrechtlichen Mitwirkungs- und Mitbestimmungsrechte auf den Betrieb beschränken, durch dessen Belegschaft derselbe gebildet bzw. gewählt wird. Abgesehen von diesen rechtsdogmatischen Bedenken führte diese Lösung zu rechtstatsächlichen Komplikationen; der Entleiherbetrieb sähe sich in dem Falle der Beschäftigung von unechten Leiharbeitnehmern mehrerer Verleiherbetriebe ggf. einer Vielzahl verschiedener Betriebsräte gegenüber, die jeweils für die durch ihren Betrieb überlassenen Arbeitnehmer ihre Mitbestimmungsrechte wahrnehmen. Mithin stellt die volle betriebsverfassungsrechtliche Zuständigkeit des Verleiherbetriebsrates für die Integration im Entleiherbetrieb keine tragbare Lösung dar. Ist nun die ausschließliche Zuständigkeit des Verleiherbetriebsrates oder aber eine doppelte Betriebszugehörigkeit und damit auch eine doppelte Betriebsratszuständigkeit als ausgeschlossen oder unpraktikabel zu bewerten, so könnte eine Lösung der betriebsverfassungsrechtlichen Integration unechter Leiharbeitnehmern in den Entleiherbetrieb darin gesehen werden, dass für diese Gruppe von Arbeitnehmern eine eigene Interessenvertretung im Entleiherbetrieb gebildet wird. Eine solche „Leiharbeitnehmervertretung" könnte im Wesentlichen in Anlehnung an die Vorschriften für die Schwerbehindertenvertretung nach den §§ 94 ff. SGB IX ausgestaltet werden. Danach könnten in das Arbeitnehmerüberlassungsgesetz im Rahmen eines (fiktiven) § 14 a AÜG folgende Regelungen gefügt werden:

---

974 *Hanau*, RdA 2001, 65, 68.

975 Beleg dieser gesetzgeberischen Entscheidung ist die Schaffung des Arbeitnehmerüberlassungsgesetzes.

§ 14 a Bildung und Aufgaben der Leiharbeitnehmervertretung

(1) In Betrieben, in denen mindestens fünf Arbeitsplätze durch Leiharbeitnehmer besetzt sind, werden eine Vertrauensperson und wenigstens ein stellvertretendes Mitglied für die regelmäßige Dauer von zwei Jahren gewählt, das die Vertrauensperson im Falle der Verhinderung durch Abwesenheit oder Wahrnehmung anderer Aufgaben vertritt.

(2) Wahlberechtigt sind alle in den Betrieb überlassenen Leiharbeitnehmer, wenn sie länger als drei Monate dort eingesetzt werden.

(3) Die Leiharbeitnehmervertretung fördert die Eingliederung überlassener Leiharbeitnehmer in den Entleiherbetrieb für die Zeit ihrer Überlassung, vertritt ihre Interessen im Entleiherbetrieb und steht ihnen beratend und helfend zur Seite, insbesondere in dem sie

1. darüber wacht, dass die zugunsten von Leiharbeitnehmern geltenden Gesetze, Verordnungen, Tarifverträge und Betriebsvereinbarungen durchgeführt werden,
2. Maßnahmen, die den Leiharbeitnehmern dienen, insbesondere Integrationsmaßnahmen, bei den zuständigen Stellen beantragt,
3. Anregungen und Beschwerden von Leiharbeitnehmern entgegennimmt und, falls sie berechtigt erscheinen, durch Verhandlungen mit dem Arbeitgeber und dem Entleiherbetriebsrat auf eine Erledigung hinwirkt.

(4) Die Leiharbeitnehmervertretung hat das Recht, an allen Sitzungen des Entleiherbetriebsrats und dessen Ausschüssen beratend teilzunehmen; sie kann beantragen, Angelegenheiten, die einzelne oder die gesamte Gruppe der Leiharbeitnehmer besonders betreffen, auf die Tagesordnung der nächsten Sitzung zu setzen.

(5) Sie ist berechtigt, mindestens einmal je Kalenderjahr eine Versammlung der überlassenen Arbeitnehmer im Entleiherbetrieb durchzuführen.

(6) Die Rechte und Pflichten des Betriebsrats im Entleiherbetrieb in Bezug auf die überlassenen Leiharbeitnehmer bleiben hiervon unberührt.

Diese Lösung böte den Vorteil, eine Stelle im Entleiherbetrieb zu schaffen, die sich ausschließlich mit Fragen und der Integration unechter Leiharbeitnehmer beschäftigt und dadurch einen entsprechend hohen Effektivitätsgrad besäße. Überdies könnten auf diese Weise die Interessenkollisionen im Entleiherbetriebsrat gemindert werden: Danach bliebe zwar der Entleiherbetriebsrat im bisherigen Umfang zur Wahrnehmung der betriebsverfassungsrechtlichen Rechte auch mit Wirkung für die überlassenen Arbeitnehmer zuständig, doch entfiele seine Abhängigkeit von den Stimmen unechter Leiharbeitnehmer und stärkte dadurch das Vertrauensverhältnis zwischen Stammbelegschaft und Entleiherbetriebsrat. Gleichwohl würde der Integration unechter Leiharbeitnehmer gedient, die sich von einer mit ihren spezifischen Belangen vertraute Anlaufstelle wirklich vertreten fühlen könnten.

Allerdings ist bei dieser Lösung zu beachten, dass abgesehen von den durch die Leiharbeitnehmervertretung erhöhten Kosten unechter Leiharbeit kein Fortschritt für die betriebsverfassungsrechtliche Integration unechter Leiharbeitnehmer zu erzielen ist; lediglich das subjektive Empfinden bezüglich der Eingliederung würde gesteigert, wohingegen materiellrechtlich keine Veränderung einträte. Dies begründet sich nicht darin, dass etwa der als Alternative zum aktiven Wahlrecht nach § 7 S. 2 BetrVG vorgeschlagene (fiktive) § 14 a AÜG zum Zwecke der Integrationsförderung ungeeignet wäre, sondern allein darin, dass schon nach bisherigem Recht der Entleiherbetriebsrat für alle die unechten Leiharbeitnehmer im Entleiherbetrieb berührenden Fragen durch die erweiterte Auslegung von § 14 AÜG zuständig und eine darüber hinausgehende betriebsverfassungsrechtliche Integration nicht möglich ist. Darin offenbart sich zugleich die Inhaltsleere von § 7 S. 2 BetrVG, der außer dem reinen Wahlakt zum Entleiherbetriebsrat für die Eingliederung nichts beizutragen hat. Ein erhöhter betriebsverfassungsrechtlicher Integrationsgrad lässt sich folglich für unechte Leiharbeitnehmer nicht mehr herbeiführen.

Ist eine eigene Leiharbeitnehmervertretung aber aus diesen Gründen als für die betriebsverfassungsrechtliche Integration wirkungslos zu betrachten, erscheint es nur konsequent, auch das aktive Wahlrecht zum Entleiherbetriebsrat einerseits wegen seiner materiellrechtlichen Nutzlosigkeit und andererseits wegen der hierdurch eintretenden Schmälerung des Vertrauens zwischen Stammarbeitnehmern und Betriebsrat als eine den Gesetzeszweck nicht gerecht werdende und letztlich auch schädliche Neuregelung zurückzuweisen.
Dies berücksichtigend sollte der Gesetzgeber bei einer erneuten Novellierung des BetrVG § 7 S. 2 BetrVG ersatzlos streichen und zur alten Rechtslage zurückkehren.

§ 11 Sonstige Betriebsfremde in der Betriebsverfassung

A. Echte Leiharbeitnehmer

Echte Leiharbeitnehmer unterscheiden sich von unechten Leiharbeitnehmern allein darin, dass ihre Überlassung an einen Dritten (Entleiher) nur gelegentlich und damit nicht gewerbsmäßig erfolgt; es handelt sich bei ihnen um ganz normale Stammarbeitnehmer des Verleihers, die nur ausnahmsweise und mit ihrem Einverständnis überlassen werden.[976] In den Fällen der echten Leiharbeit gleichen die individualrechtlichen Beziehungen unter den Beteiligten denen bei der unechten Leiharbeit: Zwischen Verleiher und Entleiher besteht ein Überlassungsvertrag, zwischen Verleiher und echtem Leiharbeitnehmer liegt ein ganz normaler Arbeitsvertrag vor und zwischen Entleiher und echtem Leiharbeitnehmer gibt es keine vertraglichen Beziehungen.[977] Da allerdings bei der echten wie bei der unechten Leiharbeit durch den Überlassungsvertrag das Direktions- und Weisungsrecht des Arbeitgebers (Verleihers) auf den Dritten (Entleiher) übergeht und dadurch dasselbe Schutzbedürfnis eintritt, ist fraglich, wie echte Leiharbeitnehmer mangels einer Parallelregelung von § 14 Abs. 1 AÜG betriebsverfassungsrechtlich zugeordnet werden.[978]

Da echte Leiharbeitnehmer ganz normale Arbeitnehmer des Verleihers darstellen, sind sie zunächst dem Verleiherbetrieb zuzuordnen. Hierzu bedarf es auch keiner mit § 14 Abs. 1 AÜG vergleichbaren Spezialnorm,[979] denn echte Leiharbeitnehmer haben einen Arbeitsvertrag mit dem Inhaber des Verleiherbetriebs und sind aufgrund der ganz regelmäßigen Erbringung ihrer Arbeitsleistung im Verleiherbetrieb in die Betriebsorganisation des Verleihers eingegliedert. Danach werden sie von § 5 Abs. 1 S. 1 BetrVG erfasst und sind über diese Regelung in den Anwendungsbereich des Betriebsverfassungsgesetzes zugunsten des Verleiherbetriebs einbezogen.[980] Problematisch ist hingegen, ob diese grundsätzliche betriebsverfassungsrechtliche Zuordnung zum Verleiherbetrieb im Falle einer Überlassung an einen Dritten modifiziert werden muss. Eine gesetzliche Regelung hierzu existiert nicht und § 14 Abs. 1 AÜG regelt nur die unechte Leiharbeit.[981] Eine ausschließliche Zuordnung zum Verleiherbetrieb ist deshalb denkbar.[982] Allerdings ist zu berücksichtigen, dass für die Zeit der Überlassung an den Dritten auf diesen auch das Direktions- und Weisungsrecht be-

---

976 *Ulber*, § 1 AÜG Rdnr. 146 ff.

977 Schon oben, § 2 B. I. 2. c) bb).

978 Vgl. hierzu *Schüren*, § 14 AÜG Rdnr. 327 ff.

979 A.A. *Schüren*, § 14 AÜG Rdnr. 335, der in Ermangelung einer entsprechenden Regelung § 14 Abs. 1 AÜG analog angewendet wissen will.

980 A.A. *Säcker/Joost*, Betriebszugehörigkeit, S. 33 ff., 71.

981 Zum Anwendungsbereich des § 14 AÜG *Becker/Wulfgramm*, Art. 1 § 14 AÜG Rdnr. 12; *Boemke*, § 14 AÜG Rdnr. 3; *Schüren*, § 14 AÜG Rdnr. 13; a.A. *Ulber*, § 14 AÜG Rdnr. 4.

982 I.E. dafür *Bulla*, DB 1975, 1795, 1796.

züglich der echten Leiharbeitnehmer übergeht und sie durch die Erbringung ihrer Arbeitsleistung im Entleiherbetrieb den Gefahren der dortigen Betriebssphäre gleichermaßen wie die Arbeitnehmer des Dritten ausgesetzt sind. Unter dem Gesichtspunkt der Schutzbedürftigkeit muss folglich auch während der Überlassung das Betriebsverfassungsrecht zur Anwendung gelangen. Dies kann im Hinblick auf den räumlichen Geltungsbereich des Betriebsverfassungsgesetzes[983] nicht dadurch geschehen, dass der Verleiherbetriebsrat als nach wie vor in allen Angelegenheiten für echte Leiharbeitnehmer auch während der Zeit ihrer Überlassung zuständig bleibt, denn für die Mitbestimmungsrechte, die an dem Direktions- und Weisungsrecht anknüpfen, ist der Verleiherbetriebsrat nicht der zuständige Betriebspartner des Dritten. Folglich sind die diesbezüglichen Mitbestimmungsrechte des Verleiherbetriebsrats während der Überlassung suspendiert. Damit für echte Leiharbeitnehmer keine Schutzlücke entsteht,[984] ist der Betriebsrat des Dritten als für derartige Mitbestimmungsrechte in Bezug auf die überlassenen Arbeitnehmer als zuständig zu betrachten. Zwar besteht diesbezüglich keine Regelung für echte Leiharbeitnehmer wie mit § 14 Abs. 2 AÜG, doch ist § 14 Abs. 2 AÜG gerade wegen dieser Regelungslücke und der vergleichbaren Interessenlage mit der unechten Leiharbeit für die echte Leiharbeit analog anzuwenden, so dass bei unechter und echter Leiharbeit betriebsverfassungsrechtlich jedenfalls im Rahmen der Überlassung ein Gleichlauf eintritt.
Dieser Gleichlauf ist ferner beim aktiven Wahlrecht zum Betriebsrat des Dritten nach § 7 S. 2 BetrVG gegeben, denn bei § 7 S. 2 BetrVG kommt es nicht darauf an, ob die Überlassung an den Dritten gewerbsmäßig erfolgt. Mithin sind echte Leiharbeitnehmer unter den weiteren Voraussetzungen zum Betriebsrat des Dritten aktiv wahlberechtigt.
Folglich stimmt i.E. die betriebsverfassungsrechtliche Zuordnung echter und unechter Leiharbeitnehmer sowie die Zuständigkeit des Betriebsrats des Dritten und des Entleiherbetriebsrats überein, so dass auf die Ausführungen bezüglich der unechten Leiharbeit verwiesen wird. Dies gilt gleichermaßen für § 7 S. 2 BetrVG, da diese Regelung lediglich an die beabsichtigte Dauer der Überlassung anknüpft.

B. Illegale Leiharbeitnehmer

Illegale Leiharbeit liegt dann vor, wenn bei der Arbeitnehmerüberlassung gegen Vorschriften des Arbeitnehmerüberlassungsgesetzes verstoßen wird.[985] Demgemäß handelt es sich um einen Unterfall der unechten Leiharbeit, so dass die (analoge) Anwendung von § 14 AÜG denkbar erscheint.

---

983 GK-*Kraft*, § 1 BetrVG Rdnr. 12 m.w.N.

984 Eine solche Schutzlücke wäre trotz des für jede Überlassung erforderlichen Einverständnisses echter Leiharbeitnehmer gegeben, da die Geltung des BetrVG nicht zur Disposition des einzelnen Arbeitnehmers steht und folglich ein (konkludenter) Verzicht nicht möglich ist.

985 Zu den Einzelheiten s. *Boemke*, § 9 BetrVG Rdnr. 6 ff.

Allerdings ist bei der illegalen Leiharbeit danach zu unterscheiden, ob diese wegen der fehlenden Erlaubnis zur Arbeitnehmerüberlassung gemäß § 9 Nr. 1 AÜG oder wegen sonstiger Verstöße z.B. nach § 1 b AÜG gegen das Arbeitnehmerüberlassungsgesetz illegal ist. Im ersten Fall entsteht aufgrund der Fiktionswirkung von § 10 Abs. 1 S. 1 AÜG ein vollwirksames Arbeitsverhältnis zwischen dem Leiharbeitnehmer und dem Entleiher, zum Verleiher bestehen dann keine Rechtsbeziehungen. Daraus folgt für die betriebsverfassungsrechtliche Zuordnung in dieser Konstellation, dass wegen der vollständigen individualrechtlichen Zuordnung zum Entleiher die betriebsverfassungsrechtliche Zuordnung wie bei sonstigen Arbeitnehmern des Entleihers nach § 5 Abs. 1 S. 1 BetrVG erfolgt, für die betriebsverfassungsrechtliche Stellung und Rechte keine Besonderheiten zum Normalarbeitsverhältnis bestehen und es keines (analogen) Rückgriffs auf § 14 AÜG bedarf.
Andere Verstöße gegen das Arbeitnehmerüberlassungsgesetz führen nicht zu einer Fiktion eines Arbeitsverhältnisses zwischen dem überlassenen Leiharbeitnehmer und dem Entleiher nach § 10 Abs. 1 S. 1 AÜG. Es besteht dann nach wie vor ein Arbeitsvertrag zwischen dem Verleiher und dem Leiharbeitnehmer, hingegen ist der Überlassungsvertrag zwischen Verleiher und Entleiher nach § 134 BGB unwirksam. Für die betriebsverfassungsrechtliche Zuordnung bedeutet das, dass in diesen Fällen mit § 5 Abs. 1 S. 1 BetrVG wegen des Arbeitsverhältnisses zum Verleiher und der tatsächlichen Erbringung der Arbeitsleistung des Leiharbeitnehmers im Entleiherbetrieb weder eine betriebsverfassungsrechtliche Zuordnung zum Verleiher noch zum Entleiher möglich ist.[986] Eine gesetzliche Regelung hierzu existiert nicht. Dennoch besteht bei der illegalen Leiharbeit dasselbe Schutzbedürfnis für die überlassenen Leiharbeitnehmer wie bei der unechten Leiharbeit, denn deren Unterschied liegt allein in einem Verstoß gegen gewerberechtliche Vorschriften des Arbeitnehmerüberlassungsgesetzes, die Durchführung der illegalen Leiharbeit ist ansonsten mit der unechten Leiharbeit identisch. Von daher ist im Hinblick auf die Regelungslücke und die Vergleichbarkeit der Interessenlage bei der Durchführung illegaler Leiharbeit zum Schutze der hierbei überlassenen Leiharbeitnehmer von einer analogen Anwendung von § 14 AÜG auszugehen.[987]
Ebenso beansprucht § 7 S. 2 BetrVG für illegale Leiharbeitnehmer Geltung, denn für das aktive Wahlrecht zum Entleiherbetriebsrat kommt es nicht auf die Legalität oder Illegalität der Überlassung an.

---

986 Zur Notwendigkeit des Kriteriums der Betriebszugehörigkeit für § 5 BetrVG, oben § 5 A. II. 1. b).

987 A.A. GK-*Kreutz*, § 7 BetrVG Rdnr. 41; *Schüren*, § 14 AÜG Rdnr. 399, die jedoch übersehen, dass in diesen Fällem ein Arbeitsverhältnis nur zum Verleiher besteht und ansonsten gerade kein betriebsverfassungsrechtlicher Schutz für die überlassenen Leiharbeitnehmer im Entleiherbetrieb besteht; zu einer Verkürzung der betriebsverfassungsrechtlichen Rechte - so *Boemke*, § 14 AÜG Rdnr. 5 - kommt es folglich gerade nur mit dem o.a. Verständnis nicht.

C. Überlassene Arbeitnehmer bei einer Arbeitsgemeinschaft nach § 1 Abs. 1 S. 2 AÜG

Nach § 1 Abs. 1 S. 2 BetrVG stellt die Abordnung von Arbeitnehmern zu einer zwecks Herstellung eines Werkes gebildeten Arbeitsgemeinschaft ausdrücklich keine Arbeitnehmerüberlassung i.S.d. Arbeitnehmerüberlassungsgesetzes dar, obwohl auch damit eine Form der Leiharbeit vorliegt, denn auch bei der Abordnung zu einer Arbeitsgemeinschaft besteht nur zwischen dem abgeordneten Arbeitnehmer und dem abordnenden Arbeitgeber ein Arbeitsverhältnis und Grundlage der Abordnung bildet ein Überlassungsvertrag zwischen abordnendem Arbeitgeber und der Arbeitsgemeinschaft. Ferner ist hinsichtlich der Erbringung der Arbeitsleistung in der Betriebssphäre der Arbeitsgemeinschaft ein jedenfalls mit der echten Leiharbeit vergleichbares Schutzbedürfnis gegeben. Dennoch verbietet sich eine analoge Anwendung von § 14 AÜG, denn der Gesetzgeber hat ausweislich § 1 Abs. 1 S. 2 AÜG gesehen, dass es sich bei der Abordnung zu einer Arbeitsgemeinschaft rechtstatsächlich um Leiharbeit handelt, dies aber dennoch vom Anwendungsbereich des Arbeitnehmerüberlasungsgesetzes ausgenommen, weil er den Sozialschutz der abgeordneten Arbeitnehmer als nicht gefährdet ansah.[988] Die betriebsverfassungsrechtliche Zuordnung der zu einer Arbeitsgemeinschaft abgeordneten Arbeitnehmer kann mithin nur über § 5 Abs. 1 S. 1 BetrVG erfolgen. Danach sind diese Arbeitnehmer betriebsverfassungsrechtlich dem abordnenden Betrieb zuzurechnen. Zu beachten ist jedoch, das für die Zeit der jeweiligen Abordnung keine analoge Anwendbarkeit von § 14 AÜG wie bei der echten Leiharbeit in Betracht kommt, da ansonsten das gesetzgeberische Ziel von § 1 Abs. 1 S. 2 BetrVG umgangen würde. Folglich werden die abgeordneten Arbeitnehmer über § 5 Abs. 1 S. 1 BetrVG allein dem abordnenden Betrieb betriebsverfassungsrechtlich zugeordnet, wobei die auf das an dem Direktions- und Weisungsrecht anknüpfenden Mitbestimmungsrechte des Betriebsrats, das auf die Arbeitsgemeinschaft übergegangen ist, für die Zeit der Abordnung suspendiert sind.

Trotz dieser eindeutigen betriebsverfassungsrechtlichen Zuordnung zum abordnenden Betrieb besteht für die abgeordneten Arbeitnehmer gemäß § 7 S. 2 BetrVG das aktive Wahlrecht zum Betriebsrat des Betriebs der Arbeitsgemeinschaft, denn für das Wahlrecht ist de lege lata die betriebsverfassungsrechtliche Zuordnung irrelevant. Das Gesetz stellt nur auf die Dauer der beabsichtigten Überlassung ab. Ob die Einflussnahme der überlassenen Arbeitnehmer auf die Zusammensetzung des Betriebsrats des Betriebs der Arbeitsgemeinschaft mittels des aktiven Wahlrechts gerechtfertigt ist, obwohl der Betriebsrat für diesen Teil der Arbeitnehmer nicht zu handeln befugt ist und nur nach § 75 Abs. 1 BetrVG auf die Einhaltung einer Behandlung nach Recht und Billigkeit zu achten hat, muss bezweifelt werden.

---

[988] BT-Drucks. 10/4211, S. 33; hierzu auch *Boemke*, § 1 AÜG Rdnr. 101; *Schüren*, § 1 AÜG Rdnr. 446.

D. Überlassene Arbeitnehmer nach § 1 Abs. 3 Nr. 1, 2 und 3 AÜG

Andere Formen der Leiharbeit in Gestalt von Arbeitnehmerüberlassungen zur Vermeidung von Kurzarbeit und Entlassungen (Nr. 1), bei vorübergehender konzerninterner Überlassung (Nr. 2) und in bestimmten Fällen der Überlassung ins Ausland (Nr. 3) sind gemäß § 1 Abs. 3 AÜG ebenfalls grundsätzlich[989] nicht zum Anwendungsbereich des Gesetzes zu rechnen. Daher kann eine betriebsverfassungsrechtliche Zuordnung auch hier nicht über § 14 Abs. 1 AÜG erfolgen und ist nur anhand von § 5 Abs. 1 S. 1 BetrVG möglich. Zwar gehören danach die derart überlassenen Arbeitnehmer betriebsverfassungsrechtlich zum überlassenden Betrieb, so dass der entsprechende Betriebsrat für sie zuständig ist, dennoch ist dieser im Hinblick auf den räumlichen Zuständigkeitsbereich des jeweiligen Betriebs begrenzt[990] und erstreckt sich infolge dessen nicht auf den Einsatzbetrieb. Die dahinter stehende gesetzgeberische Wertung darf auch hier nicht durch eine analoge Anwendung von § 14 AÜG trotz eins ggf. bestehenden Schutzbedürfnisses der überlassenen Arbeitnehmer ausgehebelt werden, denn eine Regelungslücke besteht insoweit gerade nicht. Durch die von der betriebsverfassungsrechtlichen Zuordnung unabhängige Regelung des § 7 S. 2 BetrVG ist den nach § 1 Abs. 3 Nr.1 – 3 AÜG überlassenen Arbeitnehmern das aktive Wahlrecht zum Betriebsrat des Einsatzbetriebes bei entsprechend beabsichtigter Überlassungsdauer eingeräumt. Die o.a. Bedenken bezüglich der Zweckmäßigkeit des aktiven Wahlrechts zum Betriebsrat des Betriebs der Arbeitsgemeinschaft gelten hier entsprechend.

E. Arbeitnehmer in der Arbeitsvermittlung

In Entsprechung der oben[991] vorgenommenen Unterteilung der Arbeitnehmer in der Arbeitsvermittlung ist gleichfalls im Betriebsverfassungsrecht eine gesonderte Betrachtung von Arbeitnehmern in der legalen Arbeitsvermittlung, der illegalen Arbeitsvermittlung und der vermuteten Arbeitsvermittlung i.S.v. § 1 Abs. 2 AÜG vorzunehmen.

Nach erfolgreicher Vermittlung eines Arbeitnehmers im Rahmen der legalen Arbeitsvermittlung an einen Dritten besteht nur zwischen diesem Dritten und dem Arbeitnehmer ein Arbeitsvertrag. D.h. nur der Arbeitbietende ist individualarbeitsrechtlich mit dem Arbeitnehmer verbunden, es handelt sich hierbei um ein ganz normales Arbeitsverhältnis. Das Zustandekommen des Arbeitsvertrages infolge der Vermittlertätigkeit ist unerheblich und wirkt sich auch nicht auf die gemäß § 5 Abs. 1 S. 1 BetrVG vorzunehmende betriebsverfassungsrechtliche Zuordnung des vermittelten Arbeit-

---

989 Ausnahmen stellen insoweit nur die Ordnungsvorschriften § 1 b S. 1, § 16 Abs. 1 Nr. 1 b und Abs. 2 – 5 sowie § 17 und § 18 AÜG dar.

990 GK-*Kraft*, § 1 BetrVG Rdnr. 60 ff.

991 Vgl. oben, §3 B. I.

nehmers zum Betrieb des Arbeitbietenden aus, denn weder besteht zwischen dem vermittelten Arbeitnehmer und dem Vermittler ein Arbeitsvertrag noch hat der Vermittler aus dem Vermittlungsvertrag ein arbeitsrechtliches Direktions- und Weisungsrecht gegenüber dem vermittelten Arbeitnehmer. Mithin besteht unter keinem Gesichtspunkt eine betriebsverfassungsrechtliche Schutzbedürftigkeit außerhalb des Betriebes des Arbeitbietenden, so dass es für die betriebsverfassungsrechtliche Zuordnung des vermittelten Arbeitnehmers ausschließlich zum Betrieb des Arbeitbietenden nach § 5 Abs. 1 S. 1 BetrVG verbleibt und mangels Überlassung das aktive Wahlrecht des vermittelten Arbeitnehmers nicht gemäß § 7 S. 2 BetrVG, sondern bereits gemäß § 7 S. 1 BetrVG zum Betriebsrat besteht.

Bei der illegalen Arbeitsvermittlung entsteht ebenfalls infolge der Vermittlungstätigkeit ein Arbeitsverhältnis zwischen dem vermittelten Arbeitnehmer und dem Arbeitbietenden, da nicht ersichtlich ist, wie die Nichtigkeit des Vermittlungsvertrages auf den Arbeitsvertrag durchschlagen könnte. Von daher erfolgt parallel zur legalen Arbeitsvermittlung die betriebsverfassungsrechtliche Zuordnung der vermittelten Arbeitnehmer ohne Besonderheiten gemäß § 5 Abs. 1 S. 1 BetrVG nur zum Betrieb des Arbeitbietenden.

Nach der in dieser Untersuchung vertretenen Auffassung liegt bei der unwiderlegten Vermutung der Arbeitsvermittlung i.S.v. § 1 Abs. 2 AÜG nur ein Arbeitsvertrag zwischen dem überlassenden, illegalen Vermittler und dem überlassenen Arbeitnehmer vor. Soweit der Vermittler eine Erlaubnis zur Arbeitnehmerüberlassung besitzt, ist zugleich der Tatbestand der unechten Leiharbeit gegeben, so dass mit § 14 Abs. 1 AÜG in diesen Fällen eine betriebsverfassungsrechtliche Zuordnung der überlassenen Arbeitnehmer zum Betrieb des überlassenden, illegalen Vermittlers eintritt und ein betriebsverfassungsrechtlicher Gleichlauf mit der unechten Leiharbeit zu verzeichnen ist und mithin für die Zuständigkeit der Betriebsräte bzw. für die betriebsverfassungsrechtliche Stellung der überlassenen Arbeitnehmer auf die Ausführungen zur unechten Leiharbeit verwiesen werden darf.[992] Infolge der hinter der illegalen Vermittlung stehenden Überlassung der Arbeitnehmer sind sie unter den Voraussetzungen von § 7 S. 2 BetrVG zum Betriebsrat des Arbeitbietenden bzw. Entleihers aktiv wahlberechtigt. Hingegen sind die im Rahmen der illegalen Vermittlung an den Arbeitbietenden überlassenen Arbeitnehmer bei Nichtbestehen einer Überlassungserlaubnis des Vermittlers durch die Fiktion gemäß § 10 Abs. 1 S. 1 AÜG als Arbeitnehmer des Arbeitbietenden einzuordnen. Danach existiert ein Arbeitsvertrag nur zwischen dem überlassenen Arbeitnehmer und dem Arbeitbietenden, aber keine Rechtsbeziehungen zum Vermittler.

---

992 Vgl. oben, § 5 – § 8.

Mithin sind die Arbeitnehmer in diesen Fällen ohne Besonderheiten nach § 5 Abs. 1 S. 1 BetrVG betriebsverfassungsrechtlich dem Betrieb des Arbeitbietenden zuzuordnen.

F. Werkvertragsarbeitnehmer

Mit den Werkvertragsarbeitnehmern liegt eine weitere Gruppe von Arbeitnehmern vor, die wegen ihres Einsatzes im Drittbetrieb zwar ähnlich wie Leiharbeitnehmer bei einem anderen Betriebsinhaber ihre Arbeitsleistung erbringen und bei denen zwischen dem Arbeitgeber und den Arbeitnehmern ein Arbeitsvertrag nicht aber ein Vertrag zwischen Arbeitnehmer und dem Dritten besteht, die dennoch aber nicht in den Anwendungsbereich des Arbeitnehmerüberlassungsgesetzes fallen.[993] Soweit diese Arbeitnehmer im Drittbetrieb tätig werden, erfolgt dies nur zur Erfüllung des Vertragsverhältnisses zwischen deren Arbeitgeber und dem Inhaber des Drittbetriebs; sie fungieren insofern ausschließlich als Erfüllungsgehilfen des Arbeitgebers.

Betriebsverfassungsrechtlich können die Werkvertragsarbeitnehmer mittels des Betriebsverfassungsgesetzes dem Arbeitgeberbetrieb zugeordnet werden, denn einerseits existiert nur zum Inhaber dieses Betriebes ein Arbeitsvertrag und andererseits sind sie ausschließlich in den Arbeitgeberbetrieb eingegliedert. Daran ändert sich auch dadurch nichts, dass die Werkvertragsarbeitnehmer im Drittbetrieb ihre Arbeitsleistung erfüllen. Zwar müssen u.U. der Produktionsablauf, die Betriebsorganisation und Anweisungen des Inhabers des Drittbetriebes bei der Vertragsausführung beachtet werden, doch ist dies lediglich die faktische Folge der Vertragserfüllung bzw. Konkretisierung des erteilten Auftrags. Die Arbeitnehmer unterliegen folglich während der gesamten Zeit allein dem Direktions- und Weisungsrecht des Arbeitgebers. Letztlich verbleibt auch beim Arbeitgeber die Disposition über den Einsatz der Arbeitnehmer im Rahmen der Erfüllung des mit dem Inhaber des Drittbetriebs geschlossenen Vertrages.
Folglich sind die Werkvertragsarbeitnehmer trotz ihres Einsatzes in Drittbetrieben in die Betriebsorganisation des Arbeitgebers eingebunden. Mit dem Arbeitsvertrag zum Arbeitgeber und der Eingliederung in dessen Betriebsorganisation liegen alle Voraussetzungen des nach dem in dieser Untersuchung zugrundegelegten Verständnisses der Betriebszugehörigkeit vor, so dass Werkvertragsarbeitnehmer nach § 5 Abs. 1 S. 1 BetrVG dem Arbeitgeberbetrieb zuzurechnen sind.
Über diese betriebsverfassungsrechtliche Zuordnung zum Arbeitgeberbetrieb hinaus ist nicht ersichtlich, dass es zum Schutz der Werkvertragsarbeitnehmer einer teilweisen oder vollständigen betriebsverfassungsrechtlichen Zuordnung zum Drittbetrieb bedarf, denn der Betriebsrat bleibt unabhängig vom Einsatz im Drittbetrieb für die Werkvertragsarbeitnehmer zuständig. Im Übrigen geht das Direktions- und Wei-

[993] *Boemke*, § 1 AÜG Rdnr. 30.

sungsrecht des Arbeitgebers anders als bei der Leiharbeit nicht auf den Inhaber des Drittbetriebes über, so dass hinsichtlich des Zwecks des Betriebsverfassungsgesetzes, die Fremdbestimmung der Arbeitsorganisation und die daraus resultierende Abhängigkeit des Arbeitnehmers zu mildern, eine Zuständigkeit des Betriebsrats des Einsatzbetriebes für Werkvertragsarbeitnehmer und die Anerkennung von Betriebsverfassungsrechten derselben im Einsatzbetrieb mangels Schutzbedürfnisses nicht erforderlich ist. Des Weiteren hat der Inhaber des Drittbetriebes schon als vertragliche Nebenpflicht aus dem Werkvertrag mit dem Unternehmer die in seiner Betriebssphäre tätigen Werkvertragsarbeitnehmer vor ggf. in seinem Betrieb bestehenden Gefahren für Leib oder Leben zu schützen.
Folglich besteht keine vergleichbare Interessenlage zwischen Leiharbeitnehmern und Werkvertragsarbeitnehmern, so dass eine analoge Anwendbarkeit von § 14 Abs. 1 AÜG für Werkvertragsarbeitnehmer nicht zu begründen ist.

Daneben ist der Betriebsrat des Drittbetriebs auch nicht nach § 99 BetrVG zu beteiligen, da es sich beim weisungsunabhängigen Tätigwerden von Werkvertragsarbeitnehmern in Drittbetrieben um keine Einstellung handelt. Nach ständiger Rechtsprechung liegt eine mitbestimmungspflichtige Einstellung dann vor, wenn Personen in den Betrieb eingegliedert werden, um zusammen mit den dort schon Beschäftigten den arbeitstechnischen Zweck des Betriebs durch weisungsgebundene Tätigkeit zu verwirklichen.[994] Dies setze voraus, dass dem Inhaber des Drittbetriebs zumindest ein Teil des Weisungsrechts zustehe, kraft dessen er für ein Arbeitsverhältnis typische Entscheidungen über den Arbeitseinsatz treffen könne. Die Begründung eines Arbeitsverhältnisses bedürfe es hierzu nicht.[995] Daraus kann jedoch nicht pauschal gefolgert werden, dass § 99 BetrVG auch beim Tätigwerden von Nichtarbeitnehmern im Hinblick auf den Einsatzbetrieb greift,[996] und auf diese Weise auch die Beschäftigung von Fremdfirmenpersonal zustimmungspflichtig wird, denn das Mitbestimmungsrecht besteht nur für die vom Betriebsrat repräsentierten Arbeitnehmer.[997] Dafür reicht es aber nicht aus, dass eine Person im Betrieb die Tätigkeit eines Arbeitnehmers verrichtet, vielmehr ist die Weisungsgebundenheit gegenüber dem Be-

---

994 BAG vom 15.04.1986, AP Nr. 35 zu § 99 BetrVG 1972 = BAGE 51, 337 = NZA 1986, 689 = RdA 1986, 336; BAG vom 22.04.1997, AP zu § 99 BetrVG 1972 Einstellung Nr. 18 = NZA 1997, 1297 = ZTR 1997, 576.

995 Däubler/Kittner/Klebe-*Kittner*, § 99 BetrVG Rdnr. 38; *Fitting*, § 99 BetrVG Rdnr. 33; HaKo-*Kreuder*, § 99 BetrVG Rdnr. 8; *Richardi*, § 99 BetrVG Rdnr. 16 m.w.N.; kritisch hierzu Hess/Schlochauer/Glaubitz-*Schlochauer*, § 99 BetrVG Rdnr. 17 f.; *Stege/Weinspach*, § 99 BetrVG Rdnr. 12 a.

996 So aber Däubler/Kittner/Klebe-*Kittner*, § 99 BetrVG Rdnr. 38; *Fitting*, § 99 BetrVG Rdnr. 33; a.A. *Hunold*, NZA 1990, 461, 465, *ders.*, NZA 1998, 1025, 1028.

997 *Richardi*, § 99 BetrVG Rdnr. 15; *Wank*, Anm. zu BAG vom 15.12.1998, AP Nr. 56 zu § 80 BetrVG 1972 m.w.N.

triebsinhaber erforderlich.[998] Daher kann der Betriebsrat nicht nach § 99 BetrVG mitbestimmen, wenn Arbeitnehmer eines fremden Arbeitgebers im Betrieb tätig werden, um dort als Erfüllungsgehilfen innerhalb von Dienst- oder Werkverträgen die von ihrem Arbeitgeber geschuldeten Dienstleistungen zu erbringen.[999] Andernfalls würde durch ein Mitbestimmungsrecht in Bezug auf einen drittbezogenen Personaleinsatz der Betriebsrat in die unternehmerische Entscheidungsfreiheit bezüglich der Organisation des Personals eingreifen.[1000] Mithin besteht das Mitbestimmungsrecht des Betriebsrats gemäß § 99 BetrVG nur dann, wenn feststeht, dass die einzustellende Person als Arbeitnehmer eingestellt wird,[1001] oder wenn durch spezialgesetzliche Vorschriften (z.B. § 14 Abs. 3 S. 1 AÜG) die Anwendbarkeit von § 99 BetrVG angeordnet wird.

Davon zu unterscheiden ist die Frage, inwieweit dem Betriebsrat überhaupt Informationsrechte zustehen, um zu ermitteln, ob es sich bei der im Betrieb tätig werdenden Person um die Einstellung eines Arbeitnehmers handelt. Zu dieser Feststellung verbietet sich aus den o.a. Gründen ein Rückgriff auf das weitreichende Mitbestimmungsrecht gemäß § 99 BetrVG; der Betriebsrat hat gegenüber dem Arbeitgeber allerdings einen allgemeinen Unterrichtungsanspruch nach § 80 Abs. 2 S. 1 BetrVG. Dieser allgemeine Unterrrichtungsanspruch beschränkt sich nämlich nicht auf die in § 80 Abs. 1 BetrVG niedergelegten allgemeinen Aufgaben des Betriebsrats[1002] und wird überdies nicht durch andere Vorschriften zur Unterrichtung des Betriebsrats (z.B. nach § 99 BetrVG) verdrängt, da insoweit kein Spezialitätsverhältnis besteht.[1003] Dennoch besteht nicht gemäß § 80 Abs. 2 S. 1 BetrVG gegenüber dem Arbeitgeber in jedem Fall ein Unterrichtungsanspruch, dieser ist vielmehr auf diejenigen Informationen begrenzt, die der Betriebsrat zur Durchführung seiner Aufgaben nach dem Betriebsverfassungsgesetz benötigt. Zwar soll die Informationspflicht des Arbeitgebers den Betriebsrat in die Lage versetzen, in eigener Verantwortung zu überprüfen, ob sich für ihn Aufgaben und Zuständigkeiten ergeben,[1004] allerdings kann das nicht

---

998 *Richardi*, § 99 BetrVG Rdnr. 15; *Stege/Weinspach*, § 99 BetrVG Rdnr. 12 a, die dies als Mindestvoraussetzung betrachten.

999 BAG vom 05.03.1991, AP Nr. 90 zu § 99 BetrVG 1972 = NZA 1991, 686 = RdA 1991, 318 = SAE 1992, 226; BAG vom 09.07.1991, AP Nr. 94 zu § 99 BetrVG 1972 = NZA 1992, 275 = RdA 1992, 59 = SAE 1992, 383; *Richardi*, § 99 BetrVG Rdnr. 15.

1000 *Dauner-Lieb*, NZA 1992, 817, 824; *Hunold*, NZA 1990, 461, 465; *Wank*, Anm. zu BAG vom 15.12.1998, AP Nr. 56 zu § 80 BetrVG 1972.

1001 *Wank*, Anm. zu BAG vom 15.12.1998, AP Nr. 56 zu § 80 BetrVG 1972.

1002 ErfK-*Hanau/Kania*, § 80 BetrVG Rdnr. 17; *Fitting*, § 80 BetrVG Rdnr. 48; GK-*Kraft*, § 80 BetrVG Rdnr. 49; *Richardi*, § 80 BetrVG Rdnr. 49.

1003 Däubler/Kittner/Klebe-*Buschmann*, § 80 BetrVG Rdnr. 64 f.; *Fitting*, § 80 BetrVG Rdnr. 48; *Richardi*, § 80 BetrVG Rdnr. 50.

1004 BAG vom 10.02.1987, AP Nr. 27 zu § 80 BetrVG 1972 = NJW 1987, 2038 = RdA 1987, 192 = SAE 1987, 275; BAG vom 27.06.1989, AP Nr. 37 zu § 80 BetrVG 1972 = NZA 1989, 929 = RdA 1989, 381 = SAE 1990, 219; Däubler/Kittner/Klebe-*Buschmann*, § 80 BetrVG Rdnr. 66; *Fitting*, § 80 BetrVG Rdnr. 50.

dazu führen, dass der Betriebsrat unter Hinweis auf seine eigene Verantwortung die Grenzen des Unterrichtungsanspruch selbst bestimmen kann, vielmehr bestehen insoweit objektive Grenzen.[1005] Diese objektive Grenze kann nicht schon dann als überschritten angesehen werden, wenn eine „gewisse Wahrscheinlichkeit für das Bestehen von Aufgaben des Betriebsrats" vorhanden ist,[1006] denn bei einer derart weiten Auslegung des Unterrichtungsanspruchs könnte sich der Beriebsrat über die Klärung von Zweifelsfragen hinaus allgemein in unternehmerische Entscheidungen hineindrängen.[1007] Vorzugswürdig erscheint - insbesondere unter Verhältnismäßigkeitsgesichtspunkten - daher, dem Betriebsrat den Unterrichtungsanspruch gemäß § 80 Abs. 2 S. 1 BetrVG erst dann zuzuerkennen, wenn zureichende Anhaltspunkte dafür vorliegen, dass sich für ihn Aufgaben oder Zuständigkeiten nach dem Betriebsverfassungsgesetz ergeben können. Übertragen auf einen Unterrichtungsanspruch im Hinblick auf die Möglichkeit der Mitbestimmung gemäß § 99 BetrVG bedeutet dies, dass sich der Unterrichtungsanspruch gemäß § 80 Abs. 2 S. 1 BetrVG darauf beschränkt, dem Betriebsrat bei der Auflösung „begründeter Zweifel" im Hinblick auf die Anwendbarkeit des § 99 BetrVG zu helfen.[1008] Danach bilden § 99 Abs. 1 S. 1 BetrVG und § 80 Abs. 2 S. 1 BetrVG eine Art Stufenverhältnis, nach dem auf der oberen Stufe der Unterrichtungsanspruch gemäß § 99 Abs. 1 S. 1 BetrVG nur besteht, wenn bereits feststeht, dass es sich bei der Einstellung um einen Arbeitnehmer handelt, hingegen der Unterrichtungsanspruch auf der unteren Stufe gemäß § 80 Abs. 2 S. 1 BetrVG dann besteht, wenn zureichende Anhaltspunkte dafür vorliegen, dass es sich bei der einzustellenden Person um einen Arbeitnehmer handeln könnte. Hieran hat sich auch durch die Ergänzung von § 80 Abs. 2 S. 1 BetrVG im Zuge der Novellierung der Betriebsverfassung[1009] nichts geändert. Zwar bestimmt die Regelung nunmehr, dass sich die Unterrichtung des Betriebsrats auch auf die Beschäftigung von Personen erstreckt, die nicht in einem Arbeitsverhältnis zum Arbeitgeber stehen und auch die Gesetzesbegründung,[1010] nach der Leiharbeitnehmer oder Arbeitnehmer, die aufgrund von Dienst- oder Werkverträgen des Betriebsinhabers mit Dritten als deren Erfüllungsgehilfen im Einsatzbetrieb tätig werden, davon erfasst werden sollen, spricht für ein sehr weites Verständnis von § 80 Abs. 2 S. 1 BetrVG. Doch ist zu beachten, dass letztlich die Gesetzesbegründung zugleich den Zweck der Ergänzung damit vorgibt, dass die neue Fassung von § 80 Abs. 2 S. 1 BetrVG dazu beitragen soll, „[...] Streitigkeiten der Betriebsparteien über eine entsprechende

---

1005 *Wank*, Anm. zu BAG vom 15.12.1998, AP Nr. 56 zu § 80 BetrVG 1972.

1006 BAG vom 15.12.1998, AP Nr. 56 zu § 80 BetrVG = BAGE 90, 288 = NZA 1999, 722 = RdA 1999, 423; unter Hinweis auf BAG vom 26.01.1988, AP Nr. 31 zu § 80 BetrVG 1972 = NZA 1988, 620 = RdA 1988, 190 = SAE 1988, 328; BAG vom 27.06.1989, AP Nr. 37 zu § 80 BetrVG 1972 = BAGE 51, 337 = NZA 1986, 689 = RdA 1986, 336.

1007 *Wank*, Anm zu BAG vom 15.12.1998, AP Nr. 56 zu § 80 BetrVG 1972.

1008 *Wank*, Anm zu BAG vom 15.12.1998, AP Nr. 56 zu § 80 BetrVG 1972.

1009 BetrVG-Reformgesetz vom 23.07.2001, BGBl. I, S. 1851.

1010 BT-Drucks. 14/5741, S. 46.

Unterrichtungspflicht des Arbeitgebers und eventuelle Verfahren zu vermeiden [...].“[1011] Soweit aber nicht einmal „begründeten Zweifel“ im Hinblick auf die Anwendbarkeit von § 99 BetrVG vorliegen, kann es nicht zu entsprechenden Streitigkeiten zwischen den Betriebsparteien kommen, so dass dann auch kein Unterrichtungsanspruch nach § 80 Abs. 2 S. 1 BetrVG besteht.

Abschließend ist festzuhalten, dass Werkvertragsarbeitnehmer kein aktives Wahlrecht zum Betriebsrat des Drittbetriebes gemäß § 7 S. 2 BetrVG haben,[1012] denn dies setzt eine Überlassung von Arbeitnehmern voraus, die in Ermangelung des Übergangs des Direktions- und Weisungsrecht vom Arbeitgeber auf den Inhaber des Drittbetriebes nicht gegeben ist.

1011 BT-Drucks. 14/5741, S. 46; vgl. auch *Fitting*, § 80 BetrVG Rdnr. 49; *Richardi*, § 80 BetrVG Rdnr. 51.

1012 ArbG Frankfurt a.M. vom 22.05.2002, 2 BV 148/02, n.v.; *Brors*, NZA 2002, 123, 125 f.; *Engels/Trebinger/Steinhaus-Löhr*, DB 2001, 532, 536; *Fitting*, § 7 BetrVG Rdnr. 53 f.; *Lindemann/Simon*, NZA 2002, 365, 367; *Reichold*, NZA 2001, 857, 861; *Richardi*, § 7 BetrVG Rdnr. 9 ff.; a.A. wohl *Däubler*, ArbuR 2001, 285, 286.

§ 12 Zusammenfassung der Untersuchung

In der Praxis tritt Fremdbeschäftigung in vielfältigen Erscheinungsformen wie z.B. der echten oder unechten (ggf. illegalen) Leiharbeit, der Beschäftigung im Rahmen einer Arbeitsgemeinschaft i.S.v. § 1 Abs. 1 S. 2 AÜG oder der Überlassung von Arbeitnehmern zur Vermeidung von Kurzarbeit und Entlassungen, bei vorübergehender konzerninterner Überlassung, der Überlassung ins Ausland (§ 1 Abs. 3 Nr. 1 – 3 AÜG) sowie in Form von Werkvertragsarbeitnehmern auf. Charakteristisch bei allen Varianten der Fremdbeschäftigung ist der Umstand, dass die dabei beschäftigten Arbeitnehmer ihre Arbeitsleistung in einen Drittbetrieb und damit innerhalb einer Betriebssphäre erbringen, zu dessen Inhaber sie keine arbeitsvertraglichen Beziehungen haben.

Die (individualarbeits-)rechtlichen Rechtsbeziehungen unter den Beteiligten bei den verschiedenen Arten von Fremdbeschäftigung sind uneinheitlich. So bestehen z.T. ausschließlich Rechtsbeziehungen zwischen den Arbeitnehmern und dem Arbeitgeber wie bei der Werkvertragsarbeit, Rechtsbeziehungen zwischen Verleiher und Leiharbeitnehmern sowie infolge des abgetretenen Direktions- und Weisungsrechts zwischen Leiharbeitnehmern und Entleiher bis hin zu alleinigen Rechtsbeziehungen zwischen den jeweiligen Arbeitnehmern und dem Inhaber des Drittbetriebes wie bei der illegalen, ohne erforderliche Erlaubnis durchgeführten, Leiharbeit oder infolge erfolgreicher Arbeitsvermittlung.

Für die betriebsverfassungsrechtliche Zuordnung und Stellung der in der Fremdbeschäftigung tätigen Arbeitnehmer und die Zuständigkeit der Betriebsräte des Entsendebetriebes bzw. des Drittbetriebes kommt es mit Blick auf § 5 Abs. 1 S. 1 BetrVG entscheidend auf die (individualarbeits-)rechtlichen Beziehungen der Beteiligten untereinander an, da eine betriebsverfassungsrechtliche Erfassung nur bei Vorliegen eines Arbeitsverhältnisses und der Eingliederung in die Betriebsorganisation möglich ist.

Für die in der Praxis wichtigste Art der Fremdarbeit in Form der unechten Leiharbeit gelingt eine betriebsverfassungsrechtliche Zuordnung der unechten Leiharbeitnehmer nicht mittels des Betriebsverfassungsgesetzes, sondern nur nach § 14 Abs. 1 AÜG.

Eine doppelte (partielle) Betriebszugehörigkeit von Fremdarbeitnehmern, insbesondere von unechten Leiharbeitnehmern, besteht nicht.

Eine betriebsverfassungsrechtliche Zuordnung gemäß § 14 Abs. 1 AÜG analog zum entsendenden Betrieb ist nur bei der echten Leiharbeit und der illegalen (ohne Erlaubnis) Leiharbeit möglich.

Die betriebsverfassungsrechtliche Stellung unechter Leiharbeitnehmer und die Zuständigkeit von Verleiher- und Entleiherbetriebsrat sind in § 14 Abs. 2 und 3 AÜG nur fragmentarisch geregelt und müssen durch teleologische Auslegung unter Zugrundelegung des Schutzbedürfnisses unechter Leiharbeitnehmer bei jedem einzelnen Mitbestimmungsrecht ermittelt werden. Dabei gilt als Leitlinie, dass der Verleiherbetriebsrat zuständig ist, wenn der Arbeitsvertrag betroffen ist und der Entleiherbetriebsrat zuständig ist, wenn an das Direktions- und Weisungsrecht gegenüber unechten Leiharbeitnehmern angeknüpft wird oder dies zum Schutz der Interessen der Arbeitnehmer des Entleihers erforderlich ist.

In dem betriebsverfassungsrechtlich signifikanten Bereich der sozialen Angelegenheiten hat der Verleiherbetriebsrat vor allem in den Fällen des § 87 Abs. 1 Nr. 1, 4, 5, 6, 7, 8, 9, 10, 11, 12, 13 BetrVG im Verleiherbetrieb mitzubestimmen. Der Entleiherbetriebsrat ist in sozialen Angelegenheiten für die unechten Leiharbeitnehmer in den Fällen des § 87 Abs. 1 Nr. 1, 2, 6, 7, 9, 12, 13 und § 89 BetrVG zuständig.

Hinsichtlich der Gestaltung von Arbeitsplatz, Arbeitsablauf und Arbeitsumgebung kann allein der Entleiherbetriebsrat für unechte Leiharbeitnehmer nach den §§ 90, 91 BetrVG tätig werden.

Die für den Entleiherbetriebsrat im Rahmen der Mitbestimmung bei personellen Angelegenheiten wichtigste Regelung des § 99 BetrVG findet infolge von § 14 Abs. 3 S. 1 AÜG auch nach Änderung des § 99 BetrVG als Rechtsgrundverweisung Anwendung.

Der neue § 7 S. 2 BetrVG schafft für echte, unechte, Teile der illegalen Leiharbeitnehmer, Arbeitnehmer einer Arbeitsgemeinschaft i.S.v. § 1 Abs. 1 S. 2 AÜG und solchen nach § 1 Abs. 3 Nr. 1 –3 AÜG das aktive Wahlrecht zum Betriebsrat des Drittbetriebes bei einer beabsichtigten Überlassungsdauer von länger als drei Monaten.

Unechte Leiharbeitnehmer sind mangels Zugehörigkeit zu den Arbeitnehmern nach § 5 Abs. 1 S. 1 BetrVG des Drittbetriebes keine „wahlberechtigten Arbeitnehmer" i.S.v. § 1 Abs. 1 BetrVG und können bei der Ermittlung des dortigen Schwellenwertes im Entleiherbetrieb nicht mitgezählt werden. Wegen der fehlenden Betriebszugehörigkeit unechter Leiharbeitnehmer zum Entleiherbetrieb können sie auch nicht bei der Ermittlung der Zahl der Betriebsratsmitglieder im Entleiherbetrieb nach § 9 BetrVG berücksichtigt werden. Aus den gleichen Gründen können unechte Leiharbeitnehmer bei der Berechnung der freizustellenden Betriebsratsmitglieder gemäß § 38 Abs. 1 BetrVG im Entleiherbetrieb nicht beachtet werden. Das Wahlrecht führt lediglich dazu, dass sie im Rahmen des Wahlverfahrens bestimmte Rechte erlangen (§§ 16 und 19 BetrVG), da sie „Wahlberechtigte" sind.

§ 7 S. 2 BetrVG ist wegen der Verschärfung von Interessenkonflikten und der Beschädigung des Vertrauens zwischen Entleiherbetriebsrat und Stammbelegschaft nicht nur zweckwidrig und verfehlt die mit seiner Schaffung beabsichtigte betriebsverfassungsrechtliche Heranführung von Fremdarbeitnehmern an die Belegschaft des Drittbetriebes, sondern ist wegen Verstoßes gegen Art. 3 Abs. 1 GG auch verfassungswidrig.

Kolibri 360 GmbH
Ferdinand-Jühlke-Straße 7
99095 Erfurt, Deutschland
produktsicherheit@kolibri360.de

Druck:
CPI Druckdienstleistungen GmbH
im Auftrag der
Kolibri 360 GmbH
Ferdinand-Jühlke-Str. 7
99095 Erfurt